昆山高新区（玉山镇）村志系列丛书

群星村志

村民家庭记载

QUNXING CUNZHI CUNMIN JIATING JIZAI

昆山高新区（玉山镇）村志系列丛书编纂委员会 编

苏州大学出版社
Soochow University Press

图书在版编目（CIP）数据

群星村志．村民家庭记载／赵佳主编；昆山高新区（玉山镇）村志系列丛书编纂委员会编．－－苏州：苏州大学出版社，2023.12

（昆山高新区（玉山镇）村志系列丛书）

ISBN 978-7-5672-4661-4

Ⅰ．①群… Ⅱ．①赵… ②昆… Ⅲ．①村史－昆山 Ⅳ．①K295.35

中国国家版本馆CIP数据核字（2023）第240390号

群星村志　村民家庭记载

编　　者	昆山高新区(玉山镇)村志系列丛书编纂委员会
主　　编	赵　佳
责任编辑	马德芳
助理编辑	罗路昭
装帧设计	刘　俊
出版发行	苏州大学出版社
地　　址	苏州市十梓街1号
邮　　编	215006
电　　话	0512-67481020
网　　址	http://www.sudapress.com
邮　　箱	sdcbs@suda.edu.cn
印　　刷	苏州市越洋印刷有限公司
开　　本	787 mm×1 092 mm　1/16　插页16　印张36.75(共两册)　字数607千
版　　次	2023年12月第1版
印　　次	2023年12月第1次印刷
书　　号	ISBN 978-7-5672-4661-4
定　　价	120.00元(共两册)

版权所有　侵权必究

目　录

村民家庭记载

- 001 / 一、群星村村民小组、户数一览表
- 002 / 二、群星村村民家庭记载
- 002 / 群星村第一村民小组
- 020 / 群星村第二村民小组
- 035 / 群星村第三村民小组
- 054 / 群星村第四村民小组
- 073 / 群星村第五村民小组
- 089 / 群星村第六村民小组
- 105 / 群星村第七村民小组
- 119 / 群星村第八村民小组
- 135 / 群星村第九村民小组
- 155 / 群星村第十村民小组
- 170 / 群星村第十一村民小组
- 207 / 群星村第十二村民小组

 # 村民家庭记载

群星村自2001年由原群南村、群北村和北洲村合并而成。全村有东生田、南生田、西生田、张家浜、北草芦港、黄泾、角上、蒋巷、南浜、下潭娄（娄里）、塘郎和北洲12个自然村，划分为12个村民小组。2020年年底，全村有540户（不含非在籍户口），在籍人数1 908人（不含非在籍人数），其中男性941人，女性967人。

《村民家庭记载》按照户主申报，将家庭变迁及现状、经历与荣誉如实记载入书（个别"家庭大事"栏目因各种缘由留有空白），以求上告慰祖先，下传承子孙。

《村民家庭记载》中，以记载2020年年底之前群星村常住人员为主，亦将部分非在籍人员载入相应家庭（同村结婚的人员，在双方家庭中都有记载），来反映家庭的完整性，户口已迁出的，根据户主申报也载入其中。所载信息一律不做其他方面的佐证资料。

一、群星村村民小组、户数一览表

群星村村民小组、户数一览表

村民小组	户数	村民小组	户数	村民小组	户数
第一村民小组	36	第五村民小组	34	第九村民小组	42
第二村民小组	31	第六村民小组	40	第十村民小组	33
第三村民小组	43	第七村民小组	32	第十一村民小组	79
第四村民小组	39	第八村民小组	41	第十二村民小组	90

二、群星村村民家庭记载

群星村第一村民小组

	姓名	与户主关系	出生年月	民族
现有家庭人员	陈水林	户主	1953 年 4 月	汉
	谢建珍	妻子	1955 年 6 月	汉
	陈方英	女儿	1978 年 11 月	汉
	陆永明	女婿	1978 年 11 月	汉
	陆韬宇	长孙	2002 年 11 月	汉
	陈奕天	次孙	2014 年 2 月	汉
家庭大事	1989 年建楼房。 2001 年购买商品房。 2005 年动迁安置。 2013 年购买轿车。			

	姓名	与户主关系	出生年月	民族
现有家庭人员	陆桂庆	户主	1958 年 1 月	汉
	金秧花	妻子	1962 年 4 月	汉
	陆 云	女儿	1984 年 3 月	汉
	李 松	女婿	1979 年 11 月	汉
	李 妍	外孙女	2006 年 2 月	汉
	陆可欣	孙女	2015 年 2 月	汉
家庭大事	1990 年建楼房。 2011 年购买商品房。 2015 年购买轿车。 2016 年动迁安置。			

	姓名	与户主关系	出生年月	民族
现有家庭人员	陈学明	户主	1963年1月	汉
	浦建英	妻子	1964年2月	汉
	陈洁松	女儿	1985年5月	汉
	周敏飞	女婿	1984年12月	汉
	周浩阳	外孙	2007年10月	汉
	陈曦文	孙子	2011年8月	汉
家庭大事	1992年建楼房。 1998年陈学明加入中国共产党。 2003年购买商品房。 2016年动迁安置。 2015年购买轿车。 陈洁松毕业于江苏信息职业技术学院，在一家外企工作。			

	姓名	与户主关系	出生年月	民族
现有家庭人员	陈学根	户主	1965年7月	汉
	孙培花	妻子	1964年7月	汉
	陈洁华	儿子	1988年4月	汉
	张为风	儿媳	1989年9月	汉
	陈俊宇	孙子	2012年12月	汉
	陈布生	父亲	1932年2月	汉
家庭大事	1993年建楼房。 2014年动迁安置。 2016年购买轿车。			

	姓名	与户主关系	出生年月	民族
现有家庭人员	周金珍	户主	1950 年 11 月	汉
	周国中	儿子	1979 年 2 月	汉
	金珠兰	儿媳	1981 年 10 月	汉
	周华发	长孙	2001 年 8 月	汉
	周　涵	次孙	2006 年 5 月	汉
家庭大事	1969 年周金珍入伍，1973 年退伍。 1970 年周金珍加入中国共产党。 1983—1986 年周金珍任群南村党支部书记。 1987 年建楼房。 2000 年购买商品房。 2014 年动迁安置。			

	姓名	与户主关系	出生年月	民族
现有家庭人员	黄正弟	户主	1958 年 10 月	汉
	刘玲英	妻子	1961 年 11 月	汉
	黄　丽	女儿	1984 年 9 月	汉
家庭大事	1989 年建楼房。 2016 年动迁安置。 2017 年购买商品房。			

	姓名	与户主关系	出生年月	民族
现有家庭人员	曹永芳	户主	1953 年 8 月	汉
	陆建平	儿子	1975 年 10 月	汉
	万传凤	儿媳	1979 年 12 月	汉
	陆万玲	孙女	2004 年 6 月	汉
家庭大事	1991 年建楼房。 2014 年动迁安置。			

	姓名	与户主关系	出生年月	民族
现有家庭人员	陈继军	户主	1970年3月	汉
	郁冬英	妻子	1970年11月	汉
	陈梦泽	儿子	1993年3月	汉
	荣沙沙	儿媳	1993年1月	汉
	陈媛媛	孙女	2019年3月	汉
	陈林根	父亲	1943年5月	汉
	范金妹	母亲	1948年1月	汉
家庭大事	1965年陈林根入伍，1969年退伍。 1967年陈林根加入中国共产党。 1973—1979年陈林根任群南大队党支部书记。 1990年建楼房。 2005年购买商品房。 2014年购买轿车。 2016年动迁安置。 陈梦泽毕业于江苏理工学院，在上海臻蔚电气自动化有限公司工作。 荣沙沙毕业于江苏理工学院，在昆山市人力资源和社会保障局工作。			

	姓名	与户主关系	出生年月	民族
现有家庭人员	陈继平	户主	1972年3月	汉
	王惠芳	妻子	1974年10月	汉
	陈逸恒	儿子	1996年1月	汉
家庭大事	1988年建平房。 2002年购买商品房。 2011年动迁安置。 2008年购买轿车。 陈逸恒毕业于南京晓庄学院，在昆山市市场监督管理局工作。			

姓名	与户主关系	出生年月	民族
夏香林	户主	1943 年 2 月	汉
张阿妹	妻子	1941 年 6 月	汉
夏学根	儿子	1964 年 2 月	汉
陈银花	儿媳	1965 年 1 月	汉
夏秋明	孙子	1987 年 8 月	汉
胡　敏	孙媳	1987 年 8 月	汉
胡予馨	长曾孙女	2012 年 10 月	汉
夏千嫒	次曾孙女	2017 年 11 月	汉

现有家庭人员

家庭大事

1985 年建楼房。
2010 年购买商品房。
2013 年购买轿车。
2014 年动迁安置。
夏秋明毕业于南京一所大专院校。

姓名	与户主关系	出生年月	民族
俞雪英	户主	1948 年 12 月	汉
浦莲刚	儿子	1977 年 6 月	汉
浦莲英	女儿	1973 年 1 月	汉
童景旺	女婿	1967 年 10 月	汉
浦春斌	孙子	1990 年 2 月	汉
程　艳	孙媳	1988 年 9 月	汉
浦程曦	曾孙女	2012 年 6 月	汉
浦童皓	曾孙	2016 年 7 月	汉

现有家庭人员

家庭大事

2011 年动迁安置。
2015 年购买轿车。
2016 年动迁安置。

	姓名	与户主关系	出生年月	民族
现有家庭人员	卞友坤	户主	1962年8月	汉
	季菊花	妻子	1964年5月	汉
	卞金文	儿子	1985年11月	汉
	马玉花	儿媳	1987年1月	汉
	卞振国	孙子	2008年2月	汉
家庭大事	2007年动迁安置。 2017年购买轿车。 2003年卞金文入伍，2005年退伍。 2005年卞金文荣获三等功。			

	姓名	与户主关系	出生年月	民族
现有家庭人员	陆根元	户主	1960年1月	汉
	黄宗仙	妻子	1962年10月	汉
	陆　静	女儿	1985年1月	汉
	朱　深	女婿	1985年4月	汉
	朱一诺	外孙女	2012年2月	汉
家庭大事	1991年建楼房。 2006年动迁安置。 2008年购买商品房。 2014年购买轿车。 陆静毕业于扬州大学广陵学院，在江苏美通投资有限公司工作。			

	姓名	与户主关系	出生年月	民族
现有 家庭人员	王花宝	户主	1933年5月	汉
	陆招元	三儿子	1963年3月	汉
	李 英	三儿媳	1965年11月	汉
	陆一丹	孙女	1987年11月	汉
	钱佳琪	孙婿	1987年8月	汉
	钱书彧	曾孙	2019年3月	汉
	陆 元	四儿子	1966年6月	汉
家庭大事	2009年动迁安置。 2011年购买商品房。 2012年购买轿车。 2015年陆一丹开办昆山市玉山镇凯弗庆五金钢材商行。			

	姓名	与户主关系	出生年月	民族
现有 家庭人员	周金生	户主	1942年3月	汉
	周 斌	儿子	1970年12月	汉
	陆盛如	儿媳	1971年1月	汉
	周 鑫	孙女	1993年9月	汉
	胡瀚远	孙婿	1991年3月	汉
	胡昱桐	外曾孙女	2019年2月	汉
家庭大事	1986年建楼房。 2016年动迁安置。			

	姓名	与户主关系	出生年月	民族
现有家庭人员	周根生	户主	1955 年 1 月	汉
	周月珍	妻子	1957 年 2 月	汉
	周斌华	儿子	1981 年 12 月	汉
	房启艳	儿媳	1983 年 1 月	汉
	周佳辉	孙子	2004 年 10 月	汉
家庭大事	1988 年建楼房。 2011 年购买商品房。 2014 年动迁安置。 2017 年购买轿车。			

	姓名	与户主关系	出生年月	民族
现有家庭人员	张金男	户主	1962 年 11 月	汉
	刘凤英	妻子	1964 年 9 月	汉
	张　华	长女	1987 年 10 月	汉
	姚　合	长婿	1988 年 6 月	汉
	姚予一	外孙	2014 年 11 月	汉
	张予心	孙女	2017 年 3 月	汉
	张　红	次女	1992 年 7 月	汉
家庭大事	1983 年建平房。 1997 年购买面包车。 2014 年动迁安置。			

	姓名	与户主关系	出生年月	民族
现有家庭人员	张金根	户主	1954年2月	汉
	周秋珍	妻子	1957年7月	汉
	张　燕	女儿	1981年11月	汉
	宋敏华	女婿	1978年7月	汉
	宋思宇	外孙女	2003年7月	汉
	郑妹媛	母亲	1932年3月	汉
家庭大事	1989年建楼房。 2010年购买商品房。 2013年购买轿车。 2016年动迁安置。			

	姓名	与户主关系	出生年月	民族
现有家庭人员	张金弟	户主	1964年3月	汉
	朱秋妹	妻子	1963年8月	汉
	张　娟	女儿	1987年3月	汉
	谢桂民	女婿	1982年11月	汉
	谢予心	外孙女	2013年4月	汉
家庭大事	1990年建楼房。 2008年购买商品房。 2011年购买轿车。 2016年动迁安置。 张娟毕业于南京中医药大学，在玉山镇亭林街道社区卫生服务站工作。			

	姓名	与户主关系	出生年月	民族
现有 家庭人员	智小二	户主	1951年7月	汉
	张招花	妻子	1952年2月	汉
	智学琪	长子	1976年12月	汉
	姜玉华	长媳	1975年11月	汉
	智 慧	孙子	2003年3月	汉
	智学清	次子	1978年9月	汉
	林 琳	次媳	1978年10月	汉
	智心怡	孙女	2008年11月	汉
家庭大事	智学琪任金海纸制品（昆山）有限公司行政处长。 姜玉华任正新橡胶（中国）有限公司资讯科科长。 智学清在苏州市文化活动交流中心工作。 林琳任苏州市滑稽剧团团长。			

	姓名	与户主关系	出生年月	民族
现有 家庭人员	陆桂男	户主	1966年6月	汉
	吴素花	妻子	1967年8月	汉
	陆亚琴	女儿	1989年5月	汉
家庭大事	1993年建楼房。 2015年购买商品房。 2016年动迁安置。 2016年购买轿车。			

	姓名	与户主关系	出生年月	民族
现有家庭人员	周根弟	户主	1966 年 12 月	汉
	胡开书	妻子	1969 年 12 月	汉
	周志明	儿子	1993 年 12 月	汉
家庭大事	1999 年建楼房。 1989 年周根弟开始从事瓦匠行业。 2015 年购买商品房。 2016 年动迁安置。 2019 年胡开书开始经营汉堡小吃店。			

	姓名	与户主关系	出生年月	民族
现有家庭人员	张水根	户主	1967 年 2 月	汉
	高德碧	妻子	1968 年 8 月	汉
	张永晴	女儿	1991 年 1 月	汉
	周　斌	女婿	1990 年 8 月	汉
	周青禾	外孙女	2018 年 5 月	汉
家庭大事	1999 年建楼房。 2014 年购买商品房。 2016 年动迁安置。 2017 年购买轿车。 张永晴毕业于苏州大学，在昆山市张浦镇周巷小学工作。			

	姓名	与户主关系	出生年月	民族
现有家庭人员	孙惠明	户主	1962年8月	汉
	刘小花	妻子	1962年6月	汉
	孙文华	儿子	1985年9月	汉
	周　丽	儿媳	1985年8月	汉
	孙砚熙	孙子	2014年5月	汉
家庭大事	1992年建楼房。 2006年购买商品房。 2016年动迁安置。 2016年购买轿车。 孙文华毕业于南京中医药大学，在昆山市中医医院工作。			

	姓名	与户主关系	出生年月	民族
现有家庭人员	张凤生	户主	1962年8月	汉
	陆玉英	妻子	1963年6月	汉
	张　肄	女儿	1985年11月	汉
	夏　云	女婿	1985年5月	汉
	夏敏月	外孙女	2011年1月	汉
	夏敏宸	外孙	2014年9月	汉
	张火生	父亲	1928年8月	汉
家庭大事	1978年建平房。 2009年动迁安置。 2012年购买轿车。 2018年购买商品房。 张肄毕业于南昌理工学院航天航空学院，在收费站工作。			

	姓名	与户主关系	出生年月	民族
现有家庭人员	张凤根	户主	1958年4月	汉
	许桂芬	妻子	1959年7月	汉
	张莉琴	女儿	1982年2月	汉
	郑煌权	女婿	1978年6月	汉
	张恩佳	孙女	2008年10月	汉
家庭大事	1987年建楼房。 2005年购买商品房。 2008年购买轿车。 2016年动迁安置。 张莉琴毕业于昆山市第二职业中学，在一家外企工作。			

	姓名	与户主关系	出生年月	民族
现有家庭人员	张惠泉	户主	1934年4月	汉
	张三宝	妻子	1938年11月	汉
	张林荣	儿子	1968年10月	汉
	陈美珍	儿媳	1970年4月	汉
	张晓明	孙子	1991年10月	汉
	陆正雯	孙媳	1993年9月	汉
	张 桐	曾孙女	2017年10月	汉
家庭大事	1984年建楼房。 1989年张林荣开始从事瓦匠行业。 2001年购买商品房。 2016年动迁安置。 2018年购买轿车。			

	姓名	与户主关系	出生年月	民族
现有家庭人员	陆林弟	户主	1963年5月	汉
	陆金秀	妻子	1963年12月	汉
	陆　燕	女儿	1990年2月	汉
	袁昕刚	女婿	1988年8月	汉
	袁弈轩	外孙	2018年3月	汉
家庭大事	1984年建楼房。 2001年购买商品房。 2016年动迁安置。 2017年购买轿车。			

	姓名	与户主关系	出生年月	民族
现有家庭人员	陆典梅	户主	1932年12月	汉
	唐秀金	妻子	1939年2月	汉
	陆密根	儿子	1966年4月	汉
	周翠花	儿媳	1966年1月	汉
	陆文斌	孙子	1989年2月	汉
	王春燕	孙媳	1987年5月	汉
	陆紫萱	曾孙女	2013年9月	汉
	王亦辰	曾孙	2017年4月	汉
家庭大事	1986年建楼房。 2010年购买商品房。 2014年动迁安置。 2017年购买轿车。 陆文斌毕业于昆山开放大学，在一家外企工作。			

	姓名	与户主关系	出生年月	民族
现有家庭人员	张林花	户主	1958年8月	汉
	郑月琴	女儿	1978年7月	汉
	许 平	女婿	1978年12月	汉
	许安琪	外孙女	2003年6月	汉
家庭大事	1991年建楼房。 2016年动迁安置。 郑月琴毕业于苏州大学，在昆山市巴城镇社区卫生服务中心工作。			

	姓名	与户主关系	出生年月	民族
现有家庭人员	潘社金	户主	1955年8月	汉
	胥妹珍	妻子	1961年10月	汉
	胥 平	儿子	1979年7月	汉
	杨 倩	儿媳	1983年4月	汉
	胥杨雨	孙女	2007年6月	汉
	胥杨宇	孙子	2017年12月	汉
	潘丽娟	女儿	1991年10月	汉
	胥春兴	岳父	1932年11月	汉
	王凤妹	岳母	1933年12月	汉
家庭大事	1994年建平房。 2006年动迁安置。 2012年购买轿车。 2017年购买商品房。			

	姓名	与户主关系	出生年月	民族
现有家庭人员	郑正华	户主	1968年2月	汉
	陆雪琴	妻子	1970年4月	汉
	郑天豪	儿子	1990年10月	汉
	张　莉	儿媳	1991年10月	汉
	郑张雨	孙女	2015年8月	汉
家庭大事	1985年建楼房。 1990年郑正华开始从事瓦匠行业。 2010年购买商品房。 2016年购买轿车。 2016年动迁安置。			

	姓名	与户主关系	出生年月	民族
现有家庭人员	郑建忠	户主	1964年6月	汉
	蔡翠金	妻子	1969年5月	汉
	郑　婷	女儿	1991年3月	汉
	王海峰	女婿	1991年3月	汉
	王梓帆	外孙	2013年12月	汉
	郑舒宸	孙女	2015年3月	汉
家庭大事	2009年动迁安置。 2012年购买轿车。			

	姓名	与户主关系	出生年月	民族
现有家庭人员	陆林华	户主	1966年6月	汉
	夏月珍	妻子	1966年12月	汉
	陆　星	儿子	1990年5月	汉
	胡鸣婷	儿媳	1992年3月	汉
	陆以柠	孙女	2020年5月	汉
家庭大事	1989年建楼房。 1989年陆林华开始从事油漆工行业。 1997年购买商品房。 2006年购买轿车。 2016年动迁安置。			

	姓名	与户主关系	出生年月	民族
现有家庭人员	郑大魁	户主	1947年3月	汉
	孙银凤	妻子	1948年4月	汉
	郑建峰	儿子	1973年4月	汉
	盛四妹	儿媳	1975年5月	汉
	郑　诺	孙女	1999年10月	汉
	郑　君	孙子	2003年10月	汉
家庭大事	1987年建楼房。 1998年购买商品房。 2016年动迁安置。			

	姓名	与户主关系	出生年月	民族
现有家庭人员	郑建明	户主	1957年3月	汉
	孙素珍	妻子	1957年11月	汉
	郑国荣	儿子	1981年11月	汉
	范小琴	儿媳	1981年11月	汉
	郑佳吟	长孙女	2005年1月	汉
	郑梓吟	次孙女	2017年6月	汉
家庭大事	1988年建楼房。 1994年郑建明加入中国共产党。 1999—2000年郑建明任群南村党支部书记。 2001年购买商品房。 2016年购买轿车。 2016年动迁安置。			

群星村第二村民小组

	姓名	与户主关系	出生年月	民族
现有 家庭人员	陆介瑞	户主	1939 年 4 月	汉
	李荷英	妻子	1942 年 10 月	汉
	陆惠芬	女儿	1964 年 8 月	汉
	陆凤根	女婿	1963 年 9 月	汉
	陆利明	孙子	1986 年 9 月	汉
	陆卫娟	孙媳	1987 年 4 月	汉
	陆言羽	长曾孙女	2011 年 11 月	汉
	陆芊羽	次曾孙女	2013 年 5 月	汉
家庭大事	1985 年陆凤根开始从事油漆工行业。 1986 年建楼房。 2000 年购买轿车。 2013 年动迁安置。 陆利明毕业于昆山开放大学，经营消防器材。			

	姓名	与户主关系	出生年月	民族
现有 家庭人员	何翠珍	户主	1953 年 10 月	汉
	陆永明	儿子	1991 年 3 月	汉
家庭大事	1986 年建楼房。 1992 年购买商品房。 2013 年动迁安置。 2018 年购买轿车。 陆永明毕业于常熟理工学院，在昆山高新区党群工作部工作。			

	姓名	与户主关系	出生年月	民族
现有家庭人员	黄云元	户主	1953年12月	汉
	黄亚芳	女儿	1978年9月	汉
	张建军	女婿	1977年6月	汉
	黄曦雯	孙女	2000年10月	汉
家庭大事	1992年建楼房。 1996年张建军入伍，1998年退伍。 2005年购买轿车。 2013年动迁安置。 2018年黄曦雯就读于淮阴工学院。			

	姓名	与户主关系	出生年月	民族
现有家庭人员	陆文龙	户主	1964年2月	汉
	陆品贵	儿子	1987年4月	汉
	景鹰云	儿媳	1987年6月	汉
	陆佰宇	孙子	2017年1月	汉
	杨梅香	母亲	1941年2月	汉
家庭大事	1990年建楼房。 1998年购买商品房。 2013年动迁安置。 陆品贵毕业于昆山登云科技职业学院，在中国江苏昆山出口加工区工作。			

	姓名	与户主关系	出生年月	民族
现有家庭人员	黄富根	户主	1958 年 12 月	汉
	浦桃花	妻子	1957 年 3 月	汉
	黄 华	儿子	1980 年 10 月	汉
	褚美娟	儿媳	1981 年 1 月	汉
	黄羿儇	孙子	2006 年 9 月	汉
	俞爱妹	母亲	1929 年 12 月	汉
家庭大事	1980 年建楼房。 2002 年购买商品房。 2012 年购买轿车。 2013 年动迁安置。			

	姓名	与户主关系	出生年月	民族
现有家庭人员	王傲根	户主	1950 年 11 月	汉
	周银花	妻子	1952 年 9 月	汉
	王雪龙	儿子	1976 年 3 月	汉
	龚美芳	儿媳	1974 年 11 月	汉
	王熠成	孙子	1999 年 4 月	汉
家庭大事	1989 年建楼房。 1998 年王雪龙开始从事油漆工行业。 2013 年动迁安置。 2019 年购买轿车。			

	姓名	与户主关系	出生年月	民族
现有家庭人员	陆汉佰	户主	1944年7月	汉
	张水英	妻子	1946年9月	汉
	陆建国	长子	1967年9月	汉
	周翠珍	长媳	1967年8月	汉
	陆晓东	孙子	1990年7月	汉
	王培	孙媳	1989年5月	汉
	陆则成	曾孙	2014年9月	汉
	陆建良	次子	1970年12月	汉
家庭大事	1981年陆汉佰加入中国共产党。 1988年建楼房。 2013年动迁安置。 陆晓东毕业于上海中华职业技术学院，在昆山市公安局城中派出所工作。			

	姓名	与户主关系	出生年月	民族
现有家庭人员	黄正良	户主	1957年11月	汉
	胡芳	妻子	1965年6月	汉
	黄婷婷	女儿	1988年9月	汉
	林玉华	女婿	1989年12月	汉
	黄梓涵	孙女	2012年6月	汉
	林梓萱	外孙女	2015年5月	汉
	范伯妹	母亲	1934年10月	汉
家庭大事	1990年建楼房。 2013年动迁安置。 黄婷婷毕业于江苏电子信息职业学院，在昆山元高建材有限公司工作。			

	姓名	与户主关系	出生年月	民族
现有家庭人员	王抱龙	户主	1964年10月	汉
	黄凤云	妻子	1976年3月	土家族
	王　静	女儿	1989年12月	汉
	丁　冈	女婿	1994年10月	汉
	王翁鑫	孙子	2018年3月	汉
家庭大事	1968年建平房。 2005年动迁安置。 王静毕业于苏州市职业大学，在苏州复美环卫物业服务有限公司工作。			

	姓名	与户主关系	出生年月	民族
现有家庭人员	黄云龙	户主	1964年4月	汉
	黄诗婷	女儿	1994年8月	汉
家庭大事	1976年建平房。 2003年购买商品房。 2013年动迁安置。 2014年购买轿车。 黄诗婷毕业于三江学院，在一家企业工作。			

	姓名	与户主关系	出生年月	民族
现有家庭人员	黄惠良	户主	1963年4月	汉
	杨白妹	妻子	1965年11月	汉
	黄　芳	女儿	1982年2月	汉
	郁　华	女婿	1982年12月	汉
	黄智珺	孙女	2006年12月	汉
	郁智淏	外孙	2008年4月	汉
家庭大事	1993年建楼房。 2000年郁华入伍，2002年退伍。 2002年郁华加入中国共产党。 2013年动迁安置。			

现有家庭人员	姓名	与户主关系	出生年月	民族
	陆小毛	户主	1970年6月	汉
	王凤青	妻子	1973年2月	汉
	陆霜霜	女儿	1993年11月	汉
	张 振	女婿	1994年4月	汉
	张皓辰	外孙	2019年5月	汉

家庭大事	1992年陆小毛开始从事瓦匠行业。 1992年建楼房。 2013年动迁安置。 2018年购买商品房。 陆霜霜毕业于江苏师范大学科文学院，在捷安特（昆山）有限公司工作。

现有家庭人员	姓名	与户主关系	出生年月	民族
	陆金龙	户主	1966年4月	汉
	周文花	妻子	1966年9月	汉
	陆静芳	女儿	1989年1月	汉
	俞晓强	女婿	1988年4月	汉
	俞陆浩	外孙	2014年3月	汉
	陆佳宁	孙女	2018年4月	汉

家庭大事	1986年陆金龙开始从事瓦匠行业。 1990年建楼房。 2001年购买商品房。 2015年购买轿车。 2013年动迁安置。 2014—2016年陆金龙任群星村党总支书记。 陆静芳毕业于无锡太湖学院，在昆山农村商业银行工作。

	姓名	与户主关系	出生年月	民族
现有家庭人员	王坤男	户主	1964年6月	汉
	蒋玲香	妻子	1967年3月	汉
	王 燕	女儿	1987年12月	汉
	卢小健	女婿	1994年2月	汉
	卢景琰	外孙	2018年1月	汉
	王景一	孙女	2020年5月	汉
	王白男	弟弟	1967年1月	汉
家庭大事	1988年建楼房。 2001年购买商品房。 2013年购买轿车。 2013年动迁安置。 王燕毕业于昆山开放大学。			

	姓名	与户主关系	出生年月	民族
现有家庭人员	陆阿毛	户主	1950年1月	汉
	袁阿仙	妻子	1950年9月	汉
	陆健英	女儿	1972年11月	汉
	陆梦顾	孙女	1993年6月	汉
	王 梓	孙婿	1990年8月	汉
家庭大事	1992年建楼房。 2003年购买商品房。 2013年动迁安置。 2020年购买轿车。 陆梦顾毕业于苏州评弹学校。			

	姓名	与户主关系	出生年月	民族
现有家庭人员	陆小狗	户主	1950 年 10 月	汉
	周秀囡	妻子	1950 年 3 月	汉
	薛　凤	儿媳	1973 年 11 月	汉
	陆欣怡	孙女	1996 年 2 月	汉
家庭大事	1989 年建楼房。 2001 年购买商品房。 2013 年动迁安置。 陆欣怡毕业于徐州幼儿师范高等专科学校，在昆山市玉山镇第一中心小学幼儿园工作。			

	姓名	与户主关系	出生年月	民族
现有家庭人员	黄友良	户主	1957 年 9 月	汉
	龚水妹	妻子	1956 年 12 月	汉
	黄小英	女儿	1979 年 9 月	汉
	赵皓宇	外孙	2001 年 9 月	汉
	黄荣华	儿子	1987 年 2 月	汉
	仇金艳	儿媳	1989 年 10 月	汉
	黄家俊	长孙	2010 年 10 月	汉
	仇家奕	次孙	2019 年 5 月	汉
家庭大事	1992 年建楼房。 2013 年动迁安置。 2015 年购买轿车。			

	姓名	与户主关系	出生年月	民族
现有家庭人员	黄云男	户主	1958年12月	汉
	龚惠芬	妻子	1960年4月	汉
	黄英	女儿	1981年11月	汉
	郭学标	女婿	1979年1月	汉
	黄亦可	孙女	2006年5月	汉
	郭亦帅	外孙	2007年8月	汉
家庭大事	1994年建楼房。 2013年动迁安置。 2018年购买轿车。			

	姓名	与户主关系	出生年月	民族
现有家庭人员	陈宗宝	户主	1930年7月	汉
	黄秋萍	孙女	1992年10月	汉
家庭大事	1989年建楼房。 2013年动迁安置。 2016年购买轿车。 黄秋萍毕业于江苏联合职业技术学院，在苏州丹墨文化传播有限公司工作。			

	姓名	与户主关系	出生年月	民族
现有家庭人员	陆金根	户主	1958 年 2 月	汉
	陈香妹	妻子	1957 年 10 月	汉
	陆明华	儿子	1981 年 11 月	汉
	王桂英	儿媳	1982 年 1 月	汉
	陆 希	孙女	2004 年 11 月	汉
	陆俊洲	孙子	2009 年 9 月	汉
	陆连元	父亲	1931 年 9 月	汉
	杨福妹	母亲	1933 年 5 月	汉
家庭大事	1992 年建楼房。 2001 年购买商品房。 2006 年购买轿车。 2013 年动迁安置。			

	姓名	与户主关系	出生年月	民族
现有家庭人员	陆汉生	户主	1947 年 9 月	汉
	丁凤英	妻子	1950 年 3 月	汉
	陆 晔	长子	1972 年 11 月	汉
	张梅珍	长媳	1974 年 10 月	汉
	陆梦蕊	孙女	1995 年 10 月	汉
	陆 青	次子	1975 年 6 月	汉
家庭大事	1989 年建楼房。 2002 年购买商品房。 2013 年动迁安置。 陆梦蕊毕业于苏州大学，在北泽精密机械（昆山）有限公司工作。			

	姓名	与户主关系	出生年月	民族
现有家庭人员	黄小男	户主	1945年4月	汉
	陆金花	妻子	1948年4月	汉
	黄素根	儿子	1971年5月	汉
	黄莉娜	孙女	1994年10月	汉
家庭大事	1986年建楼房。 2001年购买商品房。 2003年购买轿车。 2013年动迁安置。 黄莉娜毕业于盐城师范学院，在昆山市吉的堡英语培训中心工作。			

	姓名	与户主关系	出生年月	民族
现有家庭人员	吴建华	户主	1968年8月	汉
	陆丽英	妻子	1971年1月	汉
	陆伟杰	儿子	1991年6月	汉
	管梦倩	儿媳	1993年6月	汉
	陆翊然	孙子	2018年2月	汉
家庭大事	1989年吴建华开始从事木匠行业。 1990年建楼房。 2005年购买商品房。 2013年动迁安置。 2016年购买轿车。			

	姓名	与户主关系	出生年月	民族
现有家庭人员	陆凤良	户主	1966年7月	汉
	邓雪琴	妻子	1967年2月	汉
	陆丽娟	女儿	1989年4月	汉
	程士龙	女婿	1988年3月	汉
	陆程锐	孙子	2012年3月	汉
	程欣悦	孙女	2015年6月	汉
家庭大事	1986年建楼房。 1988年陆凤良开始从事油漆工行业。 1998年购买商品房。 2011年购买轿车。 2013年动迁安置。			

	姓名	与户主关系	出生年月	民族
现有家庭人员	陆金木	户主	1953年9月	汉
	王定花	妻子	1954年7月	汉
	陆振华	长子	1980年2月	汉
	濮杏英	长媳	1978年4月	汉
	陆以恒	长孙	2005年9月	汉
	陆建华	次子	1981年9月	汉
	朱 晨	次媳	1989年7月	汉
	陆岩泽	次孙	2014年5月	汉
	陆彦汐	孙女	2018年2月	汉
家庭大事	1973年陆金木入伍，1981年退伍。 1974年陆金木加入中国共产党。 1998年建平房。 1995年购买商品房。 1998年购买轿车。 2013年动迁安置。			

	姓名	与户主关系	出生年月	民族
现有家庭人员	黄大男	户主	1956年7月	汉
	周梅花	妻子	1955年3月	汉
	黄平	儿子	1981年9月	汉
	龚燕	儿媳	1982年10月	汉
	黄昊琦	长孙	2004年9月	汉
	龚昊辰	次孙	2013年3月	汉
家庭大事	1995年建楼房。 2000年购买商品房。 2002年购买轿车。 2013年动迁安置。			

	姓名	与户主关系	出生年月	民族
现有家庭人员	辛惠芬	户主	1958年3月	汉
	黄建	儿子	1982年6月	汉
	张慧	儿媳	1982年12月	汉
	黄思语	长孙女	2006年4月	汉
	黄思颖	次孙女	2014年5月	汉
家庭大事	1991年建楼房。 2000年购买商品房 2002年黄建入伍，2004年退伍。 2004年黄建加入中国共产党。 2005年购买轿车。 2013年动迁安置。			

	姓名	与户主关系	出生年月	民族
现有家庭人员	陆进生	户主	1934 年 6 月	汉
	陆勤虎	儿子	1967 年 8 月	汉
	王玲英	儿媳	1968 年 10 月	汉
	陆静良	孙子	1990 年 11 月	汉
家庭大事	1987 年建楼房。 1988 年陆勤虎开始从事瓦匠行业。 2013 年动迁安置。 2016 年购买轿车。			

	姓名	与户主关系	出生年月	民族
现有家庭人员	王山男	户主	1957 年 12 月	汉
	方素花	妻子	1958 年 1 月	汉
	马亚芬	儿媳	1982 年 9 月	汉
	王允浩	长孙	2007 年 7 月	汉
	马允宸	次孙	2013 年 6 月	汉
家庭大事	1987 年建楼房。 2002 年购买商品房。 2012 年购买轿车。 2013 年动迁安置。			

现有家庭人员	姓名	与户主关系	出生年月	民族
	陆爱生	户主	1938 年 3 月	汉
	刘腊妹	妻子	1941 年 8 月	汉
	陆永根	次子	1967 年 2 月	汉
	郑雪妹	次媳	1966 年 6 月	汉
	陆 峰	孙子	1990 年 2 月	汉
	周晔炜	孙媳	1991 年 2 月	汉
	陆星辰	曾孙	2016 年 12 月	汉

家庭大事	1988 年陆永根开始从事木匠行业。 1993 年建楼房。 1998 年购买商品房。 2013 年动迁安置。 2015 年购买轿车。 陆峰毕业于南京理工大学泰州科技学院，在昆山人力资源市场工作。

现有家庭人员	姓名	与户主关系	出生年月	民族
	陆泉根	户主	1962 年 12 月	汉
	许 慧	妻子	1968 年 11 月	汉
	陆晓飞	儿子	1989 年 12 月	汉
	刘思秀	儿媳	1990 年 3 月	汉
	陆钧鸿	孙子	2019 年 5 月	汉

家庭大事	1980 年陆泉根入伍，2009 年转业。 1985 年陆泉根加入中国共产党。 2009 年分配经济适用房。 2016 年购买轿车。 2017 年购买商品房。 陆泉根在昆山高新区人力资源和社会保障局担任所长。 陆晓飞毕业于江苏师范大学，在昆山阳澄湖科技园管理委员会工作。

群星村第三村民小组

	姓名	与户主关系	出生年月	民族
现有家庭人员	朱文龙	户主	1951 年 11 月	汉
	张存珍	妻子	1956 年 5 月	汉
	朱冬妹	女儿	1978 年 11 月	汉
	孙成和	女婿	1976 年 12 月	汉
	朱 琦	孙子	2000 年 1 月	汉
家庭大事	1995 年建楼房。 2013 年购买商品房。 2016 年动迁安置。			

	姓名	与户主关系	出生年月	民族
现有家庭人员	蒋梧桐	户主	1945 年 12 月	汉
	蒋密花	妻子	1950 年 8 月	汉
	蒋彩华	女儿	1971 年 11 月	汉
	陆志勇	女婿	1969 年 9 月	汉
	蒋晓尘	孙子	1992 年 3 月	汉
家庭大事	1988 年建楼房。 1990 年陆志勇开始从事木匠行业。 2000 年购买商品房。 2016 年动迁安置。 2017 年购买轿车。			

	姓名	与户主关系	出生年月	民族
现有家庭人员	蒋惠中	户主	1967年2月	汉
	陆金花	妻子	1968年2月	汉
	蒋燕萍	女儿	1990年4月	汉
	姚君军	女婿	1990年4月	汉
	蒋承轩	孙子	2013年7月	汉
	姚承浩	外孙	2016年10月	汉
家庭大事	1986年建楼房。 1988年蒋惠中开始从事木匠行业。 2000年购买轿车。 2003年购买商品房。 2014年动迁安置。			

	姓名	与户主关系	出生年月	民族
现有家庭人员	蒋金木	户主	1957年8月	汉
	朱爱媛	妻子	1957年3月	汉
	蒋华英	女儿	1982年7月	汉
	李敬海	女婿	1978年2月	汉
	蒋李浩	孙子	2007年7月	汉
	李铭浩	外孙	2014年6月	汉
家庭大事	1990年建楼房。 2005年购买商品房。 2011年购买轿车。 2016年动迁安置。			

	姓名	与户主关系	出生年月	民族
现有家庭人员	刘水兴	户主	1954 年 2 月	汉
	刘　斌	儿子	1986 年 7 月	汉
	高思静	儿媳	1988 年 8 月	汉
	高星焱	孙子	2012 年 2 月	汉

家庭大事	

	姓名	与户主关系	出生年月	民族
现有家庭人员	徐惠英	户主	1948 年 3 月	汉
	陆福林	儿子	1968 年 8 月	汉
	钱红花	儿媳	1969 年 3 月	汉
	陆翠萍	孙女	1993 年 1 月	汉
	唐　松	孙婿	1991 年 8 月	汉
	陆炎彬	曾孙	2016 年 4 月	汉
	陆福妹	女儿	1970 年 4 月	汉

家庭大事	1987 年建楼房。 2002 年购买商品房。 2016 年购买轿车。 2016 年动迁安置。

	姓名	与户主关系	出生年月	民族
现有家庭人员	徐国萍	户主	1972 年 2 月	汉
	朱剑英	妻子	1972 年 9 月	汉
	徐陈燕	女儿	1995 年 1 月	汉

家庭大事	1988 年建楼房。 2005 年购买商品房。 2011 年购买轿车。 2016 年动迁安置。

	姓名	与户主关系	出生年月	民族
现有家庭人员	薛泉根	户主	1957年3月	汉
	俞金花	妻子	1962年8月	汉
	薛建峰	儿子	1984年8月	汉
	王　丽	儿媳	1986年4月	汉
	薛寅谊	孙子	2006年12月	汉
	薛怡琳	孙女	2013年10月	汉
家庭大事	1992年建楼房。 1999年购买商品房。			

	姓名	与户主关系	出生年月	民族
现有家庭人员	郁小青	户主	1972年5月	汉
	周雪琴	妻子	1968年7月	汉
	郁骏杰	儿子	1994年10月	汉
家庭大事	2016年动迁安置。 郁骏杰毕业于苏州市职业大学，在苏州麦田迪赛房地产投资咨询有限公司工作。			

	姓名	与户主关系	出生年月	民族
现有家庭人员	侯建昆	户主	1965年2月	汉
	龚小妹	妻子	1966年5月	汉
	侯吉青	儿子	1987年9月	汉
	罗顺丽	儿媳	1988年2月	汉
	侯擎宇	孙子	2011年8月	汉
	侯建明	弟弟	1966年11月	汉
家庭大事	1985年侯建明入伍，1989年退伍。 1988年侯建明加入中国共产党。 1987年建楼房。 2000年购买商品房。 2005年购买面包车。 2016年动迁安置。			

	姓名	与户主关系	出生年月	民族
现有家庭人员	蒋阿泉	户主	1941 年 3 月	汉
	蒋金花	女儿	1964 年 2 月	汉
	张明元	女婿	1965 年 5 月	汉
	蒋时一	孙子	1988 年 1 月	汉
	赵云霞	孙媳	1989 年 11 月	汉
	蒋承浩	曾孙	2012 年 7 月	汉
	蒋承滢	曾孙女	2014 年 11 月	汉
家庭大事	1979 年蒋金花开始在群南小学工作，已退休。 1986 年张明元开始从事木匠行业。 1990 年建楼房。 1999 年购买商品房。 蒋时一毕业于盐城师范学院，在昆山国力源通新能源科技有限公司工作。 2012 年购买轿车。 2016 年动迁安置。			

	姓名	与户主关系	出生年月	民族
现有家庭人员	徐国良	户主	1956 年 7 月	汉
	苏 芹	妻子	1960 年 7 月	汉
	徐 芳	女儿	1982 年 2 月	汉
	向杨涛	女婿	1980 年 7 月	汉
	向 莉	外孙女	2004 年 6 月	汉
	徐烈兵	儿子	1990 年 6 月	汉
	陈倩文	儿媳	1992 年 12 月	汉
	徐晨阳	孙子	2015 年 7 月	汉
家庭大事	1986 年建楼房。 1990 年徐国良加入中国共产党。 2010 年徐烈兵入伍，2012 年退伍。 2012 年徐烈兵加入中国共产党。 2014 年动迁安置。			

	姓名	与户主关系	出生年月	民族
现有家庭人员	蒋建强	户主	1965年11月	汉
	刘志英	妻子	1968年2月	汉
	蒋晓倩	女儿	1989年2月	汉
	陈 涛	女婿	1987年7月	汉
	蒋若涵	孙女	2016年10月	汉
	陈若豪	外孙	2018年8月	汉
家庭大事	1984年建楼房。 1998—2004年分别被评为八星级农户、五好家庭。 2006年购买商品房。 2006年蒋建强加入中国共产党。 2006年蒋建强在昆山市公安局吴淞江派出所担任调解员。 2011年蒋晓倩加入中国共产党。 2016年动迁安置。 蒋晓倩毕业于南京信息工程大学,在群星村村委会工作。			

	姓名	与户主关系	出生年月	民族
现有家庭人员	刘水明	户主	1961年6月	汉
	朱金珍	妻子	1961年7月	汉
	刘娟娟	女儿	1981年11月	汉
	龚 烨	女婿	1978年10月	汉
	刘心兰	孙女	2004年10月	汉
家庭大事	1997年刘水明加入中国共产党。 1992年刘水明担任昆山市沪群钙塑箱厂厂长。 2000年建平房。 2015年购买轿车。 2016年动迁安置。			

	姓名	与户主关系	出生年月	民族
现有家庭人员	张林福	户主	1957 年 1 月	汉
	赵祥花	妻子	1957 年 3 月	汉
	赵 英	长女	1981 年 11 月	汉
	陆 华	长婿	1981 年 2 月	汉
	赵辰希	孙女	2015 年 3 月	汉
	赵 红	次女	1987 年 3 月	汉
家庭大事	1976 年张林福入伍，1982 年退伍。 1979 年张林福加入中国共产党。 1993 年建楼房。 2016 年动迁安置。			

	姓名	与户主关系	出生年月	民族
现有家庭人员	陆炳生	户主	1953 年 8 月	汉
	沈玉英	妻子	1954 年 6 月	汉
	陆凤国	儿子	1980 年 2 月	汉
	张克妹	儿媳	1978 年 12 月	汉
	陆婷婷	孙女	2002 年 12 月	汉
	陆晨阳	孙子	2010 年 5 月	汉
家庭大事	1992 年建楼房。 2016 年动迁安置。			

	姓名	与户主关系	出生年月	民族
现有家庭人员	陆祥生	户主	1969 年 4 月	汉
	陆勤仙	妻子	1970 年 3 月	汉
	陆晨孝	儿子	2011 年 4 月	汉
家庭大事	1984 年建平房。 2006 年动迁安置。 2019 年被评为文明和谐家庭。			

	姓名	与户主关系	出生年月	民族
现有家庭人员	蒋惠林	户主	1965年6月	汉
	薛　勤	妻子	1968年10月	汉
	蒋薛珠	女儿	1991年2月	汉
	李　永	女婿	1991年11月	汉
	李宇轩	外孙	2013年5月	汉
	蒋鸣轩	孙子	2016年12月	汉
家庭大事	1986年建平房。 1988年蒋惠林从事瓦匠行业。 2009年动迁安置。 2012年购买轿车。			

	姓名	与户主关系	出生年月	民族
现有家庭人员	郁香青	户主	1966年1月	汉
	陈秋花	妻子	1969年9月	汉
	郁骏德	儿子	1990年6月	汉
	王　悦	儿媳	1990年3月	汉
	郁泽宇	孙子	2018年6月	汉
家庭大事	1983年建平房。 1993年郁香青加入中国共产党。 2003年购买商品房。 2007年购买轿车。 2014年动迁安置。 郁骏德毕业于淮阴工学院。			

	姓名	与户主关系	出生年月	民族
现有家庭人员	徐云鹏	户主	1944 年 1 月	汉
	蒋林花	妻子	1950 年 7 月	汉
	徐雪妹	长女	1968 年 8 月	汉
	王志强	长婿	1966 年 6 月	汉
	徐　军	长子	1990 年 2 月	汉
	朱月红	孙媳	1991 年 1 月	汉
	徐熙宸	曾孙女	2015 年 6 月	汉
	朱徐源	曾孙	2018 年 8 月	汉
	徐雪珍	三女儿	1974 年 7 月	汉
	宋长征	三女婿	1972 年 2 月	汉
	宋　晨	外孙	1998 年 6 月	汉

家庭大事	1986 年建楼房。 2007 年动迁安置。 2005 年购买商品房。 2009 年徐军入伍，2011 年退伍。 2011 年徐军加入中国共产党。 2013 年购买轿车。 2013 年徐雪珍加入中国共产党。

	姓名	与户主关系	出生年月	民族
现有家庭人员	蒋银木	户主	1963 年 8 月	汉
	熊琼芳	妻子	1970 年 9 月	汉
	蒋蓉蓉	女儿	1990 年 4 月	汉

家庭大事	1997 年建楼房。 2011 年动迁安置。

	姓名	与户主关系	出生年月	民族
现有家庭人员	张林生	户主	1948年7月	汉
	张梅香	长女	1971年1月	汉
	张春泉	儿子	1972年10月	汉
	徐三妹	儿媳	1971年4月	汉
	张　晨	孙子	1997年1月	汉
	张梅芬	次女	1976年10月	汉
家庭大事	1986年建楼房。 1995年张春泉开始从事木匠行业。 2014年动迁安置。 2017年购买轿车。 2017年购买商品房。			

	姓名	与户主关系	出生年月	民族
现有家庭人员	张梅玲	户主	1967年1月	汉
	王俊龙	丈夫	1965年4月	汉
	张　晴	女儿	1988年4月	汉
	周玉岗	女婿	1987年10月	汉
	周梓琦	外孙	2011年1月	汉
	周一涵	外孙女	2016年9月	汉
家庭大事	1988年王俊龙开始从事瓦匠行业。 1989年建楼房。 1992年张梅玲开始从事理发师行业。 2009年购买轿车。 2014年动迁安置。 2018年购买商品房。			

	姓名	与户主关系	出生年月	民族
现有家庭人员	徐国庆	户主	1968年4月	汉
	孔善红	妻子	1966年10月	汉
	徐宏伟	儿子	1992年12月	汉
	钱　丹	儿媳	1992年10月	汉
	徐芊玥	孙女	2018年5月	汉
家庭大事	1989年建楼房。 2014年动迁安置。 2016年购买轿车。 徐宏伟毕业于盐城工学院，在好孩子儿童用品有限公司工作。			

	姓名	与户主关系	出生年月	民族
现有家庭人员	郁伟明	户主	1968年2月	汉
	曹筱玲	妻子	1972年5月	汉
	郁文沛	女儿	2000年9月	汉
	徐招花	母亲	1944年12月	汉
家庭大事	1982年建平房。 2007年动迁安置。 2007年购买轿车。 2011年郁伟明被南京市建设工程中级专业技术资格评审委员会评审为工程师。 2012年购买商品房。 2019年郁文沛就读于南京晓庄学院。			

	姓名	与户主关系	出生年月	民族
现有家庭人员	徐良根	户主	1978年1月	汉
	夏翠侠	妻子	1976年9月	汉
	徐祎凡	儿子	2000年11月	汉
	徐良妹	妹妹	1980年6月	汉
家庭大事	1984年建楼房。 2009年动迁安置。 2013年购买轿车。 2018年徐祎凡就读于苏州健雄职业技术学院。			

	姓名	与户主关系	出生年月	民族
现有家庭人员	浦桃元	户主	1963年4月	汉
	蒋桂芬	妻子	1964年9月	汉
	浦晨华	儿子	1986年1月	汉
	魏 兰	儿媳	1985年11月	汉
	浦梦琪	长孙女	2011年8月	汉
	浦晗好	次孙女	2019年3月	汉
家庭大事	1985年建楼房。 1990年浦桃元加入中国共产党。 1998年浦桃元被授予昆山市"新长征突击手"荣誉称号。 2006年浦晨华开捷强超市。 2007年浦桃元被评为昆山市农业农村先进个人。 2003年购买商品房。 2006年购买轿车。 2016年动迁安置。			

	姓名	与户主关系	出生年月	民族
现有家庭人员	蒋根木	户主	1949 年 12 月	汉
	杨凤英	妻子	1952 年 10 月	汉
	蒋惠江	儿子	1974 年 1 月	汉
	孙玲玲	儿媳	1980 年 5 月	汉
	蒋天赐	孙子	1996 年 12 月	汉
家庭大事	1998 年建楼房。 2016 年动迁安置。 2017 年蒋天赐入伍，2019 年退伍。 2019 年购买轿车。			

	姓名	与户主关系	出生年月	民族
现有家庭人员	浦桃根	户主	1965 年 12 月	汉
	黄秀英	母亲	1927 年 8 月	汉
家庭大事	1978 年建平房。 2009 年动迁安置。			

	姓名	与户主关系	出生年月	民族
现有家庭人员	蒋惠龙	户主	1972 年 6 月	汉
	陈春丽	妻子	1973 年 2 月	汉
	蒋天琦	儿子	1997 年 1 月	汉
家庭大事	1985 年建楼房。 2004 年购买商品房。 2011 年购买轿车。 2013 年动迁安置。			

	姓名	与户主关系	出生年月	民族
现有家庭人员	刘水龙	户主	1965年7月	汉
	顾宝珍	妻子	1968年5月	汉
	刘倩	女儿	1989年12月	汉
	俞铨	女婿	1988年10月	汉
	俞瑄垚	长外孙	2013年8月	汉
	俞添友	次外孙	2014年11月	汉
	邵招娣	母亲	1933年12月	汉
家庭大事	1984年建楼房。 1985年刘水龙入伍，1989年退伍。 1994年购买商品房。 1998年开办华倩燃料贸易有限公司。 2016年动迁安置。 刘倩毕业于上海师范大学，在昆山市巴城镇社会治理和社会事业局工作。			

	姓名	与户主关系	出生年月	民族
现有家庭人员	蒋雪根	户主	1969年5月	汉
	陆建花	妻子	1969年5月	汉
	蒋昊威	儿子	1992年5月	汉
	王丽	儿媳	1991年8月	汉
	蒋语桐	长孙女	2016年5月	汉
	王穆涵	次孙女	2018年7月	汉
	李月珍	母亲	1947年11月	汉
家庭大事	1990年建楼房。 1992年蒋雪根在群星村村委会工作。 1994年蒋雪根加入中国共产党。 2001年购买商品房。 2011年购买轿车。 2012年蒋昊威入伍，2014年退伍。 2016年动迁安置。 蒋昊威毕业于昆山开放大学，在昆山市玉山镇安全生产与环境保护监督管理所工作。			

	姓名	与户主关系	出生年月	民族
现有家庭人员	蒋惠国	户主	1971年11月	汉
	包惠珍	妻子	1971年2月	汉
	蒋诗情	女儿	1995年2月	汉
家庭大事	1986年建平房。 1989年蒋惠国入伍，1992年退伍。 2009年动迁安置。 2013年购买商品房。 2015年蒋惠国在昆山城市建设投资发展集团有限公司工作。 蒋诗情毕业于南京大学，在苏州工业园区一家电商运营公司工作。			

	姓名	与户主关系	出生年月	民族
现有家庭人员	蒋福全	户主	1954年1月	汉
	徐腊妹	妻子	1956年7月	汉
	蒋惠明	儿子	1977年8月	汉
	孙菊花	儿媳	1980年9月	汉
	蒋雯慧	孙女	2001年9月	汉
	蒋雯萱	孙女	2015年3月	汉
家庭大事	1993年建楼房。 2000年购买商品房。 2016年动迁安置。 2018年蒋雯慧就读于苏州工业园区职业技术学院。 蒋惠明毕业于常州工业职业技术学院，在捷安特（中国）有限公司担任品保科科长。			

	姓名	与户主关系	出生年月	民族
现有家庭人员	薛林芳	户主	1963年8月	汉
	沈花珍	妻子	1966年12月	汉
	薛文晴	女儿	1988年7月	汉
	孙　良	女婿	1989年12月	汉
	薛子昂	孙子	2012年3月	汉
家庭大事	1987年建楼房。 2010年购买商品房。 2016年动迁安置。 2017年薛文晴加入中国共产党。 薛文晴毕业于镇江市高等专科学校，在江苏金陵会计师事务所有限责任公司工作。			

	姓名	与户主关系	出生年月	民族
现有家庭人员	蒋银泉	户主	1972年1月	汉
	张树春	妻子	1972年2月	汉
	蒋超群	女儿	1998年1月	汉
家庭大事	2000年建房屋。 2016年动迁安置。 蒋超群毕业于南京医科大学，在上海长海医院工作。			

	姓名	与户主关系	出生年月	民族
现有家庭人员	蒋惠良	户主	1968年5月	汉
	左启莉	妻子	1975年5月	汉
	蒋新宇	儿子	1997年7月	汉
家庭大事	1993年建楼房。 2014年动迁安置。 2016年购买商品房。 2017年蒋新宇加入中国共产党。 蒋新宇毕业于南京师范大学，在昆山市张浦镇建设局工作。			

	姓名	与户主关系	出生年月	民族
现有家庭人员	薛小方	户主	1966年3月	汉
	张群香	妻子	1966年12月	汉
	薛文星	儿子	1990年7月	汉
	丁　洁	儿媳	1995年2月	汉
	薛　叮	孙子	2018年2月	汉
	丁　唯	孙女	2020年2月	汉
	赵阿花	母亲	1938年2月	汉
家庭大事	2000年建房屋。 2014年动迁安置。 薛文星毕业于无锡太湖学院，在青阳城市管理办事处樾城社区工作。			

	姓名	与户主关系	出生年月	民族
现有家庭人员	蒋正木	户主	1953年3月	汉
	郁香妹	妻子	1958年1月	汉
	蒋建新	儿子	1978年4月	汉
	刘红娟	儿媳	1979年9月	汉
	蒋嘉俊	长孙	2000年11月	汉
	蒋嘉昊	次孙	2012年12月	汉
家庭大事	1990年建楼房。 2006年购买轿车。 2014年动迁安置。 2019年蒋嘉俊就读于常州大学怀德学院。			

	姓名	与户主关系	出生年月	民族
现有家庭人员	薛泉生	户主	1950年5月	汉
	唐阿花	妻子	1951年1月	汉
	薛　峰	儿子	1975年10月	汉
	陆春华	儿媳	1977年5月	汉
	薛寅晨	孙子	1999年1月	汉
家庭大事	1989年建楼房。 1997年购买店面房。 2005年购买商品房。 1992年薛峰开始从事厨师行业。 2008年购买轿车。 2016年动迁安置。 2017年薛寅晨就读于南京师范大学。			

	姓名	与户主关系	出生年月	民族
现有家庭人员	蒋梧刚	户主	1940年10月	汉
	姚密花	妻子	1945年10月	汉
	蒋建胜	次子	1969年5月	汉
	王学花	次媳	1970年3月	汉
	蒋超杰	孙子	1992年1月	汉
	田亚军	孙媳	1990年8月	汉
家庭大事	1989年建楼房。 1998年购买商品房。 2004年蒋建胜开始从事出租车行业。 2016年动迁安置。 2017年购买轿车。			

	姓名	与户主关系	出生年月	民族
现有家庭人员	蒋瑞木	户主	1949 年 1 月	汉
	徐惠花	妻子	1950 年 1 月	汉
	蒋美华	女儿	1971 年 12 月	汉
	蒋建刚	儿子	1973 年 11 月	汉
	苏　英	儿媳	1974 年 8 月	汉
	蒋弋磊	孙子	1996 年 8 月	汉
	张佳逸	孙媳	1994 年 3 月	汉
	蒋子烨	曾孙	2020 年 6 月	汉
家庭大事	1969 年徐惠花担任赤脚医生，已退休。 1983 年建楼房。 1994 年购买商品房。 2012 年购买轿车。 2016 年动迁安置。 蒋弋磊毕业于江苏护理职业学院，在昆山市娄江办事处工作。			

	姓名	与户主关系	出生年月	民族
现有家庭人员	蒋美华	户主	1953 年 1 月	汉
	王新民	丈夫	1948 年 12 月	汉
	王纪文	儿子	1974 年 6 月	汉
	吕晓琴	儿媳	1974 年 5 月	汉
	王楚涵	孙女	2010 年 9 月	汉
	王纪蔚	女儿	1976 年 1 月	汉
	谢东生	女婿	1974 年 11 月	汉
	谢怿文	外孙女	2005 年 6 月	汉
家庭大事	2014 年动迁安置。			

群星村第四村民小组

	姓名	与户主关系	出生年月	民族
现有家庭人员	陆根弟	户主	1968年3月	汉
	陶晓燕	妻子	1978年9月	汉
	陆怡雯	女儿	1992年12月	汉
	顾 伟	女婿	1991年5月	汉
	顾子优	外孙	2014年1月	汉
	陆子芊	孙女	2016年7月	汉
家庭大事	1982年建平房。 1988年陆根弟开始从事瓦匠行业。 2009年动迁安置。			

	姓名	与户主关系	出生年月	民族
现有家庭人员	钱杏林	户主	1946年11月	汉
	周花宝	妻子	1947年9月	汉
	钱建良	儿子	1969年10月	汉
	陈志红	儿媳	1971年12月	汉
	钱 宸	孙子	1997年1月	汉
	钱建英	女儿	1972年3月	汉
	鲁嘉敏	外孙女	1995年10月	汉
家庭大事	1968年钱杏林从事理发师行业。 1983年建楼房。 1991年购买商品房。 2000年钱建良加入中国共产党。 2014年动迁安置。 钱建良毕业于上海师范大学，在昆山市档案馆工作。 陈志红毕业于苏州卫生职业技术学院，在昆山市中医医院工作。 钱宸毕业于淮阴师范学院，在苏州吴中区一所小学任教。			

	姓名	与户主关系	出生年月	民族
现有 家庭人员	姚金根	户主	1956年8月	汉
	张根英	妻子	1958年11月	汉
	姚建美	女儿	1981年11月	汉
	方来富	女婿	1972年11月	汉
	姚嘉怡	孙女	2003年8月	汉
	姚嘉昊	孙子	2010年3月	汉
家庭大事	1989年建楼房。 1991年姚金根加入中国共产党。 2010年购买商品房。 2014年方来富开办昆山巴城弘扬广告工程制作部。 2018年购买轿车。 2019年动迁安置。			

	姓名	与户主关系	出生年月	民族
现有 家庭人员	姚银根	户主	1953年11月	汉
	顾纪凤	妻子	1957年9月	汉
	姚　静	女儿	1979年12月	汉
	何　平	女婿	1979年8月	汉
	何飞叶	外孙	2003年7月	汉
	何飞雨	外孙女	2007年10月	汉
	姚志明	儿了	1981年8月	汉
	王美华	儿媳	1981年6月	汉
	姚梓轩	孙女	2009年5月	汉
家庭大事	1990年建楼房。 2001年购买商品房。 2015年购买轿车。 2019年动迁安置。			

	姓名	与户主关系	出生年月	民族
现有家庭人员	王长友	户主	1962年5月	汉
	钱招妹	妻子	1964年8月	汉
	王 军	儿子	1986年1月	汉
	李宏玲	儿媳	1985年7月	汉
	王浩铭	孙子	2014年10月	汉
家庭大事	1992年建楼房。 1998年购买商品房。 2015年分配到经济房。 2018年购买轿车。			

	姓名	与户主关系	出生年月	民族
现有家庭人员	钱豪杰	户主	1954年10月	汉
	沈佩敏	妻子	1969年4月	汉
	钱丽萍	长女	1978年8月	汉
	钱 仙	次女	1988年5月	汉
家庭大事	1978年钱豪杰从事缝纫师行业。 1984年建楼房。 1994年成立昆山市杰尼斯针织制衣有限公司（以下简称"公司"）。 1996—2003年分别在新镇购买2层厂房，城北民营区及锦溪购买地建厂房。 1999年在城北同心村建别墅。 2003—2004年公司被昆山市评为纳税大户、创新企业。 2005年公司被中华人民共和国商务局评为中国信用体系示范单位。 钱丽萍毕业于上海大学。 钱仙毕业于美国密西根大学。			

	姓名	与户主关系	出生年月	民族
现有家庭人员	殷凤弟	户主	1965 年 6 月	汉
	顾明珍	妻子	1964 年 11 月	汉
	殷惠娟	女儿	1988 年 6 月	汉
	陆　阳	女婿	1989 年 5 月	汉
	陆梓涵	外孙	2013 年 4 月	汉
	殷梓镐	孙子	2017 年 4 月	汉
家庭大事	1986 年殷凤弟从事瓦匠行业。 1994 年建楼房。 2019 年动迁安置。 殷惠娟毕业于南京大学，在苏州兴源隆国际贸易有限公司工作。			

	姓名	与户主关系	出生年月	民族
现有家庭人员	王长兴	户主	1956 年 8 月	汉
	赵花云	妻子	1957 年 3 月	汉
	王海蓉	儿子	1978 年 5 月	汉
	周　琴	儿媳	1978 年 9 月	汉
	王兆忆	孙子	2006 年 4 月	汉
家庭大事	2000 年购买平房。 2002 年购买商品房。 2009 年王海蓉被中共玉山镇党委政法委员会评为先进个人。 2012 年王海蓉获得助理调解师职称资格。 2012 年购买轿车。 2019 年动迁安置。			

	姓名	与户主关系	出生年月	民族
现有家庭人员	王长林	户主	1948年5月	汉
	姚美珍	妻子	1947年6月	汉
	王旭东	儿子	1970年4月	汉
	孙红珍	儿媳	1971年4月	汉
	王　健	孙子	1993年9月	汉
家庭大事	1986年建楼房。 2005年购买商品房。 2016年购买轿车。 2019年动迁安置。 王健毕业于常州工程职业技术学院，在昆山市华鼎装饰有限公司工作。			

	姓名	与户主关系	出生年月	民族
现有家庭人员	钱发林	户主	1957年11月	汉
	杨莉萍	妻子	1959年12月	汉
	钱建国	儿子	1982年7月	汉
	顾　超	儿媳	1981年9月	汉
	钱嘉琦	孙子	2011年9月	汉
家庭大事	1978年建平房。 2015年购买轿车。 2000年购买商品房。 2019年动迁安置。 钱发林开办昆山市玉山镇西河水电装修服务部。			

	姓名	与户主关系	出生年月	民族
现有家庭人员	王林香	户主	1966年3月	汉
	苏巧云	妻子	1967年8月	汉
	王 雯	女儿	1996年10月	汉
家庭大事	1986年王林香开始从事木匠行业。 1996年购买楼房。 2019年动迁安置。 王雯毕业于南京晓庄学院，在昆山纳尼网络科技有限公司工作。			

	姓名	与户主关系	出生年月	民族
现有家庭人员	王林兴	户主	1947年11月	汉
	王玉妹	妻子	1952年4月	汉
	王 成	长子	1972年11月	汉
	王 红	长媳	1972年11月	汉
	王静娟	孙女	1996年11月	汉
	王 震	次子	1974年7月	汉
	姚勤芳	次媳	1973年7月	汉
	王静雯	孙女	1998年1月	汉
家庭大事	1965年王林兴加入中国共产党。 1981年建楼房。 2015年购买轿车。 2019年动迁安置。 王静娟毕业于常州卫生高等职业技术学校，在昆山市康复医院工作。 王静雯毕业于徐州幼儿师范高等专科学校，在昆山市花桥中心幼儿园工作。			

现有家庭人员	姓名	与户主关系	出生年月	民族
	凌 勤	户主	1967年3月	汉
	钱 伟	妻子	1970年1月	汉
	凌梦云	女儿	2002年10月	汉

家庭大事	2015年购买轿车。 2010年购买商品房。 凌勤开办昆山开发区凌洋空调电器安装维修工程部。

现有家庭人员	姓名	与户主关系	出生年月	民族
	褚小弟	户主	1942年1月	汉
	褚玉林	儿子	1967年2月	汉
	顾学琴	儿媳	1967年12月	汉
	褚嘉麒	孙子	1989年12月	汉
	钱鑫淼	孙媳	1991年4月	汉
	褚宛柠	曾孙女	2014年11月	汉

家庭大事	1980年建楼房。 1992年购买商品房。 2012年购买轿车。 1998—2016年顾学琴多次被评为昆山市优秀教育工作者并获得嘉奖；发表省级以上论文8篇，其他获奖论文71篇，开展市级以上公开课7次。 2019年动迁安置。 顾学琴毕业于江苏师范大学，在昆山市正仪中心幼儿园工作。 褚嘉麒毕业于徐州医科大学，在昆山市应急管理局工作。

	姓名	与户主关系	出生年月	民族
现有家庭人员	王兴发	户主	1956年9月	汉
	王卫青	儿子	1978年6月	汉
	王严伟	长孙	2004年8月	汉
	王文杰	次孙	2011年1月	汉
	严文浩	三孙	2011年1月	汉
家庭大事	1984年建楼房。 2000年购买商品房。 2019年动迁安置。 王卫青毕业于江苏信息职业技术学院，在一家网络优化公司上班。			

	姓名	与户主关系	出生年月	民族
现有家庭人员	王长福	户主	1958年3月	汉
	金秀宝	妻子	1958年4月	汉
	王艳	女儿	1981年12月	汉
	王金荣	女婿	1979年7月	汉
	王妤婕	孙女	2002年11月	汉
	王宇阳	孙子	2013年7月	汉
家庭大事	1978年王长福入伍，1981年退伍。 1989年建楼房。 2019年动迁安置。 王艳毕业于江苏省昆山第一中等专业学校。			

群星村志·村民家庭记载

现有家庭人员	姓名	与户主关系	出生年月	民族
	支勤梅	户主	1951年1月	汉
	季妹妹	妻子	1953年12月	汉
	支美芳	长女	1976年5月	汉
	陈 雄	长婿	1970年6月	汉
	陈 慧	长外孙女	1998年8月	汉
	支美娟	次女	1978年3月	汉
	许 良	次婿	1978年11月	汉
	许 诺	次外孙女	2002年9月	汉
	支许淼	孙子	2010年12月	汉
家庭大事	1973年支勤梅从事瓦匠行业。 1983年建楼房。 2007年购买商品房。 2009年许良加入中国共产党。 2013年购买轿车。 2019年动迁安置。			

现有家庭人员	姓名	与户主关系	出生年月	民族
	姚友明	户主	1956年11月	汉
	丁裕芳	妻子	1957年8月	汉
	姚亚红	女儿	1983年3月	汉
	姚俊洋	长孙	2004年8月	汉
	姚李洋	次孙	2011年11月	汉
家庭大事	1990年建楼房。 2017年购买轿车。 2019年动迁安置。 2020年姚俊洋在"海峡两岸"马拉松志愿者活动中被评为优秀志愿者，在昆山开放大学职业规划大赛中获三等奖。			

现有家庭人员	姓名	与户主关系	出生年月	民族
	王金妹	户主	1968年4月	汉
	钱　佳	女儿	1991年10月	汉
	陆秋华	女婿	1989年11月	汉
	钱子妍	孙女	2015年12月	汉

家庭大事	1986年建楼房。 2014年购买轿车。 2014年动迁安置。 陆秋华毕业于西安工商学院，在昆山堤维西节能照明科技有限公司工作。

现有家庭人员	姓名	与户主关系	出生年月	民族
	钱福林	户主	1957年8月	汉
	俞泉英	妻子	1955年2月	汉
	钱闵华	儿子	1981年7月	汉
	李桂芝	儿媳	1980年3月	汉
	钱宇昊	孙子	2006年2月	汉

家庭大事	1983年建楼房。 2000年钱闵华入伍，2002年退伍。 2014年动迁安置。 2018年购买轿车。 2018年钱闵华开办昆山宝昌服饰有限公司。

	姓名	与户主关系	出生年月	民族
现有家庭人员	姚根土	户主	1950年10月	汉
	姚兰珍	妻子	1951年2月	汉
	姚连芬	长女	1973年11月	汉
	冯进浩	长婿	1974年8月	汉
	冯 瑶	外孙女	2003年1月	汉
	姚连芳	次女	1975年11月	汉
	马金龙	次婿	1981年4月	汉
	姚伊阳	孙子	1998年3月	汉
	马卓玥	孙女	2011年6月	汉
家庭大事	1986年建楼房。 1996年购买商品房。 2019年动迁安置。 2019年姚伊阳入伍。 2020年被评为昆山市生活垃圾分类及减量月度最美家庭。 2021年购买轿车。 马金龙开办昆山展创安装工程有限公司。			

	姓名	与户主关系	出生年月	民族
现有家庭人员	支勤男	户主	1952年12月	汉
	姚香妹	妻子	1954年1月	汉
	支 骏	儿子	1979年7月	汉
	周金芳	儿媳	1980年2月	汉
	支心怡	长孙女	2002年11月	汉
	支心妍	次孙女	2013年5月	汉
	支 芸	女儿	1977年9月	汉
	唐永华	女婿	1976年8月	汉
	唐一鸣	外孙	2000年7月	汉
家庭大事	1985年建楼房。 2000年购买商品房。 2019年动迁安置。			

	姓名	与户主关系	出生年月	民族
现有家庭人员	王兴根	户主	1963年12月	汉
	俞凤英	妻子	1963年7月	汉
	王 静	女儿	1986年12月	汉
	孟 刚	女婿	1986年7月	汉
	孟令烨	长孙	2013年7月	汉
	王舒杨	次孙	2019年3月	汉
家庭大事	1980年王兴根从事木匠行业。 1981年王兴根入伍,受两次嘉奖,1984年退伍。 1989年建楼房。 2005年购买商品房。 2008年购买轿车。 2019年动迁安置。			

	姓名	与户主关系	出生年月	民族
现有家庭人员	顾凤生	户主	1940年10月	汉
	陈玉芳	妻子	1946年10月	汉
	顾林荣	儿子	1971年12月	汉
	王雪芳	儿媳	1974年3月	汉
	顾丽晨	孙女	1995年1月	汉
	许 烨	孙婿	1993年10月	汉
	许墨妍	曾外孙女	2020年2月	汉
家庭大事	1963年顾凤生开始从事瓦匠行业。 1986年建楼房。 2004年购买商品房。 2019年动迁安置。 顾丽晨毕业于无锡太湖学院,在昆山市中医医院工作。			

现有家庭人员	姓名	与户主关系	出生年月	民族
	姚荣生	户主	1964年10月	汉
	许雪花	妻子	1967年1月	汉
	姚 娟	女儿	1987年7月	汉
	董建虎	女婿	1986年9月	汉
	董诗嘉	外孙女	2011年6月	汉
	姚董睿	孙子	2015年9月	汉
	姚招泉	父亲	1934年9月	汉
	姚金妹	母亲	1937年1月	汉
家庭大事	1984年姚荣生开始从事瓦匠行业。 1986年建楼房。 2019年动迁安置。			

现有家庭人员	姓名	与户主关系	出生年月	民族
	姚香根	户主	1957年1月	汉
	罗月珍	妻子	1958年6月	汉
	姚秋妹	女儿	1981年10月	汉
	浦小华	女婿	1979年5月	汉
	姚佳瑜	孙女	2003年7月	汉
	浦佳婷	外孙女	2009年2月	汉
家庭大事	1978年姚香根开始从事瓦匠行业。 1986年建楼房。 2006年购买商品房。 2014年购买轿车。 2019年动迁安置。 2018年姚佳瑜就读于连云港中医药高等职业技术学校。			

	姓名	与户主关系	出生年月	民族
现有家庭人员	姚荣根	户主	1962年9月	汉
	陆金珍	妻子	1963年7月	汉
	姚莉	女儿	1985年12月	汉
	束学玉	女婿	1977年10月	汉
	姚束涛	孙子	2007年9月	汉
	束子怡	外孙女	2017年1月	汉
家庭大事	1982年姚荣根开始从事缝纫师行业。 1983年陆金珍任群南大队妇女主任。 1984年陆金珍加入中国共产党。 1993年建楼房。 2011年陆金珍被评为玉山镇优秀共产党员。 2013年购买轿车。 2016年获评昆山市"平安家庭示范户"。 2019年动迁安置。			

	姓名	与户主关系	出生年月	民族
现有家庭人员	凌金弟	户主	1952年1月	汉
	凌芳	女儿	1974年11月	汉
	钱晓东	女婿	1973年11月	汉
	钱晨	外孙	1996年12月	汉
	凌刚	儿子	1976年10月	汉
	李金芳	儿媳	1977年6月	汉
	凌艺僖	孙女	2000年5月	汉
家庭大事	1991年建楼房。 1997年购买商品房。 2018年购买轿车。 2019年动迁安置。 凌艺僖毕业于江苏联合职业技术学院南通卫生分院,在昆山市第一人民医院工作。			

现有家庭人员	姓名	与户主关系	出生年月	民族
	顾玲珍	户主	1952年11月	汉
	金华	儿子	1978年9月	汉
	张丽英	儿媳	1976年4月	汉
	金玉婷	孙女	2001年3月	汉
	金芳	女儿	1981年10月	汉
	张巧华	女婿	1981年8月	汉
	张嘉雯	长外孙女	2005年2月	汉
	张雯静	次外孙女	2014年10月	汉

家庭大事	1990年建楼房。 2007年购买轿车。 2013年购买商品房。 2016年金玉婷就读于江苏省徐州医药高等职业学校。 2019年动迁安置。

现有家庭人员	姓名	与户主关系	出生年月	民族
	凌小妹	户主	1944年1月	汉
	金荣	儿子	1972年4月	汉
	金雨叶	孙女	1995年2月	汉

家庭大事	1987年建楼房。 1995年购买商品房。 2015年购买轿车。 2019年动迁安置。

	姓名	与户主关系	出生年月	民族
现有家庭人员	蒋福金	户主	1950 年 7 月	汉
	季菊妹	妻子	1964 年 11 月	汉
	蒋雅琴	女儿	1985 年 7 月	汉
	葛荣村	女婿	1983 年 3 月	汉
	蒋宇峰	孙子	2005 年 9 月	汉
	蒋语涵	孙女	2013 年 7 月	汉
家庭大事	1991 年建楼房。 2019 年动迁安置。			

	姓名	与户主关系	出生年月	民族
现有家庭人员	钱雪大	户主	1937 年 6 月	汉
	胡建铭	儿子	1971 年 8 月	汉
	胡钱林	孙子	1997 年 3 月	汉
家庭大事	1963 年钱雪大加入中国共产党。 1980—1983 年钱雪大任群南大队妇女主任。 1988 年建楼房。 2019 年动迁安置。 胡钱林毕业于淮阴师范学院。			

	姓名	与户主关系	出生年月	民族
现有家庭人员	王国明	户主	1980 年 6 月	汉
	陆雪芬	妻子	1984 年 1 月	汉
	王馨妍	女儿	2005 年 2 月	汉
家庭大事	2013 年分配经济适用房。 2019 年动迁安置。 2019 年购买轿车。 王国明毕业于苏州市轻工业学校，在江苏暖心家居设备有限公司工作。			

	姓名	与户主关系	出生年月	民族
现有家庭人员	陈水根	户主	1953年12月	汉
	顾凤英	妻子	1956年11月	汉
	顾国强	长子	1975年5月	汉
	张士平	长媳	1976年2月	汉
	顾俊杰	孙子	2000年3月	汉
	顾国青	次子	1980年8月	汉
	陈叶红	次媳	1981年10月	汉
	陈琪政	外孙	2005年9月	汉
	陈思序	外孙女	2011年11月	汉
家庭大事	1988年建楼房。 2019年动迁安置。 2020年顾俊杰入伍。			

	姓名	与户主关系	出生年月	民族
现有家庭人员	项肇清	户主	1952年8月	汉
	蒋三妹	妻子	1954年12月	汉
	项元	长子	1977年11月	汉
	王群	长媳	1978年6月	汉
	项子安	孙子	2002年8月	汉
	项群	次子	1979年12月	汉
	季春香	次媳	1981年6月	汉
	季项安	长外孙	2003年6月	汉
	季项一	次外孙	2012年6月	汉
家庭大事	1988年建楼房。 2005年项元加入中国共产党。 2019年动迁安置。 项元毕业于镇江市高等专科学校，在昆山市巴城镇社会保障局工作。 王群毕业于中国石油大学，在昆山市巴城镇统计站工作。 2020年项子安就读于南京理工大学。			

	姓名	与户主关系	出生年月	民族
现有家庭人员	王长坤	户主	1967年1月	汉
	王红妹	妻子	1968年10月	汉
	王 斌	儿子	1989年7月	汉
	皋金玲	儿媳	1992年2月	汉
	顾桂英	母亲	1937年10月	汉
家庭大事	1988年王长坤开始从事瓦匠行业。 1993年建楼房。 2007年王斌入伍，2009年退伍。 2008年王斌被评为优秀士兵。 2009年王斌加入中国共产党。 2017年动迁安置。			

	姓名	与户主关系	出生年月	民族
现有家庭人员	王东明	户主	1978年10月	汉
	王燕兰	妻子	1978年9月	汉
	王佳伟	儿子	2002年7月	汉
家庭大事	1991年建楼房。 1998年王东明入伍，2000年退伍。 1999年王东明被评为优秀士兵。 2000年王东明加入中国共产党。 2012年王东明任昆山明珠空调行总经理。 2015年王东明开办江苏暖心家居设备有限公司。 2019年动迁安置。 2020年王佳伟就读于南京工业大学。 王东明毕业于无锡商业职业技术学院。			

	姓名	与户主关系	出生年月	民族
现有家庭人员	钱阿长	户主	1934年5月	汉
	丁洪宝	妻子	1937年1月	汉
	钱招根	儿子	1967年8月	汉
	仇梅凤	儿媳	1970年1月	汉
	钱 雄	孙子	1991年11月	汉
家庭大事	1988年钱招根开始从事瓦匠行业。 1991年建楼房。 2014年动迁安置。 2018年购买轿车。 钱雄毕业于南京师范大学泰州学院，在昆山高新技术产业开发区柏庐城市管理办事处工作。			

	姓名	与户主关系	出生年月	民族
现有家庭人员	钱雪良	户主	1970年12月	汉
	苏丽莎	妻子	1972年12月	汉
	钱 伟	儿子	1994年10月	汉
	余天伦	儿媳	1994年6月	汉
	钱 翊	孙女	2020年10月	汉
	钱炳兴	父亲	1943年9月	汉
	金桂宝	母亲	1948年12月	汉
家庭大事	1994年建楼房。 2012年购买商品房。 2019年动迁安置。 2019年购买轿车。 钱伟毕业于南京医科大学，在读硕士研究生。 余天伦毕业于南京医科大学，在昆山市康复医院工作。			

群星村第五村民小组

	姓名	与户主关系	出生年月	民族
现有家庭人员	罗月根	户主	1962年3月	汉
	管霞林	妻子	1974年4月	汉
	罗 婷	女儿	1995年5月	汉
	周 熔	女婿	1992年8月	汉
	周茵好	孙女	2017年8月	汉
	罗昕好	孙女	2018年11月	汉
家庭大事	1980年建平房。 2012年动迁安置。 2016年购买轿车。			

	姓名	与户主关系	出生年月	民族
现有家庭人员	罗月弟	户主	1964年10月	汉
	侯永红	妻子	1976年3月	汉
	罗 晨	儿子	2000年12月	汉
家庭大事	1996年建平房。 2012年动迁安置。 2015年购买轿车。			

	姓名	与户主关系	出生年月	民族
现有家庭人员	钱白男	户主	1954年3月	汉
	王水珍	妻子	1956年6月	汉
	王振芳	女儿	1975年2月	汉
	王思蒙	孙女	1996年5月	汉
家庭大事	1986年建楼房。 2012年动迁安置。			

	姓名	与户主关系	出生年月	民族
现有家庭人员	芮伯林	户主	1946年9月	汉
	黄根娣	妻子	1948年5月	汉
	芮林东	儿子	1971年5月	汉
	范建华	儿媳	1969年11月	汉
	芮逸凡	孙子	1997年11月	汉
	芮杏花	长女	1968年3月	汉
	张月明	长婿	1968年1月	汉
	张婕妤	外孙女	1994年7月	汉
	芮杏英	次女	1970年2月	汉
	陈建强	次婿	1968年1月	汉
	陈 芮	外孙	1992年12月	汉
家庭大事	芮伯林初中毕业，早期在正仪水利站工作，1998年调入昆山市水务局工作直至退休。 1985年翻建祖屋。 1986年芮林东考入常州轻工业学校，1990年参加工作至今。 1988年芮杏英开始在正仪水利站工作，直至退休。 1990年芮伯林分配到"房改房"一套。 1998年芮杏花考入南京金融高等专科学校，1990年开始在工商银行工作，直至退休。 2000年购买商品房。 2000年购买轿车。 2000年购买商品房。 2020年购买轿车。 陈芮毕业于江苏海洋大学，在浦发银行工作。 张婕妤毕业于中山大学，在上海文广集团工作。 芮逸凡毕业于西安交通大学，在上海交通大学读硕士研究生。			

现有家庭人员	姓名	与户主关系	出生年月	民族
	徐香根	户主	1956 年 4 月	汉
	刘凤妹	妻子	1956 年 4 月	汉
	刘　斌	儿子	1990 年 5 月	汉

家庭大事	1989 年建楼房。 2012 年动迁安置。 2016 年购买轿车。

现有家庭人员	姓名	与户主关系	出生年月	民族
	陶水根	户主	1951 年 8 月	汉
	朱雪妹	妻子	1946 年 12 月	汉
	陶雯雯	长女	1974 年 7 月	汉
	俞碧峥	长婿	1971 年 7 月	汉
	陶静静	次女	1975 年 10 月	汉
	徐　峰	次婿	1972 年 11 月	汉

家庭大事	2016 年购买轿车。 2018 年购买商品房。

	姓名	与户主关系	出生年月	民族
现有家庭人员	刘关根	户主	1948年8月	汉
	顾凤花	妻子	1950年6月	汉
	刘丽华	儿子	1972年9月	汉
	辛瑞珍	儿媳	1971年2月	汉
	刘　军	孙子	1998年6月	汉
家庭大事	1987年建楼房。 1990年刘丽华入伍，荣获三等功，1992年退伍。 1991年刘丽华加入中国共产党。 2000年购买商品房。 2012年动迁安置。 2016年购买轿车。 2020年购买轿车。 刘丽华毕业于南京农业大学，在昆山市公安局正仪派出所工作。 辛瑞珍毕业于南京农业大学，在昆山吉祥置业有限公司工作。 刘军毕业于苏州健雄职业技术学院，在江苏嘉品美建装饰有限公司工作。			

	姓名	与户主关系	出生年月	民族
现有家庭人员	黄金男	户主	1965年9月	汉
	张雪妹	妻子	1969年10月	汉
	黄　娟	女儿	1991年7月	汉
	徐　伟	女婿	1987年12月	汉
	黄皓瑞	孙子	2015年6月	汉
家庭大事	1996年购买楼房。 2012年动迁安置。 2013年购买轿车。 黄娟毕业于正德职业技术学院，在国家税务总局昆山市税务局第一税务分局工作。			

	姓名	与户主关系	出生年月	民族
现有家庭人员	潘香根	户主	1962年10月	汉
	刘进妹	非亲属	1963年5月	汉
	潘炳华	儿子	1985年10月	汉
	闵月停	儿媳	1988年3月	汉
	潘欣妍	长孙女	2009年1月	汉
	潘欣楠	次孙女	2018年4月	汉
家庭大事	1986年建平房。 2012年动迁安置。 2015年购买轿车。			

	姓名	与户主关系	出生年月	民族
现有家庭人员	陆长根	户主	1968年5月	汉
	马凤香	妻子	1969年5月	汉
	陆丽平	儿子	1991年4月	汉
	王晓萧	儿媳	1992年3月	汉
	陆辰熙	孙子	2012年7月	汉
家庭大事	1986年陆长根开始从事瓦匠行业。 1996年建楼房。 2010年购买商品房。 2012年动迁安置。 2014年购买轿车。			

	姓名	与户主关系	出生年月	民族
现有家庭人员	杨金秀	户主	1949年7月	汉
	凌木金	丈夫	1948年4月	汉
	凌雄	儿子	1970年3月	汉
	谢小琴	儿媳	1971年4月	汉
	凌志晖	孙子	1994年11月	汉
家庭大事	1992年建楼房。 2003年购买商品房。 2005年购买轿车。 2012年动迁安置。 凌志晖毕业于南京工业大学，在台光电子材料（昆山）有限公司工作。			

	姓名	与户主关系	出生年月	民族
现有家庭人员	王月林	户主	1952年10月	汉
	戴珍妹	妻子	1957年1月	汉
	王勤芳	长女	1978年12月	汉
	陆冬华	长婿	1977年10月	汉
	陆王欣	外孙女	2002年10月	汉
	王欣然	孙女	2012年5月	汉
	王春芳	次女	1980年3月	汉
	尧王旭	外孙	2006年11月	汉
家庭大事	1992年建楼房。 2008年购买商品房。 2010年购买轿车。 2012年动迁安置。 王春芳毕业于南京农业大学，在昆山市杰尔电子科技股份有限公司行政人事科工作。 王勤芳毕业于洛阳理工学院。 陆冬华毕业于洛阳理工学院，在富士康电子工业发展（昆山）有限公司工作，任富士康党委富弘总支书记。			

	姓名	与户主关系	出生年月	民族
现有家庭人员	吴兴生	户主	1948 年 11 月	汉
	孙如珍	妻子	1947 年 9 月	汉
	吴建荣	长子	1970 年 11 月	汉
	吴晓雯	孙女	1993 年 4 月	汉
	吴建康	次子	1973 年 3 月	汉
家庭大事	1987 年建楼房。 1991 年吴建康入伍，获三等功，1994 年退伍。 1992 年吴建荣开始从事水电工行业。 1993 年吴建康加入中国共产党。 2008 年购买轿车。 2012 年动迁安置。 2018 年购买轿车。 吴晓雯毕业于湖南师范大学，在昆山市正仪中心小学校工作。			

	姓名	与户主关系	出生年月	民族
现有家庭人员	赵杏春	户主	1953 年 12 月	汉
	范凤花	妻子	1954 年 3 月	汉
	赵雪勤	长女	1978 年 2 月	汉
	匡冠华	长婿	1977 年 1 月	汉
	赵涵婧	孙女	2006 年 8 月	汉
	匡涵语	外孙女	2016 年 1 月	汉
	赵雪娟	次女	1980 年 3 月	汉
家庭大事	1989 年建楼房。 1997 年匡冠华入伍，2002 年退伍。 2001 年匡冠华加入中国共产党。 2003 年购买商品房。 2012 年动迁安置。 2013 年购买轿车。			

	姓名	与户主关系	出生年月	民族
现有家庭人员	吴雪明	户主	1968年10月	汉
	周建芳	妻子	1970年1月	汉
	吴心宇	儿子	1994年4月	汉

家庭大事	1986年建平房。 1998年购买商品房。 2012年动迁安置。

	姓名	与户主关系	出生年月	民族
现有家庭人员	罗月青	户主	1968年12月	汉
	荣 栾	妻子	1966年2月	汉

家庭大事	1998年建平房。 2012年动迁安置。

	姓名	与户主关系	出生年月	民族
现有家庭人员	葛长兴	户主	1950年11月	汉
	张凤珍	妻子	1954年8月	汉
	葛 平	儿子	1976年11月	汉
	倪春霞	儿媳	1977年4月	汉
	葛莹欣	孙女	2000年10月	汉
	葛 洪	女儿	1979年2月	汉

家庭大事	1977年葛长兴加入中国共产党。 1993年建楼房。 1997年购买商品房。 2005年购买轿车。 2012年动迁安置。

	姓名	与户主关系	出生年月	民族
现有家庭人员	俞炳根	户主	1961年12月	汉
	俞春晓	女儿	1986年1月	汉
	徐幸康	女婿	1985年12月	汉
	俞嘉徐	孙女	2012年1月	汉
	吴梅香	母亲	1935年12月	汉
家庭大事	1990年建楼房。 1995年俞炳根加入中国共产党，在昆山市巴城镇正仪办事处工作。 2007年俞春晓加入中国共产党。 2007年购买商品房。 2009年购买轿车。 2012年动迁安置。 俞春晓毕业于江南大学，在昆山舒心保健织品有限公司工作。			

	姓名	与户主关系	出生年月	民族
现有家庭人员	吴巧根	户主	1962年7月	汉
	蒋玲珍	妻子	1961年12月	汉
	吴曦	儿子	1985年6月	汉
	马静娟	儿媳	1985年2月	汉
	马照祖	外孙	2011年4月	汉
	吴佳艺	孙女	2014年1月	汉
家庭大事	1996年建楼房。 2004年吴曦入伍，2006年退伍。 2007年购买商品房。 2009年购买轿车。 2012年动迁安置。			

	姓名	与户主关系	出生年月	民族
现有家庭人员	吴阿炳	户主	1942年11月	汉
	顾梅花	妻子	1942年12月	汉
	吴　胜	儿子	1970年3月	汉
	晏　利	儿媳	1983年6月	汉
	吴昊轩	孙子	2010年4月	汉
	吴玫漪	孙女	2016年6月	汉
家庭大事	1987年建楼房。 1992年吴胜开始从事水电工行业。 2008年购买轿车。 2012年动迁安置。 2015年购买商品房。			

	姓名	与户主关系	出生年月	民族
现有家庭人员	吴剑明	户主	1962年9月	汉
	李小平	妻子	1964年4月	汉
	吴军军	儿子	1986年7月	汉
	王　越	儿媳	1988年12月	汉
	吴灏睿	孙子	2012年12月	汉
	王佑沙	孙女	2015年7月	汉
	徐招花	母亲	1938年2月	汉
家庭大事	1982年建楼房。 1997年购买商品房。 2010年购买轿车。 2012年动迁安置。 吴军军毕业于南京信息工程大学，在江苏省昆山市烟草专卖局工作。			

	姓名	与户主关系	出生年月	民族
现有家庭人员	王翠桃	户主	1953年8月	汉
	凌惠珍	妻子	1954年7月	汉
	王正明	儿子	1975年4月	汉
	周三妹	儿媳	1978年12月	汉
	王辰龙	孙子	2000年10月	汉
家庭大事	1991年建楼房。 1998年购买商品房。 2012年动迁安置。			

	姓名	与户主关系	出生年月	民族
现有家庭人员	王花生	户主	1967年9月	汉
	沈惠英	妻子	1969年7月	汉
	王亚萍	女儿	1990年12月	汉
	顾 君	女婿	1988年7月	汉
	顾鑫玉	外孙女	2012年10月	汉
	王韵涵	孙女	2015年5月	汉
家庭大事	1988年王花生开始从事瓦匠行业。 1986年建楼房。 2008年购买轿车。 2012年动迁安置。			

	姓名	与户主关系	出生年月	民族
现有家庭人员	潘火根	户主	1952 年 2 月	汉
	庄玉英	妻子	1953 年 8 月	汉
	潘美新	儿子	1980 年 12 月	汉
	魏海燕	儿媳	1981 年 10 月	汉
	潘宇杰	长孙	2004 年 4 月	汉
	潘宇晟	次孙	2019 年 8 月	汉
家庭大事	1995 年建楼房。 2008 年购买商品房。 2012 年动迁安置。 2014 年购买轿车。			

	姓名	与户主关系	出生年月	民族
现有家庭人员	陆明生	户主	1953 年 11 月	汉
	吴梅玲	妻子	1951 年 7 月	汉
	吴　洁	女儿	1975 年 9 月	汉
	林　敏	女婿	1972 年 12 月	汉
	林天乐	外孙	1997 年 4 月	汉
家庭大事	1993 年建楼房。 2012 年动迁安置。			

现有家庭人员	姓名	与户主关系	出生年月	民族
	赵云龙	户主	1963 年 7 月	汉
	戴二妹	妻子	1962 年 10 月	汉
	赵立平	儿子	1986 年 5 月	汉
	吴　洁	儿媳	1986 年 1 月	汉
	赵吴思弈	孙女	2009 年 2 月	汉

家庭大事	1984 年赵云龙开始从事篾匠行业。 1986 年建楼房。 1996 年购买商品房。 2002 年购买轿车。 2012 年动迁安置。

现有家庭人员	姓名	与户主关系	出生年月	民族
	陈壮利	户主	1984 年 3 月	汉
	鲁　涛	丈夫	1987 年 10 月	汉
	赵静怡	女儿	2006 年 7 月	汉

家庭大事	1976 年建平房。 2012 年动迁安置。

现有家庭人员	姓名	与户主关系	出生年月	民族
	赵云弟	户主	1965 年 8 月	汉
	张林花	妻子	1966 年 6 月	汉
	赵　琴	女儿	1988 年 4 月	汉
	唐旭超	女婿	1988 年 10 月	汉
	唐裕浩	长孙	2013 年 12 月	汉
	赵嘉浩	次孙	2017 年 2 月	汉

家庭大事	1987 年赵云弟开始从事篾匠行业。 1990 年建楼房。 2005 年购买商品房。 2008 年购买轿车。 2012 年动迁安置。 赵琴毕业于江南大学。

	姓名	与户主关系	出生年月	民族
现有家庭人员	刘良根	户主	1963年7月	汉
	刘晓明	儿子	1986年1月	汉
	黄文芹	儿媳	1987年10月	汉
	刘若冰	孙女	2010年5月	汉
	刘若峰	孙子	2013年8月	汉
家庭大事	1993年建楼房。 1998年购买轿车。 2012年动迁安置。			

	姓名	与户主关系	出生年月	民族
现有家庭人员	魏善进	户主	1955年12月	汉
	胡佐秀	妻子	1958年6月	汉
	魏伟	长子	1984年12月	汉
	胡永勤	长媳	1983年5月	汉
	魏雨婷	长孙女	2010年5月	汉
	魏思媛	次孙女	2018年12月	汉
	魏峰	次子	1991年5月	汉
	姜甜甜	次媳	1991年8月	汉
家庭大事	1976年魏善进入伍，1982年退伍。			

	姓名	与户主关系	出生年月	民族
现有家庭人员	王金弟	户主	1948 年 10 月	汉
	王素良	儿子	1975 年 9 月	汉
	沈翠芳	儿媳	1978 年 11 月	汉
	沈丽婧	孙女	1999 年 11 月	汉
	王沈星	孙子	2011 年 4 月	汉
家庭大事	1985 年建平房。 1992 年王素良入伍，1995 年退伍。 1993 年王素良加入中国共产党。 2000 年购买商品房。 2011 年购买轿车。 2012 年动迁安置。			

	姓名	与户主关系	出生年月	民族
现有家庭人员	卿尚兰	户主	1970 年 4 月	汉
	王晓燕	女儿	1992 年 2 月	汉
	盛紫华	女婿	1989 年 9 月	汉
	盛芸萱	外孙女	2015 年 9 月	汉
家庭大事	1976 年建平房。 2012 年动迁安置。 2013 年购买轿车。			

	姓名	与户主关系	出生年月	民族
现有家庭人员	吴雪良	户主	1966年12月	汉
	周惠芬	妻子	1966年2月	汉
	吴梦姣	女儿	1991年1月	汉
	苏 强	女婿	1990年9月	汉
	苏清楚	外孙女	2016年1月	汉
	吴瑞熙	孙女	2019年10月	汉
	许水宝	母亲	1941年9月	汉
家庭大事	1986年建楼房。 1988年吴雪良开始从事木匠行业。 1996年购买商品房。 2003年购买轿车。 2012年动迁安置。 吴梦姣毕业于南京林业大学，在苏州市住房和城乡建设局工作。 苏强毕业于东南大学成贤学院，在昆山市人力资源和社会保障局工作。			

	姓名	与户主关系	出生年月	民族
现有家庭人员	王火林	户主	1950年1月	汉
	管杏珍	妻子	1954年9月	汉
	王海东	儿子	1975年5月	汉
	糜勤芳	儿媳	1978年10月	汉
	王蓓蓓	孙女	1999年9月	汉
	王成诚	孙子	2011年7月	汉
	王海英	女儿	1978年4月	汉
	王俊皓	外孙	2007年12月	汉
家庭大事	1990年建楼房。 2005年购买商品房。 2011年购买轿车。 2012年动迁安置。 王蓓蓓毕业于扬州市职业大学，在昆山开发区合兴幼儿园工作。			

群星村第六村民小组

	姓名	与户主关系	出生年月	民族
现有家庭人员	顾纪龙	户主	1954年10月	汉
	于桂兰	妻子	1957年8月	汉
	顾 君	儿子	1981年11月	汉
	李康翠	儿媳	1979年8月	汉
	顾宇铭	孙子	2004年9月	汉
家庭大事	1974年3月顾纪龙顶替父亲去江苏冶山铁矿采矿一场主井工段工作。 1974年建平房。 1978年顾纪龙加入中国共产党，后任江苏冶山铁矿采矿一场主井工段党支部书记、工段长职务。 2003年购买商品房。 2006年顾纪龙被评为"南京市劳动模范"。 2009年顾纪龙退休。 2016年动迁安置。 2018年顾纪龙夫妇回故乡定居。			

	姓名	与户主关系	出生年月	民族
现有家庭人员	钱步火	户主	1954年11月	汉
	陈小妹	妻子	1954年1月	汉
	钱 红	长女	1976年9月	汉
	封万军	长婿	1964年3月	汉
	钱 晨	孙女	1998年9月	汉
	钱 芳	次女	1982年3月	汉
家庭大事	1988年建楼房。 2012年购买商品房。 2018年购买轿车。 2019年动迁安置。 钱晨毕业于南京医科大学，在昆山国宾体检中心工作。			

	姓名	与户主关系	出生年月	民族
现有家庭人员	王发荣	户主	1964 年 10 月	汉
	李月英	妻子	1965 年 12 月	汉
	王金龙	儿子	1988 年 1 月	汉
	谭凤娟	儿媳	1990 年 2 月	汉
	王彦涵	孙子	2014 年 5 月	汉
家庭大事	1987 年建平房。 1995 年购买商品房。 2013 年购买轿车。 2014 年动迁安置。			

	姓名	与户主关系	出生年月	民族
现有家庭人员	王梅生	户主	1949 年 7 月	汉
	袁招英	妻子	1945 年 4 月	汉
家庭大事	1993 年建平房。 2014 年动迁安置。			

	姓名	与户主关系	出生年月	民族
现有家庭人员	王玉林	户主	1963 年 8 月	汉
	沈雪珠	妻子	1963 年 12 月	汉
	王　杰	儿子	1986 年 5 月	汉
	王　健	父亲	1942 年 2 月	汉
	浦花妹	母亲	1943 年 11 月	汉
家庭大事	1964 年王健加入中国共产党。 1990 年建楼房。 2018 年购买轿车。 2019 年动迁安置。			

	姓名	与户主关系	出生年月	民族
现有 家庭人员	谈金凤	户主	1942年3月	汉
	吴建文	儿子	1966年11月	汉
	李梅花	儿媳	1967年6月	汉
	吴家炜	孙子	1994年8月	汉
家庭大事	1985年建平房。 2004年购买商品房。 2012年动迁安置。 2018年购买轿车。 吴家炜毕业于浙江树人学院，在昆山高新技术产业开发区管理委员会工作。			

	姓名	与户主关系	出生年月	民族
现有 家庭人员	孙陈妹	户主	1928年10月	汉
	孙荣庆	儿子	1959年6月	汉
	熊梅香	儿媳	1972年11月	汉
	孙　磊	孙子	2005年2月	汉
家庭大事	2010年购买商品房。			

	姓名	与户主关系	出生年月	民族
现有 家庭人员	钱老春	户主	1953年1月	汉
	李金大	妻子	1954年10月	汉
	钱静华	儿子	1981年4月	汉
	阮益群	儿媳	1981年9月	汉
	钱凯文	孙子	2008年11月	汉
	钱夫全	父亲	1930年7月	汉
家庭大事	1988年建楼房。 2000年购买商品房。 2012年购买轿车。 2019年动迁安置。 阮益群毕业于徐州教育学院，在昆山市正仪中学工作。			

	姓名	与户主关系	出生年月	民族
现有家庭人员	钱傲生	户主	1944 年 11 月	汉
	苏雪花	妻子	1945 年 3 月	汉
	钱凤妹	女儿	1966 年 7 月	汉
	赵林元	女婿	1963 年 4 月	汉
	钱文强	孙子	1987 年 6 月	汉
	吴洋洋	孙媳	1991 年 11 月	汉
	钱薏帆	曾孙	2015 年 5 月	汉
家庭大事	1988 年建楼房。 2002 年购买商品房。 2008 年购买轿车。 2019 年动迁安置。 钱文强毕业于苏州大学，在江苏省登元律师事务所工作。			

	姓名	与户主关系	出生年月	民族
现有家庭人员	王春妹	户主	1945 年 3 月	汉
	顾秀根	儿子	1966 年 10 月	汉
	周罗英	儿媳	1968 年 10 月	汉
	顾理斌	孙子	1989 年 9 月	汉
	付　静	孙媳	1989 年 5 月	汉
	顾奕晨	曾孙	2014 年 9 月	汉
	顾晨依	曾孙女	2017 年 7 月	汉
家庭大事	1985 年建楼房。 1998 年购买商品房。 2013 年购买轿车。 2019 年动迁安置。 顾理斌毕业于江苏海洋大学，在苏州市宇鸿建设有限公司工作。			

	姓名	与户主关系	出生年月	民族
现有家庭人员	沈根林	户主	1964年10月	汉
	陆桃秀	妻子	1963年3月	汉
	沈棋君	女儿	1988年1月	汉
	许 峰	女婿	1987年5月	汉
	许靖函	外孙女	2013年11月	汉
	沈灵萱	孙女	2017年8月	汉
家庭大事	1983年建平房。 2007年动迁安置。 2012年购买商品房。 2012年购买轿车。 沈棋君毕业于南京审计大学，在昆山品岱电子有限公司工作。			

	姓名	与户主关系	出生年月	民族
现有家庭人员	王金泉	户主	1957年11月	汉
	张秋春	妻子	1960年8月	汉
家庭大事	1976年建平房。 2012年动迁安置。			

	姓名	与户主关系	出生年月	民族
现有家庭人员	顾士明	户主	1979年8月	汉
	王丽杰	妻子	1979年11月	汉
	王志欣	儿子	2003年10月	汉
	顾士英	姐姐	1976年5月	汉
	顾迦怡	外甥女	1998年7月	汉
家庭大事	1984年建楼房。 2019年动迁安置。 2019年顾迦怡加入中国共产党。 顾迦怡毕业于海南师范大学。			

	姓名	与户主关系	出生年月	民族
现有家庭人员	孙进才	户主	1939年12月	汉
	孙爱妹	妻子	1941年12月	汉
	孙秋林	儿子	1968年12月	汉
	王彩凤	儿媳	1965年4月	汉
	孙　杰	孙子	2005年9月	汉
家庭大事	1988年建楼房。 2019年动迁安置。			

	姓名	与户主关系	出生年月	民族
现有家庭人员	周花妹	户主	1960年6月	汉
	孙银良	儿子	1981年10月	汉
	张漫漫	儿媳	1979年9月	汉
	孙俊豪	长孙	2004年8月	汉
	孙宇豪	次孙	2015年9月	汉
家庭大事	2015年购买轿车。			

	姓名	与户主关系	出生年月	民族
现有家庭人员	孙荣生	户主	1952年8月	汉
	陈道云	妻子	1951年12月	汉
	孙伟珍	女儿	1975年12月	汉
	孙伟良	儿子	1977年10月	汉
	杨建珍	儿媳	1978年1月	汉
	孙小龙	长孙	2001年1月	汉
	孙俊逸	次孙	2005年5月	汉
	孙子才	父亲	1933年9月	汉
家庭大事	1984年建楼房。 2017年购买轿车。 2019年动迁安置。			

	姓名	与户主关系	出生年月	民族
现有家庭人员	刘林珍	户主	1939 年 2 月	汉
	顾雪根	儿子	1966 年 12 月	汉
	徐江平	儿媳	1969 年 4 月	汉
	顾文彬	孙子	1989 年 11 月	汉
	顾凯丽	孙女	2003 年 10 月	汉
家庭大事	1985 年建平房。 2015 年购买商品房。 2018 年购买轿车。 2019 年动迁安置。			

	姓名	与户主关系	出生年月	民族
现有家庭人员	顾阿根	户主	1950 年 5 月	汉
	陈菊花	妻子	1956 年 9 月	汉
	顾士莉	儿子	1982 年 12 月	汉
	王学琴	儿媳	1981 年 5 月	汉
	顾士芬	女儿	1995 年 11 月	汉
	张 聪	女婿	1995 年 8 月	汉
	张清瑶	外孙女	2019 年 5 月	汉
家庭大事	2002 年建平房。 2014 年动迁安置。 顾士芬毕业于南京晓庄学院，在昆山高新区南星渎小学工作。			

现有家庭人员	姓名	与户主关系	出生年月	民族
	范水林	户主	1930年6月	汉
	范阿招	妻子	1931年8月	汉
	范香根	儿子	1958年3月	汉
	张金妹	儿媳	1960年6月	汉
	范惠萍	孙女	1982年2月	汉
	赵荣林	孙婿	1981年12月	汉
	赵 睿	曾孙女	2004年7月	汉
	范致远	曾孙	2014年10月	汉

家庭大事	1989年建楼房。 2004年购买商品房。 2015年购买轿车。 2019年动迁安置。 2019年购买轿车。

现有家庭人员	姓名	与户主关系	出生年月	民族
	叶林度	户主	1955年6月	汉
	卞水英	妻子	1957年1月	汉
	叶 挺	儿子	1977年2月	汉
	张建芳	儿媳	1978年3月	汉
	叶志丰	孙子	2002年9月	汉

家庭大事	1984年叶林度加入中国共产党。 1987年建楼房。 2015年购买轿车。 2017年购买商品房。 2019年动迁安置。

现有家庭人员	姓名	与户主关系	出生年月	民族
	叶林才	户主	1957年7月	汉

家庭大事	1983年购买平房。

	姓名	与户主关系	出生年月	民族
现有家庭人员	皇培元	户主	1964 年 11 月	汉
	钱招媛	妻子	1965 年 12 月	汉
	王　静	女儿	1987 年 7 月	汉
	葛星星	女婿	1987 年 7 月	汉
	王葛智恩	长孙	2012 年 3 月	汉
	王葛智轩	次孙	2015 年 1 月	汉
家庭大事	1985 年建平房。 2014 年动迁安置。 2017 年购买轿车。			

	姓名	与户主关系	出生年月	民族
现有家庭人员	范香凤	户主	1951 年 10 月	汉
	刘为明	儿子	1971 年 2 月	汉
	廖守莲	儿媳	1969 年 6 月	汉
	范刘斌	孙子	1996 年 12 月	汉
家庭大事	1991 年建楼房。 2019 年动迁安置。 2019 年购买轿车。			

	姓名	与户主关系	出生年月	民族
现有家庭人员	孙荣康	户主	1952 年 8 月	汉
	李凤仙	妻子	1950 年 8 月	汉
	孙月芬	女儿	1975 年 2 月	汉
	卢　锋	女婿	1976 年 3 月	汉
	卢苏语	孙女	2004 年 5 月	汉
	卢孙翊	孙子	2010 年 3 月	汉
家庭大事	1984 年建楼房。 2003 年购买商品房。 2012 年购买轿车。 2019 年动迁安置。			

	姓名	与户主关系	出生年月	民族
现有家庭人员	李友才	户主	1956年3月	汉
	顾妹朗	妻子	1959年8月	汉
	李艺新	女儿	1978年4月	汉
	朱文清	女婿	1976年5月	汉
	李胡珏	孙女	1999年5月	汉
家庭大事	1978年李友才开始从事瓦匠行业。 1990年建楼房。 2008年购买轿车。 2019年动迁安置。			

	姓名	与户主关系	出生年月	民族
现有家庭人员	王培根	户主	1967年7月	汉
	张忠玲	妻子	1984年12月	汉
	王 洁	长子	1990年7月	汉
	王 渝	次子	2009年11月	汉
家庭大事	1987年建平房。 2007年动迁安置。 2012年购买轿车。 2017年张忠玲被评为昆山高新区共青团宣传工作优秀宣传员。 2018年张忠玲被评为昆山高新区优秀青年志愿者。 2018年购买轿车。			

	姓名	与户主关系	出生年月	民族
现有家庭人员	孙培荣	户主	1957年2月	汉
	王瑞华	妻子	1963年4月	汉
	孙惠娟	女儿	1984年12月	汉
	周坤洪	女婿	1982年3月	汉
	孙周宇	长孙	2006年9月	汉
	孙周晨	次孙	2012年3月	汉
家庭大事	1989年建楼房。 2011年购买商品房。 2019年动迁安置。 2019年购买轿车。			

	姓名	与户主关系	出生年月	民族
现有家庭人员	孙炳才	户主	1943年7月	汉
	孙苏英	女儿	1976年9月	汉
	李克勇	女婿	1980年11月	汉
	孙罗平	孙子	2005年2月	汉
	李　萱	外孙女	2017年4月	汉
家庭大事	1983年建平房。 2019年动迁安置。			

	姓名	与户主关系	出生年月	民族
现有家庭人员	王腊梅	户主	1945年12月	汉
	何冬妹	妻子	1954年5月	汉
	王文英	长女	1975年12月	汉
	王文兰	次女	1978年1月	汉
	周建明	次婿	1971年2月	汉
	王　芳	孙女	2001年3月	汉
家庭大事	1988年建楼房。 2019年动迁安置。			

	姓名	与户主关系	出生年月	民族
现有家庭人员	沈汉林	户主	1952年10月	汉
	陆秀花	妻子	1954年8月	汉
	沈霞英	女儿	1977年8月	汉
	王 仲	女婿	1976年8月	汉
	沈彬莹	孙女	2000年8月	汉
家庭大事	1985年建楼房。 1992年沈汉林加入中国共产党。 2014年动迁安置。 2016年购买轿车。			

	姓名	与户主关系	出生年月	民族
现有家庭人员	俞全妹	户主	1964年9月	汉
	王益新	女儿	1989年7月	汉
家庭大事	1993年建楼房。 2014年动迁安置。			

	姓名	与户主关系	出生年月	民族
现有家庭人员	陆秀珍	户主	1949年7月	汉
	钱文良	儿子	1971年1月	汉
	徐有芬	儿媳	1970年2月	汉
	钱佳军	孙子	1994年3月	汉
	蔡 静	孙媳	1993年5月	汉
家庭大事	1988年建楼房。 1999年购买商品房。 2005年购买轿车。 2019年动迁安置。			

姓名	与户主关系	出生年月	民族
胡水根	户主	1944年4月	汉
范根凤	妻子	1948年3月	汉
胡建明	儿子	1966年10月	汉
张林翠	儿媳	1966年6月	汉
胡　杰	孙子	1990年6月	汉
周新亚	孙媳	1991年7月	汉
胡明轩	曾孙	2014年10月	汉
周明玥	曾孙女	2016年9月	汉

现有家庭人员

家庭大事

1985年建楼房。
1986年胡建明从事木匠行业。
1996年购买商品房。
2012年购买轿车。
2019年动迁安置。

姓名	与户主关系	出生年月	民族
秦友根	户主	1956年6月	汉
陆惠花	妻子	1958年2月	汉
秦莉强	儿子	1982年6月	汉
汪　愉	儿媳	1983年2月	汉
秦海鑫	孙女	2007年8月	汉
秦海赟	孙子	2018年1月	汉

现有家庭人员

家庭大事

1978年秦友根开始从事瓦匠行业。
1990年建楼房。
2019年动迁安置。

	姓名	与户主关系	出生年月	民族
现有家庭人员	孙荣华	户主	1949年11月	汉
	顾纪妹	妻子	1951年10月	汉
	孙银麒	儿子	1974年4月	汉
	茅爱琴	儿媳	1975年4月	汉
	孙晓帆	孙子	1999年1月	汉
	孙子宸	孙女	2016年2月	汉
家庭大事	1969年孙荣华开始从事篾匠行业。 1989年建楼房。 1995年购买商品房。 2014年购买轿车。 2019年动迁安置。 2020年孙晓帆入伍，在役。			

	姓名	与户主关系	出生年月	民族
现有家庭人员	秦友虎	户主	1953年8月	汉
	沈大妹	妻子	1957年3月	汉
	秦莉华	儿子	1979年8月	汉
	王　玲	儿媳	1981年11月	汉
	秦王宇	孙子	2004年3月	汉
	王思彤	孙女	2011年1月	汉
	秦大宝	母亲	1929年10月	汉
家庭大事	1975年秦友虎开始从事木匠行业。 1987年建楼房。 2000年购买商品房。 2011年购买轿车。 2019年动迁安置。			

	姓名	与户主关系	出生年月	民族
现有家庭人员	秦龙宝	户主	1946年10月	汉
	邵美芳	妻子	1949年1月	汉
	秦莉萍	女儿	1971年7月	汉
	徐 明	女婿	1971年12月	汉
	秦媛媛	孙女	1997年4月	汉
	秦闻泽	孙子	2011年7月	汉
家庭大事	1968年秦龙宝开始从事缝纫师行业。 1982年建楼房。 1991年购买商品房。 2013年购买轿车。 2019年动迁安置。			

	姓名	与户主关系	出生年月	民族
现有家庭人员	赵弟根	户主	1961年7月	汉
	顾文香	妻子	1964年9月	汉
	赵 燕	女儿	1986年2月	汉
	朱建强	女婿	1981年10月	汉
	朱赵俊	外孙	2006年3月	汉
	赵羽浩	孙子	2011年7月	汉
家庭大事	1983年赵弟根开始从事瓦匠行业。 1979年建平房。 2007年动迁安置。			

	姓名	与户主关系	出生年月	民族
现有家庭人员	赵弟林	户主	1963 年 7 月	汉
	王月妹	妻子	1967 年 3 月	汉
	赵　芳	女儿	1988 年 3 月	汉
	赵　峰	女婿	1987 年 8 月	汉
	赵心诺	长孙女	2014 年 9 月	汉
	赵心语	次孙女	2017 年 9 月	汉
	阚云花	母亲	1933 年 8 月	汉
家庭大事	1985 年赵弟林开始从事白铁匠行业。 1992 年建楼房。 2015 年购买轿车。 2018 年购买商品房。 2019 年动迁安置。			

	姓名	与户主关系	出生年月	民族
现有家庭人员	朱来兄	户主	1972 年 12 月	汉
	孙　伟	儿子	1993 年 1 月	汉
	钱玉洁	儿媳	1996 年 8 月	汉
家庭大事	20 世纪 70 年代建平房。 2006 年购买商品房。 2011 年动迁安置。 2021 年购买轿车。			

群星村第七村民小组

	姓名	与户主关系	出生年月	民族
现有家庭人员	沈林泉	户主	1947年12月	汉
	沈建康	儿子	1976年11月	汉

家庭大事	1980年建平房。 2014年动迁安置。 2020年购买轿车。

	姓名	与户主关系	出生年月	民族
现有家庭人员	沈春泉	户主	1948年5月	汉
	张招妹	妻子	1952年3月	汉
	沈文清	儿子	1974年11月	汉
	沈 磊	孙子	1999年4月	汉

家庭大事	1986年建楼房。 1998年购买商品房。 2019年动迁安置。

	姓名	与户主关系	出生年月	民族
现有家庭人员	沈玉林	户主	1954年10月	汉
	赵云娣	妻子	1961年12月	汉
	沈 娟	女儿	1982年10月	汉
	顾红伟	女婿	1982年11月	汉
	沈歆悦	孙女	2007年11月	汉
	顾新义	外孙	2013年4月	汉

家庭大事	1987年建楼房。 2010年购买商品房。 2015年购买轿车。 2019年动迁安置。

	姓名	与户主关系	出生年月	民族
现有家庭人员	沈香全	户主	1950年10月	汉
	任雪珍	妻子	1947年8月	汉
	沈建芳	女儿	1972年7月	汉
	汪建国	女婿	1971年10月	汉
	沈昊盈	孙女	1999年12月	汉
	陈剑飞	孙婿	1996年6月	汉
家庭大事	1993年翻建楼房。 2013年购买商品房。 2018年购买轿车。			

	姓名	与户主关系	出生年月	民族
现有家庭人员	沈招生	户主	1946年4月	汉
	浦香宝	妻子	1949年9月	汉
	沈 伟	儿子	1971年4月	汉
	叶主亚	儿媳	1970年2月	汉
	沈晓峰	孙子	1993年11月	汉
	王 蕾	孙媳	1993年10月	汉
	沈妤琪	曾孙女	2016年11月	汉
	沈 芳	女儿	1973年6月	汉
	沈阿招	母亲	1924年5月	汉
家庭大事	1990年建楼房。 2010年购买商品房。 2016年购买轿车。 2019年动迁安置。			

	姓名	与户主关系	出生年月	民族
现有家庭人员	赵长根	户主	1958 年 7 月	汉
	归凤珍	妻子	1958 年 10 月	汉
	赵　刚	儿子	1983 年 2 月	汉
	衡苏平	儿媳	1987 年 8 月	汉
	赵昱杰	孙子	2007 年 12 月	汉
	赵梓婷	孙女	2015 年 5 月	汉
家庭大事	1990 年建楼房。 1989 年购买商品房。 2017 年购买轿车。 2019 年动迁安置。			

	姓名	与户主关系	出生年月	民族
现有家庭人员	沈卫忠	户主	1972 年 7 月	汉
	赵芳英	妻子	1976 年 10 月	汉
	沈亦东	儿子	2005 年 3 月	汉
家庭大事	1990 年沈卫忠入伍，1992 年退伍。 1991 年沈卫忠加入中国共产党。 1992 年建楼房。 2019 年动迁安置。 2020 年购买面包车。			

	姓名	与户主关系	出生年月	民族
现有家庭人员	赵小云	户主	1938年10月	汉
	沈凤仙	妻子	1942年1月	汉
	赵为清	儿子	1965年12月	汉
	许金珍	儿媳	1964年7月	汉
	赵 吉	孙子	1988年11月	汉
	张 夕	孙媳	1989年9月	汉
	张亦乔	曾孙女	2013年10月	汉
	赵抒哲	曾孙	2015年3月	汉
家庭大事	1966年赵小云加入中国共产党。 1985年建楼房。 1998年购买商品房。 2019年购买轿车。 2019年动迁安置。			

	姓名	与户主关系	出生年月	民族
现有家庭人员	沈金荣	户主	1947年6月	汉
	沈雪英	妻子	1948年4月	汉
	沈永清	长子	1968年2月	汉
	王 静	长媳	1968年8月	汉
	沈星威	长孙	1991年6月	汉
	李佳馨	孙媳	1991年1月	汉
	沈沁妍	曾孙女	2017年4月	汉
	沈永良	次子	1969年12月	汉
	金月青	次媳	1972年3月	汉
	沈嘉浩	次孙	1994年6月	汉
家庭大事	1987年建楼房。 1998年购买商品房。 2005年购买轿车 2019年动迁安置。			

	姓名	与户主关系	出生年月	民族
现有家庭人员	赵林元	户主	1955年11月	汉
	孙桂珍	妻子	1955年2月	汉
	赵　新	儿子	1981年6月	汉
	钱建英	儿媳	1980年12月	汉
	赵思琪	孙女	2007年7月	汉
家庭大事	1976年孙桂珍加入中国共产党。 1989年建楼房。 2003年购买商品房。 2015年购买轿车。 2019年动迁安置。			

	姓名	与户主关系	出生年月	民族
现有家庭人员	沈洪泉	户主	1957年6月	汉
	赵林珍	妻子	1961年3月	汉
	赵　斌	儿子	1982年8月	汉
	丁　兰	儿媳	1983年5月	汉
	赵天宇	孙子	2007年2月	汉
家庭大事	1976年沈洪泉入伍，1982年退伍。 1987年建楼房。 2000年购买商品房。 2015年购买轿车。 2019年动迁安置。			

	姓名	与户主关系	出生年月	民族
现有家庭人员	朱宗根	户主	1939年10月	汉
	赵云花	妻子	1940年12月	汉
家庭大事	1983年建平房。 2010年动迁安置。			

现有家庭人员	姓名	与户主关系	出生年月	民族
	沈长全	户主	1949年7月	汉
	赵琴琴	妻子	1948年4月	汉
	沈 忠	儿子	1970年12月	汉
	王秋琴	儿媳	1971年2月	汉
	沈亚萍	孙女	1993年11月	汉
	周剑峰	孙婿	1991年1月	汉
	周翊恒	曾孙	2016年3月	汉

家庭大事	1988年建楼房。 2013年购买商品房。 2019年动迁安置。

现有家庭人员	姓名	与户主关系	出生年月	民族
	赵阿早	户主	1928年6月	汉
	赵杏金	妻子	1931年2月	汉
	赵金元	儿子	1950年7月	汉
	苏招花	儿媳	1953年9月	汉
	赵 恩	长孙	1976年4月	汉
	赵 敏	次孙	1981年7月	汉
	陈秀丽	次孙媳	1983年4月	汉
	赵梓钰	曾孙女	2010年4月	汉

家庭大事	1954年赵阿早加入中国共产党。 1992年赵金元加入中国共产党。 1992年建楼房。 2001年赵敏入伍，2003年退伍。 陈秀丽毕业于武汉船舶职业技术学院。 陈秀丽毕业于南京大学，在昇印光电（昆山）股份有限公司工作。

	姓名	与户主关系	出生年月	民族
现有家庭人员	沈法泉	户主	1950 年 12 月	汉
	王秀英	妻子	1953 年 3 月	汉
	沈建德	儿子	1974 年 1 月	汉
	包启霞	儿媳	1988 年 5 月	汉
	沈铭轩	长孙女	2009 年 10 月	汉
	沈铭悦	次孙女	2011 年 2 月	汉
	沈德芳	女儿	1975 年 12 月	汉
	陈毅铭	外孙	1998 年 4 月	汉
家庭大事	1990 年建楼房。 2015 年购买轿车。 2019 年动迁安置。			

	姓名	与户主关系	出生年月	民族
现有家庭人员	沈建新	户主	1967 年 3 月	汉
	徐春妹	妻子	1967 年 3 月	汉
	沈国强	儿子	1990 年 3 月	汉
	李俏俏	儿媳	1990 年 4 月	汉
	沈宇辰	孙子	2012 年 12 月	汉
	沈宇惜	孙女	2017 年 1 月	汉
家庭大事	1988 年建楼房。 2019 年动迁安置。			

现有家庭人员	姓名	与户主关系	出生年月	民族
	沈腊狗	户主	1944年12月	汉
	沈建华	儿子	1971年12月	汉
	陆美芳	儿媳	1972年11月	汉
	沈佳丽	孙女	1995年8月	汉

家庭大事	1985年建楼房。 2008年购买商品房。 2014年动迁安置。

现有家庭人员	姓名	与户主关系	出生年月	民族
	沈木金	户主	1947年1月	汉
	沈建荣	儿子	1969年11月	汉
	蒋惠莉	儿媳	1969年3月	汉
	沈迎国	孙子	1992年9月	汉

家庭大事	1989年建楼房。 1989年沈建荣开始从事油漆工行业。 2015年购买商品房。 2019年购买轿车。 2019年动迁安置。

现有家庭人员	姓名	与户主关系	出生年月	民族
	苏云良	户主	1957年11月	汉
	侯建花	妻子	1961年7月	汉
	苏洁东	儿子	1980年3月	汉
	苏洁红	女儿	1988年10月	汉

家庭大事	1989年建楼房。 2019年动迁安置。 苏洁红毕业于苏州大学，在江苏飞力达国际物流股份有限公司工作。

	姓名	与户主关系	出生年月	民族
现有家庭人员	杨爱英	户主	1934年12月	汉
	沈玉泉	儿子	1962年11月	汉
	王福琴	儿媳	1964年3月	汉
	沈　芳	孙女	1989年5月	汉
	石林峰	孙婿	1990年9月	汉
	石怡辰	曾孙	2014年7月	汉
	沈翌诺	曾孙女	2016年12月	汉
家庭大事	1991年建楼房。 2005年购买商品房。 2019年动迁安置。			

	姓名	与户主关系	出生年月	民族
现有家庭人员	沈香根	户主	1954年1月	汉
	范继珍	妻子	1955年1月	汉
	沈　刚	儿子	1979年3月	汉
	徐柳燕	儿媳	1977年3月	汉
	沈徐岩松	孙子	2004年7月	汉
家庭大事	1989年建楼房。 2015年购买轿车。 2019年动迁安置。			

	姓名	与户主关系	出生年月	民族
现有家庭人员	管林根	户主	1953年8月	汉
	王水英	妻子	1952年7月	汉
	管为良	长子	1976年6月	汉
	袁国琴	长媳	1978年7月	汉
	管晨飞	孙子	2000年8月	汉
	管为强	次子	1978年11月	汉
家庭大事	1987年建楼房。 2019年动迁安置。			

	姓名	与户主关系	出生年月	民族
现有家庭人员	沈百花	户主	1950年2月	汉
	陆月芳	女儿	1969年4月	汉
	王学明	女婿	1967年12月	汉
	沈 淋	孙女	1990年7月	汉
	林汉忠	孙婿	1989年3月	汉
	林 灿	曾外孙	2015年11月	汉
家庭大事	1987年建楼房。 2005年购买商品房。 2014年购买轿车。 2019年动迁安置。			

	姓名	与户主关系	出生年月	民族
现有家庭人员	赵伟明	户主	1963年10月	汉
	吴素珍	妻子	1963年11月	汉
	赵维强	儿子	1986年7月	汉
	王一斐	儿媳	1983年1月	汉
	赵誉绚	孙子	2015年10月	汉
	王梅宝	母亲	1942年12月	汉
家庭大事	1982年赵伟明开始从事木匠行业。 2006年建平房。 2019年动迁安置。			

	姓名	与户主关系	出生年月	民族
现有家庭人员	赵长林	户主	1963年8月	汉
	赵菊英	妻子	1965年2月	汉
	赵　峰	儿子	1987年8月	汉
	赵　芳	儿媳	1988年3月	汉
	赵心诺	长孙女	2014年9月	汉
	赵心语	次孙女	2017年9月	汉
	赵四宝	母亲	1935年3月	汉
家庭大事	1983年赵长林开始从事瓦匠行业。 1991年建楼房。 2007年购买商品房。 2015年购买轿车。 2019年动迁安置。 赵峰毕业于南京信息工程大学，在苏州工业园区工作。			

	姓名	与户主关系	出生年月	民族
现有家庭人员	苏阿四	户主	1952年7月	汉
	沈荣花	妻子	1954年10月	汉
	苏　健	儿子	1977年7月	汉
	陆惠琴	儿媳	1978年12月	汉
	苏思远	孙子	2002年5月	汉
家庭大事	1989年建楼房。 2000年购买商品房。 2010年购买轿车。 2019动迁安置。 2020年苏思远就读于扬州大学。			

	姓名	与户主关系	出生年月	民族
现有家庭人员	苏汉民	户主	1935年11月	汉
	查白妹	妻子	1938年9月	汉
	苏健男	儿子	1963年6月	汉
	王舒英	儿媳	1964年9月	汉
	苏　彧	孙子	1989年9月	汉
	徐　淼	孙媳	1990年2月	汉
	苏怿瑶	曾孙女	2017年5月	汉
家庭大事	1990年建楼房。 2005年购买商品房。 2010年购买轿车。 2019年动迁安置。 苏彧毕业于南京医科大学，在昆山市市场监督管理局巴城分局工作。			

	姓名	与户主关系	出生年月	民族
现有家庭人员	苏云泉	户主	1961年9月	汉
	金黑妹	妻子	1961年11月	汉
	苏文杰	儿子	1989年1月	汉
	杜玲玲	儿媳	1990年11月	汉
	杜唯依	孙女	2013年12月	汉
	苏一然	孙子	2018年1月	汉
家庭大事	1984年建平房。 2002年购买商品房。 2010年购买轿车。 2013年动迁安置。 苏文杰毕业于江苏大学，在昆山农村商业银行工作。			

	姓名	与户主关系	出生年月	民族
现有家庭人员	苏三妹	户主	1948年5月	汉
	沈红良	儿子	1970年11月	汉
	赵娟	儿媳	1969年3月	汉
	沈岚	孙女	1993年11月	汉
家庭大事	1989年沈红良入伍，1992年退伍。 1990年建楼房。 2012年购买商品房。 2016年沈岚加入中国共产党。 2019年动迁安置。 2020年购买轿车。 沈岚毕业于南京师范大学，在昆山市吴淞江城市绿化有限公司工作。			

现有家庭人员	姓名	与户主关系	出生年月	民族
	管小林	户主	1966年5月	汉
	徐爱玲	妻子	1966年7月	汉
	管赟	女儿	1989年3月	汉
	盛明龙	女婿	1989年6月	汉
	盛睿泽	孙子	2012年8月	汉
	管姝涵	孙女	2016年6月	汉
	管梅梅	父亲	1931年7月	汉
家庭大事	1986年建楼房。 2013年管赟加入中国共产党。 2015年购买轿车。 2016年动迁安置。 管赟毕业于盐城师范学院，在昆山市正仪中心小学校工作。			

现有家庭人员	姓名	与户主关系	出生年月	民族
	赵三林	户主	1965年1月	汉
	赵晓曦	女儿	1989年11月	汉
	陈 伟	女婿	1989年6月	汉
	陈佑其	孙子	2014年2月	汉
家庭大事	1985年赵三林开始从事瓦匠行业。 1989年建楼房。 2013年购买商品房。 2019年动迁安置。 赵晓曦毕业于南京信息工程大学，在昆山商厦股份有限公司工作。			

现有家庭人员	姓名	与户主关系	出生年月	民族
	苏国平	户主	1969年3月	汉
家庭大事	1986年建平房。			

群星村第八村民小组

现有家庭人员	姓名	与户主关系	出生年月	民族
	陈品男	户主	1963 年 12 月	汉
	陈 浩	女儿	1986 年 8 月	汉

家庭大事
1980 年建平房。
1993 年陈品男开始从事油漆工行业。
2006 年动迁安置。

现有家庭人员	姓名	与户主关系	出生年月	民族
	赵阿小	户主	1957 年 6 月	汉
	凌金妹	妻子	1958 年 5 月	汉
	赵秋刚	儿子	1981 年 9 月	汉
	袁建华	儿媳	1984 年 9 月	汉
	赵欣怡	孙女	2005 年 6 月	汉
	赵欣泠	孙女	2015 年 9 月	汉

家庭大事
1978 年赵阿小开始从事瓦匠行业。
1993 年建楼房。
2005 年购买商品房。
2015 年购买轿车。
2019 年动迁安置。

现有家庭人员	姓名	与户主关系	出生年月	民族
	宋春媛	户主	1963 年 4 月	汉
	赵培新	女儿	1986 年 6 月	汉
	赵培忠	儿子	1993 年 2 月	汉

家庭大事

	姓名	与户主关系	出生年月	民族
现有家庭人员	赵宏敏	户主	1967年6月	汉
	周云霞	妻子	1977年8月	汉
	赵俊辉	儿子	1998年8月	汉
家庭大事	1996年购买商品房。 2013年动迁安置。 2018年购买轿车。 赵俊辉毕业于苏州科技大学。			

	姓名	与户主关系	出生年月	民族
现有家庭人员	赵小香	户主	1953年8月	汉
	刘腊妹	妻子	1952年8月	汉
	赵振华	儿子	1977年1月	汉
	黄小英	儿媳	1979年5月	汉
	赵浩宇	孙子	2000年9月	汉
家庭大事	1974年赵小香开始从事瓦匠行业。 1986年建楼房。 2019年动迁安置。 2000年购买商品房。 2020年赵浩宇就读于淮阴工学院。			

	姓名	与户主关系	出生年月	民族
现有家庭人员	赵花宝	户主	1940年11月	汉
	赵百明	儿子	1966年7月	汉
	张 云	儿媳	1980年12月	汉
	赵裴蓉	孙女	1996年4月	汉
	赵子鎏（曾用名：赵益苇）	孙子	2006年10月	汉
家庭大事	1985年建楼房。 2014年动迁安置。 2016年购买轿车。			

	姓名	与户主关系	出生年月	民族
现有家庭人员	赵荣东	户主	1951年2月	汉
	卢银珍	妻子	1953年12月	汉
	赵 瑛	女儿	1977年5月	汉
	赵明轩	孙子	2000年10月	汉
家庭大事	1977年赵荣东加入中国共产党。 1990年建楼房。 2019年动迁安置。			

	姓名	与户主关系	出生年月	民族
现有家庭人员	赵香根	户主	1963年12月	汉
	赵百花	妻子	1964年2月	汉
	赵雅琪	女儿	1987年4月	汉
	金 虎	女婿	1986年10月	汉
	金栩贤	外孙	2013年8月	汉
	赵梦棋	孙女	2019年2月	汉
家庭大事	1984年赵百花任群北小学教师，已退休。 1990年建楼房。 1999年购买商品房。 2015年购买轿车。 2019年动迁安置。 赵香根毕业于苏州大学，在昆山高新区（玉山镇）人民政府工作。 赵雅琪毕业于南京工业大学，在震川街道工作。			

	姓名	与户主关系	出生年月	民族
现有家庭人员	赵永良	户主	1965年9月	汉
家庭大事	1996年建平房。 2019年动迁安置。			

	姓名	与户主关系	出生年月	民族
现有家庭人员	赵小萍	户主	1965年8月	汉
	陆雪英	妻子	1967年1月	汉
	赵文婷	女儿	1989年4月	汉
	金 军	女婿	1988年11月	汉
	金雨泽	孙子	2011年8月	汉
	金雨新	孙女	2013年7月	汉
家庭大事	1985年赵小萍开始从事瓦匠行业。 1987年陆雪英开始从事缝纫师行业。 1986年建楼房。 2009年购买商品房。 2012年购买轿车。 2019年动迁安置。			

	姓名	与户主关系	出生年月	民族
现有家庭人员	施福元	户主	1956年12月	汉
	苏桂花	妻子	1956年7月	汉
	施 英	女儿	1983年8月	汉
	张 峰	女婿	1982年5月	汉
	张施晨	孙子	2006年6月	汉
家庭大事	1976年施福元开始从事瓦匠行业。 1989年建楼房。 2013年购买商品房。 2015年购买轿车。 2019年动迁安置。 施英毕业于南京财经大学,在昆山市巴城镇社区卫生服务中心工作。			

	姓名	与户主关系	出生年月	民族
现有家庭人员	陈品良	户主	1957年1月	汉
	许翠林	妻子	1958年10月	汉
	陈永清	儿子	1982年1月	汉
	王 露	儿媳	1987年8月	汉
	陈 芸	孙女	2008年8月	汉
	陈 艺	孙子	2016年9月	汉
家庭大事	1990年建楼房。 2006年购买轿车。 2015年购买商品房。 2019年动迁安置。			

	姓名	与户主关系	出生年月	民族
现有家庭人员	赵水花	户主	1952年12月	汉
	赵青莉	长女	1974年12月	汉
	赵红根	长婿	1975年7月	汉
	赵雨馨	孙女	1998年8月	汉
	赵叶青	次女	1976年10月	汉
	林 强	次婿	1976年8月	汉
	林楷程	外孙	2000年3月	汉
家庭大事	1987年建楼房。 1994年购买楼房。 2019年动迁安置。 2019年购买轿车。 赵雨馨毕业于无锡太湖学院，在昆山市开发区综合行政执法局工作。			

	姓名	与户主关系	出生年月	民族
现有家庭人员	赵水福	户主	1956年11月	汉
	徐杏花	妻子	1958年3月	汉
	赵　刚	儿子	1982年1月	汉
	郑小青	儿媳	1982年5月	汉
	赵英彦	长孙女	2002年9月	汉
	郑英涵	次孙女	2015年2月	汉
家庭大事	1990年建楼房。 2001年购买商品房。 2016年购买轿车。 2019年动迁安置。			

	姓名	与户主关系	出生年月	民族
现有家庭人员	赵爱明	户主	1965年10月	汉
	张桂兰	妻子	1966年3月	汉
	赵　杰	儿子	1992年4月	汉
	周　静	儿媳	1995年8月	汉
	赵　澄	孙子	2018年6月	汉
家庭大事	1985年建楼房。 2002年购买商品房。 2014年购买轿车。 2019年动迁安置。			

现有家庭人员	姓名	与户主关系	出生年月	民族
	赵全林	户主	1951 年 3 月	汉
	莫根秀	妻子	1951 年 5 月	汉
	赵红良	儿子	1973 年 12 月	汉
	赵艺丰	孙子	1998 年 8 月	汉

家庭大事	1972 年赵全林开始从事瓦匠行业。 1986 年建楼房。 1995 年购买商品房。 2019 年动迁安置。

现有家庭人员	姓名	与户主关系	出生年月	民族
	周根弟	户主	1965 年 3 月	汉

家庭大事	1986 年建平房。 2014 年动迁安置。

现有家庭人员	姓名	与户主关系	出生年月	民族
	赵野男	户主	1931 年 7 月	汉
	赵招英	妻子	1930 年 2 月	汉
	赵林根	儿子	1965 年 12 月	汉
	赵福妹	儿媳	1963 年 4 月	汉
	赵 佳	孙子	1988 年 8 月	汉
	管月华	孙媳	1989 年 3 月	汉
	赵胤彤	曾孙女	2011 年 11 月	汉
	赵胤宸	曾孙	2013 年 8 月	汉

家庭大事	1985 年赵林根开始从事瓦匠行业。 1989 年建楼房。 2006 年购买商品房。 2007 年赵佳入伍，2009 年退伍。 2008 年赵佳加入中国共产党。 2014 年购买轿车。 2019 年动迁安置。 2020 年赵佳任群星村党总支书记。 赵佳毕业于华中科技大学。

	姓名	与户主关系	出生年月	民族
现有家庭人员	赵水法	户主	1954年7月	汉
	朱惠珍	妻子	1954年4月	汉
	赵华瑛	女儿	1977年12月	汉
	陆小强	女婿	1976年4月	汉
	赵静怡	孙女	1999年11月	汉
家庭大事	1976年赵水法开始从事瓦匠行业。 1987年建楼房。 1993年购买商品房。 2019年动迁安置。 2019年购买轿车。 2019年赵静怡就读于南京传媒学院。			

	姓名	与户主关系	出生年月	民族
现有家庭人员	沈白男	户主	1952年7月	汉
	赵雪花	妻子	1951年10月	汉
	沈文贵	儿子	1976年9月	汉
	张洪洪	儿媳	1985年5月	汉
	赵金晶	孙女	2004年10月	汉
家庭大事	1969年沈白男入伍，1973年退伍。 1969年沈白男加入中国共产党。 1971年沈白男在部队受嘉奖一次。 1988年建楼房。 2019年购买轿车。 2019年动迁安置。			

	姓名	与户主关系	出生年月	民族
现有家庭人员	赵岳敏	户主	1963年9月	汉
	范七妹	妻子	1963年12月	汉
	赵赋俊	儿子	1986年11月	汉
	林春燕	儿媳	1990年5月	汉
	赵懿琳	孙女	2013年11月	汉
	林奕乐	孙子	2019年1月	汉
家庭大事	1982年赵岳敏开始从事木匠行业。 2004年建平房。 2011年动迁安置。 2018年购买轿车。			

	姓名	与户主关系	出生年月	民族
现有家庭人员	王兴生	户主	1952年11月	汉
	赵林花	妻子	1950年10月	汉
	赵琴荣	儿子	1975年7月	汉
	赵智明	孙子	1998年2月	汉
家庭大事	1990年建楼房。 2019年动迁安置。 2018年赵智明就读于南京大学。			

	姓名	与户主关系	出生年月	民族
现有家庭人员	赵根秀	户主	1945年7月	汉
	赵绿萌	儿子	1972年11月	汉
	杨红玉	儿媳	1972年9月	汉
	赵升达	孙子	1996年11月	汉
家庭大事	1985年建楼房。 2010年购买商品房。 2015年购买轿车。 2019年动迁安置。			

群星村志·村民家庭记载

	姓名	与户主关系	出生年月	民族
现有家庭人员	赵小林	户主	1952年8月	汉
	范大娘	妻子	1952年1月	汉
	赵永刚	儿子	1976年5月	汉
	陆 英	儿媳	1977年8月	汉
	赵欣芸	孙女	2003年5月	汉
家庭大事	1988年建楼房。 1999年购买商品房。 2019年动迁安置。			

	姓名	与户主关系	出生年月	民族
现有家庭人员	赵阿明	户主	1967年3月	汉
	张金容	妻子	1982年8月	汉
	赵静怡	女儿	2008年6月	汉
家庭大事	1986年建平房。 2019年动迁安置。			

	姓名	与户主关系	出生年月	民族
现有家庭人员	赵根法	户主	1961年12月	汉
	赵香珍	妻子	1965年4月	汉
	赵冬娟	女儿	1985年12月	汉
	陆勤惠	女婿	1976年4月	汉
	赵陆涵	孙子	2015年3月	汉
家庭大事	1981年建平房。 2008年购买轿车。 2009年动迁安置。 2016年购买商品房。 赵冬娟毕业于南通大学，在昆山市陆家中学工作。			

	姓名	与户主关系	出生年月	民族
现有家庭人员	沈福英	户主	1950年6月	汉
	赵建良	儿子	1971年6月	汉
	许小玲	儿媳	1970年6月	汉
	赵文婷	孙女	1994年6月	汉
	蔡适骏	孙婿	1993年1月	汉
家庭大事	1986年建楼房。 2014年购买商品房。 2019年动迁安置。			

	姓名	与户主关系	出生年月	民族
现有家庭人员	赵金弟	户主	1956年12月	汉
	赵　良	儿子	1982年12月	汉
家庭大事	1986年建平房。 2003年赵良入伍，2005年退伍。 2014年动迁安置。			

	姓名	与户主关系	出生年月	民族
现有家庭人员	陈根林	户主	1945年9月	汉
	赵银花	妻子	1948年9月	汉
	赵　珍	女儿	1968年9月	汉
	赵全男	女婿	1968年2月	汉
	赵　燕	孙女	1991年3月	汉
家庭大事	1987年建楼房。 2014年动迁安置。			

	姓名	与户主关系	出生年月	民族
现有家庭人员	赵阿四	户主	1939年7月	汉
	赵才元	儿子	1959年7月	汉
	陈品花	儿媳	1961年10月	汉
	赵姜英	长孙女	1983年10月	汉
	赵姜萍	次孙女	1987年6月	汉
家庭大事	1982年建平房。 1991年购买商品房。 2011年动迁安置。			

	姓名	与户主关系	出生年月	民族
现有家庭人员	赵根元	户主	1954年1月	汉
	陈建亚	妻子	1952年9月	汉
	赵晓忠	儿子	1982年9月	汉
家庭大事	1972年建平房。 1996年购买商品房。 2011年购买轿车。 2014年动迁安置。			

	姓名	与户主关系	出生年月	民族
现有家庭人员	赵水民	户主	1951年1月	汉
	胡大妹	妻子	1952年2月	汉
	赵莉英	女儿	1974年12月	汉
	浦奋叫	女婿	1973年9月	汉
	赵莹彤	孙女	1996年8月	汉
家庭大事	1990年建楼房。 2015年购买商品房。 2018年购买轿车。 2019年动迁安置。			

	姓名	与户主关系	出生年月	民族
现有家庭人员	赵菊平	户主	1967年4月	汉
	赵 雯	女儿	1996年11月	汉
家庭大事	1987年建楼房。 2019年动迁安置。			

	姓名	与户主关系	出生年月	民族
现有家庭人员	赵凤根	户主	1935年11月	汉
	吕云宝	妻子	1934年6月	汉
	赵建明	儿子	1967年11月	汉
	赵 菲	孙女	1994年1月	汉
	张 敏	孙婿	1993年12月	汉
	张梦珂	长曾孙女	2016年12月	汉
	赵梦言	次曾孙女	2019年3月	汉
家庭大事	1988年赵建明开始从事瓦匠行业。 1989年建楼房。 2006年购买商品房。 2019年动迁安置。			

	姓名	与户主关系	出生年月	民族
现有家庭人员	赵兴法	户主	1954年6月	汉
	陆杏花	妻子	1955年2月	汉
	赵荣林	儿子	1981年12月	汉
	范惠萍	儿媳	1982年1月	汉
	赵 睿	孙女	2004年7月	汉
	范致远	孙子	2014年10月	汉
家庭大事	1982年建平房。 2012年动迁安置。			

	姓名	与户主关系	出生年月	民族
现有家庭人员	赵根大	户主	1950年7月	汉
	赵培良	儿子	1973年2月	汉
	范建英	儿媳	1973年5月	汉
	赵钰卿	孙子	1996年3月	汉
家庭大事	1989年建楼房。 2006年购买商品房。 2014年动迁安置。 2017年购买轿车。 2020年购买轿车。			

	姓名	与户主关系	出生年月	民族
现有家庭人员	赵明炬	户主	1964年10月	汉
	吕小芳	妻子	1986年12月	汉
	赵杰	儿子	2006年4月	汉
家庭大事	1984年赵明炬开始从事瓦匠行业。 2004年建楼房。 2008年购买轿车。 2008年购买商品房。 2019年动迁安置。			

	姓名	与户主关系	出生年月	民族
现有家庭人员	赵秀林	户主	1955年7月	汉
	赵冬明	妻子	1957年11月	汉
	赵春花	长女	1981年3月	汉
	姚　卫	长婿	1980年6月	汉
	姚　瑶	外孙女	2005年10月	汉
	赵子尧	孙子	2009年4月	汉
	赵春香	次女	1982年9月	汉
	翁丽敏	次婿	1981年10月	汉
	翁佳浩	外孙	2011年12月	汉
	赵佳妮	孙女	2014年11月	汉
家庭大事	1994年建楼房。 2019年动迁安置。			

	姓名	与户主关系	出生年月	民族
现有家庭人员	赵水根	户主	1944年6月	汉
	赵招囡	妻子	1948年12月	汉
	赵大良	儿子	1968年6月	汉
	赵阿芳	儿媳	1967年5月	汉
	赵一恒	孙子	1991年10月	汉
	季　哲	孙媳	1993年8月	汉
	赵子渃	曾孙女	2016年5月	汉
家庭大事	1989年建楼房。 2010年购买轿车。 2015年购买商品房。 2019年动迁安置。			

	姓名	与户主关系	出生年月	民族
现有家庭人员	赵水林	户主	1947年12月	汉
	陈篮妹	妻子	1949年2月	汉
	赵红青	儿子	1972年2月	汉
	刘 萍	儿媳	1971年5月	汉
	赵晨霞	孙女	1996年1月	汉
	谭龙斌	孙婿	1994年8月	汉
家庭大事	1989年建楼房。 2010年购买轿车。 2014年动迁安置。			

	姓名	与户主关系	出生年月	民族
现有家庭人员	范炳珍	户主	1961年11月	汉
	陆晓东	儿子	1982年8月	汉
	陆 萍	儿媳	1981年6月	汉
	陆誉韬	孙子	2007年1月	汉
家庭大事	1991年建楼房。 2002年购买商品房。 2014年购买轿车。 2019年动迁安置。			

群星村第九村民小组

	姓名	与户主关系	出生年月	民族
现有家庭人员	沈凤泉	户主	1953年5月	汉
	莫招花	妻子	1953年4月	汉
	莫金惠	儿子	1977年4月	汉
	熊文兰	儿媳	1981年3月	汉
	莫美金	孙子	2001年4月	汉
家庭大事	1985年建楼房。 2012年购买轿车。 2019年动迁安置。			

	姓名	与户主关系	出生年月	民族
现有家庭人员	陆多福	户主	1966年8月	汉
	陆 军	儿子	1988年12月	汉
	王倩云	儿媳	1991年7月	汉
	陆今怡	长孙女	2013年9月	汉
	王一萱	次孙女	2017年1月	汉
家庭大事	1986年建平房。 1996年购买商品房。 2011年动迁安置。			

	姓名	与户主关系	出生年月	民族
现有家庭人员	陆爱金	户主	1957年2月	汉
	陆雪花	妻子	1962年10月	汉
	陆晓萍	女儿	1985年4月	汉
	陆　华	女婿	1987年7月	汉
	陆辛言	孙子	2015年11月	汉
家庭大事	1990年建楼房。 2019年动迁安置。 陆晓萍毕业于江苏海洋大学，在一家商厦工作。			

	姓名	与户主关系	出生年月	民族
现有家庭人员	陆阿凤	户主	1925年4月	汉
	柏秀珍	儿媳	1952年11月	汉
	陆丽青	长孙女	1974年9月	汉
	马军乾	孙婿	1983年8月	汉
	陆闻达	曾孙	1995年3月	汉
	陆小青	次孙女	1977年2月	汉
家庭大事	1993年建楼房。 2003年购买商品房。 2018年购买轿车。 2019年动迁安置。			

	姓名	与户主关系	出生年月	民族
现有家庭人员	陆巧福	户主	1958年4月	汉
	陆建峰	儿子	1982年1月	汉
	梁青云	儿媳	1982年7月	汉
	陆欣怡	孙女	2005年5月	汉
家庭大事	1992年建楼房。 2013年购买商品房。 2017年购买轿车。 2019年动迁安置。			

	姓名	与户主关系	出生年月	民族
现有家庭人员	陆坤生	户主	1956年7月	汉
	何翠珍	妻子	1954年9月	汉
	陆永强	儿子	1975年5月	汉
	时继红	儿媳	1973年2月	汉
	陆琼超	孙子	1997年12月	汉
	邱 雯	孙媳	1995年9月	汉
	陆永娟	女儿	1982年4月	汉
家庭大事	1986年建楼房。 2005年购买商品房。 2014年动迁安置。			

	姓名	与户主关系	出生年月	民族
现有家庭人员	陆泉根	户主	1956年10月	汉
	赵雪妹	妻子	1956年9月	汉
	陆建清	儿子	1981年8月	汉
	孙莉莉	儿媳	1982年1月	汉
	陆孙怡	长孙女	2007年3月	汉
	孙馨怡	次孙女	2012年2月	汉
	王云娣	母亲	1933年11月	汉
家庭大事	1976年陆泉根开始从事木匠行业。 1985年建楼房。 2000年陆建清入伍，2002年退伍。 2000年购买摩托车。 2005年购买商品房。 2019年动迁安置。			

	姓名	与户主关系	出生年月	民族
现有家庭人员	范林男	户主	1955年8月	汉
	毛根英	妻子	1959年11月	汉
	范小琴	女儿	1981年11月	汉
	郑国荣	女婿	1981年11月	汉
	郑佳吟	长外孙女	2005年1月	汉
	郑梓吟	次外孙女	2017年6月	汉
家庭大事	1978年建平房。 2019年动迁安置。			

	姓名	与户主关系	出生年月	民族
现有家庭人员	范水福	户主	1954年5月	汉
家庭大事	1982年建平房。 2014年动迁安置。			

	姓名	与户主关系	出生年月	民族
现有家庭人员	徐阿巧	户主	1933年5月	汉
	徐耕楠	儿子	1956年10月	汉
	赵招秀	儿媳	1956年8月	汉
	徐文娟	孙女	1982年5月	汉
	郑国梁	孙婿	1979年10月	汉
	郑徐粮	长曾外孙	2008年5月	汉
	徐心蕾	次曾孙女	2010年4月	汉
家庭大事	1978年徐耕楠在群北小学任教,已退休。 1986年建楼房。 2010年购买轿车。 2014年动迁安置。 2019年购买商品房。 徐文娟毕业于南京财经大学,在交通银行工作。			

	姓名	与户主关系	出生年月	民族
现有家庭人员	徐爱珍	户主	1969年6月	汉
家庭大事				

	姓名	与户主关系	出生年月	民族
现有家庭人员	徐志宏	户主	1944年3月	汉
	徐中伟	儿子	1970年4月	汉
	李　萍	儿媳	1979年6月	汉
	徐洁玲	孙女	1997年8月	汉
	李博文	孙子	2010年3月	汉
家庭大事	2005年动迁安置。 2009年购买商品房。 2010年购买轿车。 徐洁玲毕业于无锡太湖学院,在昆山高新区紫竹小学工作。			

现有家庭人员	姓名	与户主关系	出生年月	民族
	陆阿招	户主	1946 年 11 月	汉
	徐 敏	儿子	1969 年 5 月	汉
	耿爱华	儿媳	1970 年 7 月	汉
	徐 月	孙女	1996 年 3 月	汉

家庭大事	1985 年建平房。 1994 年购买商品房。 2014 年动迁安置。 2020 年徐月就读于新加坡国立大学。 徐敏毕业于江苏省一所大学，在昆山华月管理咨询有限公司工作。 耿爱华毕业于南京财经大学，在昆山华月管理咨询有限公司工作。

现有家庭人员	姓名	与户主关系	出生年月	民族
	陆根云	户主	1936 年 11 月	汉
	陆建文	儿子	1967 年 1 月	汉
	袁秀娥	儿媳	1972 年 12 月	汉
	陆之萱	孙女	2010 年 8 月	汉

家庭大事	1978 年建平房。 1987 年陆建文开始从事木匠行业。 2011 年动迁安置。

	姓名	与户主关系	出生年月	民族
现有家庭人员	徐建华	户主	1971年5月	汉
	浦勤芳	妻子	1974年1月	汉
	徐 婷	女儿	1994年7月	汉
	周晓君	女婿	1993年5月	汉
	周嘉奕	外孙	2020年12月	汉
	何玉珍	母亲	1946年11月	汉
家庭大事	1993年建楼房。 2014年购买商品房。 2014年动迁安置。 2017年购买轿车。			

	姓名	与户主关系	出生年月	民族
现有家庭人员	徐水金	户主	1934年9月	汉
	毛香宝	妻子	1940年5月	汉
	徐香珍	女儿	1963年6月	汉
	翁三男	女婿	1962年3月	汉
	徐振宇	孙子	1985年9月	汉
	金 燕	孙媳	1986年8月	汉
	徐翊恒	长曾孙	2014年1月	汉
	徐翊心	次曾孙	2017年10月	汉
家庭大事	1991年建楼房。 1994年翁三男加入中国共产党。 2009年购买商品房。 2014年购买轿车。 2019年动迁安置。 徐振宇毕业于苏州大学，在昆山市中医医院工作。			

	姓名	与户主关系	出生年月	民族
现有家庭人员	范阿木	户主	1946年7月	汉
	史月芳	妻子	1945年3月	汉
	范红卫	儿子	1973年12月	汉
	刘兰凤	儿媳	1971年4月	汉
	范雨明	孙子	1994年9月	汉
家庭大事	1965年史月芳加入中国共产党。 1986年建楼房。 2015年购买商品房。 2018年购买轿车。 2019年动迁安置。			

	姓名	与户主关系	出生年月	民族
现有家庭人员	陆宗福	户主	1953年11月	汉
	陆阿惠	妻子	1951年11月	汉
	陆文清	长子	1975年6月	汉
	王金芳	长媳	1977年2月	汉
	陆　逸	孙子	1998年6月	汉
	陆佳妮	孙女	2007年8月	汉
	陆永清	次子	1982年6月	汉
家庭大事	1983年购买轿车。 1993年建楼房。 1996年陆文清从事油漆工行业。 2002年购买商品房。 2012年陆文清加入中国共产党。 2019年动迁安置。 陆逸毕业于扬州大学。			

	姓名	与户主关系	出生年月	民族
现有家庭人员	范火生	户主	1938年6月	汉
	陆根妹	妻子	1940年8月	汉
	范炳泉	儿子	1967年9月	汉
	张云芬	儿媳	1967年4月	汉
	范彩萍	孙女	1990年11月	汉
	徐春雷	孙婿	1986年12月	汉
家庭大事	1987年范炳泉开始从事油漆工行业。 1988年建楼房。 2003年购买商品房。 2019年动迁安置。 范彩萍毕业于南京财经大学，在昆山农村商业银行工作。			

	姓名	与户主关系	出生年月	民族
现有家庭人员	陆小金	户主	1953年9月	汉
	莫根花	妻子	1954年7月	汉
	陆仁良	儿子	1976年1月	汉
	包建芳	儿媳	1976年10月	汉
	陆思涵	孙女	2006年6月	汉
家庭大事	1992年建楼房。 1999年陆仁良加入中国共产党。 2010年购买轿车。 2018年购买商品房。 2019年动迁安置。 陆仁良毕业于浙江宁波公安海警高等专科学校，在昆山市总工会工作。			

	姓名	与户主关系	出生年月	民族
现有家庭人员	陆阿木	户主	1946年10月	汉
	张阿招	妻子	1950年9月	汉
	陆建强	儿子	1972年1月	汉
	陈 燕	儿媳	1975年3月	汉
	陆嘉鸿	孙子	1997年5月	汉
家庭大事	1975年陆阿木加入中国共产党。 1988年建楼房。 1990年陆建强入伍，1992年退伍。 2006年购买商品房。 2017年购买轿车。 2019年动迁安置。			

	姓名	与户主关系	出生年月	民族
现有家庭人员	陆兴泉	户主	1951年7月	汉
	管林秀	妻子	1955年11月	汉
	陆素华	长女	1979年1月	汉
	陆福明	长婿	1975年2月	汉
	陆欣雨	长孙女	2002年5月	汉
	陆欣悦	次孙女	2015年2月	汉
家庭大事	1973年陆兴泉入伍，1976年退伍。 2005年购买商品房。 2009年购买轿车。 2020年陆欣雨就读于山西师范大学。			

	姓名	与户主关系	出生年月	民族
现有家庭人员	范宗林	户主	1965 年 7 月	汉
	范翠珍	妻子	1966 年 1 月	汉
	范玉娟	女儿	1989 年 9 月	汉
	范秋华	儿子	1993 年 9 月	汉
	王玲玲	儿媳	1993 年 2 月	汉
	范瑞泽	孙子	2018 年 6 月	汉
家庭大事	1983 年范宗林入伍，1987 年退伍。 1992 年建楼房。 2014 年动迁安置。			

	姓名	与户主关系	出生年月	民族
现有家庭人员	王雪宝	户主	1952 年 11 月	汉
	陆建国	儿子	1973 年 11 月	汉
	陆惠仙	女儿	1976 年 1 月	汉
	陈　燕	儿媳	1977 年 9 月	汉
	陆雨涛	孙子	1997 年 8 月	汉
	陈　媛	孙女	2001 年 10 月	汉
	陈　铭	孙子	2019 年 6 月	汉
家庭大事	1987 年建楼房。 1991 年陆建国入伍，1995 年退伍。 1994 年陆建国加入中国共产党。 2019 年购买轿车。 2019 年动迁安置。			

现有家庭人员	姓名	与户主关系	出生年月	民族
	陆金良	户主	1956年9月	汉
	张凤英	妻子	1957年11月	汉
	陆建刚	儿子	1981年11月	汉
	赵小林	儿媳	1982年4月	汉
	陆铭宇	孙子	2005年8月	汉
家庭大事				

现有家庭人员	姓名	与户主关系	出生年月	民族
	沈阿毛	户主	1949年10月	汉
	张白妹	妻子	1952年11月	汉
	沈　卫	儿子	1972年11月	汉
	赵春香	儿媳	1973年4月	汉
	沈梦婷	孙女	1997年4月	汉
家庭大事	1991年沈卫加入中国共产党。 1994年建楼房。 2002年购买商品房。 2012年购买轿车。 2019年动迁安置。 沈梦婷毕业于扬州大学，在周市中学工作。			

	姓名	与户主关系	出生年月	民族
现有家庭人员	范阿金	户主	1949年1月	汉
	徐阿小	妻子	1951年5月	汉
	范国清	儿子	1978年1月	汉
	黄　萍	儿媳	1979年5月	汉
	范玉杰	孙子	2004年4月	汉
	范钰婷	孙女	2018年7月	汉
家庭大事	1986年建楼房。 1990年购买商品房。 1998年购买轿车。 2017年动迁安置。			

	姓名	与户主关系	出生年月	民族
现有家庭人员	陆根水	户主	1959年8月	汉
	陆杏秀	妻子	1960年2月	汉
	陆子平	儿子	1982年8月	汉
	王金花	儿媳	1988年10月	汉
	陆宇涵	孙子	2012年1月	汉
家庭大事	1993年建楼房。 2015年购买商品房。 2020年购买轿车。 2019年动迁安置。			

	姓名	与户主关系	出生年月	民族
现有家庭人员	沈文明（户籍名：沈阿狗）	户主	1946年10月	汉
	王月妹	妻子	1950年1月	汉
	沈韦芳	女儿	1972年10月	汉
	张志元	女婿	1973年4月	汉
	沈以恒	孙子	1997年10月	汉
家庭大事	1978年建平房。 2002年购买商品房。 2010年购买轿车。 2017年动迁安置。 沈韦芳毕业于苏州大学，在昆山市淀山湖镇财政所工作。 沈以恒毕业于南京森林警察学院，在昆山市公安局城北派出所工作。			

	姓名	与户主关系	出生年月	民族
现有家庭人员	陆水荣	户主	1951年10月	汉
	刘培英	妻子	1954年10月	汉
	陆国华	儿子	1976年11月	汉
	陈小琼	儿媳	1975年9月	汉
	陆康俊	孙子	2004年2月	汉
家庭大事	1986年建楼房。 2016年购买商品房。 2018年购买轿车。 2019年动迁安置。			

	姓名	与户主关系	出生年月	民族
现有家庭人员	陆阿小	户主	1949年9月	汉
	吴翠红	妻子	1952年5月	汉
	陆小兰	女儿	1976年2月	汉
	周小龙	女婿	1973年10月	汉
	陆　毓	孙女	1996年11月	汉
家庭大事	1986年建楼房。 2005年购买商品房。 2019年购买轿车。 2019年动迁安置。 陆毓毕业于淮阴师范学院，在苏州工业园区唯亭学校工作。			

	姓名	与户主关系	出生年月	民族
现有家庭人员	莫根元	户主	1965年1月	汉
	徐惠珍	妻子	1965年9月	汉
	莫利民	儿子	1988年3月	汉
	吴海霞	儿媳	1988年8月	汉
	莫语恒	孙子	2013年11月	汉
家庭大事	1985年莫根元开始从事瓦匠行业。 1992年建楼房。 2004年购买商品房。 2012年购买轿车。 2019年动迁安置。			

	姓名	与户主关系	出生年月	民族
现有家庭人员	卞永康	户主	1954年3月	汉
	陆银秀	妻子	1955年1月	汉
	陆振华	儿子	1981年2月	汉
	孙　艳	儿媳	1981年9月	汉
	陆羿玮	孙子	2006年10月	汉
家庭大事	1974年卞永康开始从事木匠行业。 1984年建楼房。 2000年购买商品房。 2018年购买轿车。 2019年动迁安置。			

	姓名	与户主关系	出生年月	民族
现有家庭人员	范玉林	户主	1962年5月	汉
	朱卫金	妻子	1966年7月	汉
	范永华	儿子	1987年9月	汉
	梁　梅	儿媳	1988年9月	汉
	范子涵	孙女	2011年4月	汉
	范子瑞	孙子	2016年8月	汉
家庭大事	1982年范玉林开始从事瓦匠行业。 1996年建楼房。 2012年购买商品房。 2016年购买轿车。 2019年动迁安置。			

	姓名	与户主关系	出生年月	民族
现有家庭人员	赵林生	户主	1958年3月	汉
	陆玉珍	妻子	1960年5月	汉
	陆　斌	儿子	1981年10月	汉
	顾美华	儿媳	1981年11月	汉
	陆宁希	长孙女	2004年11月	汉
	顾熙苒	次孙女	2014年8月	汉
家庭大事	1978年赵林生开始从事油漆工行业。 1991年建楼房。 2002年购买商品房。 2010年购买轿车。 2019年动迁安置。			

	姓名	与户主关系	出生年月	民族
现有家庭人员	朱金花	户主	1955年1月	汉
	徐进芳	女儿	1978年3月	汉
	杨传山	女婿	1978年12月	汉
	徐　杨	孙子	2003年12月	汉
家庭大事	1991年建楼房。 2009年购买商品房。 2019年动迁安置。			

现有家庭人员	姓名	与户主关系	出生年月	民族
	徐建中	户主	1970年1月	汉
	郑建芳	妻子	1969年11月	汉
	徐 超	儿子	1992年10月	汉

家庭大事	1990年徐建中开始从事木匠行业。 1990年建楼房。 2008年购买商品房。 2018年购买轿车。 2019年动迁安置。

现有家庭人员	姓名	与户主关系	出生年月	民族
	陆泉元	户主	1957年11月	汉
	秦友妹	妻子	1959年7月	汉
	陆 静	女儿	1982年2月	汉
	汤荣华	女婿	1972年12月	汉
	陆听韵	孙女	2004年6月	汉
	陆诗韵	孙女	2010年5月	汉
	杜云宝	母亲	1932年1月	汉

家庭大事	1981年建楼房。 1990年陆泉元加入中国共产党。 1993年购买商品房。 2009年动迁安置。 2014年购买轿车。

	姓名	与户主关系	出生年月	民族
现有 家庭人员	陆福荣	户主	1954年11月	汉
	范玲凤	妻子	1954年8月	汉
	陆伟荣	儿子	1981年3月	汉
	芦　云	儿媳	1981年9月	汉
	陆芦怡	孙女	2005年4月	汉
	陆芦恒	孙子	2010年7月	汉
家庭大事	1977年范玲凤加入中国共产党。 1990年建楼房。 1993年陆福荣加入中国共产党。 2002年购买商品房。 2002年购买轿车。 2016年购买轿车。 2019年动迁安置。			

	姓名	与户主关系	出生年月	民族
现有 家庭人员	莫根宝	户主	1946年7月	汉
	高云宝	妻子	1951年10月	汉
	莫莉芳	女儿	1971年12月	汉
	侯建明	女婿	1966年11月	汉
	莫天顺	孙子	1992年12月	汉
	赵丽娜	孙媳	1993年4月	汉
家庭大事	1985年侯建明入伍，1989年退伍。 1988年侯建明加入中国共产党。 1991年建楼房。 2001年购买商品房。 2014年莫天顺加入中国共产党。 2019年动迁安置。 莫天顺毕业于淮阴工学院，在昆山艾派斯软件科技有限公司工作。 赵丽娜毕业于南京师范大学泰州学院，在昆山开发区石予小学工作。			

	姓名	与户主关系	出生年月	民族
现有家庭人员	陆文荣	户主	1967年11月	汉
	严文花	妻子	1966年11月	汉
	陆艳俊	女儿	1990年6月	汉
	江志坚	女婿	1989年10月	汉
	江 馨	孙女	2016年7月	汉
家庭大事	1987年陆文荣开始从事瓦匠行业。 1990年建平房。 1998年购买商品房。 2014年动迁安置。 陆艳俊毕业于南京师范大学泰州学院,在昆山开发区民办前景学校工作。			

	姓名	与户主关系	出生年月	民族
现有家庭人员	陆琴囡	户主	1938年4月	汉
	陆雪良	儿子	1969年2月	汉
	张菊英	儿媳	1969年10月	汉
	陆贤平	孙子	1991年11月	汉
	姜 瑛	孙媳	1993年10月	汉
	陆星宸	曾孙	2019年6月	汉
家庭大事	1989年陆雪良开始从事瓦匠行业。 1988年建楼房。 2016年购买商品房。 2017年动迁安置。 陆贤平毕业于常州工业职业技术学院,在昆山恒丰达热交换器有限公司工作。 姜瑛毕业于苏州大学,在昆山晶视光学有限公司工作。			

群星村第十村民小组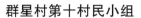

	姓名	与户主关系	出生年月	民族
现有家庭人员	卢意昌	户主	1946年1月	汉
	范玲娣	妻子	1948年9月	汉
	卢 琴	女儿	1973年10月	汉
	钱雪明	女婿	1972年10月	汉
	卢昊杰（曾用名：卢昊钱）	孙子	1995年9月	汉
	卢 勇	儿子	1976年2月	汉
家庭大事	1983年卢意昌加入中国共产党。 1988年建楼房。 1992年钱雪明开始从事水电工行业。 2016年动迁安置。 2017年分配到经济房。 2009年购买轿车。 2017年购买商品房。 卢昊杰毕业于盐城师范学院，在千灯镇的水务部门工作。			

	姓名	与户主关系	出生年月	民族
现有家庭人员	杜春梅	户主	1976年6月	汉
家庭大事	2016年动迁安置。			

	姓名	与户主关系	出生年月	民族
现有家庭人员	徐华琴	户主	1962年5月	汉
	徐春兰	女儿	1983年3月	汉
	张嘉骏	外孙	2014年6月	汉
	张嘉芸	外孙女	2017年3月	汉
家庭大事	1990年购买商品房。			

	姓名	与户主关系	出生年月	民族
现有家庭人员	卢意红	户主	1966年10月	汉
	蒋水英	妻子	1967年2月	汉
	卢　滨	儿子	1991年2月	汉
	陈　玲	儿媳	1990年4月	汉
	卢浩钦	孙子	2016年6月	汉
	徐小宝	母亲	1922年2月	汉
家庭大事	1960年建泥墙草房。 1972年建瓦房。 1988年建楼房。 2015年购买轿车。 2016年动迁安置。 2017年购买商品房。 卢滨毕业于扬州大学，在昆山轨道交通城市发展有限公司工作。 陈玲毕业于淮阴师范学院，在昆山市城市管理行政执法大队巴城中队工作。			

	姓名	与户主关系	出生年月	民族
现有家庭人员	张义章	户主	1953年12月	汉
	张　英	女儿	1980年7月	汉
	张　荣	女婿	1978年10月	汉
	张佳吉	孙女	2000年8月	汉
家庭大事	1985年建楼房。 2016年动迁安置。 2020年购买轿车。			

	姓名	与户主关系	出生年月	民族
现有家庭人员	蒋荣章	户主	1960年9月	汉
	范腊妹	妻子	1959年12月	汉
	蒋亚萍	女儿	1985年1月	汉
	朱海龙	女婿	1977年11月	汉
	朱爱文	孙子	2008年2月	汉
	蒋承潞	孙女	2012年7月	汉
家庭大事	1986年建楼房。 1997年朱海龙入伍，1999年退伍。 2010年购买轿车。 2016年动迁安置。			

	姓名	与户主关系	出生年月	民族
现有家庭人员	徐义华	户主	1957年8月	汉
	魏怀凤	妻子	1963年1月	汉
	徐 婷	女儿	1988年5月	汉
	陈为周	女婿	1985年6月	汉
	徐陈珊	孙女	2011年1月	汉
	徐陈昆	孙子	2014年11月	汉
家庭大事	1991年建楼房。 2016年动迁安置。			

	姓名	与户主关系	出生年月	民族
现有家庭人员	徐银宝	户主	1949年12月	汉
	王美珍	妻子	1952年5月	汉
	徐亚清	女儿	1977年9月	汉
	徐义伟	儿子	1990年2月	汉
	周 佳	儿媳	1990年6月	汉
	徐妍卿	孙女	2020年8月	汉
家庭大事	1987年建楼房。 2013年购买商品房。 2016年购买轿车。 2016年动迁安置。 徐义伟毕业于江苏食品药品职业技术学院，在江苏国测检测技术有限公司工作。 徐亚清毕业于南京大学，在昆山润安会计师事务所有限公司工作。			

	姓名	与户主关系	出生年月	民族
现有家庭人员	刘玉芳	户主	1947年5月	汉
	范 斌	儿子	1970年3月	汉
	符晓梅	儿媳	1974年1月	汉
	范淑君	孙女	1993年5月	汉
家庭大事	1986年建楼房。 2016年动迁安置。 2018年购买别墅。 2018年范淑君毕业于昆山杜克大学。 范斌毕业于苏州健雄职业技术学院，担任过昆山市正仪中心小学校长等职；2004年被共青团中央、教育部、全国少工委联合表彰为"全国十佳少先队辅导员"；2009年毕业于中共江苏省委党校，现在昆山市委党校工作。			

现有家庭人员	姓名	与户主关系	出生年月	民族
	徐金宝	户主	1944年8月	汉
	徐银根	儿子	1977年3月	汉

家庭大事	2006年建平房。 2012年动迁安置。

现有家庭人员	姓名	与户主关系	出生年月	民族
	徐义和	户主	1948年10月	汉
	袁瑞英	妻子	1948年5月	汉
	徐 兵	儿子	1972年10月	汉
	杜春梅	非亲属	1976年6月	汉
	徐蓓佳	孙女	1997年10月	汉

家庭大事	1988年建楼房。 2016年动迁安置。 2018年购买轿车。

现有家庭人员	姓名	与户主关系	出生年月	民族
	杨万元	户主	1956年3月	汉
	徐银娣	妻子	1954年8月	汉
	杨建国	儿子	1979年10月	汉
	封红云	儿媳	1980年10月	汉
	杨 欣	孙女	2003年10月	汉
	杨梓涵	孙女	2017年8月	汉

家庭大事	1989年建楼房。 2015年购买轿车。 2016年动迁安置。

	姓名	与户主关系	出生年月	民族
现有家庭人员	徐义洪	户主	1958年8月	汉
	王金娣	妻子	1962年9月	汉
	徐正娟	女儿	1984年12月	汉
	韦雪强	女婿	1984年9月	汉
	韦歆芮	孙女	2014年2月	汉
家庭大事	1979年徐义洪入伍，1982年退伍。 1991年建楼房。 2016年动迁安置。 徐正娟毕业于华东理工大学，在全球物流（昆山）有限公司工作。			

	姓名	与户主关系	出生年月	民族
现有家庭人员	杨万生	户主	1958年3月	汉
	杨建军	儿子	1988年5月	汉
	杨生凤	儿媳	1986年9月	汉
	杨子轩	孙子	2012年10月	汉
家庭大事	1978年建平房。 2011年动迁安置。			

	姓名	与户主关系	出生年月	民族
现有家庭人员	王雪泉	户主	1946 年 2 月	汉
	张三宝	妻子	1946 年 8 月	汉
	王洪军	儿子	1971 年 3 月	汉
	郭 弥	儿媳	1972 年 3 月	汉
	郭文欣	孙女	1997 年 7 月	汉
家庭大事	1980 年建平房。 1995 年购置轿车。 2011 年王洪军毕业于澳大利亚弗林德斯大学。 2012 年王洪军获"苏州市人民政府医药卫生工作先进个人"称号。 2016 年王洪军任昆山市中医医院副院长,曾获得昆山市人民政府授予的"三等功"3 次,还获得"第八届中国十佳医院建筑设计方案奖"。 2016 年动迁安置。 郭文欣毕业于宿迁学院。			

	姓名	与户主关系	出生年月	民族
现有家庭人员	芦意华	户主	1956 年 2 月	汉
	周腊妹	妻子	1962 年 12 月	汉
	芦奇超	儿子	1985 年 6 月	汉
	乔宏伟	儿媳	1985 年 7 月	汉
	芦潇宇	孙子	2011 年 10 月	汉
家庭大事	1972 年建泥墙草房。 1995 年建楼房。 2015 年购买轿车。 2016 年动迁安置。 芦奇超毕业于南京开放大学,在博泽轿车技术企业管理(中国)有限公司工作。 乔宏伟毕业于南京农业大学。			

	姓名	与户主关系	出生年月	民族
现有家庭人员	包耀章	户主	1941年4月	汉
	包军	长子	1966年11月	汉
	包明	次子	1969年3月	汉
	曹新华	儿媳	1969年12月	汉
	包炜珺	孙女	1998年8月	汉
家庭大事	1985年建楼房。 1989年包明开始从事电器维修工行业。 2016年动迁安置。 包耀章毕业于昆山县师范学校（现已撤销），已退休。 包炜珺毕业于南通师范高等专科学校，在昆山市花桥中心幼儿园工作。			

	姓名	与户主关系	出生年月	民族
现有家庭人员	徐美芳	户主	1955年11月	汉
	苏雪昆	丈夫	1955年7月	汉
	杨芬	女儿	1980年6月	汉
	姜闯	女婿	1977年12月	汉
	杨姜楠	孙子	2004年12月	汉
	苏生如	继子	1981年9月	汉
	余苗苗	继媳	1984年12月	汉
	苏雨萌	长孙女	2008年6月	汉
	苏雨菲	次孙女	2016年7月	汉
家庭大事	1991年建楼房。 2015年购买轿车。 2016年动迁安置。 苏生如毕业于武汉理工大学，在波司登股份有限公司工作。			

	姓名	与户主关系	出生年月	民族
现有家庭人员	徐义坤	户主	1955年6月	汉
	曹国美	妻子	1968年10月	汉
	徐婷婷	女儿	1993年6月	汉
	杨振晖	女婿	1991年7月	汉
	杨梓瑜	孙女	2017年2月	汉
家庭大事	1981年建平房。 2013年购买轿车。 2016年动迁安置。 杨振晖毕业于南京大学。			

	姓名	与户主关系	出生年月	民族
现有家庭人员	徐义君	户主	1960年5月	汉
	徐大华	妻子	1961年6月	汉
	徐海云	女儿	1990年8月	汉
	徐 嘉	女婿	1991年7月	汉
	徐庆语	孙女	2016年8月	汉
家庭大事	1980年徐义君开始从事油漆工行业。 1988年建楼房。 2015年购买轿车。 2016年动迁安置。 徐海云毕业于江苏理工学院，在昆山高新区紫竹小学工作。 徐嘉毕业于苏州科技大学，在江苏天瑞仪器股份有限公司工作。			

现有家庭人员	姓名	与户主关系	出生年月	民族
	陈 英	户主	1973年5月	汉
	宋锦文	儿子	1994年12月	汉
	范银妹	母亲	1949年12月	汉
家庭大事	2015年分配到经济适用房。 宋锦文毕业于海南师范大学，在昆山高新区南星渎小学工作。			

现有家庭人员	姓名	与户主关系	出生年月	民族
	杨万全	户主	1965年3月	汉
	朱美琴	妻子	1965年5月	汉
	杨丽玲	女儿	1990年5月	汉
	施骁杰	女婿	1990年10月	汉
	施晓伊	孙女	2016年1月	汉
家庭大事	1985年杨万全开始从事油漆工行业。 1993年建楼房。 2015年购买轿车。 2016年动迁安置。 杨丽玲毕业于南京师范大学，在昆山高新区西塘实验小学工作。 施骁杰毕业于哈尔滨工业大学。			

	姓名	与户主关系	出生年月	民族
现有 家庭人员	蒋金荣	户主	1957年12月	汉
	夏祥花	妻子	1959年11月	汉
	蒋伟平	儿子	1981年11月	汉
	王 洁	儿媳	1982年10月	汉
	蒋紫萱	长孙女	2008年10月	汉
	王紫益	次孙女	2011年11月	汉
家庭大事	1982年建楼房。 1993年蒋金荣加入中国共产党。 1996年购买商品房。 2016年动迁安置。 蒋伟平毕业于昆山开放大学，在昆山开发区安环局工作。 王洁毕业于南京大学，在昆山市高新区社区工作。			

	姓名	与户主关系	出生年月	民族
现有 家庭人员	范纪妹	户主	1952年9月	汉
	范 强	儿子	1979年1月	汉
	曹菊容	儿媳	1982年9月	汉
	范昕玥	孙女	2004年11月	汉
家庭大事	1989年建楼房。 1999年范强开始从事摩托车维修工行业。 2004年购买轿车。 2012年购买商品房。 2016年动迁安置。			

	姓名	与户主关系	出生年月	民族
现有家庭人员	张凤秀	户主	1940年12月	汉
	徐义兵	儿子	1969年2月	汉
	李会来	儿媳	1971年5月	汉
	徐伟涛	孙子	1993年7月	汉
	王 欢	孙媳	1990年3月	汉
	徐梓潼	曾孙女	2019年2月	汉
家庭大事	1986年建楼房。 1988年徐义兵开始从事瓦匠行业。 2016年动迁安置。 2019年购买轿车。			

	姓名	与户主关系	出生年月	民族
现有家庭人员	张义忠	户主	1962年3月	汉
家庭大事	1982年张义忠开始从事篾匠行业。 1985年建楼房。 2016年动迁安置。			

	姓名	与户主关系	出生年月	民族
现有家庭人员	蔡士元	户主	1948年11月	汉
	浦兰妹	妻子	1948年11月	汉
	蔡 伟	儿子	1975年9月	汉
	顾美华	儿媳	1979年1月	汉
	蔡静娴	孙女	2001年2月	汉
	蔡静弨	孙子	2014年2月	汉
家庭大事	1985年建楼房。 1997年蔡伟入伍，1999年退伍。 1998年蔡伟加入中国共产党。 1998年蔡伟在抗洪救灾中立三等功。 2016年购买商品房。 2016年动迁安置。 2020年购买轿车。			

	姓名	与户主关系	出生年月	民族
现有家庭人员	蔡靖元	户主	1954年10月	汉
	浦雪妹	妻子	1955年7月	汉
	蔡军	儿子	1981年11月	汉
	何小林	儿媳	1984年10月	汉
	蔡梓锐	长孙	2010年8月	汉
	蔡梓恒	次孙	2013年8月	汉
家庭大事	1974年蔡靖元入伍，1977年退伍。 1985年建楼房。 2008年蔡靖元开办五金加工厂。 2008年购买轿车。 2016年动迁安置。			

	姓名	与户主关系	出生年月	民族
现有家庭人员	吉素珍	户主	1939年3月	汉
	徐忠	儿子	1969年1月	汉
	荣金珍	儿媳	1967年4月	汉
	徐文莉	孙女	1992年8月	汉
	王宇	孙婿	1990年11月	汉
家庭大事	1986年建平房。 2013年购买商品房。 2016年动迁安置。 徐文莉毕业于江南大学，在昆山市康复医院工作。 王宇毕业于江苏海洋大学，在昆山普乐斯电子科技有限公司。			

	姓名	与户主关系	出生年月	民族
现有家庭人员	王金鸿	户主	1965年1月	汉
	王志杰	儿子	1991年2月	汉
	沈佳萍	儿媳	1992年6月	汉
	王沐瑶	孙女	2019年10月	汉
	陈荣珍	母亲	1935年4月	汉
家庭大事	1956年建泥墙草房。 1983年建瓦房。 1985年购买运输船。 1999年建楼房。 2016年动迁安置。 2018年购买轿车。 王志杰毕业于苏州大学。 沈佳萍毕业于淮阴师范学院，在昆山高新技术产业开发区青阳城市管理办事处工作。			

	姓名	与户主关系	出生年月	民族
现有家庭人员	沈梅芳	户主	1967年9月	汉
	杨 芸	女儿	1992年3月	汉
	陈 涛	女婿	1995年12月	汉
	杨梦辰	长孙女	2020年12月	汉
	陈梦云	次孙女	2020年12月	汉
家庭大事	1986年建楼房。 2016年动迁安置。 杨芸毕业于一所大专院校。			

	姓名	与户主关系	出生年月	民族
现有家庭人员	徐义林	户主	1966年2月	汉
	赵平芳	妻子	1967年1月	汉
	徐 玉	女儿	1989年10月	汉
	薛善友（曾用名：徐子宸）	孙子	2013年4月	汉
家庭大事	1988年建楼房。 1990年徐义林开始从事缝纫师行业。 2015年购买轿车。 2016年动迁安置。			

	姓名	与户主关系	出生年月	民族
现有家庭人员	张秀花	户主	1963年8月	汉
	杨 静	女儿	1988年2月	汉
	葛 锐	女婿	1988年8月	汉
	葛梓辰	外孙	2014年2月	汉
家庭大事	1984年建楼房。 1999年购买商品房。 2016年动迁安置。 杨静毕业于建东职业技术学院，在昆山国力电子科技股份有限公司工作。			

群星村第十一村民小组

	姓名	与户主关系	出生年月	民族
现有家庭人员	张建忠	户主	1961年2月	汉
	赵香花	妻子	1962年7月	汉
	张龙华	儿子	1985年10月	汉
	徐　燕	儿媳	1985年10月	汉
	张奕宸	孙子	2011年4月	汉
家庭大事	1996年建楼房。 2018年动迁安置。 2019年购买轿车。			

	姓名	与户主关系	出生年月	民族
现有家庭人员	袁祝铭	户主	1974年1月	汉
	潘忙英	妻子	1975年10月	汉
	袁雅静	女儿	1999年8月	汉
家庭大事	1991年建楼房。 1993年袁祝铭入伍，1996年退伍。 1996年袁祝铭加入中国共产党。 2018年动迁安置。 2019年购买商品房。 2020年购买轿车。			

	姓名	与户主关系	出生年月	民族
现有家庭人员	陈洪贵	户主	1967年10月	汉
	尹　玲	妻子	1967年3月	汉
家庭大事				

	姓名	与户主关系	出生年月	民族
现有家庭人员	周林芬	户主	1967年6月	汉
	袁冬英	女儿	1989年11月	汉
	陈磊	女婿	1989年12月	汉
	陈祺昛	孙子	2018年12月	汉
	袁阿连	公公	1936年3月	汉
	徐小妹	婆婆	1935年10月	汉
家庭大事	1998年建楼房。 2018年动迁安置。 袁冬英毕业于南京人口管理干部学院，在昆山高新区南星渎幼儿园工作。			

	姓名	与户主关系	出生年月	民族
现有家庭人员	张小腊	户主	1948年1月	汉
	万建兰	妻子	1956年4月	汉
	张峰	儿子	1980年1月	汉
	盛馨霏	孙女	2008年12月	汉
家庭大事	1986年建楼房。 2016年购买轿车。 2018年动迁安置。 张峰毕业于无锡职业技术学院，在一家企业工作。			

	姓名	与户主关系	出生年月	民族
现有家庭人员	薛建林	户主	1964年3月	汉
	赵建芳	妻子	1963年2月	汉
	薛 亮	儿子	1987年1月	汉
	陆颖颖	儿媳	1988年8月	汉
	薛晓雯	孙女	2010年4月	汉
	薛子皓	孙子	2015年1月	汉
	张金花	母亲	1941年11月	汉
家庭大事	1994年建楼房。 2014年动迁安置。 2016年购买轿车。			

	姓名	与户主关系	出生年月	民族
现有家庭人员	陈云花	户主	1965年1月	汉
	夏菊伟	儿子	1986年7月	汉
	徐玲娟	儿媳	1987年1月	汉
	夏奕晨	孙女	2011年3月	汉
	徐皓晨	孙子	2015年2月	汉
家庭大事	1998年建楼房。 2010年购买轿车。 2011年购买商品房。 2018年动迁安置。			

	姓名	与户主关系	出生年月	民族
现有家庭人员	毛雪林	户主	1952 年 2 月	汉
	周巧珍	妻子	1951 年 7 月	汉
	毛国强	长子	1974 年 11 月	汉
	李美容	长媳	1983 年 7 月	汉
	毛国华	次子	1976 年 2 月	汉
	付丽萍	次媳	1982 年 4 月	汉
	毛思敏	孙女	1997 年 9 月	汉
	毛思博	孙子	2013 年 2 月	汉
家庭大事	1992 年建楼房。 2012 年购买商品房。 2015 年购买轿车。 2018 年动迁安置。			

	姓名	与户主关系	出生年月	民族
现有家庭人员	夏祥发	户主	1953 年 11 月	汉
	沈凤仙	妻子	1952 年 10 月	汉
	夏春明	儿子	1978 年 2 月	汉
	何 梅	儿媳	1974 年 11 月	汉
	夏天宇	孙子	2002 年 10 月	汉
家庭大事	1993 年建楼房。 2016 年购买店面房。 2016 年购买轿车。 2018 年动迁安置。			

群星村志·村民家庭记载

	姓名	与户主关系	出生年月	民族
现有家庭人员	程凤根	户主	1966年10月	汉
	徐密芳	妻子	1965年8月	汉
	程 涛	儿子	1990年4月	汉
	薛毛花	母亲	1945年2月	汉
家庭大事	1982年建瓦房。 2011年动迁安置。 2016年购买轿车。			

	姓名	与户主关系	出生年月	民族
现有家庭人员	程凤春	户主	1968年11月	汉
	廖英文	妻子	1966年9月	汉
	程 斌	儿子	1996年2月	汉
家庭大事	1988年程凤春开始从事瓦匠行业。 1993年建楼房。 2014年动迁安置。 2015年程斌入伍，2017年退伍。 2018年购买轿车。			

	姓名	与户主关系	出生年月	民族
现有家庭人员	程凤海	户主	1962年4月	汉
	周巧芬	妻子	1963年10月	汉
	程芳萍	女儿	1986年1月	汉
	肖志施	女婿	1985年11月	汉
	程以沫	孙子	2012年11月	汉
	肖浠沫	孙女	2015年11月	汉
	腾洪兰	母亲	1939年2月	汉
	程凤明	弟弟	1965年1月	汉
家庭大事	1992年建楼房。 2001年购买商品房。 2012年购买轿车。 2018年动迁安置。 程凤海毕业于苏州教育学院，在昆山市信义小学工作。 程芳萍毕业于扬州大学，在昆山开放大学工作。 肖志施毕业于常州大学，在昆山丘特服饰有限公司工作。			

	姓名	与户主关系	出生年月	民族
现有家庭人员	程凤祥	户主	1956年1月	汉
	程春芳	女儿	1982年2月	汉
	段成民	女婿	1978年8月	汉
	段纬程	孙女	2008年10月	汉
家庭大事	1976年程凤祥入伍，1981年退伍。 1979年程凤祥加入中国共产党。 1982年程凤祥在昆山市正仪中学工作，已退休。 2006年购买商品房。 2009年购买轿车。 程春芳毕业于中国矿业大学。			

	姓名	与户主关系	出生年月	民族
现有家庭人员	蒋金生	户主	1948年9月	汉
	郭秀花	妻子	1952年7月	汉
	蒋伟锋	儿子	1975年12月	汉
	李　芳	儿媳	1975年1月	汉
	蒋李娜	孙女	2000年8月	汉
家庭大事	1970年蒋金生入伍，1973年退伍。 1970年蒋金生加入中国共产党。 1973年蒋金生退伍后，先后担任过同心大队民兵营长、村主任、社长等职务。 1986年建楼房。 2018年动迁安置。			

	姓名	与户主关系	出生年月	民族
现有家庭人员	周根弟	户主	1938年2月	汉
	周林春	儿子	1962年6月	汉
	浦雪峰	儿媳	1966年1月	汉
	周　敏	孙子	1987年3月	汉
家庭大事	1959年周根弟加入中国共产党。 1975年建平房。 1991年建楼房。 2018年动迁安置。			

	姓名	与户主关系	出生年月	民族
现有家庭人员	周林坤	户主	1963年6月	汉
	陈惠香	妻子	1961年5月	汉
	周佳琴	女儿	1986年1月	汉
	邢　东	女婿	1983年9月	汉
	周光辉	孙子	2009年5月	汉
	邢心爱	孙女	2015年11月	汉
家庭大事	1991年建楼房。 2015年购买轿车。 2018年动迁安置。			

	姓名	与户主关系	出生年月	民族
现有家庭人员	陈火金	户主	1944年10月	汉
	刘巧英	妻子	1950年7月	汉
	陈卫杰	长子	1971年2月	汉
	周花林	长媳	1972年6月	汉
	陈静雅	长孙女	1993年8月	汉
	王险峰	长孙婿	1991年5月	汉
	王书珩	曾外孙	2018年2月	汉
	陈卫良	次子	1972年12月	汉
	韩琴燕	次媳	1985年1月	汉
	陈诗依	次孙女	2009年8月	汉
家庭大事	1966年陈火金加入中国共产党。 1991年陈卫杰开始从事瓦匠行业。 1992年建楼房。 2010年购买商品房。 2013年购买轿车。 2018年陈卫杰动迁安置。 2018年陈卫良动迁安置。			

	姓名	与户主关系	出生年月	民族
现有家庭人员	赵爱生	户主	1945年11月	汉
	姜秀兰	妻子	1948年3月	汉
	姜海坤	儿子	1969年1月	汉
	廖爱珍	儿媳	1965年2月	汉
	姜伟威	孙子	1993年9月	汉
家庭大事	1991年建楼房。 2012年购买商品房。 2015年购买轿车。 2018年动迁安置。			

	姓名	与户主关系	出生年月	民族
现有家庭人员	毛水林	户主	1961年6月	汉
	沈国珍	妻子	1965年8月	汉
	毛成伟	儿子	1989年11月	汉
	周　敏	儿媳	1990年5月	汉
	毛思玥	孙女	2015年8月	汉
家庭大事	1989年建楼房。 2014年动迁安置。			

现有家庭人员	姓名	与户主关系	出生年月	民族
	顾桂芬	户主	1952年8月	汉
	周翠兰	女儿	1977年7月	汉
	王武飞	女婿	1974年8月	汉
	王周冰	孙子	2000年10月	汉

家庭大事	1990年建楼房。 2018年动迁安置。 2015年购买轿车。 2013年购买商品房。 周翠兰毕业于昆山开放大学，在昆山开发区兵希街道乐文社区工作。 王武飞毕业于昆山开放大学。 王周冰毕业于苏州市吴中高级技工学校，在昆山市交通运输道路综合行政执法大队开发区中队工作。

现有家庭人员	姓名	与户主关系	出生年月	民族
	周庭龙	户主	1942年12月	汉
	周恩明	儿子	1967年10月	汉
	夏金妹	儿媳	1967年1月	汉
	周云飞	孙子	1992年9月	汉
	周　琳	孙媳	1992年11月	汉
	周亦辰	曾孙	2019年12月	汉

家庭大事	1987年建平房。 2000年购买商品房。 1996年购买轿车。 2018年动迁安置。 周恩明毕业于美国西北理工大学，在好孩子儿童用品有限公司工作。 周云飞毕业于江苏大学，在好孩子儿童用品有限公司工作。 周琳毕业于苏州科技大学，在昆山邮政管理局工作。

	姓名	与户主关系	出生年月	民族
现有家庭人员	沈傲林	户主	1963年1月	汉
	周林珍	妻子	1966年9月	汉
	沈　洁	女儿	1988年11月	汉
	杨福森	女婿	1988年7月	汉
	杨晨萱	外孙女	2014年6月	汉
家庭大事	1989年建楼房。 2014年动迁安置。			

	姓名	与户主关系	出生年月	民族
现有家庭人员	薛建芬	户主	1966年9月	汉
	徐　静	女儿	1990年6月	汉
	盛俊杰	女婿	1986年5月	汉
	盛思涵	外孙女	2017年7月	汉
家庭大事	1990年建楼房。 2018年动迁安置。 徐静毕业于丽水学院，在昆山市兵希中学工作。			

	姓名	与户主关系	出生年月	民族
现有家庭人员	范文燕	户主	1969年2月	汉
	吴伟民	丈夫	1967年12月	汉
	顾　鑫	女儿	1995年4月	汉
	范　瑛	父亲	1939年11月	汉
	王观珠	母亲	1942年3月	汉
家庭大事	1973年建瓦房。 2018年动迁安置。			

	姓名	与户主关系	出生年月	民族
现有家庭人员	赵良法	户主	1954年6月	汉
	沈金妹	妻子	1954年7月	汉
	沈赵明	儿子	1977年11月	汉
	张 凤	儿媳	1979年4月	汉
	沈之典	孙女	2002年5月	汉
	沈宇轩	孙子	2008年3月	汉
家庭大事	1990年建楼房。 2018年动迁安置。 2018年购买轿车。 2018年购买别墅。			

	姓名	与户主关系	出生年月	民族
现有家庭人员	夏银法	户主	1966年6月	汉
	邹泽会	妻子	1970年11月	汉
	夏婷婷	女儿	1989年3月	汉
	孙 琪	女婿	1989年10月	汉
	夏逸宸	孙子	2016年9月	汉
	孙睿宸	外孙	2013年6月	汉
家庭大事	1984年建瓦房。 1987年夏银法开始从事瓦匠行业。 2010年购买轿车。 2018年动迁安置。 夏婷婷毕业于一所大专院校，在一家汽车销售服务4S店工作。			

	姓名	与户主关系	出生年月	民族
现有 家庭人员	夏祥龙	户主	1955年9月	汉
	夏菊春	儿子	1991年3月	汉
	张佳玲	儿媳	1992年12月	汉
	夏语汐	长孙女	2016年8月	汉
	张语晴	次孙女	2020年9月	汉
家庭大事	1989年建楼房。 2005年购买商品房。 2015年购买轿车。 2018年动迁安置。			

	姓名	与户主关系	出生年月	民族
现有 家庭人员	陈洪富	户主	1962年7月	汉
	赵小英	妻子	1963年3月	汉
	陈雪琴	女儿	1985年9月	汉
	徐恒毅	外孙	2010年12月	汉
家庭大事	1992年建楼房。 2018年动迁安置。			

	姓名	与户主关系	出生年月	民族
现有 家庭人员	徐东林	户主	1944 年 10 月	汉
	徐有青	长女	1965 年 10 月	汉
	袁有宝	长婿	1962 年 5 月	汉
	徐称称	孙子	1987 年 8 月	汉
	章玉萍	孙媳	1989 年 9 月	汉
	徐 萌	曾孙女	2011 年 10 月	汉
	徐有兰	次女	1967 年 5 月	汉
家庭大事	1981 年袁有宝入伍，1987 年退伍。 1986 年袁有宝加入中国共产党。 1988 年建楼房。 2015 年购买轿车。 2018 年动迁安置。			

	姓名	与户主关系	出生年月	民族
现有 家庭人员	毛玉林	户主	1958 年 11 月	汉
	任运芳	妻子	1973 年 5 月	汉
	毛国伟	长子	1982 年 11 月	汉
	丰丽红	长媳	1982 年 6 月	汉
	丰宇豪	孙子	2006 年 7 月	汉
	毛国军	次子	2005 年 10 月	汉
家庭大事	1975 年建平房。 2014 年动迁安置。 1976 年毛玉林入伍，1981 年退伍。 1979 年毛玉林加入中国共产党。 2002 年毛国伟入伍，2004 年退伍。 2004 年毛国伟加入中国共产党。 2011 年购买轿车。 2013 年购买商品房。			

	姓名	与户主关系	出生年月	民族
现有家庭人员	蒋根泉	户主	1934年2月	汉
	徐小金	妻子	1930年12月	汉
	蒋水生	儿子	1963年4月	汉
	周林英	儿媳	1964年11月	汉
	蒋 平	孙子	1987年6月	汉
	陈 丽	孙媳	1987年6月	汉
	蒋欣怡	曾孙女	2015年4月	汉
家庭大事	1983年蒋水生开始从事管道工行业。 1992年建楼房。 2013年购买轿车。 2018年动迁安置。 蒋平毕业于江苏大学,在正新橡胶(中国)有限公司工作。			

	姓名	与户主关系	出生年月	民族
现有家庭人员	曹兰友	户主	1944年11月	汉
	徐 挺	儿子	1969年11月	汉
	徐佳琦	孙女	1992年7月	汉
家庭大事	1989年徐挺开始从事瓦匠行业。 1990年建楼房。 2018年动迁安置。 徐佳琦毕业于昆山开放大学,在江苏飞力达国际物流股份有限公司工作。			

	姓名	与户主关系	出生年月	民族
现有家庭人员	腾洪秀	户主	1945 年 5 月	汉
	蒋 华	儿子	1974 年 2 月	汉
	陆建芳	儿媳	1975 年 12 月	汉
	蒋 顺	孙子	1999 年 5 月	汉
家庭大事	1994 年蒋华开始从事管道工行业。 1995 年建楼房。 2018 年动迁安置。 2020 年购买轿车。			

	姓名	与户主关系	出生年月	民族
现有家庭人员	程凤弟	户主	1965 年 2 月	汉
	袁建英	妻子	1963 年 8 月	汉
	程方荣	儿子	1988 年 6 月	汉
	浦婷婷	儿媳	1988 年 10 月	汉
	程思源	长孙	2013 年 8 月	汉
	程思泽	次孙	2018 年 11 月	汉
家庭大事	1985 年程凤弟开始从事木匠行业。 1993 年建楼房。 1998 年购买商品房。 2008 年购买轿车。 2018 年动迁安置。 程方荣毕业于苏州大学，在一家外企工作。 浦婷婷毕业于南京中医药大学，在昆山市第一人民医院工作。			

	姓名	与户主关系	出生年月	民族
现有家庭人员	陈宗林	户主	1962年11月	汉
	毛花妹	妻子	1964年7月	汉
	陈 怡	女儿	1987年10月	汉
	周 梁	女婿	1988年3月	汉
	周宇睿	外孙	2012年1月	汉
	陈宇恒	孙子	2017年1月	汉
	陈阿发	父亲	1935年12月	汉
	夏东宝	母亲	1942年1月	汉
家庭大事	1982年陈宗林开始从事油漆工行业。 1985年建楼房。 2018年动迁安置。			

	姓名	与户主关系	出生年月	民族
现有家庭人员	沈小林	户主	1965年1月	汉
	沈素珍	妻子	1964年9月	汉
	沈 琳	女儿	1989年9月	汉
	刘斌润	女婿	1987年6月	汉
	刘俗放	孙子	2012年5月	汉
家庭大事	1985年沈小林开始从事瓦匠行业。 1994年建楼房。 2018年动迁安置。			

	姓名	与户主关系	出生年月	民族
现有 家庭人员	徐喜荣	户主	1971年1月	汉
	徐玉萍	妻子	1971年6月	汉
	徐　悦	女儿	1994年12月	汉
	李　青	女婿	1989年11月	汉
	李允墨	外孙	2020年3月	汉
	夏金花	母亲	1949年8月	汉
家庭大事	1990年建楼房。 1992年徐喜荣开始从事油漆工行业。 2002年购买商品房。 2018年动迁安置。 徐悦毕业于无锡太湖学院，在昆山市中医医院工作。 李青毕业于江苏海洋大学，在昆山百创光电有限公司工作。			

	姓名	与户主关系	出生年月	民族
现有 家庭人员	范冬良	户主	1954年8月	汉
	周秀花	妻子	1961年8月	汉
	范　奇	儿子	1980年4月	汉
	徐　燕	儿媳	1982年1月	汉
	范皓棠	孙子	2003年12月	汉
家庭大事	1975年范冬良开始从事油漆工行业。 1992年建楼房。 2018年动迁安置。			

	姓名	与户主关系	出生年月	民族
现有家庭人员	王林冲	户主	1966年9月	汉
	朱建芳	妻子	1966年6月	汉
	王利栋	儿子	1989年5月	汉
	周　颖	儿媳	1988年11月	汉
	王志浩	孙子	2014年9月	汉
家庭大事	1985年王林冲开始从事油漆工行业。 1993年购买商品房。 2005年购买货车。			

	姓名	与户主关系	出生年月	民族
现有家庭人员	周坤林	户主	1952年12月	汉
	周林秀	妻子	1955年1月	汉
	周献生	儿子	1979年3月	汉
	邵金枝	儿媳	1979年4月	汉
	周欣芸	孙女	2003年10月	汉
家庭大事	1972年周坤林开始从事油漆工行业。 1984年建楼房。 2010年购买轿车。 2018年动迁安置。			

	姓名	与户主关系	出生年月	民族
现有家庭人员	袁雪春	户主	1958年1月	汉
	徐小芳	妻子	1961年12月	汉
	袁继栋	儿子	1984年7月	汉
	刘　钰	儿媳	1987年8月	汉
家庭大事	1978年袁雪春开始从事木匠行业。 1981年建楼房。 2006年袁继栋加入中国共产党。 2011年动迁安置。 2014年购买商品房。 2016年购买轿车。 袁继栋毕业于中南大学，在昆山市人民代表大会常务委员会工作。			

	姓名	与户主关系	出生年月	民族
现有家庭人员	金扣林	户主	1955年12月	汉
	金春强	儿子	1979年3月	汉
	彭长青	儿媳	1982年3月	汉
	金子墨	孙子	2007年7月	汉
	金梓馨	孙女	2013年8月	汉
家庭大事	1987年建楼房。 2011年购买轿车。 2018年动迁安置。 金春强毕业于吉林大学，在上海浦东机场工作。			

	姓名	与户主关系	出生年月	民族
现有家庭人员	金巧扣	户主	1963 年 4 月	汉
	沈小妹	妻子	1962 年 6 月	汉
	金 燕	女儿	1986 年 2 月	汉
	徐振宇	女婿	1985 年 9 月	汉
	徐翊恒	长孙	2014 年 1 月	汉
	徐翊心	次孙	2017 年 10 月	汉
家庭大事	1989 年建楼房。 1990 年金巧扣加入中国共产党。 2005 年购买轿车。 2018 年动迁安置。 徐振宇毕业于苏州大学,在昆山市中医医院工作。			

	姓名	与户主关系	出生年月	民族
现有家庭人员	李泉生	户主	1955 年 5 月	汉
	蒋水花	妻子	1954 年 2 月	汉
	李 坚	儿子	1979 年 2 月	汉
	戴利珍	儿媳	1982 年 1 月	汉
	李亭乐	孙女	2011 年 2 月	汉
	李泽楷	孙子	2015 年 5 月	汉
家庭大事	1980 年建楼房。 2006 年购买商品房。 2013 年购买轿车。 2018 年动迁安置。 李坚毕业于扬州大学,在昆山市城建发展建筑设计院有限公司工作。			

	姓名	与户主关系	出生年月	民族
现有家庭人员	袁林生	户主	1952 年 8 月	汉
	夏金凤	妻子	1956 年 9 月	汉
	袁　瑛	女儿	1977 年 11 月	汉
	王银行	女婿	1983 年 3 月	汉
	袁敏艳	长孙女	1999 年 10 月	汉
	袁张珺	孙子	2007 年 4 月	汉
	王语馨	次孙女	2008 年 11 月	汉
家庭大事	1983 年购买运输船。 1987 年建楼房。 2016 年购买轿车。 2018 年动迁安置。 袁敏艳毕业于上海开放大学。			

	姓名	与户主关系	出生年月	民族
现有家庭人员	周根福	户主	1954 年 9 月	汉
	陈云娣	妻子	1956 年 5 月	汉
	周春华	儿子	1977 年 5 月	汉
	陈洪年	儿媳	1978 年 1 月	汉
	周　俊	孙子	2001 年 2 月	汉
家庭大事	1995 年建楼房。 2018 年动迁安置。			

	姓名	与户主关系	出生年月	民族
现有家庭人员	张和荣	户主	1954 年 10 月	汉
	袁爱宝	妻子	1957 年 11 月	汉
	张　琴	长女	1981 年 8 月	汉
	李　明	长婿	1971 年 6 月	汉
	张轩宁	孙子	2011 年 3 月	汉
	陆怡凝	外孙女	2006 年 8 月	汉
	张　瑛	次女	1986 年 1 月	汉
家庭大事	1992 年建楼房。 2012 年购买轿车。 2018 年动迁安置。			

	姓名	与户主关系	出生年月	民族
现有家庭人员	曹腊生	户主	1947 年 12 月	汉
	张　瑛	妻子	1951 年 2 月	汉
	曹良洪	儿子	1973 年 2 月	汉
	曹逸舟	孙女	2004 年 6 月	汉
	曹雪琴	女儿	1971 年 6 月	汉
	周芷冰	外孙女	2015 年 12 月	汉
家庭大事	1956 年建泥墙草房。 1976 年建平房。 1991 年曹良洪入伍，1994 年退伍。 2018 年动迁安置。			

	姓名	与户主关系	出生年月	民族
现有家庭人员	吴士英	户主	1956年2月	汉
	杨小凤	妻子	1962年9月	汉
	吴正强	儿子	1984年6月	汉
	刘腊梅	儿媳	1983年10月	汉
	吴佳恒	孙子	2009年7月	汉
家庭大事	1952年建草房。 1978年建平房。 1991年建楼房。 2013年购买轿车。 2014年吴正强开办个体经营部。 2015年购买商品房。 2018年动迁安置。			

	姓名	与户主关系	出生年月	民族
现有家庭人员	周坤生	户主	1950年12月	汉
	郑三妹	妻子	1952年9月	汉
	周国琴	儿子	1975年12月	汉
	沈 艳	儿媳	1977年4月	汉
	周佳伟	孙子	2000年4月	汉
	刘兰娣	母亲	1932年8月	汉
家庭大事	1992年建楼房。 2009年购买商品房。 2014年购买轿车。 2014年动迁安置。			

	姓名	与户主关系	出生年月	民族
现有家庭人员	吴士明	户主	1953年3月	汉
	杜福英	妻子	1956年10月	汉
	吴正忠	儿子	1978年11月	汉
	严晓五	儿媳	1980年8月	汉
	吴　昊	孙子	2004年11月	汉
家庭大事	1958年建草房。 1985年建楼房。 2016年购买轿车。 2018年动迁安置。			

	姓名	与户主关系	出生年月	民族
现有家庭人员	毛林生	户主	1943年3月	汉
	曹秀英	妻子	1948年3月	汉
	毛芬香	女儿	1969年11月	汉
	沈宗明	女婿	1968年10月	汉
	毛亚军	孙子	1991年9月	汉
	毛立轩	曾孙	2016年9月	汉
家庭大事	1988年建楼房。 1988年沈宗明开始从事瓦匠行业。 2013年购买商品房。 2018年动迁安置。			

现有家庭人员	姓名	与户主关系	出生年月	民族
	范文伟	户主	1964年4月	汉
	李泉花	妻子	1964年4月	汉
	范嘉芸	女儿	1987年1月	汉
	蔡绥岩	女婿	1989年9月	汉
	蔡筱悠	外孙女	2015年1月	汉

家庭大事	1984年范文伟开始从事电器维修工行业。 2002年建楼房。 2008年购买商品房。 2018年动迁安置。 范嘉芸毕业于英国纽卡斯尔大学。

现有家庭人员	姓名	与户主关系	出生年月	民族
	朱扣明	户主	1970年7月	汉
	李根妹	妻子	1971年5月	汉
	朱莉峰	儿子	1994年2月	汉
	刘文琪	儿媳	1995年5月	汉
	朱予安	孙女	2019年2月	汉

家庭大事	1992年建楼房。 2017年购买商品房。 2018年动迁安置。

现有家庭人员	姓名	与户主关系	出生年月	民族
	高秋香	户主	1941年1月	汉

家庭大事	2018年动迁安置。

	姓名	与户主关系	出生年月	民族
现有家庭人员	王国平	户主	1962年9月	汉
	林秀芳	妻子	1962年9月	汉
	王　燕	女儿	1986年8月	汉
	吕云翔	女婿	1981年4月	汉
	吕嘉玮	外孙	2013年3月	汉
	王星宇	孙子	2020年8月	汉
	李梅珍	母亲	1938年6月	汉
家庭大事	1991年建楼房。 2018年动迁安置。			

	姓名	与户主关系	出生年月	民族
现有家庭人员	李洪德	户主	1950年11月	汉
	蒋根娣	妻子	1949年10月	汉
	李春玉	长女	1977年2月	汉
	汤志强	长婿	1973年1月	汉
	李　明	孙子	2001年3月	汉
	李春莉	次女	1979年5月	汉
	金　建	次婿	1978年12月	汉
	金家圆	外孙女	2003年8月	汉
家庭大事	1956年建草房。 1982年李洪德加入中国共产党。 1983年建平房。 2000年购买商品房。 2006年购买轿车。 2011年动迁安置。 2019年李明就读于江苏大学。			

	姓名	与户主关系	出生年月	民族
现有家庭人员	林海源	户主	1966年1月	汉
	蒋雪香	妻子	1966年10月	汉
	林少华	儿子	1988年8月	汉
	范 萱	儿媳	1986年9月	汉
	林玥婷	孙女	2018年2月	汉
家庭大事	1986年林海源开始从事瓦匠行业。 1991年建楼房。 2000年购买商品房。 2018年动迁安置。 林少华毕业于苏州大学,在昆山市公安局吴淞江派出所工作。			

	姓名	与户主关系	出生年月	民族
现有家庭人员	赵平福	户主	1964年11月	汉
	王秋珍	妻子	1964年7月	汉
	赵 刚	儿子	1987年10月	汉
	陈 青	儿媳	1987年10月	汉
	赵梓圻	孙子	2014年11月	汉
	杨大妹	母亲	1947年1月	汉
家庭大事	1986年赵平福开始从事油漆工行业。 1990年建楼房。 2018年动迁安置。			

	姓名	与户主关系	出生年月	民族
现有家庭人员	皇甫根花	户主	1958年10月	汉
	皇甫文俐	长子	1981年10月	汉
	皇甫文军	次子	1987年6月	汉
	刘 转	次媳	1990年6月	汉
	皇甫铭睿	孙子	2017年4月	汉
家庭大事	1978年建平房。 1995年购买楼房。 2011年皇甫文俐动迁安置。 2018年皇甫文军动迁安置。			

	姓名	与户主关系	出生年月	民族
现有家庭人员	李全玉	户主	1966年7月	汉
	浦凤金	妻子	1965年1月	汉
	李 青	儿子	1989年11月	汉
	徐 悦	儿媳	1994年12月	汉
	李允墨	孙子	2020年3月	汉
	赵根秀	母亲	1935年7月	汉
家庭大事	1986年李全玉开始从事木匠行业。 1988年建楼房。 1998年购买轿车。 2000年购买商品房。 2018年动迁安置。 李青毕业于江苏海洋大学，在昆山百创光电有限公司工作。 徐悦毕业于无锡太湖学院，在昆山市中医医院工作。			

	姓名	与户主关系	出生年月	民族
现有家庭人员	张腊狗	户主	1938年11月	汉
	盛爱妹	妻子	1938年12月	汉
	张根元	儿子	1964年9月	汉
	戴宗英	儿媳	1966年11月	汉
	张亚萍	孙女	1988年6月	汉
	戴文龙	孙婿	1989年7月	汉
	戴宸宇	曾孙	2016年1月	汉
家庭大事	1984年张根元开始从事篾匠行业。 1985年建楼房。 2005年购买商品房。 2013年购买轿车。 2018年动迁安置。			

	姓名	与户主关系	出生年月	民族
现有家庭人员	王金龙	户主	1954年7月	汉
	张花英	妻子	1956年7月	汉
	王永建	儿子	1980年3月	汉
	曹佩华	儿媳	1979年7月	汉
	王艺坤	孙子	2004年7月	汉
家庭大事	1974年王金龙开始从事缝纫师行业。 1988年建楼房。 2000年购买商品房。 2010年购买轿车。 2018年动迁安置。 王永建毕业于苏州科技大学。 曹佩华毕业于苏州大学。			

	姓名	与户主关系	出生年月	民族
现有家庭人员	周抱根	户主	1968年10月	汉
	陆勤花	妻子	1970年7月	汉
	徐 菲	儿子	1991年11月	汉
	汤玲玲	儿媳	1992年2月	汉
	徐梓萱	外孙女	2016年6月	汉
家庭大事	1987年周抱根开始从事瓦匠行业。 1990年建楼房。 2015年购买轿车。 2018年动迁安置。 徐菲毕业于南京工程学院，在一家荣耀手机专卖店工作。			

	姓名	与户主关系	出生年月	民族
现有家庭人员	赵建福	户主	1967年7月	汉
	黄学珍	妻子	1969年1月	汉
	赵 静	女儿	1992年5月	汉
	沈文杰	女婿	1991年12月	汉
	沈名轩	外孙	2013年9月	汉
家庭大事	1990年建楼房。 2018年动迁安置。			

	姓名	与户主关系	出生年月	民族
现有家庭人员	徐敖大	户主	1946 年 7 月	汉
	周水林	妻子	1949 年 6 月	汉
	徐建荣	儿子	1976 年 1 月	汉
	刘宝芹	儿媳	1976 年 4 月	汉
	徐志雄	长孙	1999 年 12 月	汉
	徐志威	次孙	1999 年 12 月	汉
家庭大事	1992 年建楼房。 2014 年购买商品房。 2018 年动迁安置。			

	姓名	与户主关系	出生年月	民族
现有家庭人员	王林龙	户主	1961 年 7 月	汉
	范冬妹	妻子	1959 年 11 月	汉
	王　娟	长女	1984 年 11 月	汉
	徐建平	长婿	1985 年 2 月	汉
	徐王浩	外孙	2010 年 5 月	汉
	王佳琪	孙女	2018 年 9 月	汉
	王　倩	次女	1994 年 5 月	汉
家庭大事	1980 年王林龙开始从事油漆工行业。 1981 年建楼房。 1995 年购买商品房。 1996 年购买轿车。 2018 年动迁安置。			

	姓名	与户主关系	出生年月	民族
现有家庭人员	王志忠	户主	1970年1月	汉
	邢　芳	妻子	1972年4月	汉
	王　蕾	女儿	1995年11月	汉
家庭大事	1990年王志忠开始从事油漆工行业。 1991年建楼房。 2013年购买轿车。 2018年动迁安置。			

	姓名	与户主关系	出生年月	民族
现有家庭人员	王红友	户主	1959年9月	汉
	夏金娣	妻子	1963年4月	汉
	王爱萍	女儿	1988年4月	汉
	金燕吉	女婿	1987年12月	汉
	王金瑾	孙女	2011年8月	汉
家庭大事	1980年王红友开始从事油漆工行业。 1995年建楼房。 2011年购买轿车。 2014年购买商品房。 2018年动迁安置。			

	姓名	与户主关系	出生年月	民族
现有家庭人员	林学明	户主	1968年9月	汉
	林　凯	儿子	1991年1月	汉
	夏小兰	母亲	1939年6月	汉
家庭大事	1988年林学明开始从事油漆工行业。 1994年建楼房。 2018年动迁安置。			

现有家庭人员	姓名	与户主关系	出生年月	民族
	吴雪明	户主	1968年12月	汉
	毛菊香	妻子	1971年12月	汉
	吴文斌	儿子	1995年12月	汉
	丁静怡	儿媳	1999年7月	汉

家庭大事	1988年吴雪明开始从事瓦匠行业。 1989年建楼房。 1994年购买商品房。 2014年动迁安置。 2016年购买轿车。 吴文斌毕业于苏州大学，在苏州一所职业技术学院工作。

现有家庭人员	姓名	与户主关系	出生年月	民族
	吴惠明	户主	1955年2月	汉
	姜田妹	妻子	1957年10月	汉
	吴 兵	儿子	1981年4月	汉
	王占红	儿媳	1982年4月	汉
	吴秉洋	孙子	2004年6月	汉

家庭大事	1975年吴惠明开始从事瓦匠行业。 1988年建楼房。 2014年动迁安置。

现有家庭人员	姓名	与户主关系	出生年月	民族
	陈为林	户主	1964年10月	汉
	李贝贝	妻子	1991年6月	汉
	陈 沁	女儿	1988年11月	汉
	凌怡雪	女婿	1991年12月	汉

家庭大事	1985年建楼房。 2018年动迁安置。

	姓名	与户主关系	出生年月	民族
现有家庭人员	夏寿鹏	户主	1968年1月	汉
	夏瑶	女儿	1989年9月	汉
	许凤林	女婿	1987年6月	汉
	许诺	外孙女	2014年4月	汉
	崔秀珍	母亲	1948年6月	汉
家庭大事	1987年夏寿鹏开始从事油漆工行业。 1993年建楼房。 2018年动迁安置。			

	姓名	与户主关系	出生年月	民族
现有家庭人员	周金福	户主	1965年1月	汉
	程凤妹	妻子	1963年8月	汉
	周春龙	儿子	1988年2月	汉
	范婷	儿媳	1989年7月	汉
	周淼	孙女	2012年8月	汉
	周金根	父亲	1934年3月	汉
	孙凤秀	母亲	1934年12月	汉
家庭大事	1985年周金福开始从事水电工行业。 1986年建楼房。 1997年购买商品房。 2012年购买轿车。 2018年动迁安置。			

	姓名	与户主关系	出生年月	民族
现有家庭人员	黄祥英	户主	1952年9月	汉
	吴海良	儿子	1977年11月	汉
	金国琴	儿媳	1977年9月	汉
	金宇雯	孙女	2001年1月	汉
	金宇涛	孙子	2006年9月	汉
家庭大事	1990年建平房。 2011年动迁安置。 2014年购买商品房。 2019年金宇雯就读于南通理工学院。 2020年购买轿车。			

	姓名	与户主关系	出生年月	民族
现有家庭人员	朱扣英	户主	1973年10月	汉
	朱建广	丈夫	1969年6月	汉
	朱志华	儿子	1996年10月	汉
家庭大事	1979年建平房。 1998年购买楼房。 2007年购买商品房。 2011年动迁安置。			

	姓名	与户主关系	出生年月	民族
现有家庭人员	陈三子	户主	1941年3月	汉
	葛洪宝	长子	1964年7月	汉
	葛洪学	次子	1967年10月	汉
	钱 英	次媳	1968年5月	汉
	葛 军	孙子	1991年4月	汉
	季怡芸	孙媳	1991年7月	汉
	葛凡溢	曾孙	2015年11月	汉
家庭大事	1986年建平房。 2000年购买轿车。 2014年动迁安置。 2015年购买商品房。 葛军毕业于黄河科技学院。 季怡芸毕业于苏州幼儿师范高等专科学校，在昆山市花桥中心幼儿园工作。			

	姓名	与户主关系	出生年月	民族
现有家庭人员	王惠明	户主	1955年3月	汉
	张爱大	妻子	1957年8月	汉
	王 强	长子	1981年2月	汉
	舒建娅	长媳	1982年10月	汉
	王俊杰	孙子	2007年10月	汉
	王 建	次子	1986年2月	汉
	卞文君	次媳	1987年10月	汉
	王隽恩	孙子	2012年12月	汉
家庭大事	2007年张爱大于昆山市第一人民医院退休。 2015年王惠明于昆山市卫生健康委员会退休。 王强毕业于天津大学，在一所设计院工作。 舒建娅毕业于南京大学，在昆山市中医医院工作。 王建毕业于南京中医药大学，在一家医院工作。 卞文君毕业于江苏师范大学，在一所学校工作。			

群星村第十二村民小组

	姓名	与户主关系	出生年月	民族
现有家庭人员	狄良花	户主	1968年11月	汉
	管月根	非亲属	1966年9月	汉
	管洋洋	女儿	1989年7月	汉
	周仁荣	女婿	1988年3月	汉
	周逸馨	外孙女	2011年11月	汉
	管逸婷	孙女	2018年10月	汉
家庭大事	1996年建楼房。 2017年动迁安置。			

	姓名	与户主关系	出生年月	民族
现有家庭人员	皇甫惠林	户主	1961年6月	汉
	王金凤	妻子	1962年3月	汉
	皇甫建德	儿子	1985年7月	汉
	顾王英	儿媳	1986年11月	汉
	皇甫予涵	长孙	2011年5月	汉
	顾予墨	次孙	2016年12月	汉
家庭大事	1990年建楼房。 2009年购买商品房。 2013年购买轿车。 2017年动迁安置。			

	姓名	与户主关系	出生年月	民族
现有家庭人员	姜田珍	户主	1965年3月	汉
	张建伟	丈夫	1957年8月	汉
	陈　静	女儿	1986年10月	汉
	李　强	女婿	1987年2月	汉
	李语琪	外孙女	2014年3月	汉
家庭大事	2014年购买轿车。 2015年购买商品房。			

	姓名	与户主关系	出生年月	民族
现有家庭人员	杨文奇	户主	1967年2月	汉
	胡卫芳	妻子	1969年3月	汉
	杨　阳	女儿	1989年12月	汉
	杨雯冰	孙女	2012年4月	汉
	杨桃生	父亲	1943年8月	汉
	赵金妹	母亲	1949年4月	汉
家庭大事	1975年建楼房。 1987年杨文奇开始从事瓦匠行业。 2004年购买商品房。 2008年购买轿车。 2017年动迁安置。 杨阳毕业于北京工商管理专修学院，在昆山阳澄湖科技园有限公司工作。			

现有家庭人员	姓名	与户主关系	出生年月	民族
	陈惠忠	户主	1965 年 12 月	汉
	苏金花	妻子	1964 年 11 月	汉
	陈　龙	儿子	1988 年 7 月	汉
	陈云云	儿媳	1988 年 12 月	汉
	陈梓欣	孙女	2015 年 3 月	汉
家庭大事	1984 年陈惠忠开始从事木匠行业。 1993 年建楼房。 2008 年购买商品房。 2009 年陈龙加入中国共产党。 2010 年陈龙入伍，2012 年退伍。 2013 年购买轿车。 2017 年动迁安置。 陈龙毕业于国家开放大学，在群星村村委会工作。			

现有家庭人员	姓名	与户主关系	出生年月	民族
	赵金荣	户主	1953 年 10 月	汉
	阚金花	妻子	1954 年 3 月	汉
	赵　强	儿子	1977 年 10 月	汉
	赵鑫瑜	孙女	2003 年 11 月	汉
家庭大事	1985 年建楼房。 2017 年动迁安置。			

现有家庭人员	姓名	与户主关系	出生年月	民族
	苏根元	户主	1963 年 9 月	汉
家庭大事	1979 年建平房。 1982 年苏根元开始从事油漆工行业。 2017 年动迁安置。			

	姓名	与户主关系	出生年月	民族
现有家庭人员	皇甫林德	户主	1978年9月	汉
	顾黎娟	妻子	1980年7月	汉
	皇甫艺萌	女儿	2003年5月	汉
	赵三妹	母亲	1954年8月	汉
家庭大事	1989年建楼房。 1996年皇甫林德入伍，1999年退伍。 2015年购买轿车及商品房。 2017年动迁安置。			

	姓名	与户主关系	出生年月	民族
现有家庭人员	张春男	户主	1965年2月	汉
	皇甫金珍	妻子	1965年3月	汉
	张 佳	女儿	1988年1月	汉
	张 奕	孙子	2008年6月	汉
	吕水花	母亲	1946年9月	汉
家庭大事	1983年张春男入伍，1987年退伍。 1986年张春男加入中国共产党。 1992年建楼房。 2016年购买轿车及商品房。 2017年动迁安置。			

	姓名	与户主关系	出生年月	民族
现有家庭人员	皇甫金泉	户主	1953年5月	汉
	俞兴娣	妻子	1955年1月	汉
	皇甫忠	儿子	1978年12月	汉
	陆建红	儿媳	1979年4月	汉
	皇甫依婷	孙女	2002年8月	汉
家庭大事	1990年建楼房。 2010年购买轿车。 2015年购买商品房。 2017年动迁安置。 2020年皇甫依婷就读于扬州大学。			

	姓名	与户主关系	出生年月	民族
现有家庭人员	浦生海	户主	1952年11月	汉
	李杏花	妻子	1953年6月	汉
	浦春芳	长女	1975年3月	汉
	浦春妹	次女	1977年1月	汉
家庭大事	1992年建楼房。 2017年动迁安置。			

	姓名	与户主关系	出生年月	民族
现有家庭人员	陈杏根	户主	1962年2月	汉
	苏根香	妻子	1960年6月	汉
	陈晓红	长女	1984年12月	汉
	陈晓园	次女	1990年3月	汉
	陈晓欢	儿子	1990年3月	汉
	陈淑婷	儿媳	1991年3月	汉
	陈昱名	孙子	2015年1月	汉
	陈思锦	孙女	2019年3月	汉
	陈凤根	父亲	1933年6月	汉
家庭大事	1955年陈凤根入伍，1958年退伍。 1956年陈凤根加入中国共产党。 1979年苏根香任村赤脚医生，已退休。 1990年建楼房。 1998年苏根香加入中国共产党。 2003年购买商品房。 2013年购买轿车。 2017年动迁安置。			

	姓名	与户主关系	出生年月	民族
现有家庭人员	赵建华	户主	1962年3月	汉
	卞秀英	妻子	1965年8月	汉
	赵梦琳	女儿	1989年10月	汉
	赵梦都	儿子	1996年8月	汉
	赵根水	父亲	1940年3月	汉
	肖阿三	母亲	1939年3月	汉
家庭大事	1993年建楼房。 2008年购买商品房。 2017年动迁安置。 2020年购买轿车。			

	姓名	与户主关系	出生年月	民族
现有家庭人员	赵建民	户主	1957年9月	汉
	沈妹郎	妻子	1957年6月	汉
	赵　梁	儿子	1981年9月	汉
	戴菊芳	儿媳	1982年2月	汉
	赵昱俊	孙子	2005年4月	汉
	赵梓彤	孙女	2015年4月	汉
家庭大事	1988年建楼房。 2003年购买商品房。 2015年购买轿车。 2017年动迁安置。			

	姓名	与户主关系	出生年月	民族
现有家庭人员	赵根福	户主	1959年6月	汉
	裴增淑	妻子	1965年10月	汉
	赵　鸣	儿子	1982年6月	汉
	李艳红	儿媳	1982年2月	汉
	赵宇翔	孙子	2007年8月	汉
	赵　静	女儿	1994年3月	汉
家庭大事	1989年建楼房。 2002年赵鸣入伍，2004年退伍。 2017年动迁安置。			

	姓名	与户主关系	出生年月	民族
现有家庭人员	朱永球	户主	1950年12月	汉
	陈福珍	妻子	1951年10月	汉
	朱希斌	儿子	1973年11月	汉
	殷香玲	儿媳	1972年6月	汉
	朱文杰	孙子	1996年4月	汉
家庭大事	1983年建楼房。 2005年购买商品房。 2013年朱文杰就读于南京医科大学。 2017年动迁安置。			

	姓名	与户主关系	出生年月	民族
现有家庭人员	张秋生	户主	1962年3月	汉
	管月芳	妻子	1963年8月	汉
	张振良	儿子	1986年3月	汉
	李　斌	儿媳	1987年5月	汉
	张宁远	孙子	2014年6月	汉
家庭大事	1981年张秋生入伍，1984年退伍。 1992年翻建楼房。 2013年购买轿车。 2017年动迁安置。 张振良毕业于南京航空航天大学，在一家央企工作。			

姓名	与户主关系	出生年月	民族
皇甫建林	户主	1957 年 8 月	汉
赵招花	妻子	1958 年 4 月	汉
皇甫平锋	儿子	1984 年 5 月	汉
史文娟	儿媳	1984 年 10 月	汉
皇甫静薇	孙女	2007 年 7 月	汉

现有家庭人员

家庭大事
1992 年翻建楼房。
2008 年购买商品房。
2014 年购买轿车。
2017 年动迁安置。

姓名	与户主关系	出生年月	民族
浦伟峰	户主	1968 年 1 月	汉
王玉英	妻子	1967 年 10 月	汉
浦晓雯	女儿	1991 年 1 月	汉

现有家庭人员

家庭大事
1988 年浦伟峰开始从事瓦匠行业。
1990 年翻建楼房。
2017 年动迁安置。
2019 年购买轿车。
浦晓雯毕业于徐州工程学院，在一家企业工作。

姓名	与户主关系	出生年月	民族
杜玉林	户主	1962 年 4 月	汉
吴惠珍	妻子	1961 年 3 月	汉
杜国	儿子	1981 年 11 月	汉
杜文昕	孙子	2007 年 10 月	汉

现有家庭人员

家庭大事
1992 年建楼房。
2014 年动迁安置。

	姓名	与户主关系	出生年月	民族
现有家庭人员	皇甫金良	户主	1973年12月	汉
	李素英	妻子	1979年1月	汉
	李俊辉	儿子	2000年1月	汉
	李思嘉	养女	2004年2月	汉
家庭大事	1984年建平房。 1991年皇甫金良入伍，1994年退伍。 1994年皇甫金良加入中国共产党。 2009年动迁安置。 2015年购买轿车。 2019年购买轿车。			

	姓名	与户主关系	出生年月	民族
现有家庭人员	顾小男	户主	1945年7月	汉
	薛素秋	妻子	1947年6月	汉
	顾群伟	长子	1970年5月	汉
	顾群文	次子	1972年9月	汉
	王祥芳	次媳	1981年5月	汉
	顾心宇	孙女	2001年7月	汉
家庭大事	1966年顾小男加入中国共产党。 1986年建楼房。 2017年购买轿车。 2017年动迁安置。 2019年顾心宇就读于南京警察学院。 顾群伟毕业于江苏师范大学。			

现有家庭人员	姓名	与户主关系	出生年月	民族
	周　彬	户主	1982年12月	汉
	姚梅芳	妻子	1983年8月	汉
	周姚欣	女儿	2005年4月	汉
	吴雪英	母亲	1956年8月	汉

家庭大事	1988年建楼房。 2016年购买商品房。 2017年动迁安置。

现有家庭人员	姓名	与户主关系	出生年月	民族
	陈水法	户主	1946年1月	汉
	浦水宝	妻子	1951年4月	汉
	陈建伟	次子	1972年4月	汉
	徐华芳	次媳	1974年3月	汉
	陈　成	孙子	1995年1月	汉

家庭大事	1989年建楼房。 1990年陈建伟入伍，1992年退伍。 1992年陈建伟加入中国共产党。 2017年动迁安置。 2018年购买轿车。 陈成毕业于金陵科技学院。

现有家庭人员	姓名	与户主关系	出生年月	民族
	杜福林	户主	1968年9月	汉
	廖金任	妻子	1970年6月	汉
	杜艳萍	女儿	1993年8月	汉
	顾妹宝	母亲	1934年2月	汉

家庭大事	1970年建平房。 2011年动迁安置。 杜艳萍毕业于临沂大学，在一家外企工作。

	姓名	与户主关系	出生年月	民族
现有家庭人员	陈洪元	户主	1954年1月	汉
	苏金凤	妻子	1953年7月	汉
	陈雅芳	女儿	1975年12月	汉
	荣 文	女婿	1972年2月	汉
	陈志超	孙子	1996年8月	汉
家庭大事	1986年建楼房。 2007年购买商品房。 2013年购买轿车。 2017年动迁安置。			

	姓名	与户主关系	出生年月	民族
现有家庭人员	陈全荣	户主	1963年10月	汉
	浦秋香	妻子	1962年6月	汉
	陈 晨	女儿	1985年3月	汉
	刘 宁	女婿	1984年11月	汉
	陈子轩	孙子	2010年5月	汉
	陈香妹	妹妹	1966年8月	汉
家庭大事	1994年建楼房。 2006年购买商品房。 2007年陈晨加入中国共产党。 2015年购买轿车。 2017年动迁安置。 陈晨毕业于扬州大学,在中共昆山高新区工作委员会党校工作。			

	姓名	与户主关系	出生年月	民族
现有家庭人员	张惠根	户主	1954年7月	汉
	皇甫梅香	妻子	1956年11月	汉
	张春华	儿子	1976年4月	汉
	朱 艳	非亲属	1977年11月	汉
	张 钦	孙子	2002年9月	汉
家庭大事	1986年建楼房。 1996年张春华入伍，1999年退伍。 1997年张春华加入中国共产党。 2006年购买商品房。 2017年动迁安置。 2020年张钦就读于南京警察学院。			

	姓名	与户主关系	出生年月	民族
现有家庭人员	张雪根	户主	1950年10月	汉
	皇甫梅花	妻子	1949年11月	汉
	张菊芳	女儿	1971年10月	汉
	陈建龙	女婿	1970年2月	汉
	张晓峰	孙子	1992年11月	汉
家庭大事	1986年建楼房。 1988年张雪根加入中国共产党。 1990年购买商品房。 2016年购买轿车。 2017年动迁安置。 张晓峰毕业于南京师范大学，在昆山人才市场工作。			

	姓名	与户主关系	出生年月	民族
现有家庭人员	浦兴泉	户主	1953年6月	汉
	赵群妹	妻子	1953年7月	汉
	浦建国	儿子	1977年10月	汉
	张庆红	儿媳	1979年9月	汉
	浦俊杰	孙子	2004年10月	汉
家庭大事	1988年建楼房。 2008年购买商品房。 2017年动迁安置。			

	姓名	与户主关系	出生年月	民族
现有家庭人员	苏春龙	户主	1979年2月	汉
	张彩琴	妻子	1978年6月	汉
	苏　畅	儿子	2005年12月	汉
	狄根娣	母亲	1952年11月	汉
家庭大事	1985年建楼房。 2008年购买商品房。 2012年购买轿车。 2017年动迁安置。 苏春龙毕业于江苏理工学院，在一家外企工作。			

	姓名	与户主关系	出生年月	民族
现有家庭人员	苏金福	户主	1957年2月	汉
	范玉妹	妻子	1957年7月	汉
	苏春良	儿子	1982年4月	汉
	戴红芳	儿媳	1984年6月	汉
	苏思源	孙子	2012年3月	汉
	戴思奕	孙女	2019年4月	汉
家庭大事	1989年建楼房。 1998年苏金福加入中国共产党。 2004年苏春良加入中国共产党。 2011年购买商品房。 2011年购买轿车。 2017年动迁安置。 苏春良毕业于南京工业大学,在苏州城发建筑设计院有限公司工作。 戴红芳毕业于上海财经大学,在国家税务总局昆山市税务局工作。			

	姓名	与户主关系	出生年月	民族
现有家庭人员	顾建福	户主	1969年1月	汉
	唐天彩	妻子	1979年3月	汉
	顾思怡	女儿	2000年8月	汉
家庭大事	1990年建平房。 2011年动迁安置。 2017年顾思怡就读于南京医科大学。			

	姓名	与户主关系	出生年月	民族
现有家庭人员	苏春荣	户主	1975 年 4 月	汉
	苏诗敏	女儿	1999 年 10 月	汉
	崔德珍	母亲	1950 年 9 月	汉
家庭大事	1986 年建楼房。 2017 年动迁安置。 2018 年购买商品房。 苏诗敏毕业于江苏食品药品职业技术学院，在博瑞生物医药（苏州）股份有限公司工作。			

	姓名	与户主关系	出生年月	民族
现有家庭人员	林凤英	户主	1962 年 1 月	汉
	苏林靖	女儿	1987 年 1 月	汉
	刘国辉	女婿	1984 年 11 月	汉
	苏子轩	孙子	2009 年 6 月	汉
	刘了玥	外孙女	2014 年 6 月	汉
家庭大事	1997 年购买楼房。 2011 年购买轿车。 2017 年动迁安置。			

	姓名	与户主关系	出生年月	民族
现有家庭人员	浦妹珍	户主	1955 年 2 月	汉
	皇甫建芬	长女	1977 年 5 月	汉
	吕惠荣	长婿	1974 年 9 月	汉
	皇甫吕琳	孙女	2001 年 4 月	汉
	皇甫雪芬	次女	1980 年 8 月	汉
家庭大事	1988 年建楼房。 2013 年购买商品房。 2017 年动迁安置。 2018 年购买轿车。 2019 年皇甫吕琳就读于扬州大学。			

	姓名	与户主关系	出生年月	民族
现有 家庭人员	浦凤根	户主	1949 年 7 月	汉
	浦奋弟	儿子	1970 年 11 月	汉
	蔡桂花	儿媳	1972 年 9 月	汉
	浦云朦	孙女	1993 年 10 月	汉
家庭大事	1987 年建楼房。 2009 年购买商品房。 2017 年动迁安置。 2020 年购买轿车。 浦云朦毕业于苏州大学,在昆山市水务局工作。			

	姓名	与户主关系	出生年月	民族
现有 家庭人员	陈香花	户主	1955 年 7 月	汉
	浦建珍	女儿	1978 年 11 月	汉
	王文斌	女婿	1975 年 11 月	汉
	浦佳琪	孙子	2002 年 8 月	汉
	王欣瑶	外孙女	2017 年 1 月	汉
家庭大事	1987 年建楼房。 2010 年购买商品房。 2014 年浦建珍加入中国共产党。 2015 年购买轿车。 2017 年动迁安置。			

	姓名	与户主关系	出生年月	民族
现有 家庭人员	沈洪明	户主	1966 年 9 月	汉
	顾秀英	妻子	1964 年 11 月	汉
	沈丹萍	女儿	1989 年 5 月	汉
	卢欢登	非亲属	1988 年 8 月	汉
	卢逸昕	外孙	2018 年 7 月	汉
	凌阿巧	母亲	1943 年 5 月	汉
家庭大事	1983 年建楼房。 1998 年购买商品房。 2017 年动迁安置。 沈丹萍毕业于上海师范大学天华学院，在江苏宁大卫防检测技术有限公司工作。			

	姓名	与户主关系	出生年月	民族
现有 家庭人员	沈雪林	户主	1962 年 3 月	汉
家庭大事	1983 年建平房。 1985 年沈雪林开始从事理发师行业。 2011 年动迁安置。			

	姓名	与户主关系	出生年月	民族
现有 家庭人员	陈惠元	户主	1962 年 8 月	汉
	陶新美	非亲属	1966 年 2 月	汉
	陈 陶	女儿	1988 年 7 月	汉
	池 骋	孙子	2010 年 12 月	汉
家庭大事	1981 年陈惠元开始从事油漆工行业。 1989 年建楼房。 2012 年购买商品房。 2017 年动迁安置。			

	姓名	与户主关系	出生年月	民族
现有家庭人员	姚菊英	户主	1967 年 5 月	汉
	周惠荣	非亲属	1965 年 10 月	汉
	周 洁	女儿	1989 年 3 月	汉
	陈一开	女婿	1987 年 8 月	汉
	陈嘉莹	孙女	2013 年 5 月	汉
家庭大事	1996 年建楼房。 2017 年动迁安置。			

	姓名	与户主关系	出生年月	民族
现有家庭人员	陈惠良	户主	1964 年 3 月	汉
	陈学妹	妻子	1968 年 8 月	汉
	陈君奕	女儿	2004 年 7 月	汉
家庭大事	1983 年翻建楼房。 1986 年陈惠良开始从事瓦匠行业。 2011 年动迁安置。 2015 年购买轿车。			

	姓名	与户主关系	出生年月	民族
现有家庭人员	李金生	户主	1955 年 8 月	汉
	陈香花	妻子	1955 年 6 月	汉
	陈 丽	长女	1979 年 11 月	汉
	陈 芳	次女	1981 年 10 月	汉
	浦明明	次婿	1981 年 11 月	汉
	陈昕怡	孙女	2006 年 10 月	汉
家庭大事	1974 年李金生开始从事木匠行业。 1984 年建楼房。 2012 年购买商品房。 2017 年动迁安置。 2019 年购买轿车。			

	姓名	与户主关系	出生年月	民族
现有家庭人员	陈建元	户主	1968年2月	汉
	褚卫群	妻子	1968年8月	汉
	陈佳春	儿子	1991年2月	汉
	王　玲	儿媳	1989年8月	汉
	陈绎帆	孙女	2014年3月	汉
家庭大事	1976年建平房。 1989年陈建元开始从事瓦匠行业。 2007年购买商品房。 2017年动迁安置。 2018年购买轿车。			

	姓名	与户主关系	出生年月	民族
现有家庭人员	陈金元	户主	1955年3月	汉
	陆秀珍	妻子	1962年9月	汉
	陈　强	儿子	1982年11月	汉
	高雪芹	儿媳	1979年3月	汉
	陈熠辉	孙子	2005年9月	汉
家庭大事	1979年陈金元开始从事瓦匠行业。 1990年建楼房。 2014年购买轿车。 2017年动迁安置。			

	姓名	与户主关系	出生年月	民族
现有家庭人员	陈海元	户主	1956年2月	汉
	陆炳珍	妻子	1957年2月	汉
	陈　良	儿子	1979年2月	汉
	潘定明	儿媳	1978年9月	汉
	陈怡雯	孙女	2002年7月	汉
	陈梓皓	孙子	2016年3月	汉
家庭大事	1991年建楼房。 2000年陈良开始从事电器维修工行业。 2008年购买商品房。 2011年购买轿车。 2017年动迁安置。			

	姓名	与户主关系	出生年月	民族
现有家庭人员	沈金海	户主	1954年9月	汉
	朱永珠	妻子	1954年11月	汉
	沈政华	长子	1978年11月	汉
	李春芳	长媳	1982年12月	汉
	沈嘉俊	长孙	2004年7月	汉
	沈政委	次子	1981年7月	汉
	戴　蓉	次媳	1982年7月	汉
	沈昕辰	次孙	2010年11月	汉
家庭大事	1985年建楼房。 2008年购买商品房。 2010年购买轿车。 2017年动迁安置。			

现有家庭人员	姓名	与户主关系	出生年月	民族
	赵小荣	户主	1962年1月	汉
	赵 静	儿子	1990年4月	汉

家庭大事	1985年建平房。 2009年动迁安置。

现有家庭人员	姓名	与户主关系	出生年月	民族
	浦桂兰	户主	1969年4月	汉
	许荣方	丈夫	1965年9月	汉
	浦丽雯	女儿	1991年1月	汉
	冯 昕	女婿	1992年6月	汉
	夏秀英	母亲	1947年2月	汉

家庭大事	1986年许荣方开始从事钣金工行业。 1990年建楼房。 2015年购买商品房。 2017年动迁安置。 浦丽雯毕业于淮阴工学院。

现有家庭人员	姓名	与户主关系	出生年月	民族
	皇甫群虎	户主	1938年12月	汉
	浦凤花	妻子	1941年9月	汉
	李建刚	孙子	1986年2月	汉
	张 纳	孙媳	1983年4月	汉
	李 燕	曾外孙女	2009年9月	汉
	皇甫艺辰	曾孙	2020年6月	汉

家庭大事	1978年建平房。 2011年动迁安置。 2014年购买轿车。 李建刚毕业于钟山职业技术学院，在昆山市公安局交通警察大队吴淞江中队工作。

	姓名	与户主关系	出生年月	民族
现有家庭人员	陈惠明	户主	1967年12月	汉
	杜林珍	妻子	1969年8月	汉
	陈悦	女儿	1990年3月	汉
	胡文毫	女婿	1993年7月	汉
	陈星楠	孙子	2018年3月	汉
	陈桂生	父亲	1940年1月	汉
	张翠英	母亲	1942年3月	汉
家庭大事	1987年陈惠明开始从事瓦匠行业。 1983年建楼房。 2017年动迁安置。 陈悦毕业于南京人口管理干部学院,在昆山市测绘中心有限公司工作。 胡文毫毕业于苏州市职业大学,在好孩子儿童用品有限公司工作。			

	姓名	与户主关系	出生年月	民族
现有家庭人员	浦香林	户主	1966年3月	汉
	张安辉	妻子	1970年7月	汉
	浦婷婷	女儿	1988年10月	汉
	程方荣	女婿	1988年6月	汉
	程思源	长外孙	2013年8月	汉
	程思泽	次外孙	2018年11月	汉
	浦宗泉	父亲	1937年12月	汉
	赵爱英	母亲	1943年6月	汉
家庭大事	1988年浦香林开始从事瓦匠行业。 1990年建楼房。 1992年张安辉加入中国共产党。 2008年购买商品房。 2017年动迁安置。 2018年购买轿车。 浦婷婷毕业于南京中医药大学,在昆山市第一人民医院工作。 程方荣毕业于苏州大学,在一家外企工作。			

	姓名	与户主关系	出生年月	民族
现有家庭人员	浦香泉	户主	1968 年 12 月	汉
	胡建芳	妻子	1969 年 10 月	汉
	浦文强	儿子	1994 年 1 月	汉
	苏婷婷	儿媳	1995 年 1 月	汉
家庭大事	1989 年浦香泉开始从事瓦匠行业。 1990 年建楼房。 2008 年购买商品房。 2012 年购买轿车。 2017 年动迁安置。 浦文强毕业于苏州卫生职业技术学院，在昆山市城北派出所工作。			

	姓名	与户主关系	出生年月	民族
现有家庭人员	浦香根	户主	1965 年 9 月	汉
	浦陈超	儿子	1988 年 10 月	汉
	潘丽娅	儿媳	1988 年 11 月	汉
	潘宇麒	孙子	2019 年 1 月	汉
	陈武玉	非亲属	1969 年 8 月	汉
	管宗妹	母亲	1937 年 10 月	汉
家庭大事	1985 年建平房。 1988 年浦香根开始从事篾匠行业。 2009 年动迁安置。 2018 年购买轿车。 浦陈超毕业于江苏联合职业技术学院，在昆山市消防救援大队柏庐救援站工作。			

	姓名	与户主关系	出生年月	民族
现有家庭人员	浦香弟	户主	1969年9月	汉
	张世兰	妻子	1973年12月	汉
	浦金叶	女儿	1993年12月	汉
	严佳林	女婿	1993年5月	汉
	管宗妹	母亲	1937年10月	汉
家庭大事	2002年建楼房。 2017年动迁安置。 2018年购买轿车。 浦金叶毕业于宿迁学院，在昆山高新区南星渎小学工作。			

	姓名	与户主关系	出生年月	民族
现有家庭人员	赵　刚	户主	1958年11月	汉
	浦凤珍	妻子	1958年11月	汉
	赵　峰	儿子	1981年9月	汉
	马莲芳	儿媳	1982年9月	汉
	马艺桐	孙女	2015年12月	汉
家庭大事	1977年赵刚入伍，1981年退伍。 1987年建楼房。 2017年动迁安置。 赵峰毕业于苏州经贸职业技术学院，在昆山市乐浦强村发展投资有限公司工作。			

	姓名	与户主关系	出生年月	民族
现有家庭人员	浦云峰	户主	1963年4月	汉
	沈花云	妻子	1964年3月	汉
	浦玲玲	女儿	1986年6月	汉
	林 敏	女婿	1986年8月	汉
家庭大事	1985年浦云峰开始从事瓦匠行业。 1992年建楼房。 2013年购买轿车。 2014年购买商品房。 2017年动迁安置。			

	姓名	与户主关系	出生年月	民族
现有家庭人员	顾巧福	户主	1949年10月	汉
	沈秀花	妻子	1952年3月	汉
	顾 青	长子	1973年10月	汉
	张冬秀	长媳	1971年11月	汉
	顾旗峰	孙子	1996年12月	汉
	顾琪寒香	孙女	2006年2月	汉
	顾文青	次子	1975年11月	汉
家庭大事	1986年建楼房。 2011年购买商品房。 2017年动迁安置。 2020年购买轿车。			

	姓名	与户主关系	出生年月	民族
现有家庭人员	浦佰福	户主	1954年1月	汉
	赵白妹	妻子	1953年12月	汉
	浦洁康	儿子	1979年2月	汉
	李春霞	儿媳	1978年2月	汉
	浦浩哲	孙子	2011年7月	汉
	浦宗根	父亲	1929年8月	汉
家庭大事	1979年浦佰福加入中国共产党。 1986年建楼房。 1995年购买商品房。 1998年浦洁康入伍，2000年退伍。 2008年购买轿车。 2017年动迁安置。			

	姓名	与户主关系	出生年月	民族
现有家庭人员	皇甫士明	户主	1962年8月	汉
	陈有珍	妻子	1963年3月	汉
	皇甫丽娟	女儿	1985年11月	汉
	王海宏	女婿	1986年6月	汉
	王茟娴	外孙女	2011年7月	汉
	皇甫王蕙	孙女	2015年11月	汉
家庭大事	1990年建楼房。 2006年皇甫丽娟加入中国共产党。 2017年动迁安置。			

	姓名	与户主关系	出生年月	民族
现有家庭人员	皇甫根寿	户主	1956年6月	汉
	皇甫李娟	女儿	1988年10月	汉
	范洁荣	女婿	1989年10月	汉
	范茗瑞	外孙	2015年5月	汉
家庭大事	1965年建平房。 2009年动迁安置。 皇甫李娟毕业于江苏联合职业技术学院南通商贸分院，在昆山高新物业管理有限公司工作。			

	姓名	与户主关系	出生年月	民族
现有家庭人员	顾美芳	户主	1949年7月	汉
	姜田根	丈夫	1951年1月	汉
	姜利平	儿子	1975年11月	汉
	孙美芳	儿媳	1976年8月	汉
	姜文浩	孙子	1998年10月	汉
	浦招大	婆婆	1932年12月	汉
家庭大事	1969年姜田根入伍，1971年退伍。 1988年建楼房。 2017年动迁安置。 2017年姜文浩就读于常州大学。			

	姓名	与户主关系	出生年月	民族
现有家庭人员	赵桃生	户主	1949年2月	汉
	浦凤珠	妻子	1952年9月	汉
	浦赵刚	儿子	1974年8月	汉
	张秋凤	儿媳	1977年10月	汉
	浦芊芊	孙女	1999年12月	汉
	张　凝	外孙女	2006年6月	汉
	浦赵红	女儿	1971年2月	汉
家庭大事	1988年建楼房。 1998年购买商品房。 2017年动迁安置。 2018年浦芊芊就读于南京师范大学。 浦赵刚毕业于华东师范大学，在江苏省昆山第一中等专业学校工作。			

	姓名	与户主关系	出生年月	民族
现有家庭人员	顾志福	户主	1959年8月	汉
	张根英	妻子	1961年2月	汉
	顾永良	儿子	1982年11月	汉
	诸玉芳	儿媳	1982年9月	汉
	顾诸佳妮	孙女	2013年3月	汉
家庭大事	1992年建楼房。 2004年顾永良加入中国共产党。 2011年购买商品房。 2017年动迁安置。 2019年购买轿车。 顾永良毕业于南京财经大学，在昆山六丰机械工业有限公司工作。			

现有家庭人员	姓名	与户主关系	出生年月	民族
	苏林泉	户主	1967年1月	汉
	苏佳妮	女儿	2003年4月	汉
	吴　君	外孙	2017年7月	汉

家庭大事	1991年购买平房。 2017年动迁安置。

现有家庭人员	姓名	与户主关系	出生年月	民族
	顾友福	户主	1964年4月	汉
	徐俊华	妻子	1963年7月	汉
	顾　伟	儿子	1989年5月	汉

家庭大事	1990年建楼房。 2017年动迁安置。 顾伟毕业于南京工业大学，在一家国企工作。

现有家庭人员	姓名	与户主关系	出生年月	民族
	皇甫士良	户主	1967年3月	汉
	陈昌翠	妻子	1966年9月	汉
	皇甫洪强	儿子	1993年5月	汉
	苏花宝	母亲	1941年4月	汉

家庭大事	1988年皇甫士良开始从事木匠行业。 1990年建楼房。 2016年购买商品房。 2017年动迁安置。 皇甫洪强毕业于青岛农业大学，在博益鑫成高分子材料股份有限公司工作。

	姓名	与户主关系	出生年月	民族
现有家庭人员	陈友良	户主	1954年7月	汉
	陈 青	女儿	1981年5月	汉
	李大鹏	女婿	1982年1月	汉
	李学谦	孙子	2007年11月	汉
家庭大事	1976年陈友良开始从事瓦匠行业。 1981年建楼房。 2008年购买商品房。 2017年动迁安置。 陈青毕业于常州技术师范学院，在一家外企工作。			

	姓名	与户主关系	出生年月	民族
现有家庭人员	陈佰明	户主	1964年8月	汉
	胡德芬	妻子	1965年10月	汉
	陈 红	女儿	1989年4月	汉
家庭大事	1986年陈佰明开始从事瓦匠行业。 1994年建楼房。 2007年购买商品房。 2017年动迁安置。			

	姓名	与户主关系	出生年月	民族
现有家庭人员	徐国芳	户主	1949年8月	汉
	苏玲凤	女儿	1971年1月	汉
	屈国平	女婿	1971年3月	汉
	苏圣杰	孙子	2016年3月	汉
家庭大事	2005年建平房。 1999年购买商品房。 2017年动迁安置。			

现有家庭人员	姓名	与户主关系	出生年月	民族
	苏林根	户主	1962年3月	汉
	许雪英	妻子	1962年9月	汉
	苏寅英	女儿	1987年1月	汉
	苏俊杰	孙子	2008年3月	汉
家庭大事	1992年建楼房。 2017年动迁安置。			

现有家庭人员	姓名	与户主关系	出生年月	民族
	浦水福	户主	1941年9月	汉
	赵根妹	妻子	1944年11月	汉
家庭大事	1998年建平房。 2017年动迁安置。			

现有家庭人员	姓名	与户主关系	出生年月	民族
	浦 江	户主	1980年11月	汉
	沈 丽	妻子	1984年11月	汉
	浦 东	儿子	2005年1月	汉
	陈红英	母亲	1960年2月	汉
家庭大事	1998年建楼房。 2017年动迁安置。 2019年购买轿车。			

	姓名	与户主关系	出生年月	民族
现有家庭人员	浦进才	户主	1957年1月	汉
	皇甫惠珍	妻子	1957年8月	汉
	浦建强	儿子	1977年12月	汉
	阮剑兰	儿媳	1980年2月	汉
	浦晨凯	长孙	2003年12月	汉
	浦晨鑫	次孙	2003年12月	汉
家庭大事	1989年建楼房。 2009年购买商品房。 2009—2013年阮剑兰连续五年被玉山镇人民政府授予"年度先进个人"。 2010年阮剑兰加入中国共产党。 2014年购买轿车。 2017年动迁安置。 阮剑兰毕业于国家开放大学，在群星村村委会工作。 浦建强毕业于无锡商业职业技术学院，在昆山宾馆工作。			

	姓名	与户主关系	出生年月	民族
现有家庭人员	张凤明	户主	1967年12月	汉
	刘培芬	妻子	1967年8月	汉
	张婷雯	女儿	1990年10月	汉
	姜涛	女婿	1990年7月	汉
	姜欣悦	外孙女	2014年11月	汉
	张云妹	母亲	1936年4月	汉
家庭大事	1989年张凤明开始从事瓦匠行业。 1990年建楼房。 2001年购买商品房。 2015年购买轿车。 2017年动迁安置。 张婷雯毕业于金肯职业技术学院，在昆山尚坤智创产业园开发有限公司工作。			

现有家庭人员	姓名	与户主关系	出生年月	民族
	陈爱珠	户主	1957年12月	汉
	吕小芳	女儿	1986年12月	汉
	赵明炬	女婿	1964年10月	汉
	赵吕诺	孙子	2010年7月	汉

家庭大事	2015年建平房。 2017年动迁安置。

现有家庭人员	姓名	与户主关系	出生年月	民族
	张凤元	户主	1963年3月	汉
	王敏凤	妻子	1962年2月	汉
	张雅娟	女儿	1986年2月	汉
	范益军	女婿	1984年12月	汉
	范张涵	外孙	2007年11月	汉

家庭大事	1983年建楼房。 2004年购买商品房。 2017年动迁安置。 2019年购买轿车。 张雅娟毕业于无锡学院，在昆山好家居冠牛家具店开店。

现有家庭人员	姓名	与户主关系	出生年月	民族
	浦志云	户主	1951年5月	汉
	莫六英	妻子	1952年1月	汉
	浦勤龙	儿子	1977年2月	汉
	王彩萍	儿媳	1979年12月	汉
	浦俊杰	孙子	2000年9月	汉

家庭大事	1986年建楼房。 2012年购买商品房。 2013年购买轿车。 2017年动迁安置。

	姓名	与户主关系	出生年月	民族
现有家庭人员	赵根弟	户主	1948 年 12 月	汉
	吕春花	妻子	1952 年 12 月	汉
	胡　炳	女婿	1969 年 12 月	汉
	赵雪琴	女儿	1972 年 10 月	汉
	赵嘉敏	孙女	1993 年 4 月	汉
	黎晓晖	孙婿	1993 年 5 月	汉
家庭大事	1986 年建楼房。 2012 年购买商品房。 2017 年动迁安置。 赵嘉敏毕业于中国医科大学，在昆山银桥控股集团有限公司工作。			

	姓名	与户主关系	出生年月	民族
现有家庭人员	卢跃翠	户主	1967 年 11 月	汉
	浦红芳	女儿	1988 年 11 月	汉
	杜水英	婆婆	1928 年 8 月	汉
家庭大事	1995 年建楼房。 2017 年动迁安置。 2020 年购买轿车。			

	姓名	与户主关系	出生年月	民族
现有家庭人员	沈金虎	户主	1951 年 9 月	汉
	皇甫金娥	妻子	1957 年 6 月	汉
	沈健良	儿子	1978 年 3 月	汉
	邓隆艳	儿媳	1980 年 12 月	汉
	沈　瑜	孙女	2001 年 4 月	汉
	沈钧琦	孙子	2007 年 12 月	汉
家庭大事	1988 年建楼房。 1998 年购买商品房。 2017 年动迁安置。			

	姓名	与户主关系	出生年月	民族
现有家庭人员	陈康生	户主	1954年9月	汉
	赵根英	妻子	1954年7月	汉
	陈苗英	女儿	1976年1月	汉
	陈子怡	孙女	2000年9月	汉
家庭大事	1986年建楼房。 2009年购买商品房。 2017年动迁安置。 2018年陈子怡就读于扬州大学。			

	姓名	与户主关系	出生年月	民族
现有家庭人员	陈康林	户主	1962年4月	汉
	陈惠英	妻子	1965年9月	汉
	陈 青	女儿	1987年2月	汉
	陈方明	女婿	1982年10月	汉
	陈文浩	孙子	2008年10月	汉
	陈阿招	母亲	1933年1月	汉
家庭大事	1983年陈康林开始从事油漆工行业。 1990年建楼房。 2015年购买商品房。 2017年动迁安置。			

	姓名	与户主关系	出生年月	民族
现有家庭人员	杜水生	户主	1961年8月	汉
	陶兰珍	妻子	1963年12月	汉
	杜英芳	女儿	1982年8月	汉
	谢 鹏	女婿	1982年5月	汉
	谢 安	孙女	2017年2月	汉
家庭大事	1992年建楼房。 2004年杜英芳加入中国共产党。 2017年动迁安置。 杜英芳毕业于南京理工大学，在国外工作。			

	姓名	与户主关系	出生年月	民族
现有家庭人员	皇甫金林	户主	1964年1月	汉
	孙秋花	妻子	1964年8月	汉
	皇甫建珍	女儿	1986年9月	汉
	吴春明	女婿	1982年2月	汉
	吴昱萱	外孙女	2007年10月	汉
	皇甫群生	父亲	1934年2月	汉
	陆招英	母亲	1934年10月	汉
家庭大事	1986年皇甫金林开始从事瓦匠行业。 1992年建楼房。 2017年动迁安置。			

	姓名	与户主关系	出生年月	民族
现有家庭人员	杜水明	户主	1968 年 5 月	汉
	皇甫素珍	妻子	1968 年 4 月	汉
	杜吉良	儿子	1991 年 8 月	汉
	杜明华	父亲	1938 年 12 月	汉
家庭大事	1988 年杜水明开始从事瓦匠行业。 1990 年建楼房。 2015 年购买商品房。 2017 年购买轿车。 2017 年动迁安置。			

	姓名	与户主关系	出生年月	民族
现有家庭人员	莫昌夫	户主	1954 年 10 月	汉
	皇甫林云	妻子	1953 年 8 月	汉
	莫文龙	儿子	1975 年 3 月	汉
	李绕红	儿媳	1985 年 1 月	汉
	莫思晨	孙女	2009 年 2 月	汉
家庭大事	1976 年莫昌夫开始从事瓦匠行业。 1990 年建楼房。 2010 年李绕红加入中国共产党。 2016 年购买商品房。 2017 年动迁安置。			

	姓名	与户主关系	出生年月	民族
现有家庭人员	杜学良	户主	1970 年 2 月	汉
	张雪花	母亲	1947 年 9 月	汉
家庭大事	1984 年建楼房。 1992 年杜学良开始从事瓦匠行业。 1995 年购买商品房。 2004 年购买轿车。 2017 年动迁安置。			

现有家庭人员	姓名	与户主关系	出生年月	民族
	浦桂香	户主	1965年10月	汉
	周 浦	儿子	1987年8月	汉
家庭大事				

昆山高新区（玉山镇）村志系列丛书

群星村志

QUNXING CUNZHI

昆山高新区（玉山镇）村志系列丛书编纂委员会 编

苏州大学出版社
Soochow University Press

图书在版编目（CIP）数据

群星村志 / 赵佳主编；昆山高新区（玉山镇）村志系列丛书编纂委员会编. -- 苏州：苏州大学出版社，2023.12

（昆山高新区（玉山镇）村志系列丛书）

ISBN 978-7-5672-4661-4

Ⅰ.①群… Ⅱ.①赵… ②昆… Ⅲ.①村史-昆山 Ⅳ.①K295.35

中国国家版本馆 CIP 数据核字（2023）第 240389 号

群星村志

编　　者	昆山高新区（玉山镇）村志系列丛书编纂委员会
主　　编	赵　佳
责任编辑	马德芳
助理编辑	罗路昭
装帧设计	刘　俊
出版发行	苏州大学出版社
地　　址	苏州市十梓街 1 号
邮　　编	215006
电　　话	0512-67481020
网　　址	http://www.sudapress.com
邮　　箱	sdcbs@suda.edu.cn
印　　刷	苏州市越洋印刷有限公司
开　　本	787 mm×1 092 mm　1/16　插页 16　印张 36.75（共两册）　字数 607 千
版　　次	2023 年 12 月第 1 版
印　　次	2023 年 12 月第 1 次印刷
书　　号	ISBN 978-7-5672-4661-4
定　　价	120.00 元（共两册）

版权所有　侵权必究

昆山市地方文献丛书编纂委员会

顾　　问：沈一平　单　杰
主　　任：朱建忠
副 主 任：吴　莺　苏　晔　程　知
成　　员：徐　琳　杨伟娴　何旭倩　杨　蕾

昆山高新区（玉山镇）村志系列丛书编纂委员会

总 顾 问：孙道寻
主　　任：陈青林
副 主 任：孔维华　沈跃新　范洪春　石建刚
委　　员：董文芳　王志刚　陈晓伟　刘清涛
　　　　　毛伟华　陆轶峰

审定单位

昆山高新技术产业开发区管理委员会
昆山市地方志编纂委员会办公室

昆山高新区（玉山镇）村志系列丛书编纂办公室

主　　任：刘清涛

副 主 任：姚　兰　管　烨　张振华

成　　员：姚　晨　赵赋俊　季建芬

编纂统筹：苏洪根

编　　务：朱小萍　周凤花　金小华

《群星村志》编纂委员会

主　　任：赵　佳

副 主 任：蒋雪根

委　　员：阮剑兰　张忠玲　李　超　蒋晓倩　陈　龙

《群星村志》编纂组

主　　编：赵　佳

副 主 编：蒋雪根

特聘总纂：陆　欣

撰　　稿：蒋金花（主笔）　王秀根　蒋时一

编　　务：蒋晓倩　李洪德　郑建明　陆泉元　陆阿木　杨玲玲

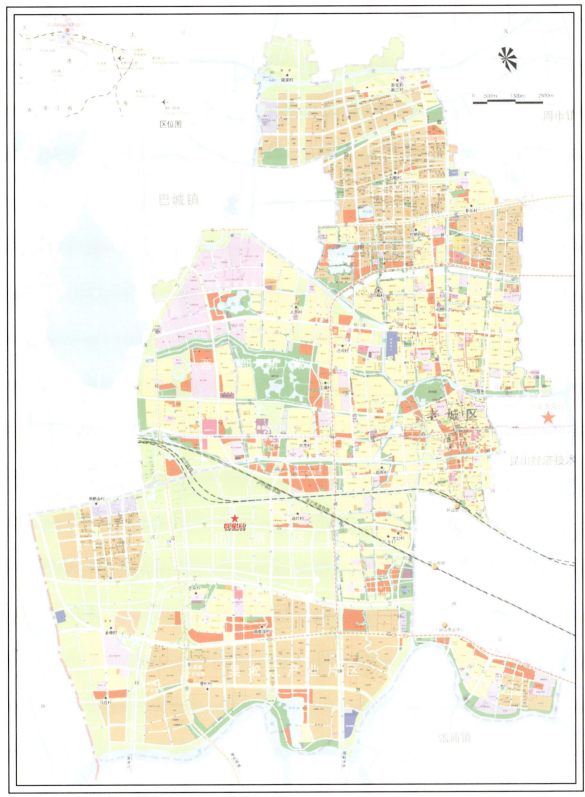

注：①本示意图由昆山高新区规划建设局提供（2020年）
②★表示群星村在昆山高新区（玉山镇）的位置

昆山高新区（玉山镇）区划示意图

群星村动迁小区现状图(2021年,罗英摄)

群星建制村原状图(2021年,罗英摄)

北洲自然村村容村貌(2011年,蒋雪根摄)

北草芦港自然村村容村貌(2011年,蒋雪根摄)

东生田自然村村容村貌(2011年,蒋雪根摄)

黄泾自然村村容村貌(2011年,蒋雪根摄)

群星村村容村貌

下潭娄（娄里）自然村村容村貌（2011年，蒋雪根摄）

角上自然村村容村貌（2011年，蒋雪根摄）

蒋巷自然村村容村貌（2011年，蒋雪根摄）

南浜自然村村容村貌（2011年，蒋雪根摄）

群星村村容村貌

南生田自然村村容村貌（2011年，蒋雪根摄）

张家浜自然村村容村貌（2011年，蒋雪根摄）

西生田自然村村容村貌（2011年，蒋雪根摄）

塘郎自然村村容村貌（2011年，蒋雪根摄）

小桥流水（2018年，罗英摄）

村庄农田（2018年，罗英摄）

村民住宅（2018年，罗英摄）

田园种植（2018年，罗英摄）

南浜荷花塘（2019年，罗英摄）

群星村村容村貌

娄江铁路大桥（2020年，罗英摄）

中华园路（2020年，罗英摄）

姚家港河（2021年，罗英摄）

姚家港站闸（桥）（2021年，罗英摄）

沪宁高速公路（2021年，罗英摄）

沪宁铁路（2021年，罗英摄）

书记党课（2017年，张忠玲摄）

群星幼儿园消防演练活动（2019年，张忠玲摄）

重阳节村委会走访慰问老人（2019年，张忠玲摄）

群星村2019年第三轮土地流转发包事宜听证会（2019年，蒋雪根摄）

群星村"两委"会工作

昆山高新区群星村党总支委员会工作会议（2020年，罗英摄）

时任昆山市财政局副局长的嵇敏旗来村走访贫困户（2020年，张忠玲摄）

"不忘初心，牢记使命"主题教育专题会议（2020年，罗英摄）

退伍老兵慰问系列活动（2020年，张忠玲摄）

群星村党总支工作会议（2021年，罗英摄）

村两委会工作例会（2021年，罗英摄）

两委会班子扩大会议（2021年，罗英摄）

中国共产党玉山镇群星村党员大会（2021年，罗英摄）

中国共产党玉山镇第十五次党员代表大会代表选举（2021年，罗英摄）

群星村"两委"会工作

群星村党群服务中心（2021年，罗英摄）

群星村党群服务中心全体工作人员合影
前排左起：张忠玲、阮剑兰、赵佳、蒋晓倩、杨玲玲
后排左起：陈龙、陆根弟、蒋雪根、李超（2021年，罗英摄）

便民窗口（2021年，罗英摄）

群星村"党建引领、美丽菜园"开放式主题党日活动（2021年，蒋晓倩摄）

群星村公开栏（2021年，罗英摄）

群星村"两委"会工作

上左　白渔潭现代农业示范园（2021年，罗英摄）　　上右　昆山市液化气化工有限公司（2019年，罗英摄）
下左　昆山市鹿通路桥工程有限公司（2021年，罗英摄）　　下右　思玛特包装（上海）有限公司（2021年，罗英摄）

上 机械化插秧（2021年，罗英摄）
中 机械化收割（2021年，罗英摄）
下 南星渎市场（2021年，罗英摄）

残疾人门球队（2021年，罗英摄）

村民健身活动场所（2021年，蒋雪根摄）

红客堂书场（2021年，罗英摄）

群星村健身公园（2021年，蒋雪根摄）

河道保洁（2021年，罗英摄）

群星村文体卫生

昆山高新区茗景苑幼儿园（2021年，罗英摄）

昆山高新区南星渎小学（2021年，罗英摄）

昆山高新区南星渎中学（2021年，罗英摄）

草篮（2021年，罗英摄）

蓑衣（2021年，罗英摄）

土筲（2021年，罗英摄）

米囤（2021年，罗英摄）

摇篮（2021年，罗英摄）

老物件

石磨（2021年，罗英摄）

桅灯（2021年，罗英摄）

铡刀（2021年，罗英摄）

水车（2021年，罗英摄）

立桶（2021年，罗英摄）

老物件

江苏省卫生村

江苏省爱国卫生运动委员会
二〇〇七年六月

创建"平安农机" 促进新农村建设
示 范 村

苏州市农业机械管理局
苏州市安全生产监督管理局
二〇〇八年三月

安全文明村

苏州市社会治安综合治理委员会
一九九八年十一月

民主法治村

苏州市依法治市领导小组办公室
苏州市司法局 苏州市民政局
二〇一一年一月

"全国亿万农民健康促进行动"
苏州市先进村

苏州市"行动"领导小组
二〇〇七年五月

**苏州市
规范化村（社区）人民调解委员会**

苏州市司法局
二〇一三年十二月

江苏省、苏州市级荣誉

昆山市级荣誉

上左 村志编纂人员在工作（2020年，罗英摄）
中左 群星村志稿预审会议（2020年，罗英摄）
下左 村志编纂"五老"会议（2021年，罗英摄）
上右 村志编撰动员会（2020年，罗英摄）
下右 村志审核专家点评（2021年，罗英摄）

群星村党总支书记与主笔合影
从左至右依次为赵佳、蒋金花（2021年，罗英摄）

群星村村委会成员与主笔合影　前排左起：张忠玲、阮剑兰、蒋金花
后排左起：蒋雪根、赵佳、李超（2021年，罗英摄）

《群星村志》编纂委员会成员合影　前排左起：张忠玲、阮剑兰、蒋晓倩　后排左起：陈龙、蒋雪根、赵佳、李超（2021年，罗英摄）

村志编纂工作小组人员合影　前排左起：蒋晓倩、李洪德、赵佳、陆阿木、蒋金花　后排左起：陆福荣、蒋雪根、王秀根、陆泉元、郑建明（2021年，罗英摄）

《群星村志》编纂人员风采

 # 总　序

值此全面贯彻落实党的二十大精神的开局之年，欣闻"昆山高新区（玉山镇）村志系列丛书"之《大公村志》《南渔村志》《江浦村志》《广福村志》《新乐村志》《群星村志》《马庄村志》《燕桥浜村志》《新江村志》《新生村志》10部村志即将付梓。编修乡镇村志是落实国家"十四五"规划纲要，助力乡村文化振兴的一项重要内容，任务艰巨、意义重大。

2018年，昆山高新区（玉山镇）启动22个建制村的村志编修工作，这既为探索新型城镇化的发展经验、发展模式、发展道路提供历史智慧和现实借鉴，也是响应国家"学党史、学新中国史、学改革开放史、学社会主义发展史"的生动实践。村落是乡土文化赖以生存的土壤，活态地保存着各种村庄形态、传统民居、传统美食和民俗风情。村庄里的一座座祠堂、一本本家谱、一口口古井、一条条古道，无一不是村落文化的印记。那些反映宗族文化的家风家训、乡规乡约，反映村民声音的方言俚语，反映传统生活方式的手工技艺、民俗节庆等，对生活在这块土地上的村民来说，是难以割舍的精神滋养。

"昆山高新区（玉山镇）村志系列丛书"脉络清晰、内容丰富，既有理论又有实践，既有历史又有现实，客观再现了村民们在伟大历史进程中的奋进足迹和优异成绩。村志作为省、市、县三级志书的延伸和拓展，其丰富多彩的体裁形式在一定程度上体现了盛世修志工作的灵活性、包容性和多样性。

希望"昆山高新区（玉山镇）村志系列丛书"能讲好昆山高新区（玉山镇）乡村振兴的故事，并把故事和智慧传递得更远。希望全区广大干部和村民

能够持续聚焦乡村振兴，做这一历史伟业的见证者、记录者和传承者。

在此，谨向在昆山高新区（玉山镇）发展改革进程中洒下汗水、做出重大贡献的先辈们致以崇高的敬意！向辛勤编纂"昆山高新区（玉山镇）村志系列丛书"的编纂人员表示衷心的感谢！

是为序。

中共昆山市委常委 孙道寻
昆山高新区党工委书记
2023年12月

序

昔日群星域内无靓可展，名不见经传。而今群星经过村志编纂人员广搜博采，精雕细琢，一个个人文故事、历史事件，蓦然呈现在村民面前，如群星闪烁，又似万紫千红。

《群星村志》上溯百年，中录历代，下叙当代，记叙着一个个感人肺腑的乡村故事，记载着一方水土的文明传承，记录着祖先的创业历程，记述着村落文化的历史渊源，客观真实地体现历史发展、地方特色和民风民俗。细阅沉思，令我如梦如醉，忽生欲提笔代序之感。

《群星村志》共十二章，志书据事直书，求实存真。志中"大事记"及其他诸章，都有一条清晰明了、贯穿古今的纵线，真实客观反映出群星村的经济发展、村民生活水平和文明程度，呈现出村民收入和村级经济的提高，展现出社会发展历史的进程。

编纂人员本着对村民和历史负责的编纂态度，编纂时始终遵循实事求是的原则，对事物、事件、人物、数据等进行广泛采集和精心筛选，切实做到收之有出典、记之有依据，经得起历史的检验。

村志，乃村域古今之总览。《群星村志》内容覆盖自然、经济、文化、卫生、人物、古迹、忆事、物产、乡语、风俗、美食等诸方面，古今往事应有尽有。《群星村志》堪称记载群星历史的百科全书，包罗了域内居民生活生产方方面面。

《群星村志》从群星村各自然村村名由来到群星村风俗习惯，从群星村传统村落到群星村动迁安置，从群星村农业特色到群星村新型产业布局，从群星村习俗礼仪、乡土风情到群星村现代文明礼仪、地域风貌，全面体现群星村的特

色，且时代特征鲜明。

《群星村志》不仅回顾了历史，而且旨在勉励将来。志中收集大量爱心助学、扶贫帮困、见义勇为、无偿献血等典型人物事迹，激励与鼓舞全村村民积极向上、助人为乐、奋发进取。

志载历史，启迪未来。《群星村志》既是一部记述群星村发展历史的资料性作品，也是一部激励群星村村民爱祖国、爱家乡、爱人民的生动教材。相信每一位村民都会铭记群星村的昨天，珍惜群星村的今天，努力创造群星村美好的明天。

昆山高新区（玉山镇）群星村

党总支书记

2023 年 10 月

凡　例

一、本志以马克思列宁主义、毛泽东思想、邓小平理论、"三个代表"重要思想、科学发展观、习近平新时代中国特色社会主义思想为指导，遵循辩证唯物主义、历史唯物主义的立场、观点和方法，坚持实事求是的原则，全面客观反映群星村历史、文化、政治、经济、自然和社会等方面的历史演变过程及现状，充分体现村域时代特色、人文特点及习俗风貌。

二、本志坚持详今略古的原则，上限溯至事物发端，下限终至2020年年底，大事记和图照延至2021年年底。

三、本志记述范围为群星村2020年年底行政区域。

四、本志志首设图照、总序、序、凡例、概述、大事记；主体设12章，记述自然、政治、经济、文化、社会等内容；志尾设编后记。

五、本志采用述、记、志、传、图、表等形式，采用章、节、目层次排列，横列门类，纵述事实。

六、本志以现代语体文记述。所涉及的地名、行政区及机构单位名称均用当时名称，必要时加注现名。在文中第一次出现时使用全称并括注简称，其后则用简称。凡未用全称的"省""市""县""公社""乡"均指江苏省、昆山市、昆山县（1989年国务院批准昆山撤县设市）、正仪人民公社、正仪乡。

七、本志收录的人物遵循生不立传原则，对在地方上有重大影响或对社会发展有较大贡献的人物做人物简介，对各类专业人物则按生年排序列表入志。

八、本志纪年，1912年前使用朝代纪年，并括注公元纪年；1912年后使用公元纪年。文中未注明世纪的年代均为20世纪的年代。

九、本志所使用的文字、标点、数字和计量单位等，均按国家颁布的统一

规范书写。数据以统计部门发布的为准,统计部门未提供的,以相关部门提供的数据为准。计量单位在原则上使用国家法定计量单位,"亩""公斤""公里"等仍按社会习惯沿用旧制,不做换算。

十、本志资料源自历史文献、档案资料、图书报刊摘录和口述采访等,均已做整理核实,不再注明出处。

目 录

001／ 概述
006／ 大事记

第一章 村情村貌

030／ 第一节 建置区划
030／ 一、建置沿革
031／ 二、行政区划
032／ 第二节 村、自然村
032／ 一、群南村
040／ 二、群北村
048／ 三、北洲村
054／ 第三节 自然环境
054／ 一、土壤地貌
054／ 二、四季气候
055／ 三、自然灾害
056／ 第四节 自然资源
056／ 一、土地资源

057／ 二、水资源
058／ 三、动物资源
058／ 四、植物资源
059／ 第五节 人口发展
059／ 一、人口总量
061／ 二、人口结构
072／ 三、计划生育
073／ 四、人口管理
074／ 第六节 村级组织
075／ 一、村党组织
079／ 二、村政组织
085／ 三、群团组织

第二章 新农村建设

090／ 第一节 基础设施
090／ 一、道路、桥梁
095／ 二、供电、供气、供水

096 / 三、邮电通信
097 / 四、水利建设
101 / 第二节　动迁安置
101 / 一、动迁小区建设
102 / 二、村民安置
106 / 第三节　人居环境
106 / 一、污水、垃圾处理
106 / 二、改厕
107 / 三、河道清理
107 / 四、环境整治

第三章　农业生产

110 / 第一节　生产关系
110 / 一、封建土地制度
112 / 二、土地改革
112 / 三、农业合作化
114 / 四、人民公社
115 / 五、家庭联产承包责任制
116 / 六、土地确权发证
117 / 七、土地流转
121 / 第二节　耕地和田圩
121 / 一、耕地
122 / 二、田圩分布
124 / 第三节　农作物种植
124 / 一、种植品种
125 / 二、水稻种植

126 / 三、三麦种植
127 / 四、油菜种植
128 / 五、作物收割
129 / 第四节　农技农机
129 / 一、农作物管理
131 / 二、肥料
134 / 三、农具农机
138 / 第五节　农活琐事

第四章　产业经济

142 / 第一节　经济概况
142 / 一、主要经济结构
144 / 二、经济总量
145 / 第二节　农业经济
145 / 一、种植业
147 / 二、养殖业
152 / 三、家庭副业
153 / 第三节　工业经济
153 / 一、村队企业
155 / 二、入驻企业
157 / 三、民营企业
158 / 第四节　商业经济
158 / 一、个体经营
160 / 二、商贸业
160 / 三、房屋租赁

第五章 村民生活

- 164 / 第一节 收入支出
- 164 / 一、村民收入
- 165 / 二、村民消费
- 166 / 第二节 生活变迁
- 166 / 一、住房
- 168 / 二、出行
- 169 / 三、服饰
- 170 / 四、饮食
- 171 / 五、生活用品
- 173 / 第三节 社会保障
- 173 / 一、养老保险
- 174 / 二、医疗保险
- 175 / 三、村民福利

第六章 文教卫体

- 178 / 第一节 文化
- 178 / 一、戏曲编演
- 178 / 二、打连厢
- 179 / 三、电影放映
- 180 / 四、老年活动室
- 181 / 五、红客堂书场
- 182 / 六、百姓舞台
- 185 / 第二节 教育
- 185 / 一、幼儿教育
- 186 / 二、扫盲教育
- 187 / 三、小学教育
- 189 / 四、中学教育
- 189 / 第三节 卫生
- 189 / 一、医疗机构
- 191 / 二、妇幼保健
- 193 / 三、卫生防疫
- 195 / 四、爱国卫生运动
- 196 / 第四节 体育
- 196 / 一、体育活动
- 198 / 二、庭院游戏

第七章 精神文明建设

- 204 / 第一节 思想道德建设
- 204 / 一、思想教育
- 206 / 二、教育载体
- 208 / 三、村民公约
- 209 / 第二节 精神文明实践
- 209 / 一、无偿献血
- 209 / 二、志愿者服务
- 211 / 三、文明操办红白喜事
- 212 / 四、垃圾分类
- 212 / 五、文明参赛
- 212 / 六、文明出行

213 /	七、文明办公	245 /	二、农业谚语
213 /	第三节　文明家庭评选	246 /	三、育人谚语
215 /	第四节　卫生文明村创建	247 /	四、治家谚语
215 /	一、创建卫生村	248 /	五、其他谚语
216 /	二、创建文明村	249 /	第四节　民歌民谣

第八章　方言俗语

第九章　民间习俗

218 /	第一节　方言	254 /	第一节　岁时习俗
218 /	一、天文气象	254 /	一、春节
219 /	二、地理环境	254 /	二、寒食节
219 /	三、时令、时间	255 /	三、清明节
220 /	四、行业及用具	255 /	四、立夏日
222 /	五、肢体、人物	255 /	五、端午节
223 /	六、称呼	255 /	六、夏至日
225 /	七、疾病	256 /	七、七夕节
226 /	八、衣食住行	256 /	八、中秋节
228 /	九、婚丧喜事	256 /	九、重阳节
229 /	十、植物	256 /	十、腊八
229 /	十一、动物	256 /	十一、除夕
230 /	十二、日常用语	257 /	第二节　生产习俗
237 /	十三、设施用品	257 /	一、人甩火把
237 /	十四、文艺	258 /	二、祭田祖
238 /	十五、其他	258 /	三、开秧门和关秧门
240 /	第二节　歇后语	258 /	四、开禁
244 /	第三节　谚语	259 /	五、打供醮
244 /	一、气象谚语	259 /	六、建房

259 / 七、开业酒
260 / 八、相帮
260 / **第三节 生活习俗**
260 / 一、婚嫁
264 / 二、过房亲
264 / 三、兑换亲
264 / 四、童养媳
264 / 五、招女婿
265 / 六、催生
265 / 七、满月
265 / 八、周岁
266 / 九、受头
266 / 十、做寿
266 / 十一、丧葬
268 / 十二、摆喜酒
268 / 十三、升学酒
268 / 十四、拜师和谢师

第十章 物产美食

270 / **第一节 群星物产**
270 / 一、粮食作物
272 / 二、经济物产
274 / 三、养殖物产
276 / **第二节 家常美食**
276 / 一、特色菜肴
279 / 二、农家土菜

280 / 三、时令小吃

第十一章 人物与荣誉

284 / **第一节 人物简介**
287 / **第二节 人物、荣誉**
287 / 一、党龄满五十年党员
288 / 二、集体荣誉
290 / 三、个人荣誉
294 / 四、村籍退伍军人
296 / 五、村籍大学生
302 / 六、插队知识青年
307 / 七、村籍教师
308 / 八、医务人员
309 / 九、能工巧匠

第十二章 村民忆事

316 / **第一节 故事传说**
316 / 一、接庆庵
316 / 二、平乐镇（塘郎）
317 / 三、金三角
319 / 四、戏言之说
319 / 五、头坨一角
320 / 六、吃讲牛
321 / **第二节 公共记忆**
321 / 一、抗美援朝

321 / 二、对越自卫还击战
321 / 三、学雷锋活动
322 / 四、农业学大寨
322 / 第三节　村民记忆
322 / 一、驶篷船
323 / 二、劳动竞赛

323 / 三、知青岁月
324 / 四、新北乡火车站
325 / 五、万元户刘国志

326 / 编后记

 # 概 述

群星村位于昆山高新区（玉山镇）西南部，距昆山市城区近 5 千米；东倚尤泾港，南邻沪宁高速公路，西依古城路、大众村，北靠娄江；东西最长 1 500 米，南北最长 2 000 米，形状呈不规则梯形，总面积 3.15 平方千米。沪宁铁路穿域而过，交通便捷。群星村由原群南村、群北村和北洲村于 2001 年合并组建而成，是年群星域内原有东生田、南生田、西生田、张家浜、北草芦港、黄泾、角上、蒋巷、南浜、下潭娄（娄里）、塘郎和北洲 12 个自然村落，至 2019 年自然村落动迁后基本消亡。2020 年年底，全村有 12 个村民小组，村民有 540 户、人口 1 908 人。在社会主义建设阶段，特别是改革开放时期，全村党员干部和村民解放思想、抓住契机，努力发展经济，使村级经济和村民生活水平不断提高，文明程度不断跃上新台阶。至 2020 年年底，村先后荣获昆山市级及以上荣誉 14 项。

一

清朝以前，群星域内的自然村落已经形成。1911 年，群星域内属新阳县信义镇管辖。1912 年，群星域内属昆山县正义乡管辖。

1949 年 5 月 13 日，昆山解放后，群星域内废除保甲制，建立了农民协会（以下简称"农协"）。1950 年，农协组织村民开展土地改革，农民分到了土地。1951—1956 年，农业合作化时期，群星域内先后建立 42 个互助组、14 个初级农业生产合作社（以下简称"初级社"）和 2 个高级农业生产合作社（以下简称"高级社"），开展集体生产，走上了社会主义道路。

1958—1983 年，人民公社时期，群星域内东生田、南生田、西生田、张家浜、

北草芦港自然村组建为群南大队；黄泾、角上、蒋巷、南浜自然村组建为群北大队；下潭娄（娄里）、塘郎、北洲自然村组建为北洲大队。其间，各大队均属正仪人民公社。在各大队党支部的领导下，群星域内掀起社会主义建设高潮，学习大寨，平坟、填河、造田，改造低洼田块，开展水利基础设施建设，使粮食产量稳步提高。同时，积极发展副业生产和社队企业，使集体经济发展壮大。

1983年，乡村建制恢复，正仪人民公社改为正仪乡，群星域内的群南大队改为群南村，群北大队改为群北村，北洲大队改为北洲村。1983—1988年，群南村、群北村、北洲村村域均属正仪乡。其间，3个村都全面实行家庭联产承包责任制，充分调动农民生产积极性，使农业生产得到发展，同时积极发展多种经营，鼓励进行个体经营。2001年，正仪镇进行区划调整，群南村、群北村和北洲村合并组建群星村。新组建的群星村隶属正仪镇不变。

2003年，昆山市撤销正仪镇建制，群星村划归玉山镇管辖。2003—2020年，群星村"两委"抓住机遇，在城乡一体化建设的进程中，加快农村城镇化建设的步伐。按照昆山高新区（玉山镇）建设发展规划，积极落实自然村落动迁和村民安置工作。至2019年，群星域内12个自然村基本动迁完毕，村民先后迁入茗景苑A、B、C区和仁心苑、义和苑、礼和苑、美丰苑7个小区集中居住。同时，群星村建立和发展村民股份合作经济，进一步拓宽村民增收途径，并加强域内环境综合整治，积极创建江苏省卫生村和昆山市文明村，使域内经济社会协调发展，村民生活富裕安稳。

二

群星村始终把经济发展放在首要位置，从私有制到公有制的变革，从农业集体经营到个体经营的转变，解放了生产力，提高了村民生产积极性，使农业经济、乡村企业和股份合作社得到了发展，域内经济形式呈现出多元化，经营规模不断拓展，域内经济实力逐渐壮大。

群星村传统经济的特色是以水稻、三麦（小麦、大麦、元麦）、油菜种植为主。民国时期至改革开放前，群星村是以种植粮食为主的纯农业村。中华人民共和国成立初期，群星域内有耕地4 149.4亩，村民除种植稻麦粮食作物之外，在部分土地上还种植油菜。由于当时的农业技术落后，加上抵抗自然灾害的能力薄弱，水稻亩产一般在500斤（1斤为500克）以下，三麦亩产也不到200斤，如遭遇严重灾害，产量更低，甚至颗粒无收。1953年，农业生产合作社成立以后，特别是1958年人民公社成立以后，群星村发挥了集体力量的优势，使防灾抗灾水平得到提高，尤其是通过水利基础设施建设、增加化肥农药使用，使粮食产量大幅度提高。至70年代末，水稻亩产可达千斤，三麦亩产在500斤左右。1983年，实行家庭联产承包责任制以后，域内实行了统分结合的双层经营体制，并适时进行土地流转，通过土地经营权的转让，发展种粮大户，形成规模经营。2001年后，随着城镇化建设的推进和规划调整力度的加大，域内大量农田被征用，农业生产规模逐年下降。至2020年，全村农业用地仅剩2 499亩。但随着耕种机械化，品种、肥药管理科技化程度的提高，农业生产的水平进一步提升，粮食产量达到历史新高。2020年，水稻亩产1 400斤，比1983年前亩产提高400斤。

中华人民共和国成立以后，群星村把调整农业生产结构、发展乡村企业作为域内经济发展的重要途径。50年代末，域内各生产队开始发展畜禽养殖，办起了养猪场和鸡鸭鹅养殖场。从60年代末开始，域内掀起了编草辫、踏草绳、打草包等家庭副业的热潮，增加了村民家庭收入。60—70年代，域内开始兴办队办企业，先后开办饲料加工厂、豆腐作坊、五金加工厂、服装厂等小型企业。80年代后，域内产业经济结构进一步得到调整优化，先后有65人从事承包水产养殖，15人从事个体经营，呈现产业经济百花齐放之势。2000年后，大量外来人口的流入催生了"房东经济"。村民将空余房屋出租给外来人员居住，获得租金收入，从而增加了村民家庭收入。同时，村里成立股份合作社，把集体资产股份化，并把股份量化给村民，村里还筹集资金建造标准厂房，拓展租赁业务。2020年，村股份合作社经营性资产总值4 015.71万元，村级经济总收入721.34万元，域内经济得到良性发展。

三

群星村在经济发展的同时，全村的教育医疗、文化体育、社会保障等社会事业的发展均取得了显著成绩。村民收入增加，消费升级，过上了小康生活。

中华人民共和国成立以前，群星域内98%以上的村民是文盲。中华人民共

和国成立以后，群星域内办起了群南小学、群北小学、同心小学等多所学校，在各级政府的支持下，努力改善办学条件，提升办学水平，为村民子女入学创造良好环境。同时，群星域内的群南、群北和北洲大队积极响应政府号召，以自然村落为单位举办扫盲班，开展成人的扫盲工作；开办耕读小学，为困难家庭的子女教育提供帮助。村民尊师重教，受教育水平不断提升。1977年，群星村第七村民小组（原群北大队第2生产队）赵春元考取大学，成为群星域内第一名大学生。至2020年年底，群星村累计159人本科及以上毕业。

中华人民共和国成立以前，群星域内基本没有文化设施，村民的文化生活枯燥贫乏，大多只有在逛庙会、做寿、过满月时才有机会看戏、听宣卷等。中华人民共和国成立以后，随着村民物质条件的改善和精神文明水平的提高，域内文化生活不断丰富，文化载体不断完善，从传统戏剧到样板戏，再到电影电视、百姓舞台、网络游戏、戏院书场、文体活动室，村民日益多样的文化需求得到了满足。村民的文体活动也从传统的游泳、拎石柱架、摇快船等活动，逐步增加了打篮球、乒乓球、羽毛球、门球等体育活动和健身锻炼。2010年后，村民兴起广场舞，每当夜晚来临时，很多村民特别是中老年人聚集在村落的社区公共广场，通过广场舞活动促进身心健康。

中华人民共和国成立以前，群星域内缺医少药，遇到疫病流行，村民无处投医。中华人民共和国成立以后，村里建起了医务室，培养赤脚医生，初步解决了村民看病难的问题。1956—1993年，群南大队、群北大队和北洲大队组织村民开展查灭钉螺和防治血吸虫病的工作，并取得决定性胜利。从1960年开始，按照上级政府要求，各大队组织开展妇女病防治和疫病防治，使各类常见病、多发病得到有效控制；建立农村合作医疗制度和城乡一体的医疗保障制度，解决村民"看病难、看病贵"的困扰。2005年以后，随着村民被安置到茗景苑小区，茗景苑社区卫生服务中心同步建设，医疗设施和医疗条件进一步改善，为村民健康提供保障。2020年，全村80周岁及以上老人有103人。

中华人民共和国成立以前，群星域内的贫苦人多，80%的村民家庭住的是茅草屋。中华人民共和国成立以后，特别是改革开放以后，随着经济和社会事业的发展，村民的生活水平有了巨大变化。村民年人均净收入从50年代初的20~30元，增加到2020年的49 185元；吃从粗茶淡饭，到食物充足、讲究营养健康；穿从缝缝补补、兄弟姐妹同穿互换，到年年有新衣服；住从茅草屋到砖瓦房，再从平房到楼房，更新换代；行从泥土路到水泥路和柏油路，出行方便。2020年，95%以上的村民家庭有一辆或多辆汽车，85%的家庭在城镇购买了商品房，民生保障体系更加健全，最低生活保障、养老保险、医疗保险、普惠补助全覆盖，村民生活安定幸福有保障。

四

50—70年代，群星村始终把思想道德建设贯穿在社会主义建设过程中，把教育村民作为思想道德建设的首要任务。组织村民学文化知识，学法律知识，学农业科技，学党的路线方针，使干部群众坚定爱国、爱党信念，坚持走社会主义道路。改革开放以后，村党组织始终坚持物质文明和精神文明两手抓，组织开展文明家庭和文明村创建，从"五讲四美三热爱"活动的开展，到村规民约的自我约束；从社会主义荣辱观的教育，到社会主义核心价值观的自觉践行；从"不忘初心、牢记使命"的主题教育，到新时代文明实践……持续推进思想道德建设，为村民的文明素养提升和全村的文明创建打下坚实基础。

进入21世纪后，群星村以文明示范引领文明新风，推进文明创建和新时代文明实践，并取得显著成效。至2020年，全村先后评出卫生户540户、新风户496户、文明家庭503户、五好文明家庭3户、平安家庭488户、示范户7户、文明和谐家庭5户，同时涌现出一批热爱本职、一心为民、助人为乐、尊老爱幼的村民。如：有在困难时期带领村民艰苦奋斗、战天斗地的村干部，有扎根村庄、为农业科技发展作出贡献的好村民，有在建设家乡、服务村民的过程中默默付出的能工巧匠，有踊跃参军、保卫国家的优秀军人。此外，群星村人才辈出，有159名本科及以上毕业生、109名插队知识青年、16名医务人员、25名村籍教师、145名能工巧匠等，他们有的在村里工作，为家乡建设做贡献，有的在村外工作，为国家建设奉献力量。

群星村从一个昔日偏僻、落后、不知名的农业村逐步发展成村民富、环境美、文明程度高的现代化城市型新农村。站在新的历史起点上，群星人将在村党总支的带领下，锐意进取，团结拼搏，攻坚克难，为群星村美好的明天续写新篇章，再创新辉煌。

大事记

明朝—清朝

明嘉靖十六年（1537）秋，群北村（后为群星村）村东的尤泾港河面上建了1座东西向的"大有桥"。

清乾隆三十一年（1766）2月，北洲村的北洲自然村（后隶属群星村）举办"新建庙宇开光"仪式。乾隆皇帝书写"接庆庵"，把原庙名"积庆庵"改成"接庆庵"。2020年5月17日，此庙宇迁至南星渎村北，再次恢复庙名"积庆庵"。

乾隆五十八年（1793）春，群星域内久雨伤麦；夏，发大水致禾苗被淹没；秋，复虫灾。

道光元年（1821）秋，群星域内发生瘟疫，但对百姓无大害。

道光二十九年（1849）秋，北洲至塘郎的后浜河河面上建一座南北向的"后石桥"。

咸丰六年（1856）夏，大旱，群星域内河港多涸，飞蝗蔽天，乡民鸣锣捕焚，至连雨后才灭迹。

咸丰十年（1860），洪秀全领导的农民起义军攻打昆山时，途经塘郎自然村，放火烧光全村。

光绪三十年（1904）4月，北洲村南面与角上村北面之间的沪宁铁路昆山段开工；光绪三十二年（1906），上海至苏州段率先通车。

宣统元年（1909）3月，北洲村6组沈伯生的爷爷考中秀才。

宣统三年（1911），信义镇东至九里桥，接新阳县寒区26图界，西至界浦与元和县分界，南至吴淞江与昆山县分界，北至大方潭村接新阳县收区17图界，东南至南星渎镇接新阳县闰区15图界，西南至南莘田村与元和县分界，东北至唐泾村寒区4图界，西北至阳澄湖与元和县分界，共辖6区28图294圩。群星域内属信义镇。

是年8月，暴风雨历时6个昼夜，群星域内田地淹没，低洼地灾情尤重。

中华民国

1912年，新阳县并入昆山县，朱塘乡改称正义乡，属昆山县管辖。群星村时属昆山县正义乡。

1925年夏，霍乱流行，群星域内病疫严重。

1929年，正义乡与南星渎乡合并，称昆山第八区。昆山第八区设区公所。群星村属昆山第八区管辖。

1934年冬，县稻种场发动农民挖稻根，防治螟虫，群星域内农民积极响应。

是年，昆山第八区改为第七区。按百户以上村庄为乡、百户以上集市为镇的规定，正义称镇。群星村时属第七区正义镇。

1935年秋，大旱，5个月无雨，群星域内河港多涸，加有螟虫，秋饥，民不聊生。

1947年2月，正义镇划归张浦区。群星村时属张浦区正义镇。

1949年5月13日，村民姜彩成做向导，带领解放军沿铁路向东进发。当日下午昆山解放。

是年5月15日，群星域内村民李宝生、周根泉用农船送5位解放军伤员到陆家龙王庙，与解放军大部队会合。

是年7月，昆山县人民政府成立，建立区、乡（镇）人民政府。群星村属正仪区正仪乡。

是年7月中旬至8月初，群星域内遭受2次暴雨袭击，水稻受涝被淹严重，有些稻田甚至颗粒无收。

中华人民共和国

1950年

1月，群星域内由北洲、塘郎、下潭娄（娄里）3个自然村组成星东乡，吴

阿兴任星东乡乡长。

是月，群星域内由东生田、南生田、西生田、张家浜、北草芦港、黄泾、南浜、蒋巷、角上9个自然村组成新北乡，孙佰锦任新北乡乡长。

3月，群星域内实行土地改革，依法没收地主、富农土地，开始把田地分配给村民。

是月，群星域内各自然村划分阶级成分，按照拥有土地多少，将村民分别划分为地主、富农、中农、贫农、雇农。

4月，塘郎自然村庙里办起1—4年级2个复式班，每班约有30名学生，负责人为沈觉先。

10月，抗美援朝运动开始，新北乡陆瑞生、秦培元、赵金根3人报名参加中国人民志愿军。

是年，土地改革工作组进驻，群星域内成立农协。

1951年

3月，土地改革结束，星东乡、新北乡农民均分到土地。

5月，全民颁发土地证，星东乡79户领到土地证，新北乡202户领到土地证。

7月，阴雨连绵，加之台风袭击，水位猛涨3.3米，群星域内70%的稻田被淹没，村民参加抗洪排涝。

8月，群星域内疟疾肆虐。星东乡、新北乡及时预防治疗，使疫情得到控制。

1952年

2月，土地改革以后，同心、群北、群南村域的农民分到土地后，在自愿的基础上，组建农业生产互助组。

3月，新北乡、星东乡村民学习中华人民共和国首部法律《中华人民共和国婚姻法》。

1953年

7月，群星域内开展第一次人口普查工作。群南大队总人数474人，群北大队总人数434人，同心大队总人数621人。

7—9月，持续高温干旱，群星域内旱情严重，水稻生长受影响。

秋，星东乡、新北乡在互助组的基础上组成14个初级社。

11月，星东乡、新北乡对粮食实行计划供应。

是年，新北乡火车站建站基础工程启动（此站位于角上自然村村东），星东乡、新北乡有65位社员参与工程建设。

1954年

2月，南生田自然村村民黄友根家的辅房（厢房）里办起第一所学校——生田小学，约有15名学生，任教者有周佰云等。

4月，星东乡、新北乡村民开始实行棉布定量供给。

5—7月，连续降雨66天，群星域内水位猛涨，粮田受淹。

7月，正仪区设18个乡镇、176个行政村。群星村属正仪区正仪乡。

1955年

冬，上海铁路局在正仪至昆山区间（角上自然村村东），动工兴建150平方米的新北乡火车站，60余名村民参与工程建设，次年6月竣工启用。

是年，星东乡、新北乡全面实行粮食"三定一奖"制度，即定产、定购、定销及超产奖励。

1956年

1月，星东乡成立同心高级社，新北乡成立群星高级社。同时取消"土地分红"，实行"多劳多得，按劳取酬"分配原则。

3月，正仪区与巴城区合并为环城区，群星域内属环城区。

9月，昆山县撤区并乡。正仪改制为乡，辖31个高级社。群星域内塘郎、下潭娄（娄里）、北洲3个自然村属环城区正仪乡同心高级社。东生田、南生田及另外7个自然村属环城区正仪乡群星高级社。

是月，陆阿小任群星高级社（原群南、群北）第一任党支部书记。吴阿兴任同心高级社第一任党支部书记。

10月12日，群星域内发生2次龙卷风，星东乡、新北乡有60%水稻倒伏。

11月，新北乡、星东乡抽调65名社员参加七浦塘太仓段拓浚工程，历时50天。

1957年

6—7月，群星域内连降暴雨，星东乡、新北乡农作物全部被淹没。塘郎自然村村民陈火金、王友昌2家房屋倒塌。

7月，沪宁铁路复线延伸扩地至北洲村西南面的接庆庵，庙前1棵四人合抱之粗的灵岩树（白果树）被砍。

1958年

5月，群星域内开展"除四害"运动，捕杀苍蝇、蚊子、老鼠、麻雀。

10月，正仪人民公社成立，实行政社合一，取消村建制，辖29个生产大队。群星域内的生产大队属正仪人民公社。

是月，人民公社实行组织军事化、生产战斗化、生活集体化，以人民公社为核算单位，统一调配劳动力，进行大兵团作战。群南、群北、同心合并为11营。

是月，群南、群北、同心3个大队的各自然村均开办食堂，响应"放开肚皮吃饭，鼓足干劲生产"的口号。

11月，沪宁铁路复线正仪至昆山段路基开工，群星域内3个大队85名社员参加从群北大队角上自然村至"大洋桥"路段的工程，历时4个月。

是月，群星域内学校开展"四集体"运动，即"集体学习、集体用餐、集体住宿、集体劳动"。群北、群南、同心3个大队的学生集中于蒋巷自然村，由陈根林老师负责。

是月，同心大队袁琴栢成为群星域内第一个购买手表的村民。

是年，群星域内北洲至铁路南农田的南河头河面上建起一座南北向的"庙前桥"。

1959年

2月，群星域内撤销人民公社军事化编制，改称"大队""生产队"，原11营分为群南大队、群北大队、同心大队，徐雪元担任群南大队党支部书记，陆阿小担任群北大队党支部书记，蒋余山担任同心大队党支部书记。

11月，群星域内遭受干旱、草荒，致使农业减产，群北、群南、同心3个大队出现严重饥荒。

12月，同心大队村民徐士英参加正仪人民公社首届社员代表大会。

是年，同心、群北、群南3个大队组织60余名社员赴常熟参加望虞河拓浚工程。

是年，同心大队购买 1 台木柴抽水机（木柴燃烧为动力源的抽水机）用于灌溉。

1960 年

2 月，群星域内粮食大减，社员吃粮极度紧张，按年龄分 7 个等级计算口粮分发量，人均每天口粮仅 5 两 3 钱（16 两制），紧张状况持续约 20 天。

8 月，群星域内受 7 号台风影响，连降暴雨，近半农作物受损。

是年，群星域内实行计划经济，开始凭票（糖票、油票、煤油票、布票）购买日用品。

1961 年

6 月，夏熟收割季节连续阴雨，群星域内三麦、油菜籽发芽、霉烂，各大队发动村民进行翻晒。

7 月，同心大队把木柴抽水机调换为煤油抽水机（以燃烧煤油为动力的抽水机），提高抽水效率。

是月，同心大队袁琴柏成为群星域内第一个购买自行车的村民。

1962 年

2 月，陆小娘担任群南大队党支部书记。

5 月，群南、群北、同心 3 个大队将生产队耕地面积的 5%~7% 作为自留地，各生产队按人数将土地划分给社员，长期不变。

7 月，同心大队用煤油抽水机调换 1 台大功率 24 寸柴油抽水机，并制造滚动式脱粒工具，进行传动式机械脱粒，取代传统的手工甩稻和脚踏脱粒。

1963 年

3 月，群星域内开展"学雷锋见行动"活动，团员青年争做好人好事，争当无名英雄，起早摸黑翻潭、割草造肥。

5 月，群星域内遭遇冰雹持续 15 分钟，致小麦、油菜受到严重损害，减产约五成。

10 月，县、公社社教工作队入驻群南、群北、同心 3 个大队，指导开展"四清运动"，即社会主义教育运动。

1964 年

7 月，群星域内开展第二次人口普查工作。群南大队总人数 494 人，群北大

队总人数454人，同心大队总人数641人。

10月，群星域内实行半耕半读。群南、群北、同心3个大队办起耕读小学。

11月，群南大队第3生产队开挖1条由连东浜往西延伸的河道，该河道全长250米，取名"新开河"。

秋，群北大队建排灌两用站1座，站内设20英寸（1英寸为2.54厘米）水泵1台，取名"群星站"，2017年翻建，内增设14英寸水泵1台。

是年，群星域内张家浜往西开挖成1条240米长的张家浜河，工程由群南大队第4生产队32个男劳力负责开挖完成。

是年，群星域内群星站对面往西开挖成1条200米的河道，工程由群北大队35个男劳力开挖完成。

是年，群星域内开展"四清运动"，运动中有2人被查处。

是年，群星域内有16名知识青年插队落户群北大队，有14名知识青年插队落户群南大队。

1965年

春，群北、群南2个大队分别创办角上小学（群北小学）、群南小学。

7月，中共苏州地委社会主义教育运动工作组进驻群南大队、群北大队、同心大队。

是月，王什锦当选群南大队党支部书记。

是年，群北大队建群星域内第一座电灌站。

1966年

春，群北、群南2所初级小学正式开学，各设1—4年级2个复式班。

10月，昆山县血防站在群南大队用氯硝柳胺及烟酰苯胺开展现场灭钉螺试点活动，后在全县范围内推广。

是年，正仪镇供销社开设下伸店，群北大队在角上自然村沈木金家里设置代购代销店，简称"双代店"（1976年搬迁至蒋巷自然村）。

是年，群南、群北、同心3个大队耕读小学同时停办。

1967年

3月，群南、群北、同心3个大队，在每个生产队中抽3名社员参加查螺工作，至当年5月底结束。

1968年

3月，农村推行赤脚医生防病治病工作。徐士英、赵勤男、王林兴分别成为同心、群北、群南3个大队第一位赤脚医生。

8月，正仪镇第一批插队知识青年之一胡小弟到同心大队第9生产队落户，并于1971年9月任正仪中心小学教师。

9月，群星域内成立教育革命领导小组，由贫下中农管理学校。群南小学由陆巧水负责，群北小学由赵根梅负责，同心小学由程士章负责。

10月，群星域内赤脚医生王林兴参加昆山县血防普查工作，并在《新华日报》发表评论文章。

是月，群星域内有40名苏州"老三届"知识青年插队落户同心大队、20名苏州"老三届"知识青年插队落户群北大队、9名苏州"老三届"知识青年插队落户群南大队。

是年，同心、群北、群南3个大队成立毛泽东思想文艺宣传队，利用空余时间排练《不忘阶级苦》戏剧小戏和《沙家浜》《红灯记》等样板戏。

1969年

5月，同心、群北、群南3个大队遭遇冰雹灾害，小麦产量损失一成。

夏，同心、群北、群南3个大队推行合作医疗制度。

12月，薛旗手、周志英等4名苏州知识青年到群北大队插队落户。

是年，上海回乡知识青年张英到同心大队第3生产队插队落户。

1970年

3月，一列从北京开往上海的13次快客列车的前段3—4号车厢在新北乡火车站西铁路道岔口上脱轨。群南、群北、同心3个大队基干民兵及时赶赴现场，参加抢险。19小时后铁路运输恢复正常。

是月，群星域内遭受大雪，积雪厚28.7厘米，群南、群北、同心3个大队电线杆被压断多根，广播中断，三麦、油菜严重受灾，减产两成以上。

5月，方向大队下乡知识青年王仁真，到群南大队第3生产队插队落户。

12月，群北、群南、同心3个大队组织村民40余人参加庙泾河拓宽工程。

是月，同心大队组织90个劳动力在塘郎自然村村民周根福屋后用3天时间挖成长约200米、宽4米的丰产方河。

1971 年

7 月，群南、群北、同心 3 个大队积极响应"备战备荒，深挖洞、广积粮"的号召，共建露天土圆囤 38 个。

是年，群星域内各生产队为增加农家肥，放养"三水一绿"，即水花生、水葫芦、水浮萍、绿萍。

1972 年

4 月，域内推广种植双季稻，种植面积由 30% 逐渐扩大到 80% 左右。

8 月，同心、群北、群南 3 个大队组织 100 多名社员参加拓宽沪宁复线和接桥头土方工程的挑土筑路基工程。

是月，群星域内黄泾河上建起 1 座水泥平板桥，桥长 12 米、宽 1.5 米，桥孔高 3.5 米。

是年，群星域内开展清坟整田、填浜、填潭，增加耕地面积。群南、群北、同心 3 个大队共增加农田面积约 50 亩。

1973 年

1 月，群南、群北、同心 3 个大队基干民兵到黄泥山进行靶场实弹射击训练。

春，群星域内黄泾自然村西 500 米处建造 1 座航空标灯塔，灯塔最早用毛竹搭成，几年后更换成铁塔。

3 月，同心、群北、群南 3 个大队派出 320 名社员参加开拓青龙江河的水利工程。

7 月，陈林根当选群南大队党支部书记。

是月，群星域内群北灌溉站至新北乡火车站的直南江河河面上建造 1 座南北向的"新桥"。

8 月，同心大队自建 1 家粮食加工厂。

11 月，群南大队东生田河的东出口处建造 1 道闸门。1976 年在原闸门的外面又建造 1 道闸和 1 座简易的平面桥。

冬，同心、群北、群南 3 个大队派出 260 名社员参加开拓中心河的水利工程。

是年，群南、群北、同心 3 个大队建造蘑菇房，以种植蘑菇增加收入。

是年，同心大队建造 1 座电力灌溉站，取名"同心站"。

1974 年

2 月，陈凤根当选同心大队党支部书记。

10 月，群南、群北 2 个大队家家户户通电，结束煤油灯照明时代。

1975 年

1 月，同心大队知青顾月琴任正仪人民公社党委副书记，1976 年返城。

5 月，群星域内遭遇冰雹加大风，夏熟农作物受损，30%的小麦倒伏，油菜被折断。

6 月，群星域内连续降雨 374.6 毫米。至 7 月 10 日，水位上涨到 3.4 米，大面积的水稻受淹，域内积水严重。

11 月，群南、群北、同心 3 个大队组织 90 位社员参加浏河第二期拓浚工程。

12 月，同心大队在群星域内建套闸，后分别于 1996 年 2 月、2015 年 7 月 2 次翻建。

是年，群星域内北草芦港村庄内的西尤泾河面上建造 1 座东西向的"草芦港桥"。

1976 年

3 月，同心大队组织 90 名劳动力，用 3 天时间，挖成塘郎村东至下潭娄底长 300 米、宽 4 米的丰产方河 1 条。

4 月，陆阿木担任群北大队党支部书记。

是月，沪宁铁路双轨建成通车后，新北乡火车站被撤销。

秋，群南大队建灌溉站，取名"群南站"。1998 年进行翻建。

11 月，群南、群北、同心 3 个大队组织 200 多名社员参加拓浚西娄江的水利工程。

是年，群南大队建造加工厂，厂内有 2 台碾米机、1 台大型打糠机、1 台碾粉机。

是年，群星域内蒋巷至黄泾的直南江河河面上建造一座东西向的"蒋家桥"。

1977 年

1 月，群南、群北、同心 3 个大队组织 110 名社员参加姚家港拓浚工程。

3月，群星村第七村民小组（原群北大队第2生产队）赵春元考入南京医学院（今南京医科大学），成为村里第一名大学生。

春，同心大队在塘郎自然村建成同心完全小学，有教室4间、办公室1间，幼儿园设在小学校旁。

5月，同心大队种植杂交稻680亩，为正仪人民公社全面推广种植杂交稻培育种子。

11月，群南、群北、同心3个大队组织160名社员参加正仪地区娄江河道疏浚。

是年，同心大队每家每户通上电，告别煤油灯照明时代。

1978年

5月，同心与群南2个大队的农田交界处建造姚家港站闸，负责同心、群南2个大队的部分农田灌溉防洪。

7月11日，群星域内发生龙卷风，前季稻大面积倒伏。

8月，群南大队东生田自然村翻建水泥桥1座。桥全长15米，宽2米，桥孔高4.5米。

6—9月，群星域内持续高温干旱，降雨量为常年平均数的50%，最高气温37.9℃。为避高温，农民分早上、下午2个时间段干活。

11月，群南、群北、同心3个大队组织65名社员参加太浦河二期疏浚工程。

是年，群北大队与上海服装一厂联营，办起第一个队办服装厂。

是年，同心大队赵平福成为群星域内第一个购买摩托车的村民。

是年，群星域内东生田村庄内的生田港河面上建造1座南北向的"东生田桥"。

是年，群星域内西生田至张家浜北的张家浜河面上建造1座南北向的"张家浜桥"。

1979年

2月，同心大队赵刚参加对越自卫还击战。

春，群北大队在原角上小学的基础上扩建1所乡村中学，取名"群北中学"。1983年，群北中学撤销合并为正仪中学。

10月，群星域内把农户数多的生产队拆成2个生产队。群南大队的第1生产队拆成第 1 和第 6 生产队；第 3 生产队拆成第 3 和第 7 生产队；第 4 生产队拆成第 4 和第 8 生产队。群北大队的第 1 生产队拆成第 1 和第 7 生产队；第 2 生产队拆成第 2 和第 8 生产队；第 3 生产队拆成第 3 和第 6 生产队。

冬，昆山县地名有重名，因昆山县有 2 个同心大队，根据昆山县政府文件精神，为避重名，同心大队改为北洲大队。

是年，群北大队为无锡红旗五金厂加工原料，并办五金厂。

1980 年

9 月，王林兴当选群南大队党支部书记。

是月，北洲大队为便于学生上学，在北洲、下潭娄（娄里）、塘郎 3 个自然村铺设 1 条长 3 千米、宽 2 米的道砟路，总投资 6 000 元。

12 月，群星域内颁发第一代独生子女证，陈水林的家庭成为群南大队第一个领取独生子女证的家庭。

是年，群星域内黄泾村庄内的黄泾河面上建造 1 座南北向的"黄泾桥"。

1981 年

1 月，陆阿林成为群北大队第一个建造二上三下楼房的村民。

6 月，徐士英当选昆山市第八届人民代表大会代表。

8 月，群星域内蒋巷自然村西和蒋家坟东建造 1 座水泥桥，桥长 15 米、宽 2 米，桥孔高 4 米。

9 月，群北大队在群北小学开办 1 所幼儿园，任教者为沈雪珠。

是月，北洲大队李洪德成为群星域内第一个购买电视机（昆仑牌）、洗衣机（单缸）的村民。

秋，群星域内各生产队推广稻麦套种技术，以此提高小麦产量。

1982 年

4 月，域内开展第二次全国土壤普查工作，域内土壤均为水稻土类，有黄泥土、乌栅土、青泥土 3 个土属，有 9 个土种、2 个变种。

5 月，北洲大队袁琴栢成为北洲大队第一个建造五上五下楼房的村民。

7 月，群星域内开展第三次人口普查工作。群南大队总人数 708 人，群北大队总人数 641 人，北洲大队总人数 808 人。

1983 年

1 月，北洲大队创办纸盒厂。

2 月，顾小男担任北洲大队党支部书记。

9 月，周金珍担任群南村党支部书记。

11 月，塘郎自然村李泉生、袁林生成为群星域内最先合伙开运输船的村民。

12 月，群星域内各大队实行家庭联产承包责任制，分田到户，农户与生产队订立联产承包合同。

是年，群星域内各大队恢复水稻两熟制种植，双季稻种植成为历史。

是年，群星域内塘郎村村庄内的塘郎河河面上建造 1 座东西向的"南桥"。

是年，政社分设，改人民公社为乡（镇），生产大队改为村民委员会。群南生产大队改为群南村村民委员会，群北生产大队改为群北村村民委员会，北洲生产大队改为北洲村村民委员会。

1984 年

4 月，群南村智小二家庭成为群南村第一户建造四上四下楼房的村民家庭。

11 月，北洲村投资 2.5 万元在群星域内建 100 平方米的老年活动室。

是年，群北村为便利农户脱粒，将三相电线通到每家每户。

是年，群南、群北、北洲 3 个村组织 300 名村民参加傀儡湖水产养殖工程建设。

是年，群星域内生产队改为村民小组。

1985 年

北洲村投资 6 000 元铺设 1 条长 3 000 米、宽 2 米的水泥路。

1986 年

是年，北洲村为发展村级工业，投资 1.5 万元，扩建纸箱厂厂房 9 间，厂房面积约 300 平方米，厂区场地面积约 600 平方米。

1987 年

3 月，群星域内各村开展居民身份证信息采集工作。

是月，群星域内正仪姚家港电灌站在机电排灌管理工作中成绩显著，被昆山水利局评为"先进集体"。

4 月，王伟民成为北洲村第一个购买汽车的村民。

10月，陆佰根担任群南村党支部书记。

1988年

1月，群星域内各村颁发第一代身份证，群南、群北、北洲3个村共颁发2 146张，发证率达100%。

4月，北洲村修建下潭娄闸。

1989年

6月，正仪乡撤乡建镇，北洲村、群北村、群南村隶属正仪镇。

1990年

7月，陆火林担任群北村党支部书记。

是月，群星域内各村开展第四次全国人口普查工作。群南村总人数688人，群北村总人数628人，北洲村总人数830人。

11月，群北村投资8.5万元，开挖1条蒋巷浜接通尤泾港全长300米的新开河，建2座桥、1条防洪闸。

1991年

1月，浦佰福担任北洲村党支部书记。

6月，群星域内遭受百年未遇的洪涝灾害。

是年，北洲村对北洲完全小学校进行了改造，内设1—4年级2个复式班，总造价10万元，经费由镇、村两级承担。

是年，群星域内南浜至铁路的蒋巷浜河面上建造1座南北向的"群北桥"。

1992年

6月，陆泉元担任群北村党支部书记。

8月，方志敏担任群南村党支部书记。

11月，群南村建西尤泾桥，总投资4万元。

12月，群北村、群南村、北洲村分别开挖鱼塘160亩、150亩、150亩，1993年4月结束。

是年，北洲村修筑1条长1.5千米、宽6米的通往赵厍村西泾郎的村级道路。

是年，群南小学校舍翻建，建筑面积约200平方米。

1993年

2月,范明才担任北洲村党支部书记。

是月,群北村属昆山市帮扶村,由昆山市外贸公司扶助,开办昆山香料日用化工厂。

是月,群南村属昆山市帮扶村,由原昆山市工商局扶助,开办群星村钙塑箱厂。

8月,群南小学停办,南生田自然村适龄儿童合并到南星渎完全小学校就读,其他自然村适龄儿童合并到大众完全小学校就读。

是月,群星域内的正仪中心小学的蒋金花老师被昆山市教育局评为"昆山市优秀班主任"。

是年,黄泾自然村王玉林成为群星域内第一个安装家用电话的村民。

是年,群星域内三号桥至群北村的西尤泾的河面上建造1座东西向的"草芦港公路桥"。

是年,群星域内塘郎连通明星路的塘郎河河面上建造1座东西向的"兴北桥"。

1994年

2月,浦桃元担任群南村党支部书记。

是年,群南、群北、北洲3个村家家户户用上自来水。

是年,群星域内塘郎至下潭娄(娄里)自然村的塘郎河河面上建造1座东西向的"中桥"。

是年,东生田自然村张凤生成为群星域内第一个拥有手机的村民。

1995年

10月,蒋金荣担任北洲村党支部书记。

11月,南生田河东出口处建造闸门1座,同时加建1座简易的平板桥。

12月,翁三男担任群北村党支部书记。

1996年

4月,群南、群北2个村共376户安装电话。

12月,群南村被昆山市人民政府评为"1993—1995年度先进集体"。

1997年

4月,群南村西生田自然村翻建桥梁1座,投资1万元,桥名仍用原来的

"西生田桥"。

7月，群南村被中共昆山市委员会评为"昆山市先进基层党组织"。

11月，群南村在南生田自然村前的高速公路往北至星南公路之间筑1条全长3千米、宽2米的公路，总投资15万元。

1998年

3月，群南、群北、北洲3个村给638户村民发放农村集体土地承包经营权证书，发证率达100%。

10月，群星域内施行农户房产确权，群南、群北、北洲3个村为513户村民发放房产证、土地证，发证率达100%。

11月，群南村被苏州市社会治安综合治理委员会评为"安全文明村"。

12月，群南村被中共昆山市委员会、昆山市人民政府评为1998年度"昆山市社会治安综合治理先进单位"。

是年，北洲村207户安装电话，安装率达100%。

是年，群星域内南生田机耕路至生田港北岸的生田港河面上建造1座南北向的"生田港桥"。

是年，群星域内高速公路北侧机耕路至生田港南岸的南江河河面上建造1座南北向的"南江河桥"。

1999年

4月，郑建明担任群南村党支部书记。

7月，群星域内开展第五次人口普查。群南村总人数678人，群北村总人数608人，北洲村总人数820人。

12月，群星域内金三角处开设医疗服务站，建筑面积150平方米，有专职医生3人。

是年，群星域内农业产业结构调整，群南、群北、北洲3个村大面积开挖鱼塘，面积约1300亩。

是年，群南村道路硬化约3900平方米，总投资10万元。

2000年

4月，赵香根当选北洲村党支部书记。

12月，群星域内三号桥至群北村的直南江河河面上建造1座东西向的"直

南江桥"。

是月,群南村被昆山市民政局评为"昆山市村民自治模范村"。

2001 年

8 月,北洲村、群北村、群南村 3 个村合并组建成昆山市正仪镇群星村,赵香根担任群星村党总支书记。

9 月,由正仪镇人民政府出资,在群星域内原砂石路基上,修筑 1 条总长 800 米、宽 5 米的〇三二村道,路面铺设水泥,同年 10 月完工并投入使用。

11 月,陆金龙当选群星村村民委员会主任,陆福荣担任群星村经济合作社社长。

是年,群星村在原群南、群北 2 村村域内建公厕 9 座、化粪池 177 个,投资 12.54 万元。

是年,群星村家家户户开通有线电视。

2002 年

10 月,群星域内黄泾、角上、蒋巷、南浜 4 个自然村进行道路硬化,硬化道路全长 2 500 米,总投资 8 万元。

2003 年

10 月,昆山市区域调整,撤销正仪镇,群星村划归玉山镇管辖。

是月,群星村在原北洲村村域建公厕 5 座、化粪池 13 个,投资 12 万元。

2004 年

4 月,群星域内开始实行社保、医保制度,全村参加人数 2 011 人。

9 月,群星村在原群北村自圩建造 2 座小型灌溉站,在原群南村扎沟西建造 1 座小型灌溉站,共投资 3 万余元。

10 月,群星村改造原群南村老年活动室及厕所,投资 2.8 万元。

2005 年

1 月,玉山镇水利站出资,在群星村北草芦港自然村最北面的河面上建造 1 座长 28 米、宽 5.7 米、高 4.5 米的桥梁,取名"北草芦港桥"。

是月,由玉山镇政府出资,在群星域内原砂土路基上,修整 1 条长 2.1 千米、宽 4.5 米的一〇四村道,同年 10 月完工并投入使用。

3 月,群星村 3 户村民动迁至茗景苑 A 区。

2006 年

1月，国家实行免征农业税，群星村全村农户免交税金年受益18.06万元。

9月，群星村任教于正仪中心小学的蒋金花老师被昆山市教育局评为"昆山市优秀班主任"。

11月，群星村开展环境整治，进行河道污水清理、死水循环，全村铁路、高速公路沿线农户的外墙用涂料刷白，总投资20万元。

12月，群星村4户村民动迁至茗景苑B区。

2007 年

3月，群星村被昆山市依法治市领导小组评为"昆山市'民主法治示范村'"。

5月，群星村被苏州市建设健康城市领导小组评为"'全国亿万农民健康促进行动'苏州市先进村"。

6月，群星村被江苏省爱国卫生运动委员会评为"江苏省卫生村"。

12月，群星村6户村民动迁至茗景苑B区。

2008 年

1月，群星村投资193.09万元，建造村办公用房，办公用房建筑面积948.6平方米，该投资由玉山镇政府拨款。

3月，群星村被苏州市农业机械管理局、苏州市安全生产监督管理局评为"创建'平安农机'促进新农村建设示范村"。

12月，群星村村民委员会办公驻地迁至黄泾自然村（村前），并新建村民委员会办公用房。

2009 年

8月，群星村建造公共服务中心卫生服务站，工程总投资42.38万元。

12月，群星村14户村民动迁至茗景苑C区、仁心苑。

2010 年

10月，群星村开展第六次全国人口普查工作，全村总人口数为1 911人。

11月，群星村建造30平方米的残疾人康复站，康复站配备健身器材、篮球场、健身小公园等康复器材和场地。

2011 年

1月，群星村被苏州市依法治市领导小组办公室、苏州市司法局、苏州市民

政局评为"民主法治村"。

11月,蒋雪根在第六次全国人口普查工作中成绩显著,被苏州市第六次全国人口普查领导小组办公室、苏州市统计局评为"先进个人"。

12月,群星村23户村民动迁至礼和苑、义和苑。

2012年

3月,群星域内中华园西路西延工程,群星村第五村民小组(北草芦港自然村)土地被征用,村庄整体动迁,32户村民搬至义和苑、礼和苑,该自然村消亡。

6月,群星村组建村老年门球队,队员12人,负责人钱杏林,教练徐国庆。

是年,群星村有3户村民危房户动迁,动迁村民分别被安置至仁心苑、礼和苑。

2013年

3月,群星村第二村民小组(南生田自然村)29户整体动迁,村民被安置至礼和苑、美丰苑,该自然村消亡。

12月,群星村开展第三次全国经济普查工作,普查工作由蒋雪根负责。

是月,群星村召开农地股份专业合作社入股分红方案听证会,35人出席。

是月,群星村被苏州市司法局评为"苏州市规范化村(社区)人民调解委员会"。

是年,群星村有2户村民危房户动迁,动迁村民分别被安置至仁心苑、礼和苑。

2014年

8月,陆金龙担任群星村党支部书记兼村民委员会主任、经济合作社社长。

9月,群星村对村幼儿园、会议室进行改造和装修,总投资27.86万元。

是月,群星村51户村民危房户动迁,动迁村民分别被安置至礼和苑、美丰苑。

2015年

11月,群星村对域内的蟹塘进行土地平整,平整后土地总面积98.96亩,总投资9.57万元。

2016 年

1月，群星域内南生田农田被征用，新建苏州火炬220千伏变电站（降压站）。

4月，群星村1384亩农田土地被改造成玉山镇丰产方，并筑有总长6600米、宽5米的3条柏油路、3条砂石路穿插在农田土地间，方便农田机械耕作。

是月，群星村第十村民小组［下潭娄（娄里）自然村］31户村民整体动迁，动迁村民被安置至礼和苑、美丰苑，该自然村消亡。

5月，群星村第一村民小组（东生田自然村）20户村民整体动迁，群星村第三村民小组（西生田自然村）23户村民整体动迁，动迁村民被安置至礼和苑、美丰苑，2个自然村消亡。

6—8月，群星村对村庄道路环境进行整治，整治面积6108平方米，总投资29.59万元。

9月，群星村把原群南小学校舍改造成老年人过渡房，总投资7.9万元。

2017 年

1月，蒋雪根担任群星村村民委员会主任。

4月，群星村对域内河道进行全面整治，由河道保洁员赵群妹等6人负责河道保洁管理。

是月，西生田河以南至高速公路以北一片田地由昆山市投资改造为白渔潭现代农业示范园。

5月，群星村开展创建"平安家庭"活动，并将制定的社区居民文明公约、卫生公约和村规民约发放到各户村民家中。

6月，祝利平担任群星村党支部书记。

是月，群星村第十二村民小组（北洲自然村）77户村民整体动迁，动迁村民被安置至义和苑、礼和苑、美丰苑，该自然村消亡。

7月，昆山市水务集团在群星村实施雨污分流工程。

8月，群星村开展生产安全、环境卫生、生态文明建设专项整治。

10月，群星村改造原北洲村的公共卫生间及老年活动室，总投资9.79万元。

秋，群星域内新建造1座灌溉站，站内有14英寸的水泵，其余设施配套齐全，站名为"生田站"。

是年，群星域内玉带北路至中华园西路的张家浜河面上建造1座南北向的"大渔娄桥"。

2018年

1月，群星村第十一村民小组（塘郎自然村）71户村民整体动迁，动迁村民被安置至礼和苑、美丰苑，该自然村消亡。

3月，群星村残疾人门球队成立，有队员10名，负责人钱杏林，教练员徐国庆。

是月，群星村被昆山市第三次全国农业普查领导小组评为"第三次全国农业普查先进集体"。

10月，群星村被昆山市精神文明建设委员会评为"2017年度文明村"。

2019年

4月，群星村第六村民小组（黄泾自然村）27户村民、群星村第七村民小组（角上自然村）25户村民、群星村第八村民小组（蒋巷自然村）30户村民、群星村第九村民小组（南浜自然村）30户村民整体动迁，动迁村民安置至礼和苑、美丰苑，4个自然村消亡。

10月，群星村第四村民小组（张家浜自然村）31户村民整体动迁，动迁村民被安置至义和苑、美丰苑，该自然村消亡。

是月，群星村建造群北东站灌溉站，站内有10英寸的水泵，其余设施配备齐全。

是月，群星村建造群北北站灌溉站，站内有20英寸的水泵，其余设施配备齐全。

2020年

2月，群星村成立新型冠状病毒预防和控制领导小组。

是月，群星村成立扫黑除恶专项领导小组。

是月，群星村村民委员会办公房改造，总投资50万元。

10月，群星村开展"学习弘扬伟大抗疫精神　庆祝新中国成立71周年"主题党日活动。

是月，赵佳担任群星村党总支书记。

是月，群星村开展第七次全国人口普查工作，全村总人口数为1 874人。

是月，群星村妇联主席张忠玲被昆山市人民政府评为昆山市首批"最美儿童主任"，并获得2020年昆山市首届社区儿童主任实务技能大赛一等奖。

是月，群星村党员干部开展助农秋收志愿活动。

11月，群星村召开村"两委"换届工作动员会暨党员和村民代表大会，推荐下届村党支部委员会委员和书记、副书记候选人。

是月，群星村入户发放宣传资料，将未动迁农户门前的垃圾桶更换为新分类垃圾桶，全村党员带头签订垃圾分类承诺书。

是月，群星村村民委员会联合昆山高新区综合行政执法局等部门，对白渔潭现代农业示范园区域内的违法建筑房屋进行综合整治，并完成三合土清运工作。

是月，群星村妇联主席张忠玲在苏州市民政局开展的苏州市未成年人救助保护工作中表现优异，被评为"优秀儿童主任"。

12月，群星村被昆山市扫黑除恶专项斗争领导小组办公室评为"'无黑'（村）社区"。

2021年

1月10日，群星村召开党员大会，完成村党总支换届工作。

是月，群星村联合专职网格员对辖区内标准厂房、未动迁村民房屋开展"331""散乱污"等专项行动的巡查整治工作。

是月，群星村开展年终慰问及信访维稳工作。

3月，群星村公布选民榜，是月21日完成换届选举。

9月，群星村开展秋季征兵工作。

是月，群星村擅长制作点心的师傅浦建强被苏州市总工会、共青团苏州市委员会、苏州市妇女联合会评为2021年度苏州市"最美劳动者"。

12月，群星村对剩余未动迁农户开展动迁签约扫尾工作。

第一章　村情村貌

群星村地处江南水乡，在清代以前就已形成自然村落，村民世代以农业为本。清代和民国时期，群星村先后隶属新阳县信义镇（后改称"新阳县朱塘乡"）和昆山县正义乡。在中华人民共和国成立以后的合作化时期，域内先后成立群旱高级社和同心高级社；人民公社时期设群南大队、群北大队和同心大队（1979年改为北洲大队）；1983年乡村体制恢复后，群南大队、群北大队、北洲大队分别改为群南村、群北村和北洲村，属正仪镇。2001年，群南村、群北村和北洲村合并组建群星村，有东生田、南生田、西生田、张家浜、北草芦港、黄泾、蒋巷、角上、南浜、塘郎、下潭娄（娄里）、北洲12个自然村落，共12个村民小组，群星域内面积3.15平方千米，其中耕地4 410.40亩、水面101.70亩，其他212.90亩。2003年，群星村划归昆山高新区（玉山镇）管辖。根据规划建设，至2019年，群星村基本完成整体动迁安置，域内有白渔潭现代农业示范园、昆山阿李稻田生态农业科技发展有限公司和村民集中居住小区。2020年年底，全村人口1 908人。

第一节 建置区划

一、建置沿革

群星村位于昆山高新区（玉山镇）西南部，东邻赵库村、大公村、庙灯村，南至沪宁高速公路，西至大众村，北至娄江，下辖12个自然村。宣统三年（1911），信义镇共辖6区28图294圩，东至九里桥，接新阳县寒区26图界；西至界浦与元和县分界；南至吴淞江与昆山县分界；北至大方潭村，接新阳县收区17图界；东南至南星溇镇，接新阳县闻区15图界；西南至南莘田村与元和县分界；东北至唐泾村寒区4图界；西北至阳澄湖与元和县分界。群星村属新阳县信义镇。

1912年，新阳县并入昆山县，朱塘乡改称正义乡，属昆山县管辖。群星村属昆山县正义乡。

1929年，试行区、乡（镇）村制，正义乡与南星溇乡并乡，称为昆山第八区。昆山第八区设区公所。群星村12个自然村属昆山第八区正义乡管辖。

1934年，昆山第八区改称第七区。按百户以上村庄为乡、百户以上集市为镇的规定，正义始称镇，第七区辖正义、南星溇两镇及绰墩、高墟、白渔潭、式庄4个乡。群星村12个自然村属第七区乡。

1947年，正义镇划归张浦区。同年9月区级建制撤销，群星村12个自然村属张浦区正义镇。

1949年7月，昆山县人民政府成立，建立区、乡（镇）人民政府，设立正仪区，群星村12个自然村属正仪区正仪乡。

1956年3月，正仪区与巴城区合并为环城区。9月，撤区并乡，正仪改制为乡，辖 31 个高级社。群星域内塘郎、下潭娄（娄里）、北洲 3 个自然村属环城区正仪乡同心高级社。东生田、南生田及另外 7 个自然村属环城区正仪乡群星高级社。

1958 年 10 月，正仪人民公社成立，实行政社合一，取消村建制，辖 29 个生产大队。群星域内有群南、群北、同心 3 个生产大队（1979 年，同心大队改为北洲大队）。

1983 年 6 月，乡村建制恢复。正仪乡以生产大队为基础，建立 30 个行政村，辖 319 个生产队。翌年，生产队改为村民小组。群星村属正仪乡，域内有群南村、群北村和北洲村。

1988 年，正仪乡撤乡建镇，下辖 30 个村民委员会（行政村）、1 个镇居民委员会。群星村属正仪镇，域内有群南村、群北村和北洲村。

2001 年，群南村、群北村和北洲村 3 个村合并为群星村，属正仪镇。

2003 年，正仪镇撤销，镇域一分为二，娄江南面并入玉山镇，娄江北面并入巴城镇。群星村属玉山镇，延续至今。

二、行政区划

2001 年，群星村由群南村、群北村、北洲村合并而成，2003 年群星村并入玉山镇，下辖 12 个村民小组（自然村）。群星村位于昆山高新区（玉山镇）西南部，东至赵库村、庙灯村，南至南星渎，西至古城路、大众村，北至娄江。沪宁高速公路在村最南面东西向穿行；京沪铁路、沪宁高铁在村中间东西向穿行；中华园西路东西向贯穿群星域内；村西邻近 312 国道，水、陆两路交通方便。2020 年，群星域内东西最长 1 500 米，南北最长 2 000 米，呈不规则梯形，总面积 3.15 平方千米。村民委员会驻地在黄泾村 48 号。

第二节 村、自然村

群星域内曾建有群南村、群北村、北洲村,下辖12个村民小组,设东生田、南生田、西生田、张家浜、北草芦港、黄泾、蒋巷、角上、南浜、下潭娄(娄里)、塘郎、北洲12个自然村。村委会办公用房建于2008年,共948.6平方米,设有便民服务大厅、村民文体活动室等便民服务设施。村民委员会(以下简称"村委会")地址位于黄泾村48号。

一、群南村

群南村位于正仪镇东南部,东至白渔潭村,南至方向村,西至姚家港村,北至群北村,距正仪镇政府驻地6千米,村域面积1.08平方千米。群南村前身为群南大队。1958年由群星高级社改建为群南大队,下辖7个生产小队。1983年政社分设,群南大队改为群南村村民委员会。2000年,下辖东生田、南生田、西生田、张家浜、北草芦港5个自然村,设7个村民小组,全村户籍178户,人口520人,耕地面积998.32亩,全年村级经济总收入31.98万元,村民人均纯收入13 102元。群南村先后在1996年12月被昆山市人民政府评为"1993—1995年度先进集体";1998年度被中共昆山市委员会、昆山市人民政府评为"昆山市社会治安综合治理先进单位",同年被苏州市社会治安综合治理委员会评为"安全文明村"。

2001年8月,正仪镇行政村撤并调整,群南村、群北村和北洲村合并组建新的建制村,取名群星村。

(一)东生田

东生田自然村地处群星村东南方、东尤泾以西。东起东尤泾,南起南生田河，西至西尤泾，北至南浜自然村，村庄面积 0.02 平方千米。该自然村是群星村第一村民小组村民居住村庄。据说，很早以前这里是一片荒田，是种粮都种不熟的田，当地人把"不熟"称为"生"，与"种不熟田"合起来，取名"生田"。这个自然村处在生田最东面，故叫东生田。该自然村在清朝以前就已形成。村庄东西向长，南北向短。村庄中有 1 条东西向小河，小河南北两岸都住有人家。村庄中间河上有 1 座南北走向水泥桥。1950 年，村庄有 19 户人家，2016 年增至 36 户。2016 年，因加快城镇化建设步伐，村庄整体动迁，至此村庄消亡。

（二）南生田

南生田自然村地处群星村最南端、沪宁高速公路北侧。东起庙灯村东尤泾，南起南星浜村，西至大众村西尤泾，北至西生田自然村，村庄面积 0.01 平方千米。该自然村是群星村第二村民小组村民居住的村庄。由于该自然村处在生田最南面，故叫南生田。该自然村在清朝以前就已经形成。村庄东西向长，南北向短。村庄前有 1 条东西向小河，小河北岸住有人家，村庄东河面上有 1 座南北走向水泥桥。1950 年，全村有 19 户人家，2013 年增至 30 户。2013 年，因加快城镇化建设步伐，村庄整体动迁，至此村庄消亡。

（三）西生田

西生田自然村地处群星村南、沪宁高速公路北侧。东起东生田自然村，南起南生田自然村，西至大众村西尤泾，北至张家浜自然村，村庄面积 0.02 平方千米。该自然村是群星村第三小组村民居住的村庄。由于该自然村处在生田最西面，故叫西生田。该自然村在清朝以前就已经形成。村庄东西向长，南北向短，村庄中有 1 条东西向小河。小河南北两岸都住有人家，村庄中间河上有 1 座南北走向的水泥桥。1950 年，村庄有 19 户人家，2016 年增至 42 户。河北岸村庄东 2 户住宅房北面有 3 亩竹园地，大队夏天一般都在那里开社员大会。村庄西是原群南村村委会，是村民平时开大会聚集的地方。1965 年，村庄中北面建造群南小学。1981 年，群南大队幼儿园开办在群南小学旁边。1983 年，医务室也搬迁至群南小学旁。1993 年 8 月，群南小学撤并至大众完全小学校，群南小学的原场地改成群南村老年活动中心。群南小学操场曾经是放映电影的主要场所。2016 年，因加快城镇化建设步伐，村庄整体动迁，至此村庄消亡。

(四) 张家浜

张家浜自然村地处群星村中华园西路以南。东起黄泾自然村田地，南起西生田自然村，西至大众村西尤泾，北至北草芦港自然村，村庄面积0.02平方千米。该自然村是群星村第四村民小组村民居住的村庄。村庄中有1条东西向、从东河底拐弯到落寞底的小河。河口在西，向东延伸到田地，再拐弯向北至田地。河口小，里面大，只有1个出口，像装在水里的抓鱼推笼（捕鱼竹笼）一样只进不出，人们以河形状取名张家浜（"装"，谐音"张"；"家"，指两岸都住着人家；"浜"，指这条河只有1个出口，当地人称它为浜）。张家浜自然村在清朝以前就已形成。村庄东西向长，南北向短，河两岸住满人家，村庄中心有1座架在桥面上的南北走向的水泥桥。桥向南直通南面村西大队部。60年代，村庄中心北面有1个大礼堂，专门用于开社员大会，80年代大队部搬至西生田自然村。1950年，村庄共有21户人家，到2019年增至38户。2019年，因加快城镇化建设步伐，村庄整体动迁，至此村庄消亡。

(五) 北草芦港

北草芦港自然村地处群星村西南、中华园西路南面。东起张家浜田块，南起张家浜和王字圩2个自然村，西至大众村姚家港河，北与北洲自然村、黄泾自然村田块接壤，村庄面积0.02平方千米。该自然村是群星村第五村民小组村民居住村庄。村庄中有1条小河。小河南通西尤泾，北至田地。后来，外地人搬迁安家至此，就根据当时小河边芦苇多的环境就给小河取名"草芦港"。后来由于氏族之间矛盾无法调和，势力弱的一方搬迁到草芦港河西的南端（中间隔王字圩）与西尤泾北端对接西尤泾西岸居住；势力强的一方仍在草芦港河畔居住，在草芦港南面的自然村由此得名"南草芦港"，在草芦港北面的自然村由此得名"北草芦港"。该自然村在清朝以前就已形成。村庄南北向长，东西向短。村庄中有1条南北向小河。小河东西两岸都住上人家。村庄中间河面上有1座东西走向的水泥桥。河西、村庄北面有1座灌溉站。北草芦港是原群南大队村民到正仪镇的必经之路。1950年，村庄有19户人家，2012年增至32户。2012年，因加快城镇化建设步伐，村庄整体动迁，至此村庄消亡。

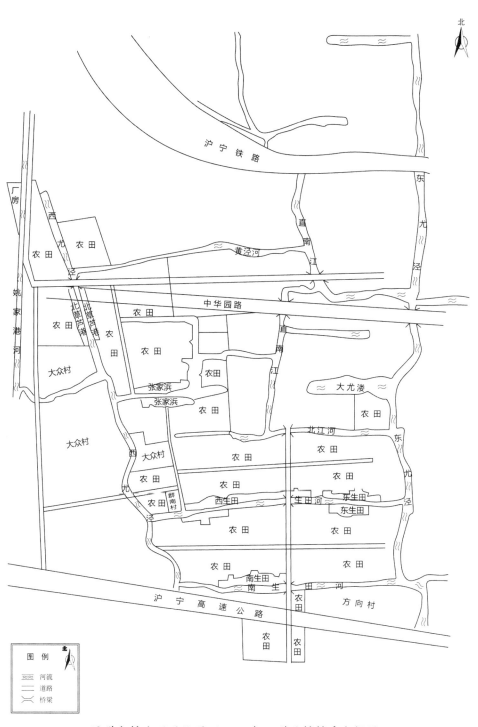

原群南村地形原状图（2019年，群星村村委会提供）

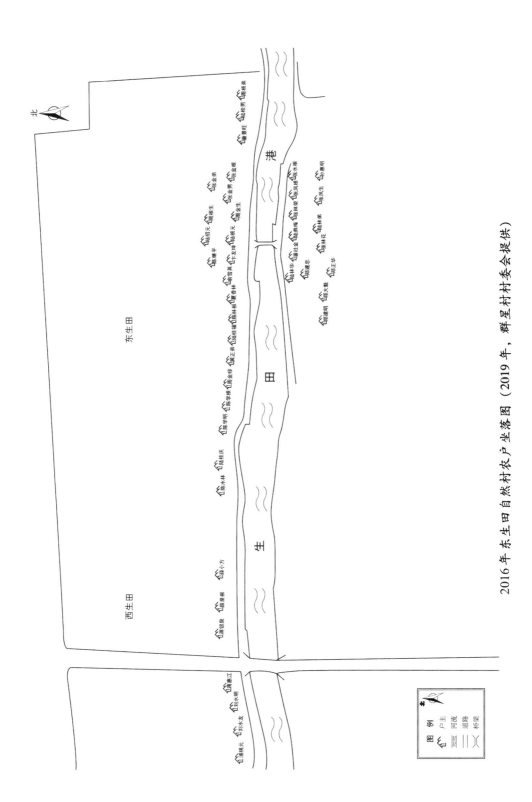

2016年东生田自然村农户坐落图（2019年，群星村村委会提供）

第一章 村情村貌

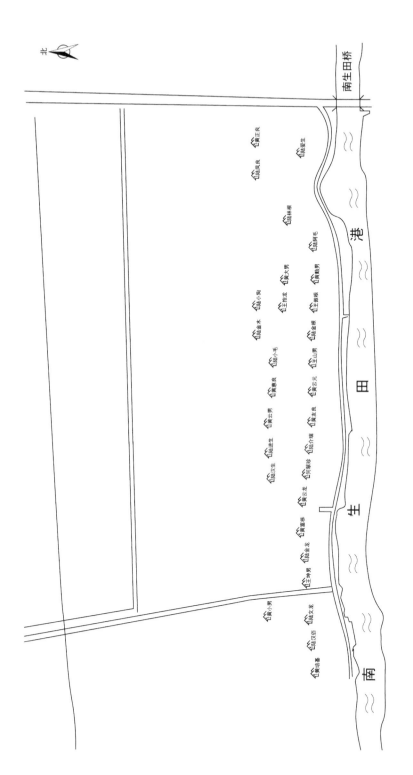

2013年南生田自然村农户坐落图（2019年，群星村村委会提供）

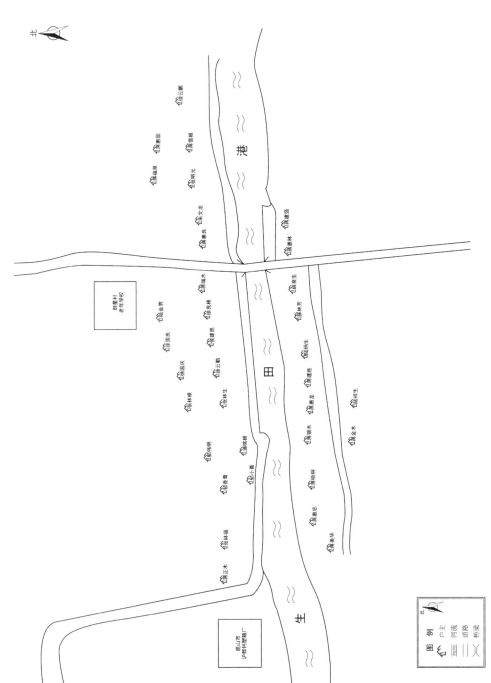

2016年西生田自然村农户坐落图（2019年，群星村村委会提供）

第一章 村情村貌

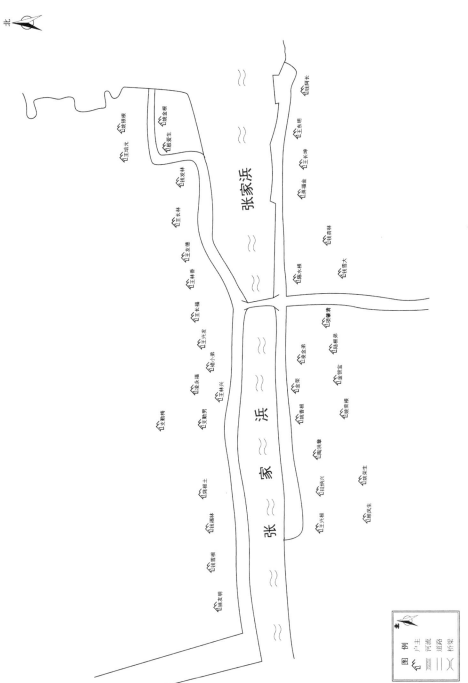

2019年张家浜自然村农户坐落图（2019年，群星村村委会提供）

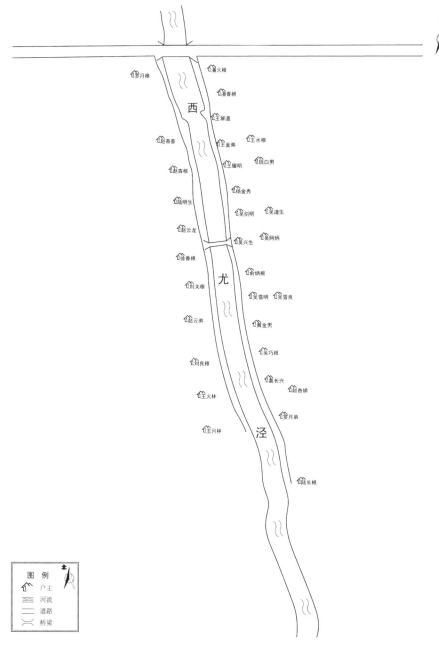

2012年北草芦港自然村农户坐落图（2019年，群星村村委会提供）

二、群北村

群北村位于正仪镇东南部，东至大公村，南至群南村，西至大众村，北至北洲村，距正仪镇政府驻地5千米。村域面积0.97平方千米。群北村前身为群北生产大队。1958年，群星高级社改建为群北生产大队，下辖8个生产小队。1983年政社分设，群北生产大队改为群北村村委会。2000年下辖黄泾、角上、蒋巷、南浜4个自然村，设8个村民小组，全村有160户人家，共518人，耕地面积681.44亩。村域内有新北乡火车站。全年村级经济总收入53 442元，村民人均纯收入12 201元。

2001年8月，正仪镇行政村撤并调整，群南村、群北村和北洲村合并组建新的建制村，取名"群星村"。

（一）黄泾

黄泾自然村地处群星村西侧，中华园西路北面。东起南浜、蒋巷、角上3个自然村，南起张家浜自然村，西至北草芦港田块及姚家港河，北至沪宁铁路，村庄面积0.02平方千米。该自然村是群星村第六村民小组村民居住的村庄。有条河东头转弯连接直南江河，西头接西尤泾河浜底。它横在2条南北向河北端中央，河南北两岸住着人家。"横"在当地土语中与"黄"的发音一致，故人们给该河取名为"黄泾河"，给该自然村取名为"黄泾自然村"。黄泾自然村在清朝以前就已形成。村庄东西向长，南北向短。村庄中有1条东西向小河。小河村东河道拐弯向南通直南江河，东延接蒋巷河，西接西尤泾。河岸两边各有1座石墩，上面用木板把2个桥墩连接起来建成1座桥。1950年，村庄有18户人家，2019年增至42户。2019年，因加快城镇化建设步伐，村庄整体动迁，至此村庄消亡。

（二）角上

角上自然村地处群星村北面，沪宁铁路南面。东起东尤泾、赵库村，南起南浜自然村，西至蒋巷自然村，北至下潭娄（娄里）自然村，村庄面积0.01平方千米。该自然村是群星村第七村民小组村民居住的村庄。1860年以前，角上自然村所处地理位置在平陆镇东南角上，较为偏僻。当有人到该自然村问路时，旁人就会指点：在平陆镇东角上，该村庄由此得名"角上"。该自然村在清朝以前就已形成。村庄东西向长，南北向短。村庄后有1条专河（小河），专河北面是沪宁铁路。河南岸住着二进房子的人家。1950年，村庄有18户人家，2019年增至32户。2019年，因加快城镇化建设步伐，村庄整体动迁，至此村庄消亡。

(三) 蒋巷

蒋巷自然村地处群星村北面，京沪铁路以南。东起东尤泾、赵厍村，南起南浜自然村，西至黄泾自然村，北至北洲、下潭娄（娄里）自然村，村庄面积0.01平方千米。该自然村是群星村第八村民小组村民居住的村庄，因村民住在蒋巷河北岸，故得名"蒋巷"。该自然村在清朝以前就已形成。村庄东西向长，南北向短。村庄前有1条蒋巷浜，在1990年往东开通，连接东尤泾，成蒋巷河。河面上建造2座水泥桥，与南浜自然村连接，蒋巷自然村坐落在河北岸。1950年，村庄有24户人家，2019年增至42户。2019年，因加快城镇化建设步伐，村庄整体动迁，至此村庄消亡。

(四) 南浜

南浜自然村地处群星村以北，京沪铁路以南。东起东尤泾赵厍村，南起东生田自然村，西至黄泾自然村，北至角上、蒋巷自然村，村庄面积0.02平方千米。该自然村是群星村第九村民小组村民居住的村庄，因村民居住在南浜河北岸，故得名"南浜"。该自然村在清朝以前就已形成。村庄东西向长，南北向短。村庄前后各有1个浜。1950年，村庄有22户人家，2019年增至44户。2019年，因加快城镇化建设步伐，村庄整体动迁，至此村庄消亡。

第一章 村情村貌

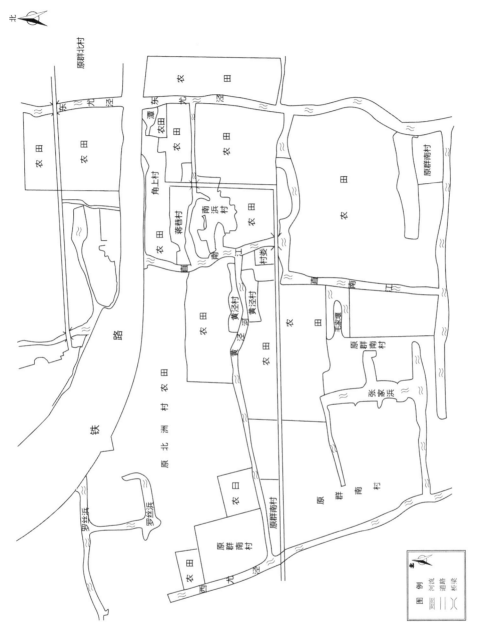

原群北村地形原状图（2019年，群星村村委会提供）

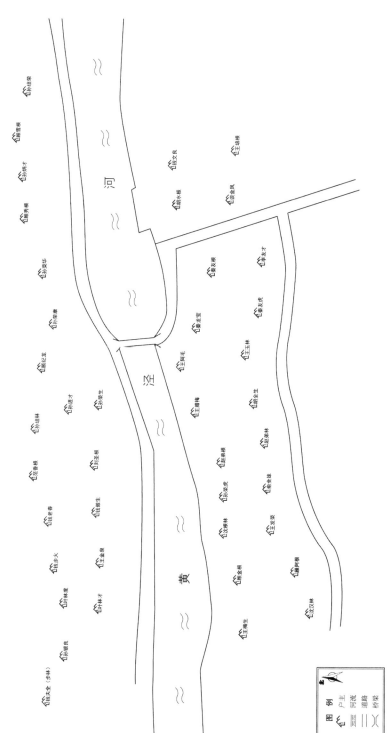

2019年黄泾自然村农户坐落图（2019年，群星村村委会提供）

第一章 村情村貌

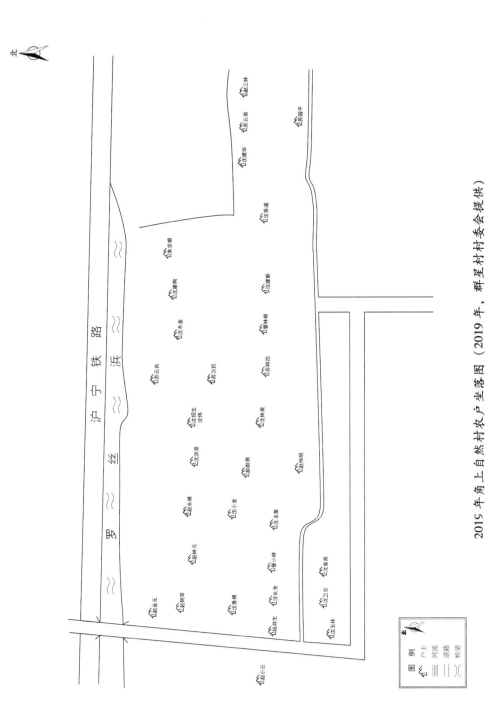

2019年角上自然村农户坐落图（2019年，群星村村委会提供）

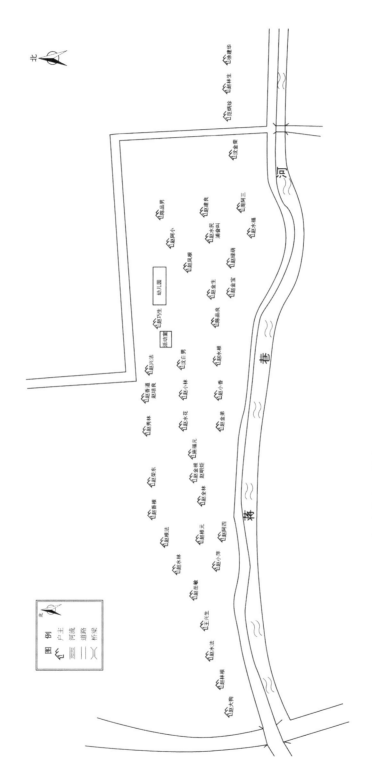

2019年蒋巷自然村农户坐落图（2019年，群星村村委会提供）

第一章 村情村貌

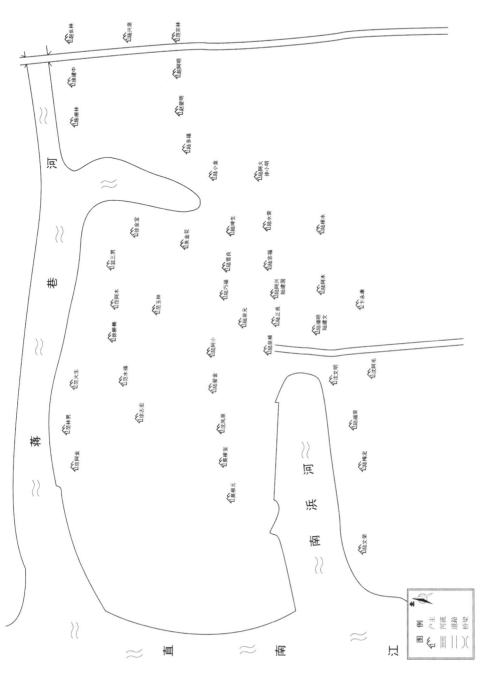

2019年南浜自然村农户坐落图（2019年，群星村村委会提供）

三、北洲村

北洲村位于正仪镇东南部，东起赵厍村西泾郎，南起群北村，西至大众村，北至娄江，距正仪镇政府驻地4千米。村域面积1.10平方千米。北洲村前身为北洲生产大队。1958年由同心高级社改建为同心生产大队，下辖9个生产小队，耕地面积1 524.90亩。1979年，昆山县开展地名普查，为避县境内行政村同名，同心生产大队改为北洲生产大队。1983年，政社分设，北洲生产大队改为北洲村村委会。2000年，村下辖下潭娄（娄里）、塘郎、北洲3个自然村，设9个村民小组，全村户籍206户，人口677人，耕地面积1 524.90亩。村域西北角有2座铁路大桥（称"大洋桥"）。全年村级经济总收入18.56万元，村民人均纯收入15 012元。

2001年8月，正仪镇行政村撤并调整，群南村、群北村和北洲村3个村合并组建新的建制村，取名群星村。

（一）下潭娄（娄里）

下潭娄（娄里）自然村地处群星村东北面，娄江以南、东尤泾以西。东起尤泾港赵厍村，南起沪宁铁路，西至塘郎自然村，北至娄江，村庄面积0.04平方千米。该自然村是群星村第十村民小组村民居住的村庄。下潭娄，俗称"娄里"。该村庄距平乐镇东300米，因平乐镇形状似龙形，下潭娄（河溇）则像龙的饮水潭，潭在当地也俗称"溇"，群众习惯性把"下潭溇"叫成"溇里"，再由"溇"同"娄"谐音，自然村又在娄江南岸，故改成"娄里"。该村庄在清朝以前就已形成。村庄东西向长，南北向短。村庄东面有1座南北走向的桥，河两岸都住有人家。1950年，村庄有14户人家，2016年增至33户。2016年，因部分土地征用，村庄整体动迁，至此自然村消亡。

（二）塘郎

塘郎自然村地处群星村西北面，娄江以南。东起下潭娄（娄里）自然村，南起北洲自然村，西至姚家港大众村，北至娄江，村庄面积0.04平方千米。该自然村是群星村第十一村民小组村民居住的村庄。1860年以前，塘郎自然村、北洲自然村均称"平乐镇"，又名"无形村镇"。因太平天国军进攻昆山途经平乐镇，实行"三光"政策，火烧三天三夜，繁华的村镇成为废墟。数十年后，渐有人陆续入住，荒地被入住壮汉翻地耕种又发展起来。该村庄靠近娄江，当地老百姓把娄江叫"塘河"，把"塘河"和"郎"合起来叫"塘郎"，村名由此得来。该自然村在清朝以前就已形成。村庄南北向长，东西向短。村庄中有1条南北向的河。河东西两岸都住有人家。村庄河面上卧着2座石桥和1座水泥桥。1950年，村庄有48户人家，2018年增至86户。2018年，因部分土地征用，村庄整体动迁，至此自然村消亡。

（三）北洲

北洲自然村地处群星村以北，沪宁铁路北侧。东起角上自然村田地，南起蒋巷、角上自然村，西至姚家港大众村，北至塘郎自然村、下潭娄（娄里）自然村，村庄面积0.03平方千米。该自然村是群星村第十二村民小组村民居住的村庄。因太平天国军途经此地后实行"三光"政策成为废墟。1905年后，昆山县实行村度制，北洲村周围6个半村庄为一度。当时该村庄人口、田地最多，在6个村庄最北面，又三面环水，故取名"北洲"。该自然村在清朝以前就已形成。村庄东西向长，南北向短。村庄中有1条东西向的河。河南北两岸居住着人家。村庄中河面上有1座桥。1950年，村庄有52户人家，2017年增至87户。2017年，因部分土地征用，村庄整体动迁，至此自然村消亡。

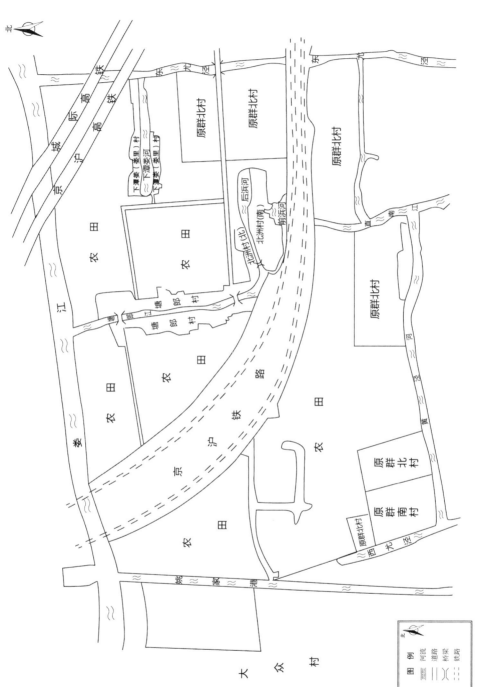

原北洲村地形原状图（2019年，群星村村委会提供）

第一章 村情村貌

2016年下潭娄（娄里）自然村农户坐落图（2019年，群星村村委会提供）

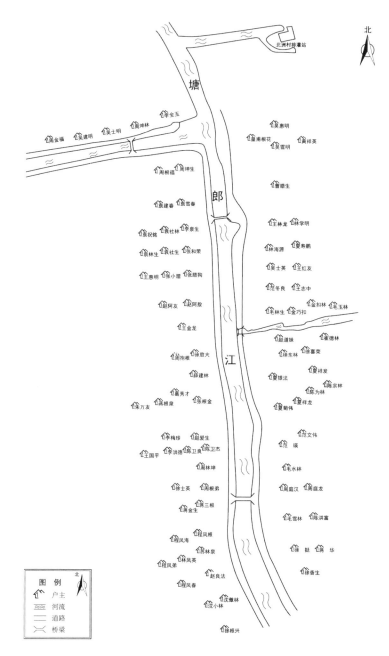

2018年塘郎自然村农户坐落图（2019年，群星村村委会提供）

第一章　村情村貌

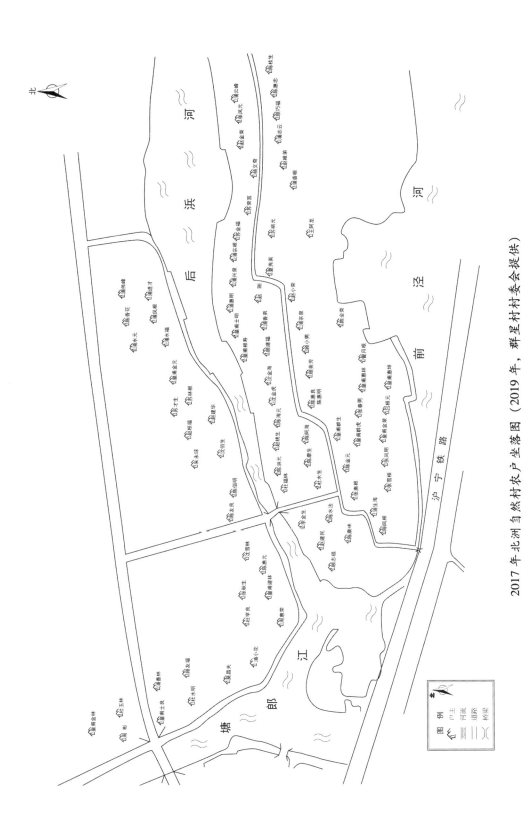

2017年北洲自然村农户坐落图（2019年，群星村村委会提供）

053

第三节 自然环境

一、土壤地貌

(一) 土壤

1982年,昆山县第二次全国土壤普查资料表明,群星村土壤组合以黄泥土为主,耕地适宜种植水稻、二麦、油菜及部分杂粮和经济作物。

是年,群南村普查土壤面积1 436.3亩,其中黄泥土1 324.3亩,约占总面积的92.20%;乌栅土112亩,约占总面积的7.80%。群北村普查土壤面积1 293亩,其中黄泥土1 293亩,占总面积的100%。北洲村普查土壤面积1 420.1亩,其中黄泥土1 023.9亩,约占总面积的72.10%;小粉心黄泥土138亩,约占总面积的9.72%;乌栅土258.2亩,约占总面积的18.18%。

(二) 地貌

群星村是典型的江南水乡,域内河流众多。东有尤泾港,南有吴淞江,西有姚家港,北有娄江。河流浜溇、小桥、村落、路道纵横交错。

群星村地形似不规则的梯形,东西之间距离约1.5千米,南北之间距离约2千米,地势平坦,自然坡度小。群星域内总面积3.15平方千米,属太湖流域。

二、四季气候

群星村位于长江流域,地处北回归线以北,属北亚热带海洋性气候。气候温和湿润,四季分明,光照充足,雨量充沛,无霜期长,雨热同期。历年平均气温为16.1℃,历年平均降水量1 133.30毫米,历年平均降水日数124天。历年平均日照时数1 974.80小时,历年平均日照百分率45%。历年平均相对湿度79%。历年平均初霜日为 11 月 13 日，终霜日为 3 月 26 日。历年平均风速 3.10 米/秒，冬季盛行东北风或西北风，夏季盛行东南风，一年中最多风向为东南风。但冬夏季节风进退有早有迟，强度变化不一，降水和气温年际差异较大，旱涝、风雪灾害时有发生。

春季 日平均气温稳定在 10 ℃以上时，为春季开始。历年春季从 3 月 21 日开始至 6 月 20 日，为期 92 天。1997—1998 年春季时节的起始日期是 3 月 20 日至 21 日。极端最高气温在 16~18 ℃，极端最低气温在 3~5 ℃，一直到清明时节气温才明显上升转暖。到 5 月下旬，最高气温为 31 ℃，最低气温也在 20 ℃左右，称"暖春"，俗称"暖三春"。但初春期间偶有不见还暖，反而寒冷，气温下降到零度，称"倒春寒"，俗称"拗春冷"。1980 年 4 月 24 日，尚见飘雪。1998 年 3 月 21 日，最低气温为 0 ℃。进入 21 世纪后，气温增高幅度加剧，年平均气温比 20 世纪 90 年代高出 1 ℃。

夏季 日平均气温稳定在 22 ℃以上时，便进入夏季。历年夏季从 6 月 21 日开始至 9 月 22 日结束，为期 94 天。1997—1998 年，夏至时节为 6 月 21 日。极端最高气温在 28~30 ℃，极端最低气温在 18~19 ℃。7 月下旬至 8 月上旬盛夏，最热旬平均气温 28 ℃，旬极端最高气温在 35~38 ℃。1998 年小暑时节以后，旬极端最高气温在 35~37 ℃；进入大暑时节后，极端最高气温和极端最低气温比小暑时节相对降 2 ℃。

秋季 日平均气温稳定在 22 ℃以下时入秋。历年秋季从 9 月 23 日开始至 11 月 6 日，历时 45 天，为四季中最短季节。常年入秋以后，气温开始逐渐下降。1998 年入秋以后，气温明显高于常年，10 月平均气温比历史同期正常值高出 2.2 ℃，创历史最高纪录；11 月上旬气温仍比历史同期高出 2 ℃，日平均气温也始终在 10 ℃以上。

冬季 冬季是四季中持续时间最长的季节。历年 11 月 7 日入冬，入冬后气温稳定在 10 ℃以下，至翌年 3 月 20 日，历时 134 天。冬季常受北方冷空气影响，气温陡降，最冷时段为 1 月下旬至 2 月上旬，平均气温 2~3 ℃。

三、自然灾害

(一) 水灾

中华人民共和国成立以后，较大水灾共出现过 12 次，分别在 1949 年、1950

年、1951年、1952年、1954年、1957年、1962年、1975年、1980年、1983年、1991年、1999年。其中1949年7月中旬至8月初，群星域内遭受2次暴雨袭击，江水倒灌，水位超过警戒线，水稻受涝被淹严重，有些稻田甚至颗粒无收。

（二）旱灾

1953年、1978年持续高温干旱，群星域内旱情严重，水稻生长受影响。

（三）风灾

中华人民共和国成立以后，群星域内受台风影响多次。1956年8月1日至3日，连续3天受强台风袭击。1960年8月，受7号台风影响，域内连降暴雨，近半数农作物遭受损害。1961年10月初，26号台风过域，阵风达10级，水稻倒伏，损失严重。1982年5月14日，域内既遭龙卷风袭击，又遭冰雹侵害，损失严重。1985年6月台风过域，并伴有大暴雨，损失较大。

（四）其他灾害

1955年秋旱，水稻遭稻纵卷叶螟、稻苞虫、稻飞虱严重侵害。1958年，春雨连绵，小麦赤霉病大面积发生。5月底，群星域内又遭受冰雹袭击。1961年，三化螟侵害大面积发生，大部分水稻出现白穗。

第四节　自然资源

一、土地资源

群星村地处长江三角洲平原，土地平整、肥沃，群星域内水网交错，适合稻麦一年两熟种植。地形呈不规则的梯形，东西相隔1.5千米，南北距离2千米，总面积3.15平方千米，其中水域面积有101.7亩。整个村域地势平坦，自然坡度很小，各耕地的田圩之间田块高低仅差几厘米，田块地形被交叉的自然河流分割成不同形状的田圩。中华人民共和国成立以前，可耕种土地私有化，归个人所有。50年代土地改革后，贫苦农民分得土地。从互助组、初级社到高级社，再到人民公社，私有土地归集体所有。1958年人民公社成立，群星域内分别成立群南大队、群北大队、同心大队，各大队分别划分成若干个生产队。每个生产队由相邻数家农户组成，以该队农户土地为基础，根据生产队人口、劳力情况划分该生产队耕地，每个生产队人口、劳力、耕地面积有差异（该情形一直持续至1983年）。70年代，各生产队开展农田整治工作，大搞格子化农田建设，平荒坟、填水潭，大批农田变得略有规格化。各生产队耕地面积分别增加几亩或十几亩不等。其间，1976年，昆山县水利局组织拓宽娄江，开挖同心大队耕地30亩。至1983年，群南大队共有耕地1 605.80亩，群北大队共有耕地1 448.60亩，北洲大队共有耕地1 667.50亩。

群星域内历来属纯农耕地区，村民世代于此耕种生活。群星域内土地主要可分为两大块，即耕地和住宅地，另外还有大小、长短、形状各异的许多河、溇、潭。群星域内总面积有3.15平方千米，耕地总面积4 410.40亩，其中旱地261.10亩，水稻田4 149.30亩。住宅面积144.80亩，水域面积101.70亩，道路面积68.10亩。从2012年开始，因筑中华园西路，群星域内北草芦港土地被征用，自然村整体动迁；2013年，因高压电线途经南生田村，整个村庄整体动迁。2016年、2017年、2018年，3年内因高铁、地铁维修站的设立，下潭娄（娄里）、塘郎、北洲3个自然村动迁。从2016—2019年年底，其余村庄也逐步完成动迁。群星域内的土地分别建成现代农业丰产方和示范园。

二、水资源

群星域内河道有20多条（包括浜溇），主要河道有"四竖八横"。"四竖"指南通吴淞江、北接娄江的东尤泾，南通青龙港、北接黄泾河的草芦港河，南通吴淞江、北接娄江的姚家港河，南通北洲河、北接娄江的塘郎河。"八横"指分别横在村前或村后的南生田河、西生田河、张家浜河、黄泾河、蒋巷河、北洲河、角上河、南浜河。纵横交错的河流形成丰富的水资源。80年代，域内村民自挖浅井近350口，成为村民饮用水主要水源。90年代后期，域内逐步普及使用自来水。至2012年，群星域内水域面积570.40亩，地下水资源丰富。

三、动物资源

鱼类：白条鱼、鳜鱼、鳊鱼、鲇（鲶鱼）、鲫鱼、鲤鱼、草鱼、鲢鱼、青鱼等。

两栖类：青蛙、蟾蜍等。

爬行类：蛇、蜥蜴、乌龟、甲鱼、壁虎等。

鸟类：鸡、鸭、鹅、麻雀、燕子、乌鸦、啄木鸟、猫头鹰、鸽子、白头翁、布谷鸟（大杜鹃）、喜鹊、画眉鸟等。

哺乳类：牛、羊、猪、狗、老鼠、兔、猫、黄鼠狼等。

扁形类：血吸虫等。

线形类：蛔虫等。

环节类：蚯蚓、蚂蟥等。

软体类：田螺、河蚌、螺蛳等。

节肢类：虾、蟹、蝴蝶、蝗虫、蜈蚣等。

四、植物资源

草本植物：车前、马兰、狗尾巴草、蒲公英、酱头、水花生、水浮莲（凤眼莲）、浮萍、绿萍（满江红）等。

木本植物：棕竹、香樟、杨树、柳树、柏树、银杏、柿子、水杉、柑橘、梨、枫树、梧桐、桑、榆树、冬青、枸杞树、玉兰等。

菌类植物：黑木耳、蘑菇、金针菇、香菇等。

苔藓植物：葫芦藓、黑藓等。

蔬菜植物：叶菜类有韭菜、菠菜、荠菜、青菜、芹菜、卷心菜（包菜）、苦菊（栽培菊苣）、大蒜、茼蒿、菜苋（菜心）、木耳菜、空心菜（蕹菜）、苋、大葱、生菜、小白菜（鸡毛菜）、芹菜、香菜、西蓝花、雪里蕻、白菜、油麦菜、"苏州青"、"上海青"、花椰菜、香葱、马齿苋等；根茎类有莴笋、春笋、胡萝卜、芦笋、洋葱、茭白、番薯、芋、藕、蒜苗、马铃薯（土豆）、冬笋、慈姑、洋生姜（菊芋）、荸荠等；鲜豆类有豇豆、蚕豆、大豆（毛豆）、扁豆、四季豆（菜豆）等；瓜果类有黄瓜、丝瓜、苦瓜、冬瓜、南瓜、甜瓜（菜瓜）、西葫芦、鸡头米（芡实）、菱角等；茄果类有辣椒、茄、西红柿（番茄）、玉米（玉蜀黍）、枸杞等。

 ## 第五节　人口发展

中华人民共和国成立初期，群星域内与全国各地一样，长期受早婚早育、多子多福传统观念影响，人口生育呈无节制状态。由于受生活条件、医疗条件限制，人均寿命不足40岁。1964年人口普查，总人口1 589人，其中男性799人、女性790人。20世纪80年代，计划生育被列为基本国策，提倡一对夫妇只生一个孩子，有效控制了人口增长。2010年，群星村总人口1 911人，其中男性953人、女性958人。其间，人均寿命延长。至2020年，人均寿命超过75岁，接近中华人民共和国成立初期的2倍。

群星村十分重视控制人口数量，提高人口质量，2008年3月被玉山镇人口与生育工作领导小组评为"2006—2007年度'新昆山人'计划生育管理与服务先进集体"，2011年被玉山镇人民政府评为"2008—2010年度人口计生工作单项先进集体（优质服务单位）"。

一、人口总量

中华人民共和国成立初期，群星域内村与村之间耕地和劳动力很不平衡，有田多劳少，也有田少劳多。人口生育处于无序状态，人口生产力不高。三年困难时期，群星域内人口数量增幅急剧下降。随着生产关系调整，生产力和生活水平迅速提高，村民生活逐步改善，人口生育率不断提升，人口增长速度加快。60年代后期，域内出现生育高峰。70年代中后期，国家开始实行计划生育，控制人口快速增长。群星域内严格执行计划生育政策，全村人口一直处于

平稳增长状态。

中华人民共和国成立以后,至2020年,群星域内累计开展7次人口普查。

1953年第一次人口普查:群南大队总人口474人,其中男性251人、女性223人;群北大队总人口434人,其中男性221人、女性213人;同心大队总人口621人,其中男性303人、女性318人。

1964年第二次人口普查:群南大队总人口494人,其中男性255人、女性239人;群北大队总人口454人,其中男性231人、女性223人;同心大队总人口641人,其中男性313人、女性328人。

1982年第三次人口普查:群南大队总人口708人,其中男性358人、女性350人;群北大队总人口641人,其中男性321人、女性320人;北洲大队总人口808人,其中男性433人、女性375人。

1990年第四次人口普查:群南村总人口688人,其中男性343人、女性345人;群北村总人口628人,其中男性312人、女性316人;北洲村总人口830人,其中男性418人、女性412人。

1999年第五次人口普查:群南村总人口678人,其中男性340人、女性338人;群北村总人口608人,其中男性302人、女性306人;北洲村总人口820人,其中男性413人、女性407人。

2010年第六次人口普查:群星村总人口1 911人,其中男性953人、女性958人。

2020年第七次人口普查(7月):群星村总人口1 874人,其中男性921人、女性953人。

2005—2020年群星村人口构成情况统计表如表1-1所示。其中,2020年群星村人口构成情况统计于2020年年底。

表1-1 2005—2020年群星村人口构成情况统计表

年份	总人数/人	男性		女性	
		人数/人	占比/%	人数/人	占比/%
2005	1 784	881	49.38	903	50.62
2006	1 847	915	49.54	932	50.46

续表

年份	总人数/人	男性		女性	
		人数/人	占比/%	人数/人	占比/%
2007	1 857	918	49.43	939	50.57
2008	1 870	925	49.47	945	50.53
2009	1 871	920	49.17	951	50.83
2010	1 911	953	49.87	958	50.13
2011	1 895	933	49.23	962	50.77
2012	1 909	948	49.66	961	50.34
2013	1 930	958	49.64	972	50.36
2014	1 961	974	49.67	987	50.33
2015	1 959	973	49.67	986	50.33
2016	1 963	975	49.67	988	50.33
2017	1 938	962	49.64	976	50.36
2018	1 924	955	49.64	969	50.36
2019	1 896	940	49.58	956	50.42
2020	1 908	941	49.32	967	50.68

二、人口结构

群星域内村民世代生活在当地，基本属汉族，仅有1人是土家族。中华人民共和国成立初期至20世纪70—80年代，村民固守本土，就连婚嫁也尽量选择同村人。从1968年开始，连续几年有正仪、苏州和上海等市镇知识青年到农村插队落户。群星域内有109名知识青年插队落户。人口结构有了变化。80年代末，随着改革开放步伐不断加快，外地务工人员开始到群星村落户，群星域内人口结构发生很大变化。

随着生活水平提高、劳动强度减弱及医疗事业发展，村民生活质量越来越高，人均寿命逐渐延长。2005年，全村60周岁以上人口有373人，占总人口的20.91%；80周岁及以上老人42人，占总人口的2.35%。2020年，80周岁及以上老人增加到103人，比2005年上升了145%，平均寿命大幅度延长。

（一）姓氏

中华人民共和国成立初期，群星域内人口流动量极小，除婚嫁流动之外基本没有变化。各自然村姓氏少则几个，多则十几个。1950年，东生田自然村有11个姓，南生田自然村有3个姓，西生田自然村有11个姓，张家浜自然村有12个姓，北草芦港自然村有11个姓，黄泾自然村有11个姓，蒋巷自然村有3个姓，南浜自然村有5个姓，角上自然村有5个姓，北洲自然村有15个姓，塘郎自然村有22个姓，下潭娄（娄里）自然村有9个姓。20世纪80年代，随着外地务工人员大量流入，群星域内姓氏略有增加。至2020年，群星域内有姓氏62个。分别为：陆、张、郑、陈、周、浦、杨、卞、胥、夏、孙、黄、王、蒋、徐、薛、刘、郁、赵、侯、朱、姚、金、凌、支、钱、顾、胡、项、褚、殷、吴、罗、潘、葛、芮、俞、魏、秦、谈、沈、叶、范、皇甫、管、苏、施、莫、包、蔡、卢、芦、林、姜、袁、李、曹、毛、崔、程、吕、杜。

东生田自然村村民姓氏户数选年表如表1-2所示。

表1-2 东生田自然村村民姓氏户数选年表

1950年			2020年		
姓氏	户数/户	占比/%	姓氏	户数/户	占比/%
陆	3	15.79	陆	9	24.32
张	3	15.79	张	8	21.62
郑	3	15.79	郑	5	13.51
陈	2	10.53	陈	5	13.51
周	2	10.53	周	4	10.81
浦	1	5.26	浦	1	2.70
杨	1	5.26	卞	1	2.70
卞	1	5.26	胥	1	2.70
胥	1	5.26	夏	1	2.70
夏	1	5.26	孙	1	2.70
孙	1	5.26	黄	1	2.70
合计	19	—	合计	37	—

南生田自然村村民姓氏户数选年表如表1-3所示。

表1-3 南生田自然村村民姓氏户数选年表

1950年			2020年		
姓氏	户数/户	占比/%	姓氏	户数/户	占比/%
陆	9	47.37	陆	14	50.00
黄	7	36.84	黄	11	39.29
王	3	15.79	王	3	10.71
合计	19	—	合计	28	—

西生田自然村村民姓氏户数选年表如表1-4所示。

表1-4 西生田自然村村民姓氏户数选年表

1950年			2020年		
姓氏	户数/户	占比/%	姓氏	户数/户	占比/%
蒋	6	31.58	蒋	17	40.48
徐	2	10.53	徐	5	11.90
薛	2	10.53	薛	4	9.52
刘	1	5.26	刘	3	7.14
张	1	5.26	张	2	4.76
郁	2	10.53	郁	3	7.14
赵	1	5.26	赵	1	2.38
侯	1	5.26	侯	1	2.38
浦	1	5.26	浦	2	4.76
陆	1	5.26	陆	3	7.14
朱	1	5.26	朱	1	2.38
合计	19	—	合计	42	—

张家浜自然村村民姓氏户数选年表如表1-5所示。

表 1-5　张家浜自然村村民姓氏户数选年表

1950 年			2020 年		
姓氏	户数/户	占比/%	姓氏	户数/户	占比/%
王	4	19.05	王	10	26.32
姚	3	14.29	姚	7	18.42
金	1	4.76	金	2	5.26
凌	2	9.52	凌	2	5.26
支	1	4.76	支	2	5.26
钱	4	19.05	钱	7	18.42
顾	1	4.76	顾	2	5.26
蒋	1	4.76	蒋	1	2.63
胡	1	4.76	胡	1	2.63
项	1	4.76	项	1	2.63
褚	1	4.76	褚	1	2.63
殷	1	4.76	殷	1	2.63
—	—	—	陆	1	2.63
合计	21	—	合计	38	—

北草芦港自然村村民姓氏户数选年表如表 1-6 所示。

表 1-6　北草芦港自然村村民姓氏户数选年表

1950 年			2020 年		
姓氏	户数/户	占比/%	姓氏	户数/户	占比/%
王	6	31.58	王	7	21.88
吴	3	15.79	吴	7	21.88
赵	1	5.26	赵	4	12.50
刘	2	10.53	刘	3	9.38
罗	1	5.26	罗	3	9.38

续表

1950 年			2020 年		
姓氏	户数/户	占比/%	姓氏	户数/户	占比/%
潘	1	5.26	潘	2	6.25
葛	1	5.26	葛	1	3.13
陆	1	5.26	陆	1	3.13
芮	1	5.26	黄	1	3.13
俞	1	5.26	俞	1	3.13
凌	1	5.26	凌	1	3.13
—	—	—	魏	1	3.13
合计	19	—	合计	32	—

黄泾自然村村民姓氏户数选年表如表1-7所示。

表1-7 黄泾自然村村民姓氏户数选年表

1950 年			2020 年		
姓氏	户数/户	占比/%	姓氏	户数/户	占比/%
赵	1	5.56	赵	2	5.13
王	4	22.22	王	7	17.95
顾	3	16.67	顾	4	10.26
秦	1	5.56	秦	3	7.69
胡	1	5.56	胡	2	5.13
谈	1	5.56	谈	1	2.56
沈	1	5.56	沈	2	5.13
叶	1	5.56	叶	2	5.13
钱	2	11.11	钱	4	10.26
范	1	5.56	范	2	5.13
孙	2	11.11	孙	9	23.08
—	—	—	皇	1	2.56
合计	18	—	合计	39	—

角上自然村村民姓氏户数选年表如表1-8所示。

表1-8 角上自然村村民姓氏户数选年表

1950年			2020年		
姓氏	户数/户	占比/%	姓氏	户数/户	占比/%
赵	4	22.22	赵	7	22.58
沈	10	55.56	沈	16	51.61
管	1	5.56	管	2	6.45
苏	2	11.11	苏	5	16.13
朱	1	5.56	朱	1	3.23
合计	18	—	合计	31	—

蒋巷自然村村民姓氏户数选年表如表1-9所示。

表1-9 蒋巷自然村村民姓氏户数选年表

1950年			2020年		
姓氏	户数/户	占比/%	姓氏	户数/户	占比/%
赵	22	91.67	赵	33	86.84
陈	1	4.17	陈	2	5.26
施	1	4.17	施	1	2.63
—	—	—	周	1	2.63
—	—	—	沈	1	2.63
合计	24	—	合计	38	—

南浜自然村村民姓氏户数选年表如表1-10所示。

表1-10 南浜自然村村民姓氏户数选年表

1950年			2020年		
姓氏	户数/户	占比/%	姓氏	户数/户	占比/%
陆	11	50.00	陆	21	52.50
沈	1	4.55	沈	2	5.00

续表

1950 年			2020 年		
姓氏	户数/户	占比/%	姓氏	户数/户	占比/%
范	4	18.18	范	7	17.50
徐	4	18.18	徐	7	17.50
莫	2	9.09	莫	3	7.50
合计	22	—	合计	40	—

下潭娄（娄里）自然村村民姓氏户数选年表如表 1-11 所示。

表 1-11　下潭娄（娄里）自然村村民姓氏户数选年表

1950 年			2020 年		
姓氏	户数/户	占比/%	姓氏	户数/户	占比/%
包	1	7.14	包	2	7.14
徐	4	28.57	徐	8	28.57
范	2	14.29	范	3	10.71
蔡	1	7.14	蔡	2	7.14
蒋	1	7.14	蒋	2	7.14
张	1	7.14	张	2	7.14
杨	1	7.14	杨	4	14.29
卢	2	14.29	卢	2	10.71
王	1	7.14	王	2	7.14
—	—	—	芦	1	3.57
合计	14	—	合计	28	—

塘郎自然村村民姓氏户数选年表如表 1-12 所示。

表 1-12　塘郎自然村村民姓氏户数选年表

1950 年			2020 年		
姓氏	户数/户	占比/%	姓氏	户数/户	占比/%
王	5	10.42	王	6	7.50
林	2	4.17	林	2	2.50
蒋	2	4.17	蒋	4	5.00
徐	6	12.50	徐	5	6.25
周	5	10.42	周	8	10.00
陈	2	4.17	陈	6	7.50
姜	1	2.08	姜	1	1.25
朱	1	2.08	朱	1	1.25
张	3	6.25	张	3	3.75
薛	1	2.08	薛	1	1.25
赵	1	2.08	赵	4	5.00
袁	2	4.17	袁	6	7.50
李	1	2.08	李	3	3.75
吴	1	2.08	吴	5	6.25
曹	1	2.08	曹	1	1.25
夏	4	8.33	夏	5	6.25
范	2	4.17	范	3	3.75
毛	2	4.17	毛	4	5.00
金	1	2.08	金	2	2.50
崔	1	2.08	崔	1	1.25
沈	3	6.25	沈	2	2.50
程	1	2.08	程	6	7.50
—	—	—	葛	1	1.25
合计	48	—	合计	80	—

北洲自然村村民姓氏户数选年表如表 1-13 所示。

表 1-13　北洲自然村村民姓氏户数选年表

1950 年			2020 年		
姓氏	户数/户	占比/%	姓氏	户数/户	占比/%
陈	12	23.08	陈	16	19.75
张	4	7.69	张	5	6.17
皇甫	10	19.23	皇甫	12	14.81
浦	7	13.46	浦	15	18.52
沈	3	5.77	沈	3	3.70
管	1	1.92	管	1	1.23
杨	1	1.92	杨	1	1.23
吕	1	1.92	吕	1	1.23
苏	3	5.77	苏	5	6.17
杜	2	3.85	杜	5	6.17
赵	3	5.77	赵	8	9.88
朱	1	1.92	朱	1	1.23
莫	1	1.92	莫	1	1.23
顾	2	3.85	顾	6	7.41
姜	1	1.92	姜	1	1.23
合计	52	—	合计	81	—

(二) 80 周岁及以上老人

中华人民共和国成立初期，群星域内村民的平均寿命较短。20 世纪 60—70 年代，80 周岁及以上老人极少。从 80 年代开始，村民寿命开始延长。至 2020 年年底，80 周岁及以上老人有 103 名，其中男性 42 名、女性 61 名；90 周岁及以上老人有 16 名，其中男性 5 名、女性 11 名。

2020 年群星村 80 周岁及以上老人统计表如表 1-14 所示。

表1-14　2020年群星村80周岁及以上老人统计表

姓名	出生年月	性别	组别	姓名	出生年月	性别	组别
徐小宝	1922年2月	女	10	浦招大	1932年12月	女	12
沈阿招	1924年5月	女	7	陆典梅	1932年12月	男	1
陆阿凤	1925年4月	女	9	陈阿招	1933年1月	女	12
黄秀英	1927年8月	女	3	王花宝	1933年5月	女	1
赵阿早	1928年6月	男	7	杨福妹	1933年5月	女	2
张火生	1928年8月	男	1	徐阿巧	1933年5月	女	9
杜水英	1928年8月	女	12	陈凤根	1933年6月	男	12
孙陈妹	1928年10月	女	6	阚云花	1933年8月	女	6
浦宗根	1929年8月	男	12	孙子才	1933年9月	男	6
秦大宝	1929年10月	女	6	王云娣	1933年11月	女	9
俞爱妹	1929年12月	女	2	王凤妹	1933年12月	女	1
赵招英	1930年2月	女	8	邵招娣	1933年12月	女	3
范水林	1930年6月	男	6	蒋根泉	1934年2月	男	11
陈宗宝	1930年7月	女	2	顾妹宝	1934年2月	女	12
钱夫全	1930年7月	男	6	皇甫群生	1934年2月	男	12
徐小金	1930年12月	女	11	周金根	1934年3月	男	11
赵杏金	1931年2月	女	7	张惠泉	1934年4月	男	1
管梅梅	1931年7月	男	7	钱阿长	1934年5月	男	4
赵野男	1931年7月	男	8	吕云宝	1934年6月	女	8
范阿招	1931年8月	女	6	陆进生	1934年6月	男	2
陆连元	1931年9月	男	2	姚招泉	1934年9月	男	4
杜云宝	1932年1月	女	9	徐水金	1934年9月	男	9
陈布生	1932年2月	男	1	范伯妹	1934年10月	女	2
郑妹媛	1932年3月	女	1	陆招英	1934年10月	女	12
刘兰娣	1932年8月	女	11	杨爱英	1934年12月	女	7
胥春兴	1932年11月	男	1	孙凤秀	1934年12月	女	11

续表

姓名	出生年月	性别	组别	姓名	出生年月	性别	组别
赵四宝	1935年3月	女	7	张腊狗	1938年11月	男	11
陈荣珍	1935年4月	女	10	张三宝	1938年11月	女	1
赵根秀	1935年7月	女	11	杜明华	1938年12月	男	12
徐小妹	1935年10月	女	11	皇甫群虎	1938年12月	男	12
赵凤根	1935年11月	男	8	盛爱妹	1938年12月	女	11
苏汉民	1935年11月	男	7	腾洪兰	1939年2月	女	11
吴梅香	1935年12月	女	5	刘林珍	1939年2月	女	6
陈阿发	1935年12月	男	11	唐秀金	1939年2月	女	1
袁阿连	1936年3月	男	11	吉素珍	1939年3月	女	10
张云妹	1936年4月	女	12	肖阿三	1939年3月	女	12
陆根云	1936年11月	女	9	陆介瑞	1939年4月	男	2
丁洪宝	1937年1月	女	4	夏小兰	1939年6月	女	11
姚金妹	1937年1月	女	4	赵阿四	1939年7月	男	8
钱雪大	1937年6月	女	4	朱宗根	1939年10月	男	7
顾桂英	1937年10月	女	4	范瑛	1939年11月	男	11
管宗妹	1937年10月	女	12	孙进才	1939年12月	男	6
浦宗泉	1937年12月	男	12	陈桂生	1940年1月	男	12
赵阿花	1938年2月	女	3	赵根水	1940年3月	男	12
徐招花	1938年2月	女	5	毛香宝	1940年5月	女	9
周根弟	1938年2月	男	11	陆根妹	1940年8月	女	9
陆爱生	1938年3月	男	2	蒋梧刚	1940年10月	男	3
陆琴囡	1938年4月	女	9	顾凤生	1940年10月	男	4
范火生	1938年6月	男	9	赵花宝	1940年11月	女	8
李梅珍	1938年6月	女	11	赵云花	1940年12月	女	7
查白妹	1938年9月	女	7	张凤秀	1940年12月	女	10
赵小云	1938年10月	男	7	—	—	—	—

三、计划生育

1962年年底,中共中央发出《关于认真提倡计划生育的指示》,提出在城市和人口稠密的农村提倡节制生育。1963年,群星域内加大了对计划生育的宣传,根据上级的要求,成立了计划生育领导小组。每个大队主要领导干部和妇女主任任计划生育领导小组成员,专门负责计划生育工作。1971年,域内推广口服避孕药,推广晚婚晚育和计划生育。1973年12月,具体规定男25周岁、女23周岁以上结婚为晚婚,妇女24周岁以上生育为晚育。自1974年1月20日起,全面实施避孕药具免费供应。1979年10月,开始推行"一对夫妇只生育一个孩子",并发放独生子女光荣证(有地区称"独生子女证",2002年9月1日后称"独生子女父母光荣证")。

自1979年11月起,域内认真执行政府规定的计划生育奖励制度。给同意终身只生一个孩子,并落实节育措施的夫妇,发放独生子女光荣证,每年发放独生子女保健费30元,年限从获证当年起至小孩满14周岁。按照计划生育政策规定,育龄妇女享受56天产假,施行节育手术的育龄妇女也获得适当休息日;男女双方均为晚婚者,各延长1周婚假;晚育者延长15天产假;难产者产假延长10天,为66天。之后,群星域内执行《江苏省计划生育条例实施细则》规定,优待和奖励符合晚婚年龄、依法登记结婚的初婚夫妻,给其增加7天婚假。符合晚育年龄的夫妇,女方延长15~30天产假,男方享受护理假3~7天。2005—2006年,全村进行调查摸底,确定农村计划生育家庭奖励的3种对象,并按每人每月50元标准奖励。规定:凡是群星域内城乡居民,已获得独生子女父母光荣证,且未参加城镇养老保险,年满60周岁,子女在1963年1月后出生;年满50周岁,只生一个孩子且孩子在未婚或已婚未育前死亡,未再生育和收养的;未参加城镇养老保险,年满60周岁,已婚未育且未收养子女的本镇城乡居民。其间,2002年群星村对育龄妇女实施上环、

独生子女光荣证
(2020年,陈龙摄)

用药、结扎等节育措施。同时，村"两委"重视优生优育知识宣传工作。自计划生育工作开展以来，新婚夫妇在办理结婚登记手续时，先接受婚育知识培训；育龄妇女怀孕后，办理生育保健卡，并定期到医院妇产科做检查，确保孕妇和胎儿健康。

自 2002 年起，群星村执行"国家允许两个独生子结婚后可以申请生育二孩，农村男性居民到有女无儿家庭结婚落户（做女婿）也可以申请生育二孩"的计划生育政策。从 2016 年 1 月 1 日开始，群星域内执行全面放开二孩生育政策。至此，独生子女政策正式宣告结束。

四、人口管理

（一）户籍人口管理

中华人民共和国成立初期，群星域内基本没有人口管理措施。从 1958 年开始，以农业合作社为单位，给每家每户发放户口本。一个家庭所有人员集中于一本户口本，每个人员的姓名、性别、民族、出生日期及家庭住址等，均由合作社（大队）负责登记管理。从 1987 年开始，年满 16 周岁的村民需办理身份证，由当地派出所负责拍照、办理、核实。除和户口本相同的信息之外，身份证上还有 18 位数字的个人身份证号。1984 年后，初生婴儿也有身份证号，由村委会、派出所对村民进行联管。从 1996 年开始，域内启动出生证登记办理，由医院记录婴儿出生日期、性别等，村民凭出生证到当地派出所办理户口登记。死亡人员户口注销，先由村委会开具证明，然后由区镇卫生服务中心（江浦社区）核实，最后家属到昆山市吴淞江派出所注销户口。进入 21 世纪，随着大批村民户动迁安置到各个社区，群星域内村民信息由村委会、社区和派出所三方共管，除基本信息之外，还有工作单位、联系电话、职称职务等记录。

（二）外来人口管理

改革开放以来，特别是进入 21 世纪，大量企业进驻群星域内及邻边。来自外省、市各地的大批务工人员进厂务工，他们大部分租住在企业周边村内的各农户家中。为了切实做好外来租住人员的管理工作，促进经济社会平安稳定发展，村"两委"与昆山市吴淞江派出所及租住人员所在工作单位实行联动机制，协调共管。具体管理方法：登记租住人员原户籍信息、通信号码、交通工具、配偶及子女、学历等；登记居住地址和租房合同；办理临时居住证明；督促承租人在居室内配备手电筒、防烟面具（罩）、报警器、3千克干粉灭火器和逃生软梯等逃生物品；登记租住人员工作单位和用工合同。村委会指定专人配合派出所专管警员实行定时或不定时查访，确保对全村租住人员的长效管理。多年来，群星域内无重大事故发生。

 ## 第六节　村级组织

　　1949年5月，昆山解放，随后群星域内彻底废除保甲制度。1950年，群星域内成立农协，选举产生农协主席。是年，群星域内各村在土地改革工作队指导下进行土地改革工作。当时，农协是中华人民共和国成立以后，农村第一个基层组织，其成立以后，各村同时成立民主妇女联合会（以下简称"妇联"）和新民主主义青年团（以下简称"共青团"）。属新东乡的同心（后改称"北洲"）村域和属新北乡的群南、群北村域，在1956年都建立起党支部。1964年下半年，各大队成立贫下中农协会，至1983年年底撤销。其间，1967—1969年各大队成立生产大队革命委员会（以下简称"革委会"），替代党支部职能，但不久就恢复党支部领导。随着时代变迁，农村党支部和各级基层组织得到不断壮大、完善。1983年，群南村、群北村和北洲村都建立村委会。群南村在1997年7月被中共昆山市委员会评为"昆山市先进基层党组织"。群星村在2013年2月被中共昆山市委高新技术产业开发区工作委员会评为"学习型党组织"；2013年12月被苏州市司法局评为"苏州市规范化村（社区）人民调解委员会"。2018年，群星村建有中国共产党群星村党总支委员会、群星村村务监督委员会、群星村村委会和群星村经济合作社4套班子。

一、村党组织

1956年，群星村成立群星高级社（原群南、群北大队），陆阿小任群星高级社第一任党支部书记，另外有孙佰锦、赵阿早、吴阿小、陆阿早任党支部委员。同心村成立同心高级社，吴阿兴任同心高级社第一任党支部书记，另有姜洪福、吴大奎任党支部委员。党支部书记负责全面工作，各党支部委员负责条线工作。自建立党支部以后，土地改革工作和互助组中涌现出很多积极分子，他们被吸收到党组织中。群南村孙佰锦是域内最早入党的。

1958年，人民公社成立以后，群南、群北、同心3个大队党支部不断壮大，党员人数大量增加，每个党支部又分成若干个党小组，党的中心工作以狠抓农业生产增产增收为目标。

1967—1969年，各大队成立革委会，革委会主任替代党支部书记，党的基层组织受到排斥。1980年，基层党组织恢复。

2001年，群南村、群北村和北洲村合并。当时，群南村有党员19名，群北村有党员20名，北洲村有党员23名，合并后成立中共群星村党总支部委员会，赵香根任党总支书记。

自1956年至2001年行政村调整撤并，其间，群南村有11人担任书记（其中陆阿小与群北村的陆阿小是同一人，因为当时2个村同属群星高级社），群北村有8人担任书记，北洲村有10人担任书记。2001年，三村合并为群星村后有4人担任书记。至2020年年底，群星村党支部累计已故党员37名，现有党员77名，其中男性党员有59名，女性党员有18名。

1956—2000年群南村（群南大队）历届党支部人员情况统计表如表1-15所示。

表1-15　1956—2000年群南村（群南大队）历届党支部人员情况统计表

任职年份	书记	委员名单
1956—1958	陆阿小	孙佰锦、赵阿早、吴阿小、陆阿早
1959—1961	徐雪元	陆小娘
1962—1964	陆小娘	孙佰锦、王什锦

续表

任职年份	书记	委员名单
1965—1972	王什锦	张金花、黄友根
1973—1979	陈林根	张金花、张林跟
1980—1982	王林兴	陆佰根、周金珍
1983—1986	周金珍	陆佰根、陆金珍
1987—1991	陆佰根	浦桃元、徐国良、陆金珍
1992—1993	方志敏	浦桃元、陆金珍
1994—1998	浦桃元	郑建明、郁香青、陆金珍
1999—2000	郑建明	陆金珍、蒋雪根

1956—2000年群北村（群北大队）历届党支部人员情况统计表如表1-16所示。

表1-16　1956—2000年群北村（群北大队）历届党支部人员情况统计表

任职年份	书记	委员名单
1956—1958	陆阿小	孙佰锦、赵阿早、吴阿小、陆阿早
1959—1961	陆阿小	赵阿早
1962—1975	赵阿早	陆阿早、赵小男
1976—1989	陆阿木	王健、叶林度、孙桂珍
1990—1991	陆火林	叶林度、孙桂珍
1992—1994	陆泉元	孙桂珍、叶林度、陆福荣、赵香根
1995—1999	翁三男	赵香根、陆福荣
2000	翁三男	陆福荣

1956—2000年北洲村（同心大队/北洲大队）历届党支部人员情况统计表如表1-17所示。

表 1-17　1956—2000 年北洲村（同心大队/北洲大队）历届党支部人员情况统计表

任职年份	书记	委员名单
1956—1958	吴阿兴	吴大奎、姜洪福
1959—1961	蒋余山	姜洪福、朱士奎
1962—1963	范光云	姜洪福、朱士奎
1964—1973	蒋余山	范光云、姜洪福
1974—1982	陈凤根	顾小男、浦佰福
1983—1990	顾小男	李洪德、陈凤根
1991—1992	浦佰福	皇甫惠林、皇甫金元
1993—1994	范明才	浦佰福、皇甫惠林、蒋金生
1995—1999	蒋金荣	皇甫惠林、蒋金生
2000	赵香根	皇甫惠林、苏金福

2001—2020 年群星村历届书记、村委会成员情况统计表如表 1-18 所示。

表 1-18　2001—2020 年群星村历届书记、村委会成员情况统计表

姓名	职务	任职年份	姓名	职务	任职年份
赵香根	书记	2001—2013	陆金珍	妇女主任	2001—2012
陆金龙	书记	2014—2016	阮剑兰	妇女主任	2013—2020
祝利平	书记	2017—2019	毛菊香	团书记	2001—2007
赵佳	书记	2020	阮剑兰	团书记	2008—2014
陆金龙	主任	2001—2013	赵佳	团书记	2013—2019
陆金龙	主任	2014—2016	张忠玲	团书记	2020
蒋雪根	主任	2017—2020	蒋雪根	民兵营长	2001—2015
蒋雪根	会计	2001—2016	赵佳	民兵营长	2016—2017
阮剑兰	会计	2017—2020	陈龙	民兵营长	2018—2020
陆福荣	经济合作社社长	2001—2013	蒋雪根	治保主任	2001—2015
陆金龙	经济合作社社长	2014—2016	赵佳	治保主任	2016—2017
赵佳	经济合作社社长	2017—2019	陈龙	治保主任	2018—2020

2020年群星村党总支全体党员统计表如表1-19所示。

表1-19 2020年群星村党总支全体党员统计表

姓名	性别	出生年月	入党年月	姓名	性别	出生年月	入党年月
赵阿早	男	1928年6月	1954年7月	张金根	男	1954年2月	1983年11月
陈凤根	男	1933年6月	1956年3月	赵水法	男	1954年7月	1994年9月
钱雪大	女	1937年6月	1963年9月	范玲凤	女	1954年8月	1977年2月
周根弟	男	1938年2月	1959年10月	陆福荣	男	1954年11月	1993年9月
赵小云	男	1938年10月	1966年3月	孙桂珍	女	1955年2月	1976年4月
王健	男	1942年2月	1964年2月	叶林度	男	1955年6月	1984年1月
陈林根	男	1943年5月	1967年7月	程凤祥	男	1956年1月	1979年10月
陆汉佰	男	1944年7月	1981年9月	徐国良	男	1956年7月	1990年9月
陈火金	男	1944年10月	1966年3月	姚金根	男	1956年8月	1991年10月
史月芳	女	1945年3月	1965年7月	张林福	男	1957年1月	1979年11月
顾小男	男	1945年7月	1966年3月	苏金福	男	1957年2月	1998年7月
卢意昌	男	1946年1月	1983年10月	郑建明	男	1957年3月	1994年7月
陆阿木	男	1946年10月	1975年12月	蒋金荣	男	1957年12月	1993年9月
王林兴	男	1947年11月	1965年2月	毛玉林	男	1958年11月	1979年9月
蒋金生	男	1948年9月	1970年7月	苏根香	女	1960年6月	1998年7月
赵金元	男	1950年7月	1992年1月	刘水明	男	1961年6月	1997年9月
张雪根	男	1950年10月	1988年7月	袁有宝	男	1962年5月	1986年7月
周金珍	男	1950年11月	1970年3月	陈学明	男	1963年1月	1998年6月
李洪德	男	1950年11月	1982年3月	金巧扣	男	1963年4月	1990年10月
葛长兴	男	1950年11月	1977年4月	陆金珍	女	1963年7月	1984年9月
赵荣东	男	1951年2月	1977年4月	张春男	男	1965年2月	1986年9月
沈白男	男	1952年7月	1969年8月	侯建明	男	1966年11月	1988年3月
沈汉林	男	1952年10月	1992年4月	蒋雪根	男	1969年5月	1994年9月
陆金木	男	1953年9月	1974年12月	张安辉	女	1970年7月	1992年8月
浦佰福	男	1954年1月	1979年3月	陈建伟	男	1972年4月	1992年5月

续表

姓名	性别	出生年月	入党年月	姓名	性别	出生年月	入党年月
沈卫忠	男	1972年7月	1991年3月	皇甫丽娟	女	1985年11月	2006年5月
袁祝铭	男	1974年1月	1996年9月	俞春晓	女	1986年1月	2007年12月
徐雪珍	女	1974年7月	2013年6月	薛文晴	女	1988年7月	2017年6月
陆文清	男	1975年6月	2012年6月	陈龙	男	1988年7月	2009年12月
张春华	男	1976年4月	1997年11月	赵佳	男	1988年8月	2008年9月
匡冠华	男	1977年1月	2001年6月	沈志鹏	男	1988年12月	2014年6月
阮剑兰	女	1980年2月	2010年7月	蒋晓倩	女	1989年2月	2011年2月
苏春良	男	1982年4月	2004年6月	管赟	女	1989年3月	2013年7月
黄建	男	1982年6月	2004年9月	徐军	男	1990年2月	2011年10月
杜英芳	女	1982年8月	2004年5月	徐烈兵	男	1990年6月	2012年9月
毛国伟	男	1982年11月	2004年11月	莫天顺	男	1992年12月	2014年6月
顾永良	男	1982年11月	2004年4月	沈岚	女	1993年11月	2016年12月
池祥祥	男	1984年5月	2003年10月	顾迦怡	女	1998年7月	2019年11月
李绕红	女	1985年1月	2010年9月	—	—	—	—

注：根据村委会提供的资料。

二、村政组织

1958年，群南、群北、同心3个大队都设立管理委员会，负责管理大队事务，设正副大队长、治保主任、会计等管理大队事务。陆小娘任群南大队大队长，陆阿早任群北大队大队长，姜洪福任同心大队大队长。各大队另外增设1名血防大队长和1名副业主任。群南大队王子微任血防大队长，张林根任副业主任。群北大队赵小男任血防大队长，王健任副业队长。同心大队姜洪福任血防大队长，陈火金任副业主任。从1962年开始，各大队下设生产小队，选举产生正副小队长、妇女队长和小队会计等管理生产小队事务。

1967—1968年年初，群北、群南、同心3个大队行政管理工作处于半瘫痪状态。1967—1969年，各大队建立革委会，革委会由5~7人组成，设正、副主任和委员3~5人，行使大队行政管理职能。群南大队首任革委会主任为王什锦，群北大队首任革委会主任为赵阿早，同心大队首任革委会主任为蒋余山。

1983年，生产大队更名为"村委会"，村委会由5~7人组成，设正、副主任，行使行政村管理职能。村委会组成人员由村民代表大会选举产生。各生产小队更名为村民小组，设组长1人。各村还另建经济合作社，设社长、副社长。群南村第一届村委会主任为徐国良，群北村第一届村委会主任为王健，北洲村第一届村委会主任为李洪德。村委会成员每届任期3年，可以连选连任。至2020年，群星村（原群南、群南、北洲三村）进行第十二届村委会换届选举。

21世纪后，村委会工作更加全面规范，分设治安管理、计划生育、民政管理、便民服务、人社综合服务等职能，具体处理群星域内公共安全、生育保健、福利申请、劳动保障、社保医保、退休养老等众多方面的事务。

1956—2001年群南村（群南大队）行政组织领导人任职情况表如表1-20所示。

表1-20 1956—2001年群南村（群南大队）行政组织领导人任职情况表

主任（大队长）		社长		会计	
姓名	任职年份	姓名	任职年份	姓名	任职年份
陆小娘	1957—1961	—	—	宋 强	1960—1964
王什锦	1962—1964	—	—		
宋 强	1965	—	—	褚小弟	1965—1969
黄友根	1966—1969	—	—	陆爱生	1970—1972
陈林根	1970—1973	—	—	张林跟	1973
黄友根	1974—1979			陆介生	1974—1987
—	—				
周金珍	1980—1983				
徐国良	1984—1987	徐国良	1984—1987		
徐国良	1988—1992	—	1988—1991	浦桃元	1887—1991
—	—	郑建明	1991—1994	郁香青	1991—1992
浦桃元	1993—1994			蒋雪根	1993—2001
浦桃元	1995—1998	郑建明	1995—1999		
—	—	陆金龙	1999—2001		

1962—2001年群北村（群北大队）行政组织领导人任职情况表如表1-21所示。

表1-21　1962—2001年群北村（群北大队）行政组织领导人任职情况表

主任（大队长）		社长		会计	
姓名	任职年份	姓名	任职年份	姓名	任职年份
陆阿早	1962	—	—	朱惠明	1962
沈小金	1963—1964			陆阿林	1963—1969
赵小男	1965—1969				
赵根梅	1970			徐金宝	1970—1975
王　健	1971—1989	—	—	陆阿林	1976—1981
				史月芳	1982
				叶林度	1983—1989
陆火林	1990—1992	王　健	1990—1991	叶林度	1990—1991
		陆福荣	1992	叶林度	1992
赵水法	1993—1995	陆福荣	1993—1995	赵香根	1993—1995
翁三男	1996—2001	陆福荣	1996—2001	赵香根	1996—1999
				沈汉林	2000—2001

1953—2001年北洲村（同心大队/北洲大队）行政组织领导人任职情况表如表1-22所示。

表1-22　1953—2001年北洲村（同心大队/北洲大队）行政组织领导人任职情况表

主任（大队长）		社长		会计	
姓名	任职年份	姓名	任职年份	姓名	任职年份
姜洪福	1953—1960	—	—	王福言	1953—1960
赵福弟	1961—1962	—	—	王福言	1961—1962
毛巧根	1963—1967	—	—	王福言	1963—1967
范光云	1968—1971	—	—	朱士奎	1968—1971
顾小男	1972—1983	—	—	卢意昌	1972—1983

续表

主任（大队长）		社长		会计	
姓名	任职年份	姓名	任职年份	姓名	任职年份
李洪德	1984—1986	—	—	卢意昌	1984—1986
李洪德	1987—1989	—	1984—1991	皇甫金元	1987—1991
蒋金生	1990—1991	浦佰福			
皇甫惠林	1992—1997	蒋金生	1992—1993	皇甫金元	1992—1995
		蒋金荣	1994—1997	皇甫惠林（兼）	1996—1997
蒋金荣	1998—1999	苏金福	1998—1999	皇甫惠林	2000—2001
赵香根	2000—2001	赵香根	2000—2001		

1955—1983年群南村（群南大队）生产队队长统计表如表1-23所示。

表1-23 1955—1983年群南村（群南大队）生产队队长统计表

队别	队长	任职年份	队别	队长	任职年份
1	郑孟迁	1957—1960	2	陆汉佰	1980—1983
	陆巧水	1961—1962	3	蒋杏林	1957—1958
	张火生	1963—1965		蒋祥林	1959—1960
	陆巧水	1966—1969		薛国龙	1961—1963
	夏香林	1970—1972		徐雪元	1964—1969
	周金生	1973—1974		郁金林	1970—1974
	周金珍	1975—1976		蒋云木	1975—1977
	周金生	1977		蒋巧福	1978—1983
	郑大魁	1978—1979	4	支大香	1957—1965
	陆典梅	1980—1983		王阿炳	1966—1975
2	王法男	1955—1962		王兴生	1976—1979
	王宗根	1963—1965		蒋荣金	1980—1981
	陆介生	1966—1973		项小龙	1982—1983
	陆林根	1974—1979	5	王阿狗	1957—1965

续表

队别	队长	任职年份	队别	队长	任职年份
5	潘阿二	1966—1968	6	张金根	1979—1981
	王阿狗	1969—1976		智小二	1982—1983
	葛长兴	1977—1983	7	徐云鹏	1979—1983

1957—1983年群北村（群北大队）生产队队长统计表如表1-24所示。

表1-24 1957—1983年群北村（群北大队）生产队队长统计表

队别	队长	任职年份	队别	队长	任职年份
1	钱夫泉	1957—1975	3	施福元	1980—1983
	孙荣康	1976—1977	4	陆福生	1957—1962
	钱敖生	1978—1979		陆阿早	1963
	王阿毛	1980		范火生	1964—1965
	沈汉林	1981—1983		莫招泉	1966—1969
2	沈小金	1957—1959		莫招福	1970—1973
	沈大金	1960—1965		陆阿火	1974—1975
	赵小云	1966—1969		范火生	1976
	赵水云	1970—1971		范阿金	1977—1981
	管梅梅	1972		范全林	1982—1983
	赵水云	1973—1974	5	陆福生	1957—1963
	沈发泉	1975—1979		陆福来	1964—1969
	沈春泉	1980—1983		沈文明	1970—1974
3	赵元根	1957—1965		曹阿藕	1975
	赵根梅	1966—1967		沈文明	1976—1977
	沈阿全	1968—1975		陆福荣	1978—1979
	赵大狗	1976—1977		陆阿兴	1980—1981
	赵全林	1978—1979		陆梅梅	1982—1983

1955—1984年北洲村（同心大队/北洲大队）生产队队长统计表如表1-25所示。

表 1-25 1955—1984 年北洲村（同心大队/北洲大队）生产队队长统计表

队别	队长	任职年份	队别	队长	任职年份
1	林弟弟	1961—1962	4	沈五子	1960
1	周根弟	1963—1964	4	毛巧根	1961—1962
1	姜彩成	1965—1969	4	薛阿荣	1963—1964
1	夏有英	1970—1971	4	毛巧根	1965—1975
1	陈大桂	1972—1973	4	沈五子	1976—1977
1	王友昌	1974	4	徐雪根	1978
1	陈大桂	1975	4	金扣林	1979—1983
1	王友昌	1976—1977	5	徐怀荣	1957—1962
1	周根弟	1978	5	范根林	1963—1973
1	李洪德	1979—1982	5	王雪泉	1974
1	蒋三根	1983	5	徐云宝	1975—1979
2	王加宝	1955—1966	5	徐怀龙	1980—1981
2	林万成	1967	5	徐义福	1982—1983
2	李三郎	1968—1977	6	陈云根	1961—1962
2	袁社生	1978—1983	6	陈凤根	1963—1964
3	张梅梅	1962	6	陈小宗根	1965—1974
3	袁琴栢	1963	6	陈云根	1975—1976
3	吴大奎	1964—1970	6	张雪根	1977—1979
3	曹腊生	1971—1975	6	陈洪元	1980—1982
3	周坤生	1976	6	浦凤根	1983
3	王汉成	1977	7	赵福弟	1957—1960
3	吴阿坤	1978—1980	7	皇招福	1960—1965
3	范冬良	1981—1982	7	赵福弟	1966—1968
3	吴士英	1983	7	苏荣官	1969—1976
4	沈五子	1957—1958	7	浦宗泉	1977—1984
4	毛巧根	1959	8	赵阿金	1957—1968

续表

队别	队长	任职年份	队别	队长	任职年份
8	皇甫佰根	1969—1973	9	姜洪福	1964—1966
	陈康生	1974—1983		顾小男	1967—1975
9	顾福泉	1957—1959		浦佰福	1976—1983
	陈巧福	1960—1963		—	—

三、群团组织

群星域内 1950 年成立农协，1956 年成立妇联和民兵组织，1957 年成立共青团，1964 年成立贫下中农协会（以下简称"贫协"），1988 年成立残疾人联合会（以下简称"残联"），1993 年成立老年协会，2004 年成立关心下一代工作委员会（以下简称"关工委"）。群团组织在不同历史阶段配合党支部工作，完成历史使命。

（一）农协和贫协

1950 年，群星域内 3 个村都建立农协，设农协主任 1 名和委员若干。农协的主要工作是带领村民进行土地改革，发动群众缴公粮，给贫困农民发放救济物资，解决民事纠纷。在建立互助组、农业合作社运动中，农协是中坚力量。张玉英为原群星合作社（群南村、群北村）第一任农协主任；徐雪元（赵厍人）为原同心合作社第一任农协主任。1953 年，农协完成历史使命。1964 年，群星域内 3 个村先后成立贫协，设贫协主席 1 名和委员若干，主要配合村党支部做好村民管理工作，维护村民知情权、参与权、管理权、监督权，还参与阶级斗争、民主理财、发展经济等工作，"文化大革命"期间还参与学校管理工作。吴阿小、沈生弟和顾福泉（赵厍人）分别是群南大队、群北大队和同心大队第一任贫协主席。1984 年，贫协被撤销。

（二）妇联

1956 年，群星域内 3 个村都成立了妇联。村妇联设妇女主任 1 人，组织妇女参与政权建设和土地改革，鼓励和支持摆脱封建思想束缚，争取婚姻自由。在村党支部领导下，村妇联组织得到进一步完善。群星高级社第一任妇女主任为吴金凤，同心高级社第一任妇女主任为张小妹。

1958年人民公社成立，妇联在发展生产、战胜灾害等工作中起到重要作用。"文化大革命"期间，妇女工作一度停止。20世纪70年代，群南大队有妇女主任吴金凤、张金花、钱雪大；群北大队有妇女主任谈金凤、范阿招、孙桂珍；同心大队有妇女主任金素女、范红妹、吴建芳、周巧玲、苏根香。妇联主要抓好计划生育，加强宣传教育，动员育龄妇女采用上环和其他节育措施来控制域内人口增长。80年代，妇联除抓好计划生育之外，还注重关心妇女健康、发展幼托事业等。从1995年开始，各村妇联开展"五好家庭"创建活动。2004—2005年，群星村妇联先后开展平安家庭、绿色家庭、健康家庭和"五好家庭"评选表彰活动。2009年，刘培芬水产养殖被昆山高新区评为"三八龙头项目"。2013年，周巧芬家庭被评为昆山高新区第三届"和谐家庭"示范户。凌勤、沈文明、陆福荣、陈水法、周根弟、范宗林、毛雪林、浦伟峰、卢意昌9个家庭在2014—2015年度被昆山高新区评为"和谐家庭"。陆金珍家庭被评为2016年度昆山高新区平安家庭示范户。2016年，浦桃元家庭被昆山高新区评为"和谐家庭"。皇甫金泉、沈汉林、周根生、姚荣根、皇甫惠林、朱金花6户在2017—2018年度被昆山高新区评为"和谐家庭"。2019年，张春泉被昆山高新区评为"农村文明生产标兵"。同年，陆祥生、朱永球2户被昆山高新区评为"和谐家庭"。2020年，郑建明、蒋阿泉、皇甫惠林3户被昆山高新区评为"和谐家庭"。

2018年3月4日，为纪念第108个"三八"国际劳动妇女节，群星村妇联会同昆山高新区妇联开展"庆三八妇女节 传播家庭美德"文艺会演主题活动。2019年5月18日，群星村开展"大手牵小手 你我共成长"妇儿文明实践活动，同时，宣传垃圾分类相关知识。2020年9月29日，群星村妇联开展"巾帼心向党 礼赞新中国——不忘初心、牢记使命"主题教育。

(三) 民兵组织

1956年，群星域内3个大队建立民兵分队。民兵分队基本职责为维持群众会议秩序，值日（夜）班来维护村庄治安，定期为军属、困难户代耕。

1958年8月，中共中央发出"大办民兵师"号召，全国各地迅速掀起"全民皆兵"运动。各大队成立民兵营，群南大队首任民兵营长为黄友根，群北大队首任民兵营长为赵小男，同心大队首任民兵营长为毛巧根，大队党支部书记任教导员。各生产队组建民兵排或民兵班。民兵分基干民兵和普通民兵。基干民兵男性年龄为17~25周岁,女性年龄为16~25周岁,退伍军人年龄可延至30周岁;普通民兵男性年龄为26~45周岁,女性年龄为26~36周岁。民兵营对民兵人员逐年登记造册,定期组织训练,特别是对基干民兵,每年都要组织军训、巡查等活动。1973年,群南大队、群北大队和同心大队基干民兵在民兵营长的带领下到黄泥山靶场进行实弹训练,取得良好成效。

1981年冬,民兵年龄有所调整,男性基干民兵年龄由原来的17~25周岁调至18~30周岁,男性普通民兵年龄由原来的26~45周岁调至26~35周岁(女性民兵年龄无调整)。从1988年开始,民兵工作全面部署"三落实"(组织落实、政治落实、军事落实)。各村组织成立的联防队、消防队节假日和夜晚在村内巡逻,并配置必要器械。

2001年后,随着行政村合并,民兵队伍壮大,昆山高新区人民武装部特别加强组织领导,做好每年1次的征兵工作,发动适龄青年踊跃报名,并做好适龄青年家属动员工作。

2020年,为庆祝建党99周年,群星村党总支组织部分基干民兵、退伍军人开展"心系优抚对象、关爱退伍军人"主题党日活动,取得良好效果。

(四)共青团

1957年5月,群星域内各高级社均建立起共青团支部。同心高级社第一任团支部书记为苏荣官,群星高级合作社第一任团支部书记为赵阿早。"文化大革命"时期,团支部活动基本处于瘫痪状态。1970年,共青团支部活动恢复,域内组织开展学雷锋活动、农业学大寨运动。广大青年团员积极响应,大批优秀青年踊跃加入团支部,树新风、做好事蔚然成风。70年代,各生产队中的青年团员不计报酬,起早摸黑,为队里割野草、翻潭等。团支部活动丰富多彩,成立青年宣传队,排练样板戏等文艺节目,活跃农村文化生活。90年代,村团支部组织开展"祖国在我心中,党在我心"及"三热爱"(热爱党、热爱社会主义、热爱集体)等系列教育活动。2017年8月,群星村团支部联合村妇联、家长学校、关工委共同开展主题为"畅享仲夏阅读,领略自然奇妙"的亲子阅读活动。

(五)残联

群星村残联初创于1988年,负责人由妇女主任或团支部书记兼任。村残联对村内残疾人进行定期慰问,每年年底给部分生活困难的重度残疾人发放慰问

金。从 2001 年开始，随着行政村合并，残疾人在数量上有所增加，村残联工作也得到进一步加强。

2016 年，群星域内 85 名残疾人全部办理残疾证。昆山市残联根据残疾等级发放补贴，并为残疾人创造就业机会，组织残疾人参加南星渎茗景苑 C 区会所的手工培训和在昆山博物馆制作紫砂笔筒的培训。2019 年 5 月，举办"助残日"文艺汇演，并给每位残疾人发放 1 份小礼品。残联还组建 1 支残疾人门球队参加比赛并获佳绩。

（六）老年协会

1993 年，群星域内各村都成立老年协会，开展群众性活动。当年，群南村、群北村和北洲村分别选出陆巧生、赵小男、毛巧根任老年协会会长，协会理事会由 5~7 人组成。老年协会协助村党支部开展适合老年人的活动。2012 年，域内成立老年门球队，开展门球训练，以此提高老年人身体素质，还组织门球队积极参加昆山高新区组织的队级比赛。协会理事会以"活泼、节俭、健康、平安"为原则安排活动。在中秋节、重阳节慰问老人，定期上门慰问一些行动不便的老年人，开展"情暖夕阳"敬老活动，邀请剧团演出，丰富老年人的文化娱乐生活。

（七）关工委

2004 年，群星村成立关工委，村老年协会会长陈林根兼任关工委组长，并组织"五老人员"（老干部、老党员、老退伍军人、老教师、老模范）及青少年开展各种讲座。2004—2020 年，关工委每年暑假期间邀请教师对辖区青少年进行上课辅导。

第二章　新农村建设

　　中华人民共和国成立以前，群星域内自然河道多，简易小桥多；村道均为狭窄泥路，茅草房屋低矮简陋，村容村貌破旧落后。中华人民共和国成立以后，特别是改革开放以来，群星村积极推进新农村建设，不断加大水利、桥梁、交通、环境、住房等基础设施的建设力度，使乡村面貌发生巨大的变化。群星域内道路四通八达，沪宁高速公路、中华园路等道路穿村而过，水泥道路通到村民家门口。排灌能力得到增强，农业受灾情况得到缓解。全村实现通电、通水、通气，并通过改水、改厕、河道清理、污水处理、环境整治，使村民生活质量全面提高，家园面貌美丽如画。村民住房历经80年代、90年代和21世纪3次大改造，由茅草房、砖瓦房、楼房转变为集中居住小区，村民住进舒适的高楼。

第一节 基础设施

中华人民共和国成立初期，村庄房前屋后尽是泥泞小道，村民用简易木板或毛竹拼扎小桥，喝的、用的都是流经村庄的小河的河水。中华人民共和国成立后，工业、农业、副业、商业蓬勃发展，社会经济得到不断壮大。近70年来，特别是改革开放以来，群星域内基础设施发生了前所未有的变化。

一、道路、桥梁

群星域内道路四通八达，连接周围村庄和市镇。中华人民共和国成立初期，大道、小路全部是泥土路。1976年，姚家港河开通，河岸整治成能一直通向大洋桥的路。村民有自行车之后，出门可以骑车沿姚家港河河岸到正仪镇上或昆山县域。直到70年代后期，生产队开始自筹资金，逐步用碎石（道砟）或黑脚子（碳氮化钙）铺路，改善行走条件。

群南村由5个自然村组成，各村之间都有一段田埂或河岸路相通，因为都是泥路，雨天十分难行。1993年，群南村在5个自然村便道上铺黑脚子，总长度有2 000多米。1999年，群南村村委会在自然村里各条河岸上全部铺上水泥楼板，在楼板与楼板之间用混凝土灌满，彻底改善村内各条通道，并逐年对村内及村周边道路进行维修。1978年，正仪人民公社为让集镇与南片各大队交通连接，从正仪集镇向原五一大队修筑1条宽约12米的简易镇南公路。该公路途经群南等5个大队，以细石铺路面，公路两边种上杉木，90年代后期改铺水泥路面。当时，群南村为了群众出行便利，在群南村西生田自然村西侧筑1条由东往西600多米长、与镇南公路接通的机耕路，先用道砟铺设，后用水泥路替代。2001年，由正仪镇政府出资，在位于群星村村委会北侧的砂石路基上修筑水泥道路。该道路呈东西走向，东起群星村与赵厍村交界处，西至塘郎自然村的〇三二村道。2005年，由玉山镇政府出资，在位于群星村村委会前面的原砂石路基上修筑1条呈东西转南北走向的水泥路。该水泥路东起群星村村委会东侧，西至古城路，南起群星村村委会南侧，北至北洲自然村的一〇四村道。宽阔的道路，既便利了交通运输，也方便了人们日常出行。

群星域内有多座桥梁。群南村村内有小桥5座，群北、北洲各自然村村内也各自有小桥。塘郎自然村南北两端各有1座小桥，这2座小桥是连接东西两岸的通道。村外各耕地田圩之间的小桥连接各耕地田圩，方便村民到田里耕作。群星域内小桥是用几块木板或几根毛竹拼成1块桥面的简易桥。那时，村民用农船收稻收麦，把稻麦捆在船上，叠得很高。船过桥时要有人抬起桥面（时称"扛桥"）。随着乡村的发展，群星村对村中桥梁进行全面修缮，加固桥墩，改小桥坡度，加装栏杆，既保障行人及骑车人安全，也方便小型汽车通行。村内有1座古老石桥，坐落在群北村村东，也是群星村唯一的石桥。石桥在明嘉靖十六年（1537）建成，取名"大有桥"。这座桥呈东西走向，横跨在尤泾港河面上，全长12米，宽2.2米。桥洞呈长方形，长4.5米，宽2.2米。平时水面到桥面高约2.5米。桥基是全部在河底上打的木桩。木桩上用条石垒成桥堍。2个桥堍各设10多级石阶。每级石阶都用整块条石铺成。桥面用3块大条石平铺。每块条石长5.1米，宽0.58米，厚0.28米。桥堍和两侧在建造时没有设栏杆。该座桥东头靠近角上自然村田地，西靠角上、蒋巷、南浜3个自然村，北对铁路桥，是蒋巷、南浜2个自然村村民到尤泾港东面大片耕地劳作的必经之路，也是80年代前群北、群南村民去昆山县的必经之路。70年代，由于水泥船增多，船体吨位增大，经常碰撞，桥损坏程度严重。70年代，姚家港河河岸通行。此后，群南村村民去昆山县一般都走姚家港河河岸，只有少数村民因耕地而走这座"大有桥"。最后因村庄合并，土地归政府管理，"大有桥"就无人问津了。

1997—2017 年群星村村级道路情况统计表如表 2-1 所示。

表 2-1　1997—2017 年群星村村级道路情况统计表

起点	终点	长度/米	宽度/米	路质	建筑年份
南生田	西生田北	450	22	水泥	1997
西生田	张家浜	360	3	水泥	1997
下潭娄	铁路	330	25	水泥	2000
群北公路	铁路	400	22	水泥	2005
群北公路	南浜村	200	2.5	水泥	2005
姚家港桥	群北村	1 200	4.5	水泥	2005
塘郎村	赵库村西泾郎	2 200	4.5	水泥	2006
张家浜	群北公路	330	2.2	沥青	2017
沪宁高速	中华园西路	2 000	5	沥青	2017
星南公路	东尤泾桥	1 300	5	沥青	2017
西尤泾	东尤泾桥	1 100	5	沥青	2017
星南公路	东尤泾桥	1 300	5	沥青	2017

群星路（2020 年，罗英摄）

明清—2017 年群星村桥梁情况统计表如表 2-2 所示。

表2-2 明清—2017年群星村桥梁情况统计表

桥梁名称	走向	连接道路	横跨河流	长度/米	宽度/米	桥面	结构	载重量/吨	建成时间
大有桥	东西	群北至东星读村道	尤泾港	20	1.2	石板	石筑	2	明清时期
后石桥	南北	北洲至塘郎村道	后浜河	12	1.7	石板	石混	3	晚清时期
庙前桥	南北	北洲至铁路南村道	南河头	12	2	钢筋混凝土	石混	3	1958年
新桥	南北	群北灌溉站至新北乡火车站道路	直南江东头	18	2.5	钢筋混凝土	石混	2	1973年
草芦港桥	东西	村庄内道路	西尤泾	16	1.5	钢筋混凝土	石混	2	1975年
蒋家桥	东西	蒋巷至黄泾村道	直南江	18	1.2	钢筋混凝土	石混	2	1976年
东生田桥	南北	村庄内道路	生田港	15	2	钢筋混凝土	石混	2	1978年
张家浜桥	南北	西生田至张家浜北道路	张家浜	16	2	钢筋混凝土	石混	2	1978年
黄泾桥	南北	村庄内道路	黄泾河	16	1.5	钢筋混凝土	石混	2	1980年
南桥	东西	村庄内道路	塘郎河	20	1	钢筋混凝土	石混	2	1983年
群北桥	南北	南浜至铁路道路	蒋巷浜	8	3.2	钢筋混凝土	石混	8	1991年
西尤泾桥	东西	新南公路至东尤泾道路	西尤泾	14	4	钢筋混凝土	石混	5	1992年
草芦港公路桥	东西	三号桥至群北村道路	西尤泾	20	7	钢筋混凝土	石混	10	1993年
兴北桥	东西	塘郎连通明星路道路	塘郎河	16	4	钢筋混凝土	石混	8	1993年

续表

桥梁名称	走向	连接道路	横跨河流	长度/米	宽度/米	桥面	结构	载重量/吨	建成时间
中桥	东西	塘郎至下潭娄道路	塘郎河	15	2	钢筋混凝土	石混	5	1994年
西生田桥	南北	南生田至张家浜道路	生田港	10	2.5	钢筋混凝土	石混	4	1997年
生田港桥	南北	南生田机耕路至生田港北岸路	生田港	20	75	钢筋混凝土	石混	8	1998年
南江河桥	南北	高速公路北侧机耕路至生田港南岸道路	南江河	12	3.2	钢筋混凝土	石混	5	1998年
直南江桥	东西	三号桥至群北村道路	直南江	18	7	钢筋混凝土	石混	10	2000年
北草芦港桥	东西	村庄北面道路	西尤泾	28	5.7	钢筋混凝土	石混	5	2005年
大渔娄桥	南北	玉带路至中华园西路	张家浜	12	5	钢筋混凝土	石混	8	2017年

二、供电、供气、供水

(一) 供电设施

群星域内最早通电是在 70 年代。当时，群南、群北、同心 3 个大队开始筹建电力灌溉站，从此有通往各自然村的输电线路，并在村外安装变压器。1974 年，因域内群南、群北 2 个大队增加电力容量，各大队选送 1 名电工到电力公司参加培训，负责村民用电工作，并开始为每家每户拉放电线。当时因供电量不足，用电高峰时常常断电，村民家里一般要到每天晚上 8 点才能有电。80 年代初期，民用电逐渐正常，停电现象很少出现。从 90 年代开始，域内各村进行多次农网改造，全村对低压线、高压线、进户线、变压器等进行改造、更换、加粗各家各户进线，增大容量，把每家电表移至规定的地方，统一安装、统一管理。2015 年，民用线路又一次进行改造，农户电表不用人上门抄表了，电表可通过远程抄表系统进行智能抄读。

(二) 供气设施

20 世纪 60—70 年代，群星域内各生产队把稻麦草分给各家各户烧饭煮菜。如果操办婚丧喜事时稻麦草不够用，村民就会利用空闲时间割野草、砍树枝等来弥补燃料不足。从 70 年代开始，有些家庭买煤球来补充燃料。早期，域内使用的煤球是蛋状，并逐渐发展成蜂巢形。90 年代末，域内开始使用瓶装液化气，使用率在 70% 左右。2015 年，未动迁的农户烧煮以电力、瓶装液化气和木柴、稻麦秸秆并用，同时燃气管道通到动迁小区每家每户。2020 年，全村 12 个村民小组 540 户中，开通燃气管道的有 256 户 (517 套)，开通率达 47.41%，个别家庭还兼用电磁炉、电饭锅、微波炉等，用柴草、树枝、煤球等作为燃料的时代一去不复返。

2020 年群星村家庭用气情况统计表如表 2-3 所示。

表 2-3　2020 年群星村家庭用气情况统计表

组别	户数/户	管道用户数/套	组别	户数/户	管道用户数/套
1	38	34	3	43	39
2	28	32	4	38	37

续表

组别	户数/户	管道用户数/套	组别	户数/户	管道用户数/套
5	32	36	9	40	45
6	39	37	10	28	32
7	31	30	11	80	80
8	38	37	12	81	78

注：表格数据按照开通的套数计算。

（三）供水设施

50—60年代，群星域内村民一直饮用河水。小河是村民生活用水的唯一来源。70年代初，各自然村都挖1~2口家用井，供全村人使用。井深约4米，底大，上口略小，上口直径约80厘米。80年代，挖井农户约占总户数的95%。1992年，正仪镇在镇南片建造新华水厂，向镇南片各自然村供应自来水。从1993年开始，正仪镇政府出资为新华水厂供水范围内各自然村铺设自来水管道。1994年，群南、群北、北洲3个村的农户家家都用上自来水，彻底改变了用河水的习惯。有了自来水，许多家庭开始改建或扩建家用卫生间，并在自家房屋边挖1个小坑，在上面盖上水泥板，将下水管道直接通到小坑，让所有污水全部渗透到地下。2001—2003年，群星村对群星域内厕所进行全面改造，消灭露天粪坑，给每个家庭免费安装1只抽水马桶。2018年，为茗景苑小区铺设下水管道，把雨水和污水分开，妥善处理居民的日常生活污水。

三、邮电通信

中华人民共和国成立以前和成立初期，群星域内基本没有邮电和通信设施，人们习惯口头带信、传话。从1950年开始，村里义务兵应征入伍，当兵在外时与家人联系就以写信的形式，当时寄一封平信需花费8分钱。村民寄信可将信直接投入市镇邮电局邮箱，村民收信是由邮电局送信员送到大队部或代销店里。村民如果遇到急事，就得到乡镇邮电局去拍电报。电报收费是按字数和距离来计算。从1959年开始，正仪乡陆续为各个大队安装手摇式有线电话机。改革开放以后，国家邮电通信事业快速发展，村民对邮电通信的认识逐步加深。

1965年，群南大队、群北大队、同心大队3个大队在群星域内安装有线高音喇叭，方便生产大队对各生产小队进行工作布置及发布各类通知。1985—1986年，群南村、群北村和北洲村分别为各村每户安装1只喇叭。村里配置广播室，有专人负责，村民可以收听各类新闻、文娱节目。村委会也可以通过广播向村民宣传党的方针政策、传达上级指示精神、告知村民在农业生产中必须做好的工作等。1993年，黄泾自然村王玉林向正仪邮电局提出书面申请，要求在自己家中安装1部电话机。王玉林家庭成为群星村第一户家装电话机的家庭。接着村中陆续有人安装家庭电话机及有线电视。1994年，东生田自然村张凤生购买手机（当时俗称"大哥大"），成为群南、群北、北洲3个村中第一个拥有手机的人。1996年下半年，群南、群北2个村开始建设"电话村"。1998年，北洲村也开始建设"电话村"。当时3个村累计安装电话机514部，初步实行户户通电话。

2003年，除村委办公使用宽带之外，一部分村民也开始购置计算机，在家中增设宽带。之后，网络通信逐渐普及，人们相互交流和联络更加便捷。

随着通信科技迅猛发展，手机逐渐普及，最早用上地区信号的小灵通很快被淘汰。大多数家庭告别固定电话，改用更方便的手机。许多年长者用老年机，年轻人用智能手机。

四、水利建设

（一）排涝

群星域内水网交错，河道众多，主流河道均直通吴淞江和娄江。中华人民共和国成立以前，域内没有抗旱防涝各类设施，种植业得不到保障。遇到干旱，农田灌溉不到位，农作物受灾严重；遇到发大水，域内耕地必被淹。中华人民共和国成立以后，各级政府十分重视农业水利建设，主要体现在抗洪排涝设施建设、农田灌溉设施建设、开挖或疏浚河道（主要是挖通一些断头河和部分溇潭）等方面。1954年，洪水使域内受灾范围超过85%，有一些低洼地块甚至颗粒无收。1956年，群星域内在初级社的基础上成立高级社。高级社党支部动员全社男女劳动力参加娄江同心段加固、加高和东尤泾群南、群北、同心段堤岸加固、加高。60年代以后，东生田自然村最东面河流出口处、塘郎自然村河流北面出口处、下潭娄（娄里）自然村东面河流出口处各建1座水泥闸门。70年

代以后,各级政府对群星域内排涝设施进行重点建设。1975年,塘郎河道北出口处建1座同心闸。1996年、2015年,该闸分别翻建2次,其名使用至今。该闸闸孔1个,闸门孔径8米,水闸过闸流量为每小时8立方米,设计洪水重现期为10年,校核洪水重现期为30年。1978年,姚家港河道北出口处建1座姚家港站闸,于2012年翻建。该泵站为排涝闸站,配备水泵2台,单台流量为每小时3.5立方米,合计流量为每小时7立方米,水泵扬程1.7米,闸门闸孔1个,孔径6米,为升卧式钢闸门,排(退)水闸过闸量为每小时8立方米,设计洪水重现期为10年,校核洪水重现期为30年。1988年,下潭娄河道东出口处建1座下潭娄闸。泵站闸孔1个,闸孔总净宽4米,排(退)水闸过闸流量为每小时8立方米,设计洪水重现期为10年,校核洪水重现期为30年。该泵站于2017年被废弃。

(二)灌溉

中华人民共和国成立以前和成立初期,群星域内农田灌溉主要依靠人力、畜力和风力。使用人力的有牵车、脚踏水车,使用畜力的有牛盘车,使用风力的有洋风车(俗称"甩车")。60年代初期,各生产队农田灌溉仍要依靠畜力和风力。1962年以前,同心大队配置1台大功率柴油抽水机,并将其安装在1只大型木船上,安排专职人员轮流到各生产队抽水灌溉。1965年,各大队开始筹建电力灌溉站,同年,群北大队在村南直南江东岸建1座电灌站。1973年,同心大队建1座电灌站。1976年,群南大队建1座灌溉站,后因高速公路北侧白渔潭生态园的需求,从1998年开始进行翻建。群南大队共筑大小灌溉水渠约2 880米,倒虹吸(过河排水管)两条,灌溉面积近950亩。群北大队共筑大小灌溉水渠约2 650米,倒虹吸4条,灌溉面积约2 200亩。北洲大队共筑大小灌溉水渠约2 090米,倒虹吸1条,灌溉面积约1 650亩。1997年,群南大队为改善第5生产队水稻田灌溉,在北草芦港自然村西北面建1座电灌站,灌溉面积有400多亩。

(三)开挖疏通河道

除建电力灌溉站之外,群星村水利建设还体现在河道开挖、疏通河流等工程上。60—70年代,域内频繁开挖人工河。1964年,群南大队动员部分生产队社员在西生田北面田块和张家浜南面田块处开挖1条河。该条河由北江里河往西350米,解决秋收时运载稻麦困难的问题。同年,群南大队又组织生产队社员开挖连东浜往西接西尤泾的河道。该条河约长250米。群北大队在同年开挖由群星电灌站往东约350米长的河道；在群星站对面开挖1条东西向、约200米长的河道。1970年，同心大队在塘郎自然村周根福家屋后开挖1条东西向、约200米长的河道。1974年，群北大队在大渔娄底往西开挖1条东西向、长150米的河道。1975年，群北大队在铁路北侧开挖1条南北向的河，全长450米。1976年，同心大队在毛林生家前开挖1条长300米的河道。1990年，群北村蒋巷浜接通东尤泾，开挖1条河。2006年，群星村村委会开始对群星域内剩余自然河道进行干河清淤，使河水更加流畅，也改善了水质。2017年，由于丰产方需要，群星村开挖1条由张家浜河向东延伸到大渔娄的河道，全长约200米。

2017年群星村渠道倒虹吸情况统计表如表2-4所示。

表2-4　2017年群星村渠道倒虹吸情况统计表

渠道走向	起止点	渠道长度/米	倒虹吸直径/米	主渠道宽度/米
南北	群南站至高速公路	430	0.8	0.8（水泥暗渠）
南北	群南站全高速公路	430	0.8	0.8（水泥暗渠）
南北	群星站至西生田	400	0.8	8
南北	群星站至北江里河	350	0.8	8
东西	群星站至北草芦港	400	1.0	10
南北	群星站至角上村	550	0.8	8
南北	群星站至罗丝浜	800	0.8	8
东西	同心站至沪宁铁路	330	0.8	8

2017年群星村灌溉渠道情况统计表如表2-5所示。

表2-5　2017年群星村灌溉渠道情况统计表

| 渠道走向 | 起止点 | 渠道长度/米 ||
		干渠	支渠
南北	星南站至生田港（北段）	290	—
东西	下潭溇至西尤泾	—	340
东西	东尤泾至西尤泾	—	750

续表

渠道走向	起止点	渠道长度/米	
		干渠	支渠
东西	群星站至新开河底	350	—
南北	新开河至各字屿	500	—
东西	各字屿至直南江	—	200
南北	新开河至大渔娄	—	200
南北	群星村至北江里	—	250
东西	群星站至"小台湾"（本地百姓对田圩的称呼）	250	—
南北	连东浜至罗丝浜	1 050	—
东西	"小台湾"至北草芦港	—	300
东西	连东浜至西尤泾	350	—
东西	东尢泾至西江里	—	880
东西	北洲站至群星村第二村民小组的农田	380	—
南北	二队农田至沪宁铁路边	400	—
南北	北洲站至公路	400	—
东西	塘郎至下潭娄（娄里）自然村东	400	—
东西	塘郎自然村南往西	—	200

2017年群星村圩区内河道情况统计表如表2-6所示。

表2-6　2017年群星村圩区内河道情况统计表

河道名称	起点	止点	总长/米	现状断面			河道面积/亩
				底高/米	边坡比	面宽/米	
塘郎河	娄江	北洲河	655	1	1:1	21	20.63
北洲河	娄江	北洲村东	1 280	0	1:0.5	24	46.08
下潭娄	娄底	尤泾港	390	1	1:0.5	29	16.96
北草芦港	北草芦港底	青龙港	2 021	0	1:1.5	18	54.57
罗丝浜	姚家港	直南江	1 240	0	1:1.5	14	26.04

续表

河道名称	起点	止点	总长/米	现状断面			河道面积/亩
				底高/米	边坡比	面宽/米	
角上浜	直南江	浜底	341	0.6	1∶0.5	14	7.16
蒋巷里河	北草芦港	尤泾港	1 540	0	1∶1.5	15.5	35.8
直南江	罗丝浜	珠浜新开河	1 292	1	1∶1.5	20	38.76
生田港	北草芦港	尤泾港	1 112	0.53	1∶0.5	20	33.36
南生田河	北草芦港	尤泾港	996	1.15	1∶0.5	17	25.4

第二节 动迁安置

群星村农户于2005—2019年陆续动迁至茗景苑A、B、C区，仁心苑，义和苑，礼和苑，美丰苑等小区。

一、动迁小区建设

2004年，为适应包括群星村在内的昆山高新区南片部分自然村（主要是原正仪镇辖区各村）动迁安置需要，根据昆山高新区建设规划，动迁小区开始建设。

茗景苑北靠沪宁高速公路（相距约100米），南接"312"国道和昆山市环城高架路，东至江浦路，西至古城路。

2004—2010年，茗景苑先后建成A、B、C区3个小区，楼房均为多层住宅楼。因动迁户不断增多，昆山高新区从2011年开始又分别在茗景苑西面建仁心苑、义和苑、礼和苑和美丰苑小区。

茗景苑开建后，内部便民服务设施同步建设，社区管理服务机构随动迁村民入住而同步设立。昆山高新区南星渎办事处和便民服务中心建在礼和苑小区内。各安置小区均设有社区党群服务中心和居委会。礼和苑小区设有红客堂书场，聘请苏州市评弹团定期演出，丰富入住村民的文化生活。茗景苑 C 区、仁心苑小区和义和苑小区内建有居民会所。茗景苑区域的公交客运站，客运班车可直通昆山市区和其他乡镇。茗景苑内建有医疗中心、幼儿园、门球场、体育活动中心、老年活动中心等医疗、幼教和群众文体设施，还有购物超市、银行、邮政所等服务机构。茗景苑东南角有昆山市吴淞江派出所、昆山市吴淞江交警中队、昆山市公安局交通警察大队吴淞江中队，北面靠近玉带北路处建有吴淞江客运站，姜巷路与美丰路中间建有南星渎小学和中学，跨过美丰路有万客隆超市和小吃广场。山淞路与玉带路交叉口建有南星渎菜市场，美丰路与锦淞路交叉口西南方建有后巷港湿地公园。靠近茗景苑的美丰路上有将近 200 间店面房。这些店面房东西向铺开，分成 3 排，1 排朝南，面向美丰路，另外 2 排面对面，中间形成 1 条商业街。这些店面房大小略有差异，分别开设饮食店、服装店、杂货店等。

二、村民安置

2005—2014 年，被批准提前动迁安置的分别是 2005 年 3 户、2006 年 4 户、2007 年 6 户、2009 年 14 户、2011 年 23 户。因这些农户所建房屋建设得较早，属于危房，户主申请要求动迁。2005 年动迁村民被安置在茗景苑 A 区，2006 年动迁村民被安置在茗景苑 B 区，2007 年动迁村民被安置在茗景苑 B 区，2009 年动迁村民被安置在茗景苑 C 区、仁心苑，2011 年动迁村民被安置在礼和苑、义和苑。2014 年有 51 户平房危房动迁，村民动迁后被安置在礼和苑、美丰苑。2012 年、2013 年、2016 年、2017 年、2018 年、2019 年，北草芦港、南生田、东生田、西生田、张家浜、黄泾、角上、蒋巷、南浜 9 个自然村因加快城镇化建设步伐的需要，整体动迁后消亡。下潭娄（娄里）、北洲、塘郎 3 个自然村因部分土地征收，整体动迁后消亡。

2005—2019年群星村历年动迁情况统计表如表2-7所示。

表2-7　2005—2019年群星村历年动迁情况统计表

自然村名称	各年动迁户数/户												总户数/户
	2005年	2006年	2007年	2009年	2011年	2012年	2013年	2014年	2016年	2017年	2018年	2019年	
东生田	1	2	1	3	2	—	—	7	20	—	—	—	36
南生田	1	—	—	—	—	—	29	—	—	—	—	—	30
西生田	—	1	2	4	1	—	1	9	23	—	—	—	41
张家浜	—	—	—	1	—	—	—	4	—	1	—	31	37
北草芦港	—	—	—	—	—	32	—	—	—	—	—	—	32
黄泾	—	—	—	3	1	2	—	6	—	—	—	27	39
角上	—	—	—	—	1	—	1	2	1	—	—	25	30
蒋巷	—	1	—	1	3	—	—	7	—	—	—	30	42
南浜	1	—	—	1	3	—	—	6	—	3	—	30	44
下潭娄（娄里）	—	—	—	—	1	1	—	—	31	—	—	—	33
塘郎	—	—	—	—	—	6	—	9	—	—	71	—	86
北洲	—	—	—	4	5	—	—	1	—	77	—	—	87
合计	3	4	6	14	23	35	31	51	75	81	71	143	537

茗景苑动迁房（2019年，罗英摄）

仁心苑东门（2020年，罗英摄）

安置小区地理位置示意图（2020年，经实地考察后绘制）

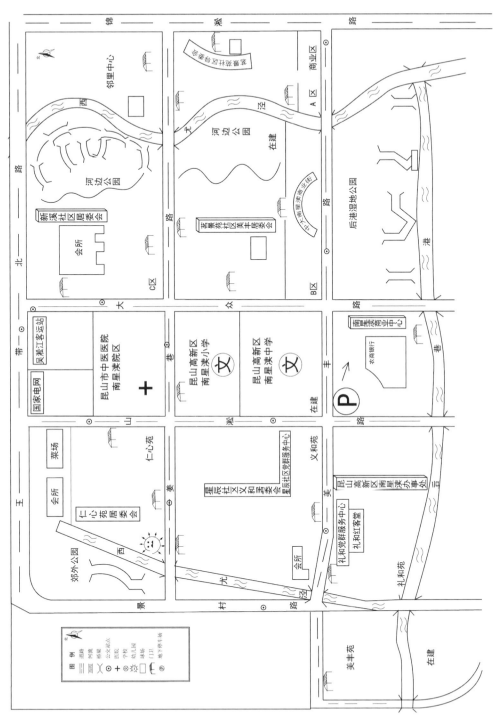

第二章 新农村建设

安置小区公共服务设施示意图（2020年，经实地考察后绘制）

105

第三节 人居环境

进入21世纪,农村人居环境治理得到各级政府高度重视。群星村在发展生产、提高人民生活水平、改善生态环境的同时,十分注重环境保护。

一、污水、垃圾处理

80年代之前,因每家每户都要养1~2头猪,一群鸡、鸭、鹅,家中产生的垃圾就用来填入猪圈,当作肥料,在当时是农田当家肥料。90年代以后,家庭养猪、养家禽逐渐减少,承包耕地也进入规模经营。各家产生的垃圾到处乱倒乱堆,污染周围环境。为改变这种现象,群星域内各村选址建垃圾箱。进入21世纪,农村开始部署村环境卫生整治工作。从2006年开始,群星村在域内每家每户门口放置1只小型垃圾桶,安排专门人员负责定时收集,把收集的垃圾运送到垃圾中转站。2017年,昆山市水务集团为昆山高新区部分村域新建污水管道,对村民生活污水做小范围处理。从2018年开始,茗景苑小区雨污分流工程全面动工,新建和改建污水管道,全面实行雨污分流。2019年,群星村开始实施垃圾分类,于2020年全面铺开。

二、改厕

中华人民共和国成立以前及成立初期,村民习惯用马桶,一家一户都安有1个粪缸,把粪便倾倒在粪缸里。粪缸一般安放在路边或河边。坑棚搭得很简单,特别是在夏天,蛆虫满缸,臭气熏天。村民在河里洗刷家用马桶。那时,村中环境卫生水平极差,造成河水污染严重,成为血吸虫重灾区。60—70年代,群星域内各生产队开始重视粪便管理,把粪缸集中摆放,搭棚加盖,指派专人集中洗刷马桶。80年代，群星域内村民开始把平房改建为楼房，一般都在楼房里安排卫生间，在屋外挖个化粪池，减少露天粪缸。2002年，根据正仪镇政府部署规划，群星域内开始重视村庄环境卫生整治。各自然村分别建起标准式公共厕所。群星域内共建15个公共厕所，并安排专职人员对公共厕所进行冲洗；为没有安装抽水马桶的家庭免费安装1只抽水马桶，从源头上管理好粪便。

三、河道清理

群星域内河道清理始于2003年年底，首先对生田港、蒋巷里河、北洲河、塘郎河进行清理。从2006年开始，群星村对12条河流进行污泥清理，总计清理长度13.29千米。清理出的污泥全部排入低洼田里或者田中废弃潭里。

2011—2017年群星域内河道清淤情况统计表如表2-8所示。

表2-8　2011—2017年群星域内河道清淤情况统计表

序号	河名	起点	止点	河流流向	清淤年份
1	角上浜	直南江	浜底	东西	2011
2	蒋巷里河	直南江	尤泾港	东西	2011
3	直南江	罗丝浜	珠浜河	南北	2011
4	黄泾河	北草芦港	直南江	东西	2011
5	下潭娄	娄底	尤泾港	东西	2013
6	塘郎河	娄江	北洲河	南北	2015
7	北洲河	娄江	北洲村东	东西	2015
8	北草芦港	北草芦港底	青龙港	南北	2017
9	罗丝浜	姚家港	直南江	东西	2017
10	生田港	北草芦港	尤泾港	东西	2017
11	南生田河	北草芦港	尤泾港	东西	2017
12	张家浜河	北草芦港	浜底	东西	2017

四、环境整治

从2006年开始，群星村对域内所有河道水面进行整治，组织4条农船、6

名员工用特制网兜打捞漂浮物；夏天用竹竿卷掉河底长出的水草，做到河面上看不到水草，没有漂浮物、水花生（喜旱莲子草）和水葫芦（凤眼莲）等。群星村组织7名保洁员分地段清扫村内各路段，派清洁员每天对15个公共厕所冲洗2次，夏天对垃圾站及公共厕所用敌敌畏喷杀苍蝇、蚊子。另外，还有专业人员负责铲除"环境牛皮癣"，确保村庄环境整洁美观。2006年，群星村对域内500多户房屋外墙进行涂料粉刷。

2017—2018年年底，村委会组织成立人居环境整治小组，由村委会主任"具体抓"，坚决拆除违章搭建物，积极推进村容村貌长效管护工作。

旧时村民马桶（2005年，罗英摄）

公共厕所（2019年，罗英摄）

垃圾分类（2020年，罗英摄）

第三章　农业生产

　　中华人民共和国成立以前，群星村在封建土地私有制条件下，域内大量土地被少数剥削者占有，多数贫困农户只占有少量土地。中华人民共和国成立以后，通过土地改革，村民获得土地；通过农业合作化、人民公社化运动，村民走上集体经济之路。之后，域内实行农村改革、家庭联产承包责任制，使村民获得了生产自主权，促进了域内农业规模经营，推动了现代农业发展。70年来，域内农业耕作方式发生根本性改变，优良品种被广泛推广，促进了农业增产、增收。经过农田水利设施建设，机电灌溉设备更新，农田灌溉和抗灾能力得到增强。随着农业机械化逐步发展，村民用上拖拉机、插秧机、植保机、联合收割机，从繁重的体力劳动中解放出来。村民开始创办集体农场，建立种植大户，改变小农生产，实现规模效益。村"两委"始终坚持推动农业经营管理的创新，促进全村农业规模经营。

第一节 生产关系

一、封建土地制度

中华人民共和国成立以前，群星域内沿袭封建土地私有制。根据1950年年初驻村土地改革工作队统计数据，域内12个自然村有293户农户，全部耕地面积4 149.4亩。2户地主占有耕地247亩，地主户数占农户总户数的0.68%，耕地占全部耕地面积的5.95%；12户富农占有耕地面积720亩，富农户数占农户总数的4.10%，耕地占全部耕地面积的17.35%；94户中农占有耕地2 017亩，中农户数占农户总数的32.08%，耕地面积占全部耕地面积的48.61%；184户贫农占有耕地1 165.40亩，贫农户数占农户总数的62.80%，耕地面积占全部耕地面积的28.09%；1户雇农占农户总数的0.34%。在封建土地私有制下，群星域内大部分土地都被少数地主和富农占有，而绝大多数贫苦农户只占有少量土地。①

1949年群星村各阶层占有耕地情况统计表如表3-1所示。

---

① 文中的数字中有部分村内富人占有但并未耕种的抛荒地和村外农民开垦荒地耕种形成的耕地没有统计在内。

表3-1　1949年群星村各阶层占有耕地情况统计表

自然村名称	地主		富农		中农		贫农		雇农	
	户数/户	耕地面积/亩	户数/户	耕地面积/亩	户数/户	耕地面积/亩	户数/户	耕地面积/亩	户数/户	耕地面积/亩
东生田	1	127.5	—	—	5	97	12	95	1	—
南生田	—	—	3	175	6	84	10	56.5	—	—
西生田	—	—	—	—	6	150	13	121	—	—
张家浜	1	119.5	1	63	5	100	15	93	—	—
北草卢港	—	—	—	—	6	120	12	76	—	—
黄泾	—	—	2	130	6	168	12	78	—	—
角上	—	—	—	—	5	130	11	85.7	—	—
蒋巷	—	—	1	60	9	267	15	89.6	—	—
南浜	—	—	—	—	10	351	11	62	—	—
下潭娄（娄里）	—	—	1	62	—	—	14	83	—	—
塘郎	—	—	1	62	13	170	34	152.6	—	—
北洲	—	—	4	230	23	380	25	173	—	—
合计	2	247	12	720	94	2 017	184	1 165.4	1	—

二、土地改革

1950年,群星域内开始实行土地改革。正仪区新北乡(原群南、群北大队)、新东乡(原同心大队)委派驻乡土地改革工作组,2个乡组建农协(农会)具体负责,先组织农户自报耕地面积,摸清各农户占地数量,还有自由租田、雇工、家庭劳动力、房屋、家产(包括大中型农具、耕牛)等情况,进行详细登记造册。土地改革工作组组织农会在各自然村划分出地主、富农、中农、贫农和雇农各个成分,经过上级区委审核批准后张榜公布;接着,封查并没收地主、富农多余田地、财产,把没收的耕地、房屋、大中型农具分给无地、无房、缺衣少食的村民,最后召开社员大会,给农户颁发土地证。1951年3月,群星域内土地改革工作全面完成。

三、农业合作化

(一) 互助组

1951年,群星域内土地改革结束后,贫苦农民都分得土地,获得土地证,但土地私有制没有改变。村里不少农户有土地,却缺少耕牛、农船等大型农具。部分农户因病或各种原因而缺少劳动力,把刚分得的土地又变卖出去。为防止农村贫富两极分化,1951年年底,中共中央印发《关于农业生产互助合作的决议(草案)》,引导农民走互助合作道路。1952年2月,塘郎自然村吴阿兴、周根弟、林弟弟、王加宝、毛巧根、沈五子等人在自然村里带头组成9个互助组。下潭娄(娄里)、北洲自然村范根林、赵阿金、徐怀荣、陈云根、赵福弟、顾福泉等人带头在2个自然村里组成11个互助组。群南自然村孙佰锦、陆小娘、王阿水、顾银生、蒋荣庆等人带头在5个自然村组成10个互助组。群北自然村沈阿泉、赵阿早、范水林、赵金根、沈小金等人带头在4个自然村组成12个互助组。互助组初建时有2种形式:一种是由亲友和邻居建立起来的,农忙时组织起来互相帮助,农闲时各干各的,计酬方法是以工还工。这是一种临时性或季节性互助组织;另一种是常年互助合作,作物种植品种由各家自定,土地、农具及收获的粮食均归各户自有,各家农具、耕畜、劳力在劳作时协商安排、调剂使用。组内有1名记工员,年终按亩均收益计酬,结算到户,现金找补。1953

年，群星域内互助组逐渐增多，参加互助组的农户超过90%。

（二）初级社

1953年秋，群星域内建立初级社。塘郎自然村、下潭娄（娄里）自然村、北洲自然村在原有互助组的基础上成立5个初级社。塘郎自然村成立第1组、第2组2个初级社，第1组初级社由王加宝任社长，第2组初级社由毛巧根担任社长。下潭娄（娄里）自然村成立第3组初级社，由徐怀德任社长。北洲自然村成立第4组、第5组2个初级社，第4组初级社由赵阿金任社长，第5组初级社由姜洪福任社长。其余自然村在原有互助组的基础上成立起9个初级社：东生田初级社由张玉英担任社长；南生田初级社由黄宗根担任社长；西生田初级社由蒋祥林担任社长；张家浜初级社由顾银生担任社长；北草芦港初级社由吴阿小担任社长；黄泾初级社由钱夫泉担任社长；角上初级社由沈大宝担任社长；蒋巷初级社由赵阿泉担任社长；南浜初级社由陆福生担任社长。

域内初级社都在周围互助组的基础上组建起来，贫下中农占有绝对优势。初级社坚持自愿报名、自愿结合和自由入社退社原则。农户耕地按土质好坏评级入股，耕牛、农船等大型农具折价入社，生产统一经营，种植品种统一规划。劳动力划分生产小组，统一调度，采取定额包工或小段包工，实行田头评工记分。每个初级社都配备1名会计，负责社内收益分配；社长、会计均带头参加劳动。社内一亩地按四六分（大人分得6份，小孩分得4份）的比例进行分配。初级社除社长和会计之外，还设立管理委员会若干人，讨论、管理和决定社内事务。域内初级社存在时间不长，随着全国农业合作化的快速推进，很快被高级社所替代。

（三）高级社

1956年1月，塘郎、下潭娄（娄里）、北洲初级社组建成立同心高级社。同心高级社又分为2个高级社：第1、2、3组3个初级社为1个高级社，由毛巧根担任社长；第4、5组2个初级社为1个高级社，由姜洪福担任社长。东生田、南生田、西生田、张家浜、北草芦巷、黄泾、角上、蒋巷、南浜的9个初级社组建成立群星高级社，由赵阿早担任社长。每个高级社除社长之外，还设副社长、会计，建立管理委员会并设若干个委员会，社内建有党支部及团支部、妇女、民兵、治保等各类组织。每个高级社下分若干个生产小队，小队设正、副队长，

妇女队长和小队会计。高级社把农户的土地、大型农具、耕牛等作价入社，归集体所有。生产以社为单位统一经营，对生产队实行"四固定"（对劳力、土地、耕牛、大型农具固定）和"三包一奖"（包工、包产、包成本，超产或降本则奖）的责任制。高级社改变了初级社的分配方式，取消了土地、大型农具、耕牛等参与年终分配方案，实行了社会主义性质的按劳分配原则，对全年收益，除提留少量公共积累和管理费之外，年终按合同结算到各生产队，生产队按各户所得工分结算到户。

四、人民公社

1958年10月，正仪撤乡建社，撤销正仪乡人民委员会，成立正仪人民公社，实行政社合一体制，群星域内高级社根据人民公社体制要求进行改革。群星高级社改为群南大队和群北大队。群南大队下辖5个生产小队，群北大队下辖4个生产小队。同心高级社改为同心大队，下辖5个生产小队。

（一）平均分配

人民公社成立初期，大队、小队都归人民公社统一领导，经济由人民公社统一核算，生产资料归公社所有，物资、资金、粮食由人民公社统一调配。以人民公社为单位开展"大兵团作战"，实行军事化管理，群南、群北、同心3个大队合编为第十一营，设正副营长、教导员等；生活集体化，包括群星域内各小学校的学生也实行"四集体"（集体学习、集体用餐、集体住宿、集体劳动）。从各生产队建筑里选1幢大房子开办公共食堂，一日供应三餐，有时中餐和晚餐要送到田头。当时，提出"放开肚皮吃饭，鼓足干劲生产"的口号，实行"吃饭不要钱"和"生产战斗化"政策；大搞土地深翻细作、积肥造肥、劳动无定所、随意抽调劳动力的运动，提倡早出工、挑灯夜战，社员劳动积极性受到严重挫伤，集体经济受到重大影响。

（二）定额分配

1959年，为了解决人民公社在实践中出现的问题，中央对人民公社体制进行调整，取消军事化管理，取消公共食堂，实行人民公社、大队两级管理，分级核算。群南大队、群北大队、北洲大队按照上级要求，强化经济管理职能，开始在经济上对生产队实行"三定"（定产、定工、定赔）奖赔责任制，加强对生产队的经济管理。

(三) 按劳分配

1962年5月,人民公社全面实行"三级核算,队为基础"。以生产队为核算单位,执行按劳分配、多劳多得原则,并按生产队现有人口划给社员一定的自留地,充分提高社员生产积极性。

(四) "大寨式"评工

"文化大革命"期间,群星域内开展"农业学大寨"运动,推行"大寨式"评工、记分,取消定额记工,通过社员自报、公众评议,按政治表现打分。农业生产从茬口布局到品种栽培,自上而下高度统一,各级领导层层下达指标,用行政命令指挥生产,导致农村经济一度停滞不前,集体经济受到严重影响。1971年,吃大锅饭、"大寨式"评分记工等现象逐步得到纠正。域内在劳动管理上实施定额到人,评工记分。在生产计划管理上,恢复了在上级指导下计划种植各种农作物。为了尽快提高粮食总量,各生产队均开始种植双季稻,并且逐年扩大双季稻种植面积。各大队同时启动农业耕作机械化、灌溉机电化,每年添置大中型耕作机械,逐步完善机电灌溉设施。在财务管理上,各生产队对工分报酬、日常收支等账目定期公布,年终各生产队做好年终分配方案,经大队、公社审批同意,给社员分红。

从1978年开始,群南大队、群北大队、同心大队各生产队开始逐步改变单一的农业经济结构,普遍建造蘑菇棚并开始种植蘑菇,有的利用河、湖等有利条件养蚌珠。群南大队办起了群南服装厂、电热丝厂、玩具厂、昆山市沪群钙塑箱厂、水泥制品厂等。群北大队办起了服装厂、五金原料加工厂、日用香料厂等。北洲大队办起纸盒厂、麻绳厂等。产业结构的调整使域内集体经济得到极大巩固和提升,村民人均收入得到大幅度提高,生活水平也逐步得到改善。

五、家庭联产承包责任制

1983年,群星域内全面实行家庭联产承包责任制。各生产队(后为村民小组)先按农户家庭人数人均划分口粮田和自留田,剩余耕地按劳动力平均分田(责任田),承包到户。当时,群南村第1生产队共有土地180亩,人口62人,劳动力41人,口粮田每人0.60亩,合计37.20亩;自留地每人0.21亩,合计

13.02亩；还有129.78亩分给劳动力，每人3.17亩；剩余土地留作"鸡口田"（庄稼被鸡叨啄的田地）作为补偿。因各生产队耕地面积和劳动力数量都不相同，各生产队劳动力承包责任田面积也不一样。实行家庭联产承包责任制后，承包农户在国家粮油种植计划的指导下，由生产队安排布局茬口，连片种植，生产管理由农户自行处理。大队负责农业生产技术指导，到农作物播种或收获时，会进行各种技术指导并发出通知，如施基肥和追肥的时间及数量、防病治害中施农药的时间及用法用量等。村里还办起肥药站，负责计划供应各农户的化肥和农药。各农户承包土地的翻耕、水利排灌、收割脱粒，都由村经营服务站提供服务，形成农户承包经营、集体配套服务双层经营机制。农户收获粮食，完成国家征购任务后，余下粮油可以自由支配。经济收入除用于按承包责任规定缴纳农业税、公积金、公益金之外，剩余的全部归农户所有。

六、土地确权发证

1988年8月，根据农村劳动力大量转移的实际情况，群星域内对家庭联产承包土地进行第一次调整。1993年8月，进行第二次土地承包确权，稳定家庭联产承包责任制，推进农业现代化、商品化、专业化的发展进程。1998年，延长第二轮土地承包期30年。在正仪镇"确权放权"小组的领导下，群南村、群北村、北洲村3个村抓好调查摸底、填报审核、办理手续等具体事宜，向承包农户颁发"农村集体土地承包经营权证"。确定确权对象时严格按照"凡1998年7月31日在籍农业人口才能享有土地承包权"的规定，群星村（原群南村、群北村和北洲村）12个村民小组核准应发证人数2 081人，确权发证面积2 526.05亩，人均确权面积1.21亩。

1998年群星村第1—12组土地承包经营权确权发证情况统计表如表3-2所示。

表3-2　1998年群星村第1—12组土地承包经营权确权发证情况统计表

组别	户数/户	确权人数/人	确权面积/亩	组别	户数/户	确权人数/人	确权面积/亩
1	47	140	319.76	3	47	178	272.91
2	39	131	120.77	4	46	142	242.95

续表

组别	户数/户	确权人数/人	确权面积/亩	组别	户数/户	确权人数/人	确权面积/亩
5	35	122	179.96	9	49	176	165.61
6	51	150	118.22	10	35	106	88.98
7	39	132	160.87	11	97	303	298.75
8	43	149	179.18	12	110	352	378.09

七、土地流转

家庭联产承包责任制实行后，农民积极性和劳动生产率大大提高，土地对劳动力的数量需求相对下降，村里出现剩余劳动力，不少人外出务工、经商，没有时间去耕种家里承包的地，因此，村里土地出现抛荒现象。于是，群星域内在不改变土地承包权益的基础上，土地（经营权）流转应运而生。1993—1994年，常熟杨建良、姚雪琪在群南村分别承包215亩、210亩耕地。同年，常熟顾伟在群北村承包340亩耕地；陶士明、杜根生分别在北洲村承包280亩、130亩耕地。合同到期后，土地（经营权）归还给村里，由村集体建办小农场，农场管理由社长具体负责。

1994年以后，土地流转在群星域内进一步发展。1995年，群南村的经营大户有薛泉生、蒋根木、王敖根、王月林、赵香官，他们的耕地面积分别为110亩、69亩、71亩、45亩、245亩；群北村的经营大户有陆阿火和陈根林（合伙）、莫根元和赵阿小（合伙）、马兴男、施福元、蒋惠根，他们的耕地面积分别为340亩、200亩、140亩、80亩、60亩；北洲村的经营大户有袁金才、皇甫惠坤、皇甫建林、夏祥龙、张和荣与李泉生（合伙），他们的耕地面积分别为60亩、100亩、110亩、100亩、180亩。赵香官成为3村中最大的种田户。

2000年以后，群星域内耕地虽然逐渐减少，但土地流转、规模经营进入高潮期。通过土地流转，域内前后出现20多位种田大户。为了支持种田大户，村委会为种田大户提供晒粮水泥场地和储粮仓库，还在农田边上搭建临时住房和机械设备存放仓库，在田间修筑机耕道路、通行桥梁、灌溉渠道等，农忙时还提供农业机械及临时劳动力。

1993—2001年群南村历年土地流转规模经营面积情况统计表如表3-3所示。

表3-3　1993—2001年群南村历年土地流转规模经营面积情况统计表

单位：亩

承包人	各年土地流转规模经营面积								
	1993年	1994年	1995年	1996年	1997年	1998年	1999年	2000年	2001年
杨建良	215	215	—	—	—	—	—	—	—
姚雪琪	210	210	—	—	—	—	—	—	—
薛泉生	—	—	110	110	110	110	110	110	110
蒋根木	—	—	69	69	69	69	69	69	69
王敖根	—	—	71	71	71	71	71	71	71
王月林	—	—	45	45	45	45	45	45	45
赵香官	—	—	245	245	—	—	—	—	—
支勤男	—	—	—	—	78	78	78	78	—
陆明生	—	—	—	—	70	70	70	70	—
王长福	—	—	—	49	49	49	49	49	49
村集体农场	63	49	49	—	—	—	—	—	—

1993—2001年群北村历年土地流转规模经营面积情况统计表如表3-4所示。

表3-4　1993—2001年群北村历年土地流转规模经营面积情况统计表

单位：亩

承包人	各年土地流转规模经营面积								
	1993年	1994年	1995年	1996年	1997年	1998年	1999年	2000年	2001年
顾伟	340	340	—	—	—	—	—	—	—
陆阿火 陈根林	—	—	340	340	340	340	340	—	—
莫根元 赵阿小	—	—	200	—	—	—	—	—	—
马兴男	—	—	140	140	140	—	—	—	—
施福元	—	—	80	80	80	140	140	—	—
蒋惠根	—	—	60	60	60	60	60	—	—

1993—2001年北洲村历年土地流转规模经营面积情况统计表如表3-5所示。

表3-5　1993—2001年北洲村历年土地流转规模经营面积情况统计表

单位：亩

承包人	各年土地流转规模经营面积							
	1993年	1994年	1995年	1996年	1997年	1998年	1999年	2000年	2001年
陶士明	280	280	—	—	—	—	—	—
杜根生	130	130	—	—	—	—	—	—
袁金才	—	—	60	60	—	—	—	—
皇甫惠坤	—	—	100	100	—	—	—	—
皇甫建林	—	—	110	110	—	—	—	—
夏祥龙	—	—	100	100	100	100	—	—
苏金福	—	—	—	—	—	—	100	100
赵良法	—	—	—	—	90	90	90	90
张和荣 李泉生	—	—	180	180	—	—	—	—

2002—2010年群星村历年土地流转规模经营面积情况统计表如表3-6所示。

表3-6　2002—2010年群星村历年土地流转规模经营面积情况统计表

单位：亩

承包人	各年土地流转规模经营面积								
	2002年	2003年	2004年	2005年	2006年	2007年	2008年	2009年	2010年
薛泉生	90	90	90	90	90	90	90	90	90
王敖根	110	110	110	110	110	110	110	110	110
王长福	49	49	49	49	49	49	49	49	49
蒋根木	49	49	49	49	49	49	49	49	49
王月林	45	45	45	45	45	45	45	—	—
王致雄	—	—	—	—	—	—	—	110	110

2011—2020年群星村历年土地流转规模经营面积情况统计表如表3-7所示。

表3-7　2011—2020年群星村历年土地流转规模经营面积情况统计表

单位：亩

承包人	各年土地流转规模经营面积									
	2011年	2012年	2013年	2014年	2015年	2016年	2017年	2018年	2019年	2020年
薛泉生	90	90	90	90	177	177	177	177	—	—
王长福	74	74	74	74	101	101	101	—	—	193
王敖根	110	110	110	110	119	119	119	119	—	—
王志勇	114	114	114	114	—	—	—	—	—	—
蒋根木	64	64	64	64	82	82	82	182	—	—
陆金根	59	59	59	59	—	—	—	—	—	—
蒋金木	39	39	39	39	—	—	—	—	—	—
徐惠珍	—	—	—	—	71	71	71	68	—	—
方上海	—	—	—	—	—	1 080	965	—	—	—
魏长安	—	—	—	—	—	—	—	200	—	250
张炳能	—	—	—	—	—	—	—	255	195	223
李永春	—	—	—	—	—	—	—	296	373	236
翟德群	—	—	—	—	—	—	—	274	274	230
陈直荣	—	—	—	—	—	—	—	330	436	110
李海风	—	—	—	—	—	—	—	225	—	—
徐兴国	—	—	—	—	—	—	—	75	517	107
张春泉	—	—	—	—	—	—	—	—	156	207
徐金华	—	—	—	—	—	—	—	—	226	132
胡启全	—	—	—	—	—	—	—	—	300	140
薛建峰	—	—	—	—	—	—	—	—	—	191
翟晓涛	—	—	—	—	—	—	—	—	—	187
张建云	—	—	—	—	—	—	—	—	—	153
张桂平	—	—	—	—	—	—	—	—	—	140

第二节　耕地和田圩

一、耕地

群星村地处长江三角洲，土地平整、肥沃，水网交错，全村耕地适合稻、麦两熟种植。中华人民共和国成立以前，可耕种土地私有化，归私人所有。经过50年代土地改革运动，贫苦农民分得土地。1958年，人民公社成立，群南、群北、同心3个大队各划分出若干个生产队，以农民原有土地为基础，划分该生产队耕地，每个生产队的人口、劳力、耕地面积有差异，该情形一直持续到1983年。1983年12月，群星域内根据1983年中央一号文件《当前农村经济政策的若干问题》实行农村经济体制改革，试行家庭联产承包责任制，每个劳动力按生产队耕地亩数划分责任田、口粮田、自留田。1988年，域内根据村劳动力大量转移的实际情况，对家庭联产承包土地进行第一次调整。1993年，进行第二次土地承包确权，开始实行土地流转规模经营，包括开办家庭农场，开挖鱼塘，种大棚蔬菜、瓜果，在低洼田种植莲藕等。1998年，延长第二轮土地承包期30年（在籍

群星村村委会西侧的农田
（示范区）（2018年，蒋雪根摄）

农业人口才能享有土地承包权）。从2012年开始，由于城镇规划，土地逐渐被征用。到2020年年底，域内耕地包括其他土地均被丰产方、绿化、高铁站、地铁护养站等建设所征用。

二、田圩分布

群星村田地平整、土地肥沃。2002年的土地普查测绘结果表明，域内面积3.15平方千米，其中耕地总面积4 140.40亩。由于域内田地分散，村民为了干农活时能有明确的干农活地点，就根据田地方位、地形特点，给田块起了易记的田圩名称。

2002年群星村耕地面积情况统计表如表3-8所示。

表3-8　2002年群星村耕地面积情况统计表

队别	总面积/亩	田圩名称	田圩面积/亩	队别	总面积/亩	田圩名称	田圩面积/亩
1	166.00	生田港	88.00	5	278.00	村东面	75.50
		南生田港	43.00			村西面	74.00
		唐自圩	35.00			姚家港西	12.50
2	249.30	河南岸	65.00			黄泾河北	51.00
		南江河北	63.50			姚家港东	65.00
		村后	61.00	6	166.50	生田港	98.50
		村西	32.80			北港里	68.00
		生田港	27.00	7	167.50	河北岸	68.50
3	135.80	河南岸	66.30			北江里	99.00
		河北岸	32.00			十五头	18.00
		西湾角	37.50			四十亩头	43.00
4	282.30	大洋里	62.00	8	290.20	"小台湾"	17.00
		外港	50.00			黄泾河北	28.00
		屋后头	92.00			黄泾河南	184.20
		西圩泾	30.00	9	288.70	上芒	153.00
		"小台湾"	48.30			铁路北	135.70

续表

队别	总面积/亩	田圩名称	田圩面积/亩	队别	总面积/亩	田圩名称	田圩面积/亩
10	326.60	唐自圩	71.00	16	180.50	副业地	32.00
		娄南	73.00			娄里后	23.00
		直南江西	78.00			二十五里	35.00
		村后头	53.00			南角陆	90.50
		角上前	51.60	17	177.50	圩泾港	43.00
11	189.00	谷自圩	64.00			头区	52.00
		唐自圩	109.00			中区	32.00
		娄南	16.00			二十亩头	26.00
12	184.00	谷自圩	62.00	18	179.50	村东	24.50
		唐自圩	105.00			荷花娄	103.00
		娄南	17.00			洋塘田	76.50
13	152.00	洋桥西	37.00	19	147.50	后浜	86.00
		洋河角	33.00			黄渎	25.00
		毛巾河	25.00			洋塘田	36.50
		十二亩头	12.00	20	177.50	黄渎	28.00
		西四亩	22.00			长千八	47.00
		孟将娄	23.00			黄泾岸	28.00
14	112.50	洋桥西	23.50			庙前	20.00
		公场东	35.00			万千娄	54.50
		公场西	36.00	21	170.00	黄渎	38.00
		新开河南	18.00			长千八	64.00
15	119.50	北野坟	22.00			黄泾岸	20.00
		北秧田	15.00			万千娄	48.00
		娄江南上区	37.00	—	—	—	—
		娄江南下区	45.50	—	—	—	—

第三节 农作物种植

一、种植品种

水稻是村民粮食种植的当家品种。中华人民共和国成立以前，群星域内村民种植粮食一般都自留种子，品种很少有变化。水稻基本以种植籼稻为主，因为籼稻成熟期短，一般在8月底就可收获。这种籼稻谷碾成米，口感黏性小，但煮饭涨性特别好。初级社成立以后，籼稻品种因产量低及口感差逐步被粳稻所替代。在以后的几十年中，水稻品种不断优化、更新。

麦子是村民种植的传统粮食作物，域内主要种小麦。中华人民共和国成立前，小麦品种以自留为主，高级社建立后，域内才不断有小麦新品种出现，也有种植少量元麦和大麦。元麦早熟，一般在5月初就要收割，空出来的麦田可以另作他用。大麦作为耕牛食用饲料。因为元麦和大麦品种单一，而且产量较低，到60年代末，这2种麦断种。

油菜是村民种植的主要油料作物，用菜籽打油是村民食用油的主要来源。1958年之前，村民种植本地菜籽。本地油菜籽粒小，产量低，出油率极低，抗病抗倒伏能力也差。60年代，引进胜利52号（本地口语是"朝鲜油菜"）之后，油菜品种也不断进行改良。

50年代—2000年后群星村作物种植品种情况统计表如表3-9所示。

表3-9　50年代—2000年后群星村作物种植品种情况统计表

时间	水稻品种	小麦品种	油菜品种
50年代	太湖青	华东6号	土白菜
60年代	金南风、世界稻、老来青	昆麦672	胜利52号
70年代	苏粳、昆农选、农垦58	扬麦671、扬麦2号、3号、4号	宁油7号
80年代	太湖粳、东亭3号	昆麦672、扬麦13号	串棋1号、909
90年代	太湖粳2号、武运粳7号	镇麦、沪麦4号	苏油2-26
2000年后	南粳46号、武运29、武运粳30、武运粳19号、甬优8号、常农粳18、常优1号、苏香粳1号	扬麦16、镇麦12	沪油16、镇油5号

二、水稻种植

秧苗培育　50—60年代，生产队都要留一定耕地做秧田（做秧田的地不能种麦子，一般都在做秧田的地里种红花草）。做秧田时，要对土地薄片浅翻，再上水把泥捣烂，开沟分垄，把垄面耙平整，最后用木板把面推平。70年代后期，群星域内提倡做透气式秧田，挖沟整垄，再上水整平垄面，等待落种。进入21世纪，为适应机器插秧需要，村民不做秧板，改用塑料浅框育秧，浸种催芽。村民在早期采用清水浸种，把稻种装在草包里，扎紧袋口，浸在河滩边，2天后捞起，堆在一起，上面盖上稻草后用水淋湿保持潮湿，待稻谷开口露出白芽，即可落种。50—60年代初，村民改用水缸石灰水浸种，3天以后捞出稻种，沥干堆成一堆，盖上乱草，增温催芽。70—80年代，因育苗时间要早，气温低，村民一般采用热水增温给双季稻稻种催芽。90年代以来，村民普遍采用药剂浸种、催芽。

落种　50—60年代初期，在做好的秧板上浇上一层薄泥浆，随即落种，再撒上一层草木灰，以防幼芽被晒死或被鸟类吃掉。60年代末，域内开始推广泥浆落种，待毛坯秧板上有细裂缝后，将秧板沟里的泥浆泼到秧板上，用窄门板把秧板推平。待秧板略干后，再将沟里的泥浆浇在秧板上，继续用板推平，紧

接着落谷。谷子要撒布得均匀,每亩播种量在50~60千克,落谷后在上面盖上草木灰。为促进秧苗生长,也有的盖上一层薄薄的"营养土"。70年代,域内推广落下种子后用轻木板在秧板上推一遍,把种子压进泥浆里,保证种子出苗率高。80—90年代,域内推广种植杂交水稻,仍然采用泥浆落种,播种量为每亩9~10千克,省下许多种子。落谷后,仍用木板把种子压进泥浆里,最后用喷雾机在秧板上喷上专用除草剂。进入21世纪,人工插秧改为机器插秧,稻种落在特制秧盘里。具体做法是先准备好用筛子筛过的细土,按老办法整好秧田,分垄做平,把秧盘排放在秧板上,在秧盘里放好细土,刮平上水,在秧盘里落谷(每亩用种量只要3千克),最后盖上无纺布。落谷前种子已经催芽,盖上无纺布后既保温又保湿。过10~12天,揭掉无纺布,秧龄可缩短为15~20天。

水田翻耕 在秧苗移栽之前,大田要上水翻耕。60年代以前,水田翻耕主要靠牛力,俗称"冲田",确保把泥土搅烂,便于插秧。从60年代开始,域内逐步利用机械代替人力和牛力。90年代以后,域内基本实现机械作业。大田上水翻耕后,还要进行水田整平,留下薄薄一层水在整平的田里。

大田插秧 秧龄满1个月,就开始大田移栽,俗称"莳秧"。先到秧田里拔秧,每把秧由两叉合成,用1根稻柴扎紧,人称"一孝秧",再有劳动力用秧筐把拔好的秧运至大田。70年代前,莳秧人自行踏出行距来,每行6棵,两脚中间2棵,左右两边各2棵。70年代后,村民开始用绳规定行距,称"经绳"。起先用草绳,在1根长竹竿上定好行距,扎上草绳,把竹竿往后拉,后改用塑料线。莳秧人在两线中插上6棵秧,一般每棵3~4株,有的品种只插单株秧。初学插秧者往往6棵插不均匀,行距踩不准确,株距或大或小,随着不断实践,莳秧效率明显提高。大田莳秧一般采用浅水莳秧,深水活棵。秧苗不能插得过深,深则不利于发棵,但也不能插得过浅,浅则容易氽棵(当地农民的口语,指秧苗被插到田地后,由于插得浅而浮在水面上)。单季稻栽秧时间一般从夏至前一周开始,双季稻则根据不同品种的秧龄来确定。进入21世纪,手工弯腰莳秧逐步被机器插秧所替代。

三、三麦种植

50—60年代,群星域内以牛犁翻地为主、人工铁搭翻为辅。用牛翻耕的地要整垱，俗称"做垱头"，垱宽1.5米左右（当时提倡窄垱浅沟）。先把垱面做平，播上麦子，再用铁搭把泥块削细，盖住麦子，俗称"削麦泥"。接着用麦泥耙把麦垱上的泥块拍细，俗称"拍麦泥"。到来年1月，再用铁搭把麦垱沟里的泥土挖到麦垱上，俗称"压麦泥"。

1958年，域内提倡深耕细作，土要翻到1尺（1尺为33.3厘米）以上，垱面上要消灭鸡蛋块。70年代以后，域内提倡每垱之间的沟要开30~50厘米深，做到横沟和竖沟相通，每块田的主沟和河相通，其中处于田块中心位置的主沟深度往往要大于其他沟。70—80年代，域内开始推行板田麦，即在水稻收割的前3天，把麦种均匀地撒到稻田里。待稻子收割完，在稻板田上施上除草剂，接着施化肥作为基肥，再按垱宽开挖深沟，把挖出的沟泥铺在麦垱面上削细，盖住麦子。小麦施肥在分蘖、长粗和拔节孕穗3个阶段中进行。

种植元麦和大麦的过程跟小麦差不多，但元麦和大麦没有像小麦那样受重视。当地种植的元麦品种一般都是自留种。元麦生长期短，一般在小麦收割前的半个月就要收割。60—70年代，各生产队都要种植3~5亩元麦，作为集体养殖的猪及牛的精饲料。本地种植大麦极少。大麦虽然也可作为精饲料，但不如元麦质量好，再加上大麦产量更低，由此大麦逐渐被淘汰。

四、油菜种植

50年代，群星域内种植的油菜为本地油菜。先用菜籽播种，培育菜秧苗，待秧苗长5~6叶时就可移栽到大田里，称为"种菜籽"。方法是用菜花柱（用青石做成心形的石器）在田里撞击出1个浅潭，在潭里浇上一点泥浆，把菜秧种在潭里，再拿一小块泥压在菜秧根上并压紧。这种油菜籽粒小，出油率低，到50年代后期逐渐被淘汰。高级社成立以后，油菜出现新品种，域内称其为"朝鲜油菜"，即"胜利52号"。这种油菜是60年代以来域内主要粮油作物。种植这种油菜时，首先要把秧苗地整平，垱面泥土碎细；9月中旬播种，出苗后要及时间苗、匀苗，合理使用好苗肥，保证每株油菜苗粗壮有力；到10月底就要开始移栽。70年代前，村民都是翻耕做垱种植油菜，移栽密度在每亩8 000~10 000株。80年代以来域内推行种植秧田菜籽，在稻板田上每2行为1塄，2垱之间留1条沟。在垱面上套肋，肋距为40厘米左右。每肋种上油菜，株距为30

厘米左右。

五、作物收割

单季晚稻在10月下旬至11月上旬收割。50—60年代，用镰刀收割，把割下的稻子晾晒在田里，3天后捆起来，然后挑上船或直接挑到脱粒场上。那时，村民用稻床脱粒（俗称"掼稻"）。掼稻时，掼稻人用双手抓住稻把，使劲掼在稻床上，直至使谷粒全部掉净为止。扬谷就得靠自然风，也有用木制风车的，靠人力摇动风叶来形成风力。60年代后期，有脚踏双人脱粒机，2人各用1只脚踏来带动脱粒机滚筒旋转，稻把放在滚筒上使力才脱掉粒。从70年代开始，用柴油机带动2台超长大型脱粒机，每台可以让4人一起脱粒。80年代，用电动机带动脱粒机，还有电动扬谷机，没有自然风也能把脱粒下来的稻谷扬干净。90年代后期，村民开始用联合收割机，把机器开到田里，割稻、脱粒、扬谷、粉碎稻柴等一系列工作可以一起完成，大大减轻了劳动强度，提高了劳动效率。农户只要把谷子晒干，再出售或储存即可。

小麦收割期是在每年5月底至6月初。在人工收割期间，小麦是随割随收、及时脱粒。当地的一贯做法是"稻上场、麦上氅"，意思就是稻子可以在场地上堆起来，而小麦一定要立即脱粒，并晒干进仓。小麦脱粒与水稻脱粒一样，也经历了从甩麦、脚踏脱粒机、柴油机脱粒到电动机脱粒的过程。到21世纪，小麦全部由联合收割机来收割。

油菜收割是在5月至6月初，50—60年代油菜收割以连根拔起为主。根据"九成熟，十成收"理念，在菜结发黄九成时就要收割。那时，村民把拔下的油菜拿到场上，堆成垛，过一段时间再用稻床掼。自70年代以来，村民改用镰刀收割，把割下来的油菜放在塄上晒3~4天，然后拿1块特大布平摊在菜地中央，把晒枯的油菜拿到布上用棍敲打或用脚踩踏，再把敲打出来的菜籽扬干净后集中晾晒，最后出售或储存。80年代，油菜九成熟时，各农户就用镰刀割下，散放在菜塄上，晒3~4天后就直接在田里一小块场地上铺上一大块布，把油菜放在布上进行脱粒扬晒。

第四节　农技农机

一、农作物管理

(一) 田间管理

秧田早期管理主要是上水和施肥。落谷后3天开始给秧田上水,之后一般做到白天灌水、晚上排水,在移栽前一星期昼夜有水。60—70年代,群星域内提倡秧田管理科学化,在秧苗一叶一芯前,做到晴天满沟水、雨天半沟水,水不上秧板。在秧苗一叶一芯时施"断奶肥",留浅层水。在秧苗长到3~4叶时施"接力肥",移栽前3~5天施"起身肥"。90年代,群星域内推行根外追肥技术,对于瘦秧苗,每亩用2千克浸出液加适量尿素喷洒叶面,促使秧苗早分蘖、早发棵。在秧苗灌水、施肥过程中,同时注意病虫害防治,并及时除去杂草,以确保壮秧。对于用秧盘培育的秧苗,前期用营养土,加上苗期合理补肥,也能确保壮秧,为插秧机在大田移栽提供有力保障。

水稻移栽后进行中耕管理。中耕管理主要体现在灌水、耘耥、除草、除虫、施肥等方面。60年代,水稻灌水主要靠人力、畜力和风力,一般有2~3次"干干湿湿"(搁田),每次搁田以脚踩田面稍有印为宜。70年代,灌水用抽水机、电力灌溉站等。生产队管水员负责适时灌水或排水,保证水稻正常生长。中耕管理的重点是做耘耥。水稻移栽满20天以后,就要为稻苗拔草(本地称为"走草"),拔掉与稻苗同时生长的稗草、三棱草、黄花草等长草头,鸭舌草这种短草就用耥来去除。经过耘耥,田间短草被抓起来,浮在田面上,接着进行耘稻。耘稻有走耘和跪耘。耘稻时,用双手把草捏成草团,塞在深土中,不让其生长繁殖。耘稻一般要耘3次,做到田面发白(无杂草)。80年代初,村民开始用除

草剂。除草剂有粉剂和水剂。粉剂是拌在化肥里的,在大田移栽后5~7天里撒下去,既是稻苗分蘖肥,也是稻田除草剂,重点是确保田间有一定水量。水剂要用喷雾机喷洒,在移栽后5~7天里使用,使用时同样要确保田间有足够水量。

50—60年代,给水稻除虫用土办法较多,对二化螟、三化螟,采用夜间点灯的办法来引诱。在几块田的田头搭1个三脚架,在架子中间放1个盛水盆,放上大半盆水,再在架子上吊1个桅灯,用灯光引诱飞来的螟虫,让其掉在灯下水盆里。对付稻飞虱用柴油。将柴油装在竹管里,在竹管上钻几个小眼,在灌满水的稻田里拖动竹管,让柴油漂浮在水面上,稻飞虱落下后就再也飞不起来了。70年代,治理水稻病虫害主要靠农药。上级农技部门会定期布置用药名称、时间、剂量及用药方式。

对于水稻施肥,50—60年代村民主要用有机肥料,以河泥作为基肥,人粪、家禽粪、畜粪等作为追肥。70年代,村民开始以化肥作为追肥,5~7天施分蘖肥,接着施长粗肥,最后施孕穗肥。对特别瘦弱的稻苗可以再施肥(简称"捉黄塘")。80年代,农田基肥和追肥都使用化肥,增加使用高效复合肥。

三麦和油菜管理比较简单,12月要对麦沟进行清理(疏通),把沟里泥放到麦塄头上,再用木头做小圆柱形的小木头,去拍碎泥,把麦苗拍软;油菜则是在冬季耕种、培土防冻和开沟,施好抽薹肥、花肥控制早衰,用好硼肥和多菌灵,提高结实率,及时防病治虫。

(二) 防病治虫

群星域内水稻病害主要有水稻纹枯病、稻瘟病、水稻白叶枯病、水稻条纹叶枯病、恶苗病、干尖线虫病、水稻基腐病等。水稻虫害主要有稻蓟马、大螟、二化螟、三化螟、稻纵卷叶螟、稻苞虫、叶蝉、稻飞虱等虫害。三麦病害主要有小麦赤霉病、黑穗病、小麦纹枯病、立枯病、白粉病等。三麦虫害主要有黏虫、蚜虫、叶蝉等。油菜病虫害主要有菌核病、小地老虎等。

中华人民共和国成立以前,村民对病虫害防治方法不多。19世纪以前,域内就遇到数十次蝗灾,有的年份竟然颗粒无收。明崇祯十四年(1641),秋季蝗虫肆虐,村民以榆树皮为食。清乾隆二十年(1755)8月,域内既遇水灾又遭虫害,村民遭遇饥荒,米涨到3 500文一石。清咸丰十年(1860),飞蝗蔽天,集田伤禾,饥饿至死时有发生。

中华人民共和国成立以后，各级政府重视病虫害的防与治，建立农业防病治虫科研机构，指导村民开展防病治虫。50年代以前，群星域内农民抵御农作物害虫能力十分低下，遇到蝗虫灾害时灾情更为严重。严重受灾年份减产达五六成，有的田块几乎绝收。50年代初期，人民政府号召农民采取挖稻根、点灯诱蛾蚕、采卵块等方法防治螟虫。60年代，人民公社成立防治螟虫科研攻关小组，与各生产大队农技员一起，进行观察、研究，了解并掌握螟虫生活及繁殖规律，开始从源头上进行防治，使螟虫危害水稻的情况得到有效控制。其后，农业科研机构对种子处理、病虫害预报预测、品种变换、灭杀虫害方法进行改进，各生产队在农技员的指导下实施，收到良好的防治效果。

70—80年代，村（大队）农技员根据上级科研部门的指导，及时通知生产队及各家农户开展病虫害防治工作。乡镇农技站具体指导用药种类、施药时间和用药量、兑水量及施药方法（喷雾或泼浇）等。

80年代以后，村民常用农药。针对黏虫、小地老虎、稻纵卷叶螟、飞虱、叶蝉用敌百虫防治，针对水稻、三麦、果蔬虫害用敌敌畏防治，针对蓟马、蚜虫及瓜果蔬菜类害虫用甲基对硫磷（甲基1605）防治，针对螟虫、飞虱、叶蝉等害虫用治螟磷（苏化203）防治，针对黏虫、稻纵卷叶螟、蓟马、稻苞虫等害虫用双对氯苯基三氯乙烷（滴滴涕、二二三）防治，针对螟虫、稻纵卷叶螟等害虫用杀虫脒防治，针对蓟马、飞虱、叶蝉、稻纵卷叶螟、螟虫等害虫用甲胺磷（杀虫灵）防治，针对螟虫、叶蝉等害虫用杀螟腈防治，针对飞虱、叶蝉等害虫用噻嗪酮（扑虱灵）、混灭威防治，针对蓟马、飞虱、叶蝉、螟虫等害虫用呋喃丹防治，主治小麦赤霉病、白粉病、水稻纹枯病、菌核病、小麦腥黑穗病及小麦散黑穗病等病害用多菌灵，主治稻瘟病用与有机磷混合兼治飞虱的稻瘟净，主治水稻纹枯病用稻脚青，主治水稻、小麦纹枯病用井冈霉素，主治水稻白叶枯病、白粉病用敌枯双与三唑酮（粉锈宁），主治稻瘟病、恶苗病用抗菌剂401。

二、肥料

（一）有机肥料

有机肥料（农家肥） 种类繁多，主要有大河和小河里的淤泥、人粪、家

禽牲畜粪便等。积农家肥、培育有机农肥是村民传统。70年代以前，群星域内农业生产不用化肥，只用农肥。村民为给大田增添肥力，实现增产增收，总是利用农闲时节积农家肥，千方百计增加农田有机质。70年代以后，群星域内虽开始使用化肥（开始时只是少量使用），但各生产队仍保持积农家肥的做法，因地制宜开展积肥，培育农田有机肥料。

吊塘泥积肥 用一种特制口袋（袋口装上大铁链，口袋上部用绳索连在船上），摇动船使沉在河底的口袋把浮泥"吃"进口袋里，到时把口袋拉起，把泥倒入船中。或者驶船拿捻网把河底浮泥罱进船里，再把泥放进专门挖好的潭里，与柴草混合，让其发酵，以增加肥力。70年代，生产队还发动社员割野草，把潭里的塘泥吊起来，再把野草放进潭里与泥搅和，使泥和柴草、青草混合，腐烂发酵。塘泥肥是水稻田里的主要基肥。

放养绿萍 在水稻大田里放养绿萍，既能给土地增加肥力，又能阻止水面底下杂草生长，一举两得。60年代末，群星域内各生产队都开始大力培育、放养绿萍。放养技术员负责绿萍培育和管理。冬季因寒潮影响，绿萍经不起冰冻和霜打，有可能会枯死，为此，村民先开几个绿萍种子塘，在塘里放上薄薄一层水，把绿萍种子放进去，再在塘上盖上塑料薄膜，把薄膜四周压紧，并保持塘里经常有水。保存好的绿萍种子到来年春季天气转暖后就会快速生长。在气温升至15℃以上时，村民就开始放养绿萍，先将其从小塘移动到大塘里，待大塘里长满后就放养到大田里。大田放养一般都在大田插秧前，把大塘里的绿萍捞起装在竹篓里，之后挑到大田里放养。绿萍在大田里迅速生长，在水面上结满厚厚一层。半个月以后，村民开始收集绿萍，把绿萍塞入泥土。绿萍腐烂后能给水稻增添肥力。放养绿萍的大田能改良田块土壤。

秸秆还田 70年代以前，因人力翻耕土壤，村民都用秸秆作为家庭生活燃料，很少用秸秆还田来增加土地肥力。70年代后，有手扶拖拉机翻耕土地，秸秆还田容易操作，政府就鼓励村民通过秸秆还田来提高粮食产量，给村民供应一定数量生活用煤。秸秆还田最早是把油菜萁均匀地埋在大田沟里，大田上水后不过几天菜萁就腐烂。80年代初，村内菜萁还田量达种植油菜面积的80%以上，后来村民还用稻柴、麦柴秸秆还田。2000年以后，收割时使用大型联合收割机，在脱粒扬谷的同时，把稻麦柴草粉碎并均匀地撒落在田里。再用大型拖拉机耕翻土地，使粉碎后的稻麦柴埋在土下。这既能促使柴草快速腐烂，又不妨碍田面上耕种。

肥料田 70年代中期，群星域内各生产队开辟肥料田，开展堆肥积肥。一般地村民会先选择一块大田，用人力或牛力把土层深翻，接着在田里灌满水，然后不断地搅拌，把浮泥搅成泥浆，最后把稻柴、杂草等放进泥浆中制成沤肥，待略干后，挑入田头潭里。域内各生产队开展积肥和培育有机肥料的方式多样。60—70年代，村民开船到上海、苏州城里去运河泥。那时，上海、苏州城里河底有大量淤泥。这些河泥肥力较强，既能当基肥，又能当追肥。上海的河泥肥效高。虽路途远，来回运一船泥需要3天时间，但村民还是会选顺风时开船去运泥。苏州环城河里河泥肥力差些，但来去时间短，村民一般3天能运2船泥。村民还经常去上海装运垃圾。那时，上海居民的生活垃圾是倒在小弄堂里砖砌的垃圾箱里的。生产队派社员开船到上海挑垃圾（后来用板车拉），运回来的垃圾（主要是厨余垃圾）大多用作小麦田追肥，也有和塘泥搅拌作为水稻基肥。另外，生产队发动社员趁休息日到外村或村内去扫鸡屎、捡狗屎，交给生产队称重量折工分；把集体和个人圈养猪产生的猪窠、每个家庭产生的人粪、生产队自有的牛粪，还有从上海、苏州等城市里装运过来的大粪、垃圾等分配给各生产队。除此以外，生产队还养殖水花生（喜旱莲子草）、水葫芦（凤眼莲），为农田增加一定有机肥料。

（二）无机肥料

70年代，群星域内各生产队开始使用化肥，即无机肥料。最早使用的无机肥料是氨水。生产队派社员开船到指定码头，把氨水放在船里装回生产队。氨水易挥发出浓浓的氨气，十分刺鼻，如果用作追肥容易烧伤农作物，一般都用作基肥。后来，村民使用碳酸氢铵。70年代末，昆山在青阳港建起化肥厂，生产碳酸氢铵化肥（俗称"青阳港化肥"）。碳酸氢铵的特点是肥效产生得快，但肥力持久短。90年代起，含氮、磷、钾元素的复合肥被推广，硫酸铵、尿素、磷酸钙、钙镁磷肥、钾肥、复合肥等逐渐被农户接受并使用。复合肥从低效复合肥到高效复合肥，使用面比较广，既能作基肥，也能当追肥。随着域内农业规模经营发展，生产经营者往往只用无机肥料，使土层硬化，没有透气性，影响到土地质量。

三、农具农机

（一）传统农具

农船是大型农具之一，70年代以前群星域内的农船都为木船，70年代以后有水泥船、铁皮船。农船有大、中、小之分，大船载重量在 8 000~10 000 斤，小船载重量在 1 000 斤以内，中船载重量介于两者之间。大船上配备桅杆、风帆等辅助用具，是出远门的主要工具，承担着积肥、运肥、收粮、售粮等任务。中船主要用于塘泥积肥，小麦、水稻成熟后的收获等。小船一般用于去市或镇买卖物品、求医看病、探亲访友等。

耕牛是村民耕地的重要畜力。50年代，互助组、初级社、高级社、生产队都养几头耕牛，用来翻土耙田。70年代以前，域内耕牛有水牛和黄牛两种。黄牛力气小，食量也小。村庄里不少小户人家都喜欢养一头黄牛，用于水田翻耕和牛车打水。70年代以后，域内基本只有水牛。

与牛配套的大型农具有牛盘车，用牛拉动给水稻田灌溉。还有一种用风力转动来带动水车给稻田灌溉的风车。牛车和风车制作工艺较复杂，用料多，使用时装配也较麻烦，在没有机灌、电灌设施以前，是域内农田（主要是水稻田）灌溉的大型农具。80年代，农村实行家庭联产承包责任制，随着电力灌溉站的建造，水车和风车被淘汰。

除此以外，传统农具还有犁。犁分水犁和旱犁。水犁用来翻耕水田，为插秧做准备。旱犁用来翻耕稻板田、麦埨田等旱耕地。犁田时村民一手扶犁把，一手牵牛绳，到田头一手拉起犁，一手用牛绳拉牛转弯。耙有刀耙和割草耙两种，刀耙用于把大块泥块碎细，割草耙用于在大田插秧前平整田面。1958年，因深耕深翻需要，村民添置双层双铧犁，用2~3头水牛来拉，由于拉力过重，该农具很快被淘汰。70年代，犁和耙逐渐被手扶拖拉机替代。

（二）现代农业机械

拖拉机 60年代末，群星域内开始用手扶拖拉机耕作。70年代初，各生产队普遍有1~2台手扶拖拉机，作为主要耕作机械。1992年，域内开始推行农田规模经营。村集体购买中型拖拉机，包括旋耕机、开沟机等，并建造机房，配置专职机匠负责驾驶、维修和保养等工作。有了中型拖拉机，水稻田翻耕、耙耙等做到全覆盖，翻土及旋耕速度大大提高，翻土质量也优于手扶拖拉机，于是手扶拖拉机逐渐被淘汰。

抽水机 60年代初，域内开始配置抽水机，由1台柴油机带动水泵给田块灌水，柴油机和水泵都装在1条船上，可以流动到各字圩给田块灌水。1965年，群北大队在村南直南江东岸边建1座电灌站，配置1台20英寸（1英寸为2.54厘米）水泵和30千瓦的电动机，并相继做配套的灌溉渠道和倒虹吸。共筑大小排灌水渠7 620米，过江倒虹吸8条。灌溉站建成，灌溉域内40%的水稻田，剩余水稻田灌溉就靠流动抽水机来完成。之后，域内又陆续建4座灌溉站，使水稻田灌溉率达100%，不再需要流动抽水机来完成灌溉。1998年，由于高速公路丰产方需要，群南村村委会出资对群南灌溉站进行翻建，解决丰产农田灌溉问题。

喷雾机 50年代末至60年代初，生产大队购买小型人力压缩式喷雾机等植保机具。60年代中期，每个生产队都拥有数台小型人力压缩式喷雾机，完成对水稻、小麦和油菜农作物的喷雾工作。70年代，每个生产队都配备1台肩背手压杠杆式喷雾机、手摇药粉机。80年代，生产队开始购买、使用远程机械喷雾机。

1983年，群星域内实行家庭联产承包责任制后，域内农户基本上都有1台手动背包式喷雾机。2000年以后，农业规模经营发展，大田使用人力手摇喷粉、喷雾机逐步被机动植保机取代。手动背包式喷雾机也只在农户种植少量蔬菜地时使用。自2006年起，域内实现植保机械化，施药机械化，甚至连施撒化肥、小麦种子播撒也都是机械化，不仅速度快，而且更均匀。

脱粒机 50年代及以前，域内水稻、小麦脱粒主要靠稻床，用人力在稻床上甩稻、甩麦。甩麦后，还要用削柴棒来削稻柴、麦柴，削下稻麦柴上剩余的颗粒。50年代末至60年代初，每一个生产队都有1~2台双人脚踏脱粒机。60年代中后期，生产大队有装在船上的柴油抽水机，各生产小队购买4人用的脱粒滚筒，再用柴油机拖动滚筒来脱粒。大队柴油抽水机依次为各生产队脱粒。70年代中后期，各生产队脱粒晒场都移到田头，为每一块场地都通上电线，开始用电动机脱粒、扬谷。1983年，农村实行家庭联产承包责任制后，农机脱粒方式基本保留原集体时的状况：一般由3~4户组成一组，拥有1台电动机、1台电风扇、1台脱粒滚筒，轮流完成脱粒工作。

收割机 90年代末,域内开展使用联合收割机割稻子和麦子,收割与脱粒一并完成。当时,联合收割机属私人所有,按收割亩数来计算工钱。2000年以后,村集体自筹资金购买联合收割机,安排专人驾驶、管理、保养,村内作物田全部由联合收割机来收割。自2005年起,全村农户机械收割与脱粒率为100%。

1950—2016年群星域内农业机械配置情况统计表如表3-10所示。

表3-10　1950—2016年群星域内农业机械配置情况统计表

农机类型	农机名称	数量/个	启动年份
排灌机械	灌溉机船	3	1950
	灌溉站	1	1964
	排涝站	1	1980
植保机械	肩背式喷雾机	80	1970
	弥雾机	26	1980
	植保机	15	2010
	久保田植保机	3	2020
耕作机械	手扶拖拉机	19	1970
	中型拖拉机	6	1992
	上海-50型拖拉机	10	2000
	久保田收割机	5	2007
	久保田中型拖拉机	3	2016

筛子
(2018年,景二男摄)

耥板
(2018年,景二男摄)

犁

(2019年，王秀根摄)

插秧机

(2020年，蒋雪根摄)

全喂入履带式收割机

(2020年，蒋雪根摄)

拖拉机

(2020年，蒋雪根摄)

手摇风车

(2020年，蒋雪根摄)

第五节 农活琐事

开泥潭 开泥潭是一项虽简单但需要技巧的农活。泥潭一般四周边长为3米,深度为1.2米,岸宽度为2米,要求四面拍结实,确保不漏水。生产队规定每1.5亩田开1个泥潭,每个人每天定额开1个泥潭。开潭的过程是:先把开起来的泥一层层堆放平整均匀、踏结实且没有空隙,然后四周拍结实,用铁锹将四边草铲光,做到光滑结实、不漏水。

罱泥 水稻、小麦生长所需要的农家肥一般都以泥为主。中华人民共和国成立以前,每年农历正月十六日罱泥(称"开禁")。罱泥积肥的辅料是稻柴或猪窠。罱泥在农活中是一项既要技巧又要体力的农活。一般以3个人为1组,用5吨农船,每天定额罱4舱泥。每个生产队用2~3只农船,一个春季下来能完成农家积肥任务。罱泥工具是泥网、网杆,网要做得扎实。罱泥需要2根网杆,上面一根叫豁杆(掌握方向),下面一根叫挺杆(把浮泥铲进网中)。罱泥要一定技巧,先用2根网杆将网袋撑开,放入河底,再撑开网杆,将泥罱进网中再合拢,用力拉起来后将泥倒入船舱。

拖泥 拖泥首先要有一个好的拖泥工具。工具有用铁打的拖泥链条、用水巾布做成的布袋、用稻柴打成的拖泥索。这3样工具合起来,就是一整套拖泥工具。拖泥有技巧,摇船也有一定讲究。人的力气要大,拖袋要尽量往船艄后放,越后越好(称"扔后袋")。在拖袋起水时开始倒泥,船开始摇动,这样拖袋扔下去,船正好启动,以加快前行速度。摇船首先要熟悉当地河道的情况,这样才能拖得到泥。

颠泥 颠泥主要用于田圩中长100米以上的田块和几区田(一个田圩中出现长120米以上的多个田块群),解决因田块太长而肥料不足的问题,并且便于在农忙中挑泥。颠泥农活相当辛苦，村民一般在春山里（春天）颠阳澄湖泥，1人1天只能颠1船泥，每担泥颠的距离都差不多为60~120米。

翻潭 20世纪60年代末，翻潭主要是把原来罱好、堆放在潭里的泥吊起来，加上红花草或青草再放到潭里，浇上水，再搅拌和发酵。翻潭农活一般是妇女干的，每人1天定额翻1个潭，要确保1个星期不断水。过10天，生产队长逐个检查，要看到潭面泛起蟹沫绿泡，发黑发臭，即潭面臭烘烘、铁搭一作四角动，才能算合格，记上工分；不合格的必须返工，直到合格为止。

堆肥造肥 堆肥造肥这种农活一般在秋收前（10月1日后）进行，方法：把当地大岸上的草、水沟里的草、田岸上的草用华锹（铁锹）连泥带草一起铲起来，做到大岸、水沟、田岸三面光，加上集体公场剩下的烂柴草一起堆肥；用河泥或烂泥把表面封好，不让草堆肥泄气，确保其发酵，过10天翻堆，让它均匀发酵，做到上下、四周一个样。经过堆肥造出的肥料用于小麦播种后齐苗，在越冬时盖在麦垄头上，起到增肥、保暖的作用。

阳澄湖轧水草 每年春夏，生产队就会组织村民去阳澄湖轧水草。轧水草时，一般用5吨驶篷船（木船），以3人为一组，定额1天轧1船水草。阳澄湖湖面大，湖下水草丛生，村民有时1天能轧2船水草。村民一般从早晨开始轧水草，自带午饭或在船上烧饭，至下午3点返回。

倒肥料 20世纪60年代至80年代初，村民外出积肥还要倒垃圾、倒大粪、倒氨水。倒垃圾时间一般为每年4月左右，倒大粪、倒氨水在每年6月，一般由男劳动力承担。到上海一般要4天时间，每只船上配有3人，1位师傅、2位下手。到苏州城里倒大粪、倒氨水要2天时间，每只船配有2人，1位师傅、1位下手。买回来的氨水、大粪及生活垃圾及时施到农作物上，以保证农作物营养。90年代以后，这类农活完全消失。

第四章　产业经济

　　群星域内的产业经济在中华人民共和国成立以前和成立初期以种植业为主。20世纪60年代,随着农业劳动生产率提高和村人口增多,出现多余劳动力,村民开始追求生活质量,除发展家庭副业之外,域内开始创办以加工业为主的小型企业。1964年、1973年、1976年群北大队、同心大队、群南大队分别开办饲料加工厂。1978年,群南大队开办豆腐作坊。1978年,群北大队开办五金加工厂,于1981年开办群北服装厂。1983年,北洲村开办纸盒厂。1993年,群南村开办钙塑箱厂,群北村开办香料日用化工厂等。这些企业规模都很小,有些企业因为技术落后、产品质量不过关而关闭,有些企业因为市场变化、业务中断而歇业。随着农业生产转型,种植业、养殖业不断发展壮大,个体作坊、商贸业、房屋租赁等不断涌出,产业经济得到蓬勃发展。2020年,村级总资产4 015.71万元,净资产2 945.42万元,实际村级总收入721.34万元。

第一节 经济概况

群星域内自古以来是以农业为主，村民以农耕种植为生存之本，祖祖辈辈主要以种植水稻、小麦和油菜为生活基础。直至20世纪70年代，为增加集体经济收入，努力提高粮食产量的同时开展多种经营及养殖业，同时也开设一些队办厂。但受交通、技术、资金等种种因素的影响，队办厂经济效益并不理想，最终没有成为集体经济支柱。村民主要参加集体生产劳动来获取报酬，除此以外，开展一些家庭副业来增加经济收入。家庭副业多种多样，有养畜、养家禽、编织草包、编麦草辫、编织草帘子、踏绳等，给各个家庭带来收益。2003年，群星村划归昆山高新区（玉山镇）管辖。村党总支和村委会在加强自身建设的同时，充分发挥共青团、村妇联等群团组织和民兵组织的作用，带领村民调整经济结构，发展村级经济，使农业经济比重逐步下降，工业和商业、服务业占比逐步上升，村民家庭和村集体资产租赁业呈现持续增长趋势，经济实力不断增强。

一、主要经济结构

中华人民共和国成立以前及成立初期，域内农业是经济收入的唯一来源。1952年，群星域内开始组织互助组，一般由几家几户自愿结合耕作，农具、耕畜、劳动力协商安排，调剂使用，作物种植由各家自己决定，产品收益归各户所有。互助组在计酬上一般有两种形式：一种计酬是以工还工，另一种计酬是出工记工，年终结算。1953年，域内在原来互助组的基础上办起初级社。初级社坚持自愿报名、自愿结合和入社退社自由原则，入社耕地根据土质好坏评级入股，耕牛、农船等大型农具折价入社，成本按股投资，生产统一经营，划分作业区，采取定额包工或小段包工，实行田头评工记分，收入分配方式以"土四劳六"比例核算。1955年下半年，初级社逐步取消土地、大型农具、耕牛等参与年终分配，有计划地把土地、大型农具、耕牛等作价，归集体所有。之后，域内建立高级社。高级社实行按劳分配原则，入社股金按劳动力投资，生产以社为单位统一经营，对生产队实行"四固定"和"三包一惩"责任制，取消土地分红。全年收益除提留少量公共积累和管理费之外，年终按合同结算到生产队，生产队再按工分分配，结算到各户。1958年，人民公社建立，人民公社在经济管理上实行公社、大队两级管理，分级核算。大队对生产队实行"三定"（定产、定工、定赔）奖赔责任制。1962年5月，实行"三级核算，队为基础"管理体系，社员劳动定额管理。从1966年开始，群星域内掀起"农业学大寨"运动，强调突出政治，批判"工分挂帅"，实行"大寨式"记工，取消定额记工。1971年，"大寨式"记工现象消失，各生产队在劳动管理上实施定额到人，评工记分。各生产队在财务管理上制定严格的规章制度，年终根据生产队收支情况制订社员分配方案，根据每个社员出勤所得工分结算出每个工分分值。因每个生产队耕地、产量、劳动力等各方面不同，所以各生产队每个工分分值也有一定差异。以生产队为基础的经济结构主要来自粮食作物种植，粮食收获后除留足社员口粮之外，其余全部卖给国家，卖得的粮款是生产队的主要经济来源，为此每个生产队都在努力提高粮食产量的同时开展副业生产。各队都建起小型饲养场，培育母猪，饲养肉猪，个别生产队有公猪，为附近生产队的母猪提供配种服务，各队还饲养家禽，种植一些经济作物。村民利用空闲时间开展一些家庭副业，如编织草包、踏绳、织草帘子、养殖等，以增加家庭收入。1983年，家庭联产承包责任制实行后，农户在种好责任田的同时实现劳动力转移。有农户自费开挖鱼塘，从事鱼、虾、蟹等种类的淡水养殖。外来人员涌入，村民开始出租空闲房屋，增加收入。村级经济收益从单一农副收益扩展到厂房、打工楼、大型农机出租和农田、鱼塘承包等收益，经济结构日益显现多样性，村集体经济得到壮大。1990年，实行规模经营，群星域内的农田由大农户承包，大农户根据承包面积向村里上缴承包费用；失田农民外出务工、经商等，集体和家庭收入都有大幅度提高。

二、经济总量

中华人民共和国成立以前,群星域内村民经济是单一的农业经济。由于生产技术落后,经济基础薄弱,商品生产不发达,再加上交通闭塞,村民生活处在温饱难济的状态。

20世纪50年代到改革开放前,群星域内仍以农业经济为主。1958年,人民公社建立,成立生产大队,再分出若干个生产队。当时提出三级核算、队为基础,但仍以增产增收为主要目标。以1978年为例,群南大队第1生产队共有集体耕地167亩,秋熟水稻产量每亩760斤,总产稻谷12.69万斤。扣除生产队社员口粮,出售所得粮款共计8 823元。夏熟小麦可收2.67万斤,出售所得粮款计4 248元。油菜籽出售所得粮款1 949元。副业一年收入有250元。每年应上缴大队统筹款(包括农业税等)2 056元,整个生产队一年总收入15 270元,净收入13 214元。

农村经济体制改革之后,群星域内实行家庭联产承包责任制,大量劳动力得到解放,向多职业发展,增加村民家庭收入,人均收入从2009年的16 840元增加到2020年的49 185元。村净资产从2009年的667万元增至2020年的2 945.42万元;村总收入从2009年的173.20万元增至2020年的721.34万元。

2009—2020年群星村经济综合情况选年统计表如表4-1所示。

表4-1　2009—2020年群星村经济综合情况选年统计表

年份	总收入/万元	总支出/万元	净收益/万元	总资产/万元	净资产/万元	人均收入/元
2009	173.20	142.66	30.54	990.00	667.00	16 840.00
2010	206.50	129.00	77.50	1 180.00	745.00	18 912.00
2011	203.60	164.56	39.04	1 210.00	752.00	21 674.00
2012	451.90	214.00	237.90	1 482.00	746.00	23 746.00
2013	549.00	479.00	70.00	1 545.00	746.00	25 128.00
2014	422.90	297.10	125.80	1 743.00	1 325.00	28 296.00
2015	599.20	277.70	321.50	2 263.09	1 628.48	31 464.00

续表

年份	总收入/万元	总支出/万元	净收益/万元	总资产/万元	净资产/万元	人均收入/元
2016	686.20	310.40	375.80	2 826.12	1 983.07	34 632.00
2017	745.82	396.34	349.48	2 950.92	1 983.07	37 800.00
2018	675.61	351.36	324.25	3 110.74	2 212.21	40 480.00
2019	942.40	494.04	448.36	3 619.58	2 492.49	47 433.00
2020	721.34	628.70	92.64	4 015.71	2 945.42	49 185.00

 第二节 农业经济

群星村历来以农业生产为主，主要种植水稻、小麦、油菜。1990年，群星村实行规模经营，村内农田由大农户承包。1995年，村内引进外地承包户，承包农业生产基地、蔬菜基地、渔业基地，既增加集体收入，让农民有土地分红，又解决多余劳动力问题，确保人人有工作，农民收入不断增加。

一、种植业

（一）粮油作物

中华人民共和国成立以前，域内种植水稻产量很低，一般亩产在500斤以下，籼稻亩产更低，一般不足400斤。50年代以后，随着优良品种引进、更换和改良，水稻亩产有所提高。70年代，亩产达800~900斤；80年代，亩产达千斤。2018年，群星村承包大户，种植优良稻种（南粳46）总平均亩产量1 275斤，小麦亩产量也同时增长，从50年代的200多斤到2020年的750斤。油菜产量也有很大提升，50年代种植菜籽菜每亩收获菜籽不足百斤，80—90年代，域内油菜每亩收获约 400 斤。2015 年，村民基本不种植油菜（也有轮作休耕的情况）。

2009—2020 年群星村粮油种植及产量情况统计表如表 4-2 所示。

表 4-2　2009—2020 年群星村粮油种植及产量情况统计表

年份	水稻			小麦			油菜		
	亩数/亩	总产/吨	单产/斤	亩数/亩	总产/吨	单产/斤	亩数/亩	总产/吨	单产/斤
2009	357.0	211.0	1 182.0	290.0	94.0	648.0	35.0	6.0	343.0
2010	540.0	335.0	1 240.0	360.0	144.0	800.0	40.0	6.0	300.0
2011	540.0	329.0	1 218.0	540.0	221.0	818.0	—	—	—
2012	550.0	340.0	1 238.0	540.0	194.0	718.0	—	—	—
2013	550.0	350.0	1 273.0	550.0	198.0	720.0	—	—	—
2014	550.0	350.0	1 273.0	550.0	200.0	727.0	—	—	—
2015	766.0	487.0	1 271.0	550.0	220.0	800.0	40.0	7.2	360.0
2016	1 630.0	1 027.0	1 260.0	1 280.0	300.0	469.0	—	—	—
2017	1 515.0	950.0	1 254.0	360.0	126.0	700.0	—	—	—
2018	2 148.6	1 370.0	1 275.0	1 780.0	642.0	721.0	—	—	—
2019	2 474.0	1 570.0	1 269.0	1 530.0	612.0	800.0	—	—	—
2020	2 499.0	1 499.4	1 200.0	2 499.0	937.1	750.0	—	—	—

（二）其他作物

黄麻　20 世纪 70 年代，各生产队利用空闲旱地种一些黄麻，解决生产中的材料需求。这些材料主要用于制造积肥时用的拖袋布，罱网用的水巾布、绳等，到 70 年代末不再种植。

蔬菜　中华人民共和国成立以前，村民世世代代都种植蔬菜，种植蔬菜基本用于自食。土地公有制实行以后，村民利用家前屋后荒地和自留地种植蔬菜，用于自食。80 年代以后，随着市场经济发展，村民商品意识逐渐增强，把多余蔬菜拿到市场去卖。1983 年，家庭联产承包责任制实行后（分田到户），村内出现蔬菜种植大户，之后种植方式发展成暖棚种植，由自给性种植转变为经营性种植，蔬菜种植产业化，村民获得收益。

蘑菇 1973年以后，劳动力逐渐增多，经济结构发生变化。为了增加农民收入，根据各个大队的规划，群星域内各生产队都建造蘑菇房种植蘑菇，有专业人员负责打水、采摘，摘去根后卖到定点收购站。后来因收购站不再收购蘑菇而停止种植。

席草 20世纪70年代，为增加农民收入，群星域内开始种植席草，请有经验的师傅指导席草的种植方法。每个生产队利用村边"鸡口田"进行种植，收割后卖到定点收购站。后来因收购站不再收购席草而停止种植。

群星域内除种植这几种经济作物之外，还种植一些黄豆、蚕豆、绿豆、红豆、山芋、马铃薯、玉米、棉花。在合作化和人民公社时期，大多数经济作物都是村民利用自留地种植的。在家庭联产承包责任制实行以后，村民延续传统，在自留地上种植经济作物。

群星小菜园（2020年，蒋雪根摄）

二、养殖业

畜禽养殖 村民家庭饲养鸡、鸭、鹅和猪等是域内的一个传统，鸡、鸭、鹅养大后，有的卖出，有的自己家里食用，还有的留作下蛋。猪长大后，绝大部分出售，但往往留一头用于年底宰杀食用。

1958年，人民公社成立以后，群星域内各生产队都办起了养猪场，生产队选派专人进行饲养管理，规模一般是母猪2~3头、肉猪50头左右。养猪既可以出售肉猪增加收入，又可以把猪粪作为粮食种植的肥料，还可以宰杀肉猪分发给社员，以改善村民生活。也有的村民以家庭为单位饲养猪。

1978年改革开放之前，养猪成为村民增加家庭收入的副业，每户一般养肉猪1~2头。有的生产队还办起了鸡、鸭、鹅的养殖场。家庭联产承包责任制实行以后，畜禽养殖都以家庭为主，少数发展成家庭规模养殖。2000年以后，随着征地动迁，畜禽养殖自然消亡。

水产养殖 群星村河浜较多，水资源丰富。中华人民共和国成立以前，无人养鱼，鱼大部分是野生的。群星域内河塘归私人所有。中华人民共和国成立初期，河塘拥有者进行水产养殖，主要是养鱼，除自己食用之外，也拿到集市卖。50年代以后，随着农业合作化和人民公社建立，河塘归集体所有，水产养殖一般都是集体进行。生产队每到春节前都要进行干河或捕捞抓鱼，分给生产队社员，很少拿到集市去卖。随着群星域内产业结构调整，域内进行精养鱼塘的开挖，在保持河塘归集体所有的基础上，将河塘发包给村民进行水产养殖。群星村曹腊生、赵大苟、赵杏根等人是村里第一批养鱼承包人。为鼓励村民承包水面进行水产养殖，当养殖户在经济上出现困难时，政府给予政策扶持，银行发放养殖贷款。承包户进行专业养殖，每亩水产养殖可获利1 000多元，好年份每亩可获利2 000元左右。90年代末，村委会把适合养殖的天然河道进行重新发包，部分村民承租后进行水产专业养殖。村委会根据河塘养殖的不同环境和条件收取一定租金。同一时期，村水产养殖进行改制，由水产养殖专业人员进行租赁经营，村集体每年收取租金。2014年，根据昆山市人民政府《市政府关于下达昆山落实苏州市进一步保护和发展农业"四个百万亩"各区镇任务分解方案的通知》（昆政发［2014］32号）的文件精神，群星域内将所有鱼塘推平，打造白渔潭现代农业示范园。

2002年12月至2003年1月是群星村村民承包水产养殖的高峰期。在此期间全村承包水产养殖面积为1 738.37亩。2002年12月至2003年1月群星村村民承包水产养殖情况统计表如表4-3所示。

表4-3　2002年12月至2003年1月群星村村民承包水产养殖情况统计表

承包时间	承包人	河塘类型	养殖面积/亩	承包年数/年
2002年12月	陈洪元	精养	14.00	6
2002年12月	陈洪元	河沟	16.00	3
2002年12月	李永祥	精养	15.00	5

续表

承包时间	承包人	河塘类型	养殖面积/亩	承包年数/年
2002年12月	陈根林	精养	20.00	3
2002年12月	顾水龙	精养	48.00	5
2002年12月	赵青龙	精养	15.00	3
2002年12月	吴永明	精养	30.00	5
2002年12月	盛水妹	河沟	7.00	3
2002年12月	顾雪元	精养	23.20	5
2002年12月	顾雪元	精养	34.00	5
2002年12月	顾巧福	河沟	6.00	3
2002年12月	蒋根木	精养	22.00	3
2002年12月	徐国庆	精养	15.00	3
2002年12月	薛泉根	精养	16.50	3
2002年12月	黄云龙	精养	11.70	3
2002年12月	杨洪飞	精养	10.00	3
2002年12月	张彩明	精养	20.00	3
2002年12月	沈香根	精养	18.00	5
2002年12月	陆勤虎	精养	11.70	3
2002年12月	姚水兴	精养	11.00	5
2002年12月	唐林根	精养	32.00	3
2002年12月	姚小根	精养	11.00	5
2002年12月	王秋根	精养	33.90	5
2002年12月	杨惠明	精养	24.90	5
2002年12月	蔡士元	精养	23.00	6
2002年12月	张凤明	精养	26.00	3
2002年12月	吴祥芬	精养	24.30	3
2002年12月	褚金荣	精养	35.70	3
2002年12月	姚荣生	精养	14.00	6
2002年12月	蒋水香	精养	14.00	3
2002年12月	陈惠忠	精养	14.50	3
2002年12月	陈金元	精养	15.90	3

续表

承包时间	承包人	河塘类型	养殖面积/亩	承包年数/年
2002年12月	陈根荣	精养	31.00	1
2002年12月	张林荣	精养	22.90	3
2002年12月	童俊旺	精养	14.20	3
2002年12月	王梅生	精养	35.70	3
2002年12月	陆阿小	精养	33.00	3
2002年12月	田寿兴	精养	35.70	3
2002年12月	姚荣生	精养	26.00	3
2002年12月	支勤男	精养	27.00	3
2002年12月	王长林	精养	22.00	3
2002年12月	陆明生	精养	24.50	3
2002年12月	姚香根	精养	48.00	3
2002年12月	赵泉男	精养	48.00	3
2002年12月	王翠道	精养	35.70	3
2002年12月	吴兴生	精养	17.20	3
2002年12月	徐香根	精养	40.00	3
2002年12月	徐云鹏	精养	16.60	3
2002年12月	孙荣庆	精养	44.00	3
2002年12月	沈红良	精养	58.00	3
2002年12月	赵惠元	精养	24.00	3
2002年12月	周金荣	精养	11.50	3
2002年12月	赵林根	精养	27.00	3
2002年12月	陆惠芳	精养	31.40	3
2002年12月	李泉生	精养	25.00	3
2002年12月	曹腊生	精养	50.70	3
2002年12月	苏金福	精养	40.00	3
2002年12月	徐义洪	精养	16.00	3
2002年12月	史泉男	精养	50.00	3
2002年12月	吴永明等三人合包	精养	97.00	3

续表

承包时间	承包人	河塘类型	养殖面积/亩	承包年数/年
2002年12月	徐义明	精养	17.80	3
2003年1月	徐云鹏	精养	16.67	5
2003年1月	潘小根	精养	31.00	6
2003年1月	潘福明	精养	45.00	6
2003年1月	浦凤根	精养	11.00	2
2003年1月	金扣林	精养	12.00	2
2003年1月	程凤根	精养	19.50	4

河塘（2017年，蒋雪根摄）

1980年之后，群北大队为改变经济薄弱的现状，借鉴域外成功经验，利用群星域内水资源丰富的特点，动员村民开始养河蚌和三角帆蚌。河蚌珠每公斤400~500元，三角帆蚌珠每公斤1 400~2 000元，农户赵大苟养蚌育珠，收入最高每年7 500元左右。后来一部分村民也参与养蚌育珠，1985年，因水质变化引起河蚌瘟疫而停止养殖。

群星村养虾始于1996年，2016年还有部分农户养殖青虾、基围虾。当时，青虾养殖并不成功，因为青虾对养殖的水质要求比较高。群星村养虾1 665.60亩，6月将仔虾放进池塘，1个月后，待虾繁殖期过后捕捞起来再出售。虾苗通过5个月养殖，一般从11月初开始捕捞出售。当年亩产25~30公斤，到第二年5月全部捕捞起来时，亩产可达34~42公斤，一般全年亩产为55~75公斤，每

亩收入在 300~500 元。后发展为虾蟹混养，村民经济收入得到进一步提高。

群星村地处江南水乡，故河浜、稻田、水沟中都有自然生长蟹。20 世纪 70 年代中期，自 7 月中旬至 8 月底，村民都能在河浜、水沟中捉到蟹，一个下午最多能捉到数 10 斤。从 10 月下旬开始，大部分男青年夜里用簖、丝网、小网去捉蟹，捕捉到的蟹多数是村民自己食用，少部分拿到乡镇集市上出售，价格为每公斤 1.2~2 元。1998 年，村民开始挖塘养蟹 1 665.60 亩（虾蟹混养）。因缺乏养殖技术，蟹成活率低，村民收入较低，个别养殖户甚至亏本，2019 年村民停止养殖。

三、家庭副业

60 年代末，村民不局限于农业种植和家畜饲养，先后搞起编草辫、踏绳、打草包、编草帘子等家庭副业。

编草辫 60 年代，群星域内家庭几乎都开始编草辫，男女老少利用空闲时间积极参与。三麦脱粒后，人们把麦秸上部秆子截下，放在水中浸泡 20 分钟，使麦秆软化，然后用 7 根麦秆编成草辫，再把草辫在钉子架上盘成椭圆形捆扎好，供销社根据草辫质量进行收购。草辫主要用于制作草帽，供老百姓在夏天遮挡阳光。一般每人每天平均可编草辫 6 条左右，每条售价 0.13 元，一天的收入超过在生产队劳动一天的报酬。编草辫后因草帽材质的变化而停止。

踏绳 70 年代初，群星域内兴起踏绳。各农户请木匠制作踏绳机。人们用脚踩踏绳机，把稻草制成盘状绳子。家庭稻草有限，还要用作家庭生活燃料，不少村民外出收购稻草来加工草绳。开始时，村民都是用脚踏作为动力，后逐步发展为用马达来牵引。村民将制成的绳子打包后卖给供销社，供销社再将绳子送往厂矿、企业用于打包捆扎。

打草包 80 年代，打草包成为域内新的家庭副业。村民用稻草绳和稻草通过打包机编织草包，主要用于装运货物。打草包在开始时，要同时有 2 人进行操作。之后，打包机有了改进，一个人就可以操作，村民称之为"自动打包机"。自动打包机节省劳动力，速度又快，效率大大提高。一天能生产草包 30 只左右（包括搓绳等配套工作），按当时每只草包 0.30 元计，一天总收入可达 9 元，扣除成本，一天净收入在 7 元左右，这相当于一个劳动力在生产队劳动 10 天的收入。打草包这项家庭副业持续了10年左右的时间,群星域内的东生田、南生田、西生田自然村家庭打草包是域内所有家庭副业中持续时间最长的家庭副业,之后因产业转型而停止编织。

编草帘子 90年代后期,客户对草包质量的要求越来越高,收购人也越来越少,草包销路不畅。群星域内部分家庭开始把打草包改为编草帘子作为家庭副业,村民用稻草绳和稻草,通过手工在编织工具上编织帘子。草帘子主要供给上海郊区蔬菜地,有专门人员进行收购并送往上海郊区。

 ## 第三节 工业经济

从60年代开始,群星村就办起各类规模不一的企业。特别是改革开放以后,随着村民创业发展,经济结构调整,工业占比逐步上升。

一、村队企业

(一) 群北村(大队)企业

饲料加工厂 1964年,群北大队在南浜村南500米处开办120平方米的饲料加工厂,总投资1 200元。该加工厂配有20平方米配电间、2只30千瓦电动机、90平方米左右轧米车间、2台碾米机、1台打粉机、1台大型打糠机,由朱宗根负责群南、群北、同心3个大队的粮食和饲料加工。后来群南、同心2个大队也开办饲料加工厂。该加工厂因业务量小,于1994年停办。

五金加工厂 1979年,群北大队在黄泾村南300米处开办100平方米的五金加工厂,总投资1 000元,主要为无锡市红旗五金灯具厂加工半成品材料。负责人为陆阿木,该厂有职工5人。因业务中断,该厂于1992年关闭。

金边厂 1980年,群北大队在空着的学校教室内开办了65平方米的金边

厂，总投资3 000元。该厂有25台缝纫机、30名职工，由陆阿木负责，有时来不及加工，就采取外发方法来完成加工任务。由于合作厂家不需要对外加工，该厂于1982年停办。

群北服装厂 1981年，群北大队在黄泾村南300米处开办群北服装厂，厂房面积260平方米，总投资1.2万元。该厂配有40台缝纫机、60名职工，由秦龙宝负责，主要为当时的上海服装一厂加工西服、雪花呢大衣、童装等，由于上海服装一厂不需要对外加工，该厂于1985年停办。

防水材料厂 1989年，群北村在黄泾村南300米处开办80平方米的防水材料厂，总投资12万元。该厂由施福元负责，有5名职工，主要生产防水涂料，后因质量问题，于1992年停办。

玩具厂 1990年，群北村在黄泾村南300米处开办260平方米的玩具厂，总投资3 500元。该厂有职工30名，由范玲凤负责，后因销售不畅，于1992年停办。

香料日用化工厂 1993年冬，群北村在黄泾村南300米处开办香料日用化工厂。该厂为昆山市帮扶企业，由正仪镇政府出资20万元，市外贸公司出资10万元，由群北大队经营管理，主营日用香料，厂房建筑面积400平方米。该厂有职工15名，由翁三男负责。该厂于1996年搬迁至周市镇，1997年因故停办。

注：群北大队的厂基本在黄泾村南300米处，因为有的厂关闭了，后面开办的厂就继续利用这些厂房。

(二) 群南村（大队）企业

饲料加工厂 1976年，群南大队在东生田河北岸村西开办130平方米的饲料加工厂，总投资1 500元。该厂有2只30千瓦电动机、2台碾米机、1台碾粉机、1台大型打糠机，由徐雪元负责，进行粮食和猪饲料加工。该厂因业务量小，于1994年停办。

豆腐作坊 1978年，群南大队在加工厂旁开办75平方米的豆腐作坊，总投资850元。该作坊由陈布生负责，有职工3名。该作坊持续到1983年，后转化为个体经营户。

群南服装厂 1983年，群南大队在西生田自然村西开办了200平方米的群南服装厂，总投资8 000元。该厂有职工50名，由钱豪杰负责。该厂因效益差，于1984年停办。

钙塑箱厂 1993年，群南村在西生田自然村村西开办钙塑箱厂。该厂为昆山市工商局扶贫企业，由群南村经营管理。厂房占地面积1 000平方米（包括场地），总投资15万元。该厂有职工14名，由刘水明负责。该厂因业务转移，于2005年停办。

另外，群南村还开办过小型镀铜厂、红粉厂、"热得快"厂、五金厂等，这些厂都因经营不善，开办不久就停办。

（三）北洲村（同心大队）企业

饲料加工厂 1973年，同心大队在塘郎村河东岸的村北面开办饲料加工厂，建筑面积120平方米，总投资1 500元。该加工厂内有2只30千瓦电动机、2台碾米机、1台打粉机、1台大型打糠机，由毛林生、苏荣观负责进行粮食和猪饲料加工，因业务量小，于1995年停办。

纸盒厂 1983年，北洲村在塘郎村河西岸的最南端开办了400平方米的纸盒厂。1986年增加厂房300平方米，投资1.5万元。该厂有职工60名，由张雪根负责。该厂因缺乏市场，于1991年停办。

二、入驻企业

（一）昆山市液化气化工有限公司

昆山市液化气化工有限公司成立于1991年1月12日，注册资本为2 723.99万元。2016年8月10日入股成立昆山泰华燃气有限公司，注册资本为500万元，法定代表人为赵继军。企业位于昆山市玉山镇鹿通路2号5号房，所属行业为燃气生产和供应业。经营范围包含：瓶装液化石油气经营；燃气用具、钢瓶及零配件的销售；自有房屋租赁；货物装卸、仓储服务（不含化学品）；企业管理咨询。

（二）昆山市鹿通路桥工程有限公司

昆山市鹿通路桥工程有限公司成立于1997年5月9日，法定代表人为骆明金，注册资本为6 000万元。企业位于昆山市玉山镇鹿通路8号。经营范围包含：公路，桥梁的建设、施工及维修；交通工程（道路划线、标志、安全装置）的施工；市政工程，绿化工程，照明工程；普通货运；建筑材料销售。

(三) 昆山鑫筑源新型建筑材料有限公司

昆山鑫筑源新型建筑材料有限公司成立于 2010 年 7 月 2 日，法定代表人为徐明华，注册资本为 1 200 万元，企业位于玉山镇鹿通路 2-1 号 2 号房，所属行业为非金属矿物制品业。经营范围包含：新型建材砖生产、销售；砂浆、钢材销售。许可项目：道路货物运输。一般项目：装卸搬运。

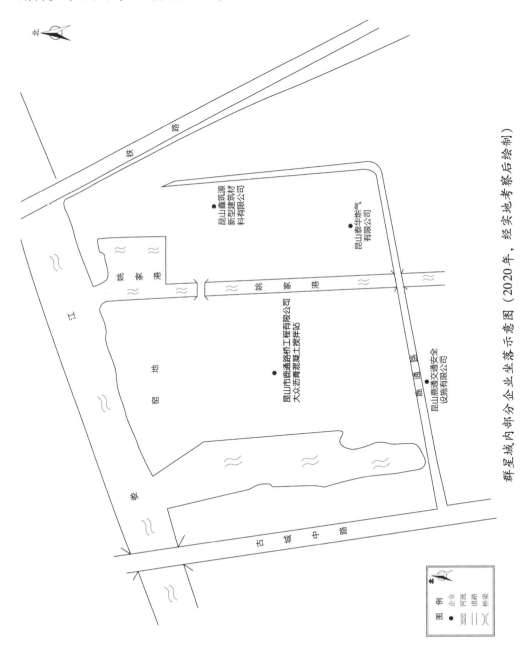

群星域内部分企业坐落示意图（2020 年，经实地考察后绘制）

三、民营企业

昆山鼎义泰机电科技有限公司　法人是张延年，北洲大队塘郎村人。2013年10月，投资800万元，在昆山市周市镇萧林东路5018号都汇广场2号楼1113室，开办昆山鼎义泰机电科技有限公司。经营范围：机电设备、自动化设备、环保设备、净水设备、电气设备的设计、上门安装、上门维修及销售；机电工程、自动化工程的设计、施工；夹具、治具、电气产品、消防器材、五金、劳保用品、电子产品的销售。

苏州方昊文化传媒有限公司　法人是方来富，群南大队张家浜人。2015年7月，投资200万元，在巴城镇正仪正兴西路5号2幢开设苏州方昊文化传媒有限公司。经营范围包含：各类广告；电脑图文设计、制作；舞台设计；影视、公关活动、市场营销、企业形象的策划；摄影、展览展示、会务、婚庆礼仪、企业管理咨询的服务；乐器、书画、棋类、舞蹈、摄影、计算机培训；乐器、办公用品、教学设备、文化用品、工艺礼品、日用百货的销售；舞台设备租赁等。

江苏暖心家居设备有限公司　法人是王东明，群南大队张家浜人。2016年3月在前进西路2200号7号楼四层，投资1 000万元开办江苏暖心家居设备有限公司。经营范围：家居智能化设备、家居产品、家用电器、五金产品、厨卫用品、办公用品、日用百货、家具、灯具、建筑材料的销售；暖通设备安装工程、机电安装工程；等等。

昆山群星汇建材有限公司　法人是陆福明，群北大队南浜人。2018年1月投资100万元，在超华商贸城2区10号楼35号房开办昆山群星汇建材有限公司。经营范围：建材、陶瓷制品（瓷砖、地砖）、卫浴制品（浴缸、马桶）、五金制品、家具、电动工具、金属材料等的销售。

第四节 商业经济

改革开放以后,群星村党支部(党总支)和村委会在加强自身建设的同时,带领村民调整经济结构,发展村级和家庭经济,商业、服务业经济快速发展,村集体资产租赁业呈现持续增长的趋势,村级经济蓬勃发展,经济实力不断增强。

一、个体经营

徐静芝,群南大队西生田人。60年代,从江阴迁到昆山,一直重视培育西瓜苗。除培育西瓜苗之外,还培育黄瓜苗、香瓜苗、豇豆苗、茄子苗、辣椒苗、菜瓜苗等,到70年代把这项技术活传授给儿子们。家庭联产承包责任制实行后,因为分到的田很多,忙于种田,这个技术活也就不再做。

刘国志,群南大队西生田人。1979年,在家办起豆腐作坊。80年代,他家在村里是第一个"昆山市万元户"家庭。他的豆腐作坊到1993年停业。

陆小狗,群南大队南生田人。1983年,农村实行家庭联产承包责任制后,买轧米机,开船巡回于附近各村,上门为百姓提供轧米服务。

姚荣根,群南大队张家浜人。80年代,拜师学缝纫。90年代初,经常到常熟进一些衣服进行修编、钉纽扣等加工活,并招收十来个人一起帮忙。90年代中期,在正仪商业街上租店面开起裁缝店。后来,大批服装商场开出,做衣服的人慢慢减少,他开办的缝纫店也随之关闭。

张梅玲,群南大队西生田人。90年代,在金三角开一家理发店,之后为了方便,把理发店迁移到自己的住宅车库里。

陆祥生,群南大队西生田人。2010年,在茗景苑B区开一家修配店。

吴正强，北洲大队塘郎人。2014年8月，在周市镇港龙喜临门家居生活广场2幢946—947号开办昆山市周市镇吴正强建材经营部。经营范围：建材、木门销售。主要服务对象为社区居民和相关单位。

陆一丹，群南大队东生田人。2015年6月，投资1万元，在玉山镇环庆路1508号3号房开办昆山市玉山镇凯弗庆五金钢材商行。经营范围：五金钢材、五金交电、五金配件、劳保用品、办公用品、钢管、扣件批发、零售；钢管、扣件租赁服务。

赵永刚，群北大队蒋巷人。2016年10月，投资5万元，在玉山镇花园路2773号注册昆山市玉山镇欣合芸装潢工程部。经营范围：室内外装潢、机电安装工程、水电工程、弱电工程、机电设备上门维修；办公用品、劳保用品销售；货物及技术的进出口业务。

黄凤云，群南大队南生田人。2017年3月，投资1万元，在玉山镇美丰路25号楼开办昆山市玉山镇黄凤云超市，经销日用品（包括杂品、食品、烟酒等），方便社区居民购买。

徐称称，北洲大队塘郎人。2017年9月，投资30万元，在昆山开发区柏阳路48号开办昆山开发区后政食品商行。主要经营咖啡和咖啡机批发业务，经销范围除昆山地区之外，还远至常州、苏州等地，经销量不断扩大。

陆利明，群南大队南生田人。2018年11月，开设昆山市玉山镇固益安消防器材经营部。经营范围：消防器材、消防设备销售、上门维修；消防工程、钢结构工程、建筑工程、装饰装潢工程、机电设备工程、地基工程、土方工程设计、施工；防火材料、金属材料、五金交电、水暖配件、建筑材料销售。

姚美芳，北洲大队北洲人。2019年2月，投资20万元，在昆山开发区前进东路291号楼811室开办昆山开发区瑞胜轩水产品店。平时主要销售虾和鱼，每年9月至12月期间，主要销售阳澄湖大闸蟹。除零售之外，还经营批发业务，产品远销至全国各地。

张金容，群北大队蒋巷人。2019年11月，投资8万元，在玉山镇玉带北路369号南星渎市场T44号开办昆山市玉山镇张金容食用农产品经营部。经营模式：主要到农副产品市场批发鸡、鸭、鹅等各种禽类，然后零售。

陈浩，群北大队蒋巷人。2020年10月，投资3万元，在昆山市巴城镇正仪上塘街163号开一家咖啡店,经营面积50多平方米。主要经营产品有咖啡、茶水、点心等。

二、商贸业

双代店 1966年,正仪镇供销社在群星域内角上沈木金家里开办下伸店。1976年该店搬至蒋巷自然村,取名"双代店"。该店经销盐油酱醋、烟酒等杂货,方便同心、群北两个大队的村民购物。

茗景苑商业街 2003年,经区域调整,群星村并入昆山高新区(玉山镇)后,各自然村逐步开始动迁,村民分别居住到茗景苑的几个小区。部分企业入驻,外来打工者猛增。为了方便附近居民购物,2007年,昆山高新区在美丰路北侧沿街建造商业用房,将一片农田打造成一条茗景苑商业街。富士康门诊、药房也相继入驻。小超市、点心店、饭店、酒家、发廊、装潢材料店、电器修理行、摩托车行、南北货店、干洗店、电子游戏房、台球室、房屋中介等应有尽有。商业街上还专门设立昆山农村商业银行南星渎分行和昆山鹿城村镇银行南星渎支行,为村民和企业提供金融服务。

茗景苑商业街(2020年,罗英摄)

三、房屋租赁

集体房产租赁 2000年以后,群星村原有集体房产开始出租给村民和外来人员开办企业等，村里获得一定租金收入。2003年以后，为了适应开发建设发展需要，群星域内征地动迁加快推进，群星村利用政府鼓励支持政策和集体积累资金，发展股份合作经济，建造标准厂房、打工楼等房产设施，用于经营性出租，先后在燕桥浜富民五区投资建设标准厂房和种子仓库；在青淞投资建设打工楼。村集体获得的租金收入，除用于村民股份分红之外，还满足村行政管理和集体积累需要。集体房产租赁收入成为村集体收入重要来源。租赁单位有烟台柳淋涂料有限公司、思玛特包装（上海）有限公司。租赁个人有王红亮、金均荀、汪红玲、林荣华、陈志勇。

2003—2020年群星村集体房产租赁收入情况统计表如表4-4所示。

表4-4　2003—2020年群星村集体房产租赁收入情况统计表

年份	收入/万元	年份	收入/万元	年份	收入/万元	年份	收入/万元
2003	2.00	2008	9.00	2013	4.35	2018	7.02
2004	6.50	2009	7.85	2014	5.26	2019	7.02
2005	12.40	2010	12.70	2015	16.47	2020	7.02
2006	9.70	2011	12.70	2016	9.62	—	—
2007	9.36	2012	16.62	2017	7.02		

个人房产租赁　2000年以后，随着越来越多村民房屋动迁，按政策规定，村民安置房数量也逐年增加。村民获得安置房后，除满足自己的居住需求之外，将空余的房子用于出租。同时，随着进驻企业越来越多，企业用工量越来越大，打工者租房需求量也急剧上升。2005年，村民个人房产租赁5套，共获得租金收入4.80万元；2011年，村民个人房产租赁119套，共获得租金收入157.08万元；2020年，村民个人房产租赁1358套，共获得租金收入2607.36万元。个人房产租赁收入成为村民增收的重要经济来源。

2005—2020年群星村村民个人房产租赁情况统计表如表4-5所示。

表4-5　2005—2020年群星村村民个人房产租赁情况统计表

年份	出租套数/套	收入/万元	年份	出租套数/套	收入/万元
2005	5	4.80	2014	423	609.12
2006	11	10.56	2016	613	1 029.84
2007	26	28.08	2017	816	1 566.72
2009	63	68.04	2018	999	1 918.08
2011	119	157.08	2019	1 358	2 607.36
2012	209	275.88	2020	1 358	2 607.36
2013	287	413.28	—	—	—

第五章 村民生活

  中华人民共和国成立以前，群星域内绝大部分农户都是住茅草房，不少人家食不果腹、缺衣少穿、家徒四壁，生活非常艰苦。中华人民共和国成立以后，特别是改革开放以后，村民生活水平随着经济发展逐步提高，村民衣食住行发生根本性变化。如：住从茅草房到砖瓦房、平房、楼房；吃从需要解决温饱，到讲究吃得营养、健康；穿从缝缝补补又三年，到挑挑选选讲品牌；行从步行到自行车、摩托车、电瓶车、小汽车。村民消费支出也有新变化，吃的消费比重下降，用的消费比重上升；物质消费比重下降，文化消费比重上升，教育、健身、休闲、旅游等消费逐步增加。村民保障与福利水平逐步提升。

 第一节 收入支出

中华人民共和国成立以前,群星域内贫穷农户靠租田来维持生计,日常生活得不到保障。中华人民共和国成立以后,群星域内生产力逐步得到发展,农民经济收入有所增长。60年代初,群星域内农民收入又落入低谷。从70年代开始,农业生产力不断提升,集体经济不断壮大,农民收入开始逐步增长。进入80年代,家庭联产承包责任制实行后,农民人均收入开始大幅度提升。

一、村民收入

中华人民共和国成立以前,域内贫苦农民靠租地种、做长工、打短工来养家糊口。中华人民共和国成立以后,经过土地改革运动,农民可以在自己分得的土地上耕种。收获稻麦后,留下口粮,将余粮卖出获得的收入就是1年收入。合作化时期,生产力十分低下,耕种粗放,粮食产量很低,扣除生产成本和公粮后,剩下的是农民收益。人民公社化运动以后,各生产队将产出粮食按规定留足种子、口粮,年终把余粮款、副业款等其他收入进行结算,在扣除生产成本后,按劳动日设计分配方案,根据方案分配到户,农民按出勤日得分获取报酬。1957年,域内人均分配在20~30元,有个别生产队甚至不足20元,多数家庭成为透支户。60年代初,农民温饱得不到保障,收入更无从谈起。70年代,当时以队为基础,各队收入不同,一般生产队年终分值(每工分对应的工钱)是0.09~0.12元,以1个男劳动力一年得工分3 500分,1个妇女劳动力1年所得工分3 000分计算,1人1年所获得毛收入是300~400元,夫妻2个劳动力一年所得工分获得毛收益在700元左右。如果有2个孩子并赡养1位老人,扣除所有人的口粮、柴草、粮油等各种往来,年终能到手的现金也只有120~150元。

如果有3个孩子并赡养1位老人，年终基本是收支持平或成为透支户，透支户能得到几十元不等的照顾补助。其间，人均收入在40～50元，也有少数生产队人均收入在20～30元，个别生产队甚至更低。1983年，群星域内实行家庭联产承包责任制，农业生产得到发展，农民剩余劳动力急剧增加，开始有进工厂、做工程、跑运输等工作。以瓦工、木工为例，60年代，日工资是1.18元；70年代后期，日工资是2.12元；80年代，日工资是2.85元；90年代，日工资提高到12.50元；进入21世纪，临时打工日工资逐年有所增长，从40～50元提高到100～200元；2019年，临时技术性打工日工资在250～300元。其间，从2005年开始，村民开始动迁，部分村民继而有了房产租赁收入。群星域内村民收入稳步增加，人均纯年收入由50年代的20～30元，增加到2020年的3.65万元。

二、村民消费

中华人民共和国成立以前，群星域内村民大多数处在温饱线上，谈不上有什么消费，有的人家甚至连温饱也得不到保障，在穿衣方面有的人家往往买城里人的旧衣服，小孩穿衣遵循"老大新，老二旧，老三、老四布条经"的传统。住房大多十分简陋，有泥墙房、草盖房，即使是瓦房也很简陋。50—60年代，国家正处在经济恢复时期，域内实行日常生活用品定量供给制，许多生活用品都是计划供应，按人均或户均供应，例如，布票每人每年是1丈6尺（1丈约为333厘米，1尺约为33厘米），煤油、火柴等生活必需品都按户供应。那时社员收入极低，有不少家庭，特别是小孩多的家庭，连1丈6尺布票也不够用。进入70年代，以生产队为基础，各队尽力发展副业，社员收入略有增加，生活水平有所提高。70年代末，集体经济不断巩固提升，农民经济收入进一步增加，有农户把草房翻建成瓦房，破旧瓦房也重新翻建。村民开始购置手表、自行车、缝纫机、收音机等物品。到80年代，特别是农村开始实行家庭联产承包责任制后，产业结构得到调整，剩余劳动力得到充分调动，村民经济收入快速增长，人们消费水平也快速提升。村民把平房翻建成楼房，开始陆续购置摩托车、录音机、录像机、电视机、电冰箱、空调等。衣着适应潮流，讲究时尚，食品讲究营养。进入21世纪，域内不少家庭购置私家车，购买商品房。

 ## 第二节　生活变迁

中华人民共和国成立以来，群星域内村民生活有了巨大变化，从衣食住行各方面体现出来。

一、住房

中华人民共和国成立初期，村民住房普遍紧张，往往是多个人合住1套房子，住草房的农户占总户数的80%，甚至还有个别农户常年借房居住。50年代初期，村民住房基本上维持原状。50年代后期，有少量农户开始翻建简易住房。据不完全统计，当时人均居住面积不足12平方米。60—70年代，集体经济有一定发展，能给较困难农户配置一些建筑材料，合住农家开始另选宅基地，分别独自建房子。当时建筑材料有水泥梁、水泥门框，以及水泥窗框，椽子是什木（普通木材）、树干、毛竹梢。这时期，建房子绝大多数是3间"五路头"，另加1个转间，"七路头"极少。70年代末，域内草房基本翻建成瓦房，有的用土砖窑烧出的黑小瓦（黏土瓦），有的用大型砖瓦厂烧出的红色或黑色平瓦（俗称"洋瓦"）。大队有专门负责安置宅基地的领导小组，选择村庄周围土地，给所需宅基地农户划出地块。经人民公社相关部门审批同意，农户方可以在划定地块上动工建房。至此，域内所有家庭都是独立门户，彻底改变了2家或3家合住1幢民房的局面。

80年代，随着改革开放不断深入，每户家庭人口不断增加，经济收入得到提高，群星域内翻建平房的家庭逐渐减少，村民开始把平房翻建成楼房。1981年，群北大队陆阿林家建起二上三下楼房；1982年，同心大队袁琴柏家建起五上五下楼房；1984年，群南大队智小二家建起四上四下楼房，这3户分别是3

个大队首个把平房改建楼房的家庭。此后,群星域内大部分农户开始筹建建房材料,把平房翻建成2层楼房。初建的楼房受材料、资金等各种因素的影响,建得比较简陋。随着市场上建材供应充足,后来建的楼房在结构上比前期楼房要考究得多,取消空心墙,用砂浆砌实心墙,用水泥砂浆预先浇注阳台,等等。90年代中期,域内有90%的农户已翻建楼房,12个自然村共新建和翻建458幢楼房。楼房建成后,人均居住面积要比平房多得多,居住条件更舒适。

进入21世纪,域内开始动迁安置,村民不再自建民房,除入住南星渎动迁小区之外,不少村民陆续在昆山城里或周边乡镇购买商住房。

动迁前村民住房(2015年,张忠玲摄)

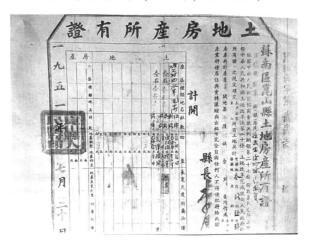

土地房产所有证(2020年,徐挺提供)

二、出行

50—60年代，村民的出行方式就只有步行和摇船。当时，从村里走到正仪镇上要1小时左右，走到昆山城里要2小时左右。如果是摇船到正仪镇上，要将近2小时，到昆山城里要将近3小时。

70年代，自行车在域内出现。最有名气的是上海生产的凤凰牌和永久牌自行车，这2种牌子的自行车都是凭票供应，一般人只能买苏州、无锡、常州等地生产的自行车。东生田自然村村民周国明是村内第一个购买自行车的村民。那时候，从村子到乡镇都是泥路，晴天村民可以骑车，雨天或下雨过后，就无法骑自行车。80年代，正仪镇人民政府在正仪镇南的娄江上架起1座水泥环形桥，筑1条从正仪镇通往景村的简易镇级公路，中间设有分叉道，路基是碎石铺成的，路面用细砂石铺面。自从有了这条简易公路，群南、群北2个大队的村民到正仪镇上不需要翻铁轨、越铁路大桥了。90年代，由于交通方便，域内部分年轻人出行改骑摩托车。蒋巷自然村赵金生是村里第一个购买摩托车的村民。此后一段时间，由于乡镇公路加速建设，道路畅通，购买摩托车的人逐渐增多，特别是上班族，都将自行车换成摩托车。21世纪，市场上出现各式各样的电瓶车，电瓶车逐渐替代摩托车。随着村民环保节俭意识逐步增强，共享自行车也成为出行的一种交通工具。随着乡镇公路完善，购买私家车的家庭逐渐多了起来。到2005年，域内村民购买汽车的越来越多，有些家庭购买两三辆汽车。

70年代末，各个生产队都添置挂桨机动船。用挂桨机帆船到正仪镇、昆山市里购物或看病很方便。80年代，农村实行家庭联产承包责任制，由于大量劳动力得到充分释放，域内个别农户购买机动船搞运输。塘郎自然村李泉生、袁林生是域内第一对合伙利用机动船搞运输行业的。

2008年，南北向古城路动工建设。2012年，中华园西路延伸，方便人们出行。想坐高铁列车，附近有离村子20分钟驾车路程的昆山高铁南站，15分钟驾车路程的阳澄湖高铁站，出行十分便捷。如今，域内村民都动迁至茗景苑A、B、C区，仁心苑，义和苑，礼和苑，美丰苑，等等。小区附近建有客运公交总站，设置多条公交线路，有直达昆山的30路、到阳澄湖高铁站的202路、到昆山体育馆的204路，还有201路、203路、302路等多条线路穿行在域内各大厂区和生活小区周围。昆山中环南线台虹路出口离动迁小区不足 1 000 米。

公交车站（2020 年，陆金珍摄）

三、服饰

中华人民共和国成立以前及 50 年代，群星域内除家底比较雄厚的家庭买新布做新衣服之外，大多数穷苦家庭都是进城买旧衣服改缝再穿。人们做新衣服全部是手工完成，每个家庭都备有针线，姑娘出嫁时都得配 1 个针线匾作为陪嫁。大多数人平时穿的衣裤都有补丁，特别是夏季干活时穿的衣服，有的甚至把衣服后背整块剪下来，补上完整的布，俗称"拐肩头"。未成年女孩都梳有 2 条辫子，成年女性头上都梳着发团，扎上包头。不管男女，上身衣服均是大襟，纽扣用布料手工制作，衣料都是以棉为主。下身裤子是直筒裤管，在裤腰两侧各钉上 1 根布带，用来拴住裤腰。春秋季，人们一般穿夹袄、夹裤。夏季，人们穿短袖、短裤，有钱人家的短袖、短裤是用丝绸缎做成的，无钱人家的衣料是"生布"。"生布"是用苎麻加工成丝线，再用土织布机织成布。这种布主要用来制作蚊帐，也可以用来制作夏季穿的衣服。未出嫁姑娘穿布衫时，里面系上肚兜。冬季人们穿棉袄、棉裤，中老年男性也有穿长衫的。有钱人家不管男女都有皮袄穿。这种皮袄一般都以山羊皮或绵羊皮为主。旧时，人们雨天劳作时，穿着用蓑条织成的蓑衣，后用稻草编织，头上戴斗笠。那时，鞋子只有布鞋、棉鞋，也有用稻草和棉条混合编织成的草鞋。后来，逐渐从单一布鞋发展到海绵鞋、塑料鞋、凉鞋、运动鞋、皮鞋、保暖鞋，还有专门为老年人设计的健身鞋，等等。下雨天出门，少数家庭穿的是雨靴。这种雨靴是用棉布浸在桐油里晾干后制作成的。大多数家庭只能穿"木套"。木套是在1块木板上面钉1条硬带，套住脚，木板下面横架2根木条。现在，人们雨天穿的都是雨靴。那时，袜子也是用布料缝制而成的，如今有长筒袜、短筒袜、丝袜、尼龙袜、腈纶袜等。

70年代，缝纫机开始进入家庭，姑娘出嫁也得有1台缝纫机作为陪嫁，纯手工制作新衣服转变为用缝纫机来制作。那时，专职裁缝师傅也多起来。村民有的把布料拿到裁缝家加工，有的请裁缝师傅来家做衣服，师傅1天能做好10多件衣服。随后，人们的衣着也发生变化，逐渐向时尚发展，有青年装、中山装、西装、皮装、短大衣、长大衣、棉毛衣、棉毛裤、保暖衫、保暖裤等。进入21世纪，市场上出现各种各样的羊毛衫、羊绒衫，以及皮夹克、皮裤、短装、滑雪衫和裙子等。市场上新颖衣料、新潮式样彻底改变了人们的穿衣习惯，穿着从单调、低档转变为多样、高档。

四、饮食

中华人民共和国成立以前，群星域内绝大多数贫苦家庭遇到丰收年还能维持温饱，碰上天灾就只能吃糠麸、野菜，家中常常断粮，更不要说吃荤菜。土地改革后，穷苦农民虽分得土地，但由于当时生产技术十分落后，大多数家庭也只能勉强维持温饱。人民公社建立后，粮食产量有所提高，集体经济不断壮大，村民饮食条件也有所好转。60年代初期，由于自然灾害等，当时域内村民饮食极其困难，出现过每天粮食定量5两3钱（以16两为1斤）的情况。1962年以后，域内实行粮食计划供应，副食品凭证凭票供应。当时村民以解决温饱为主，日常三餐，早晚分别是稀饭（粥），中午一餐是米饭，大多数家庭在粥和米饭中加一定杂粮，还有家庭把小麦磨成粉，把它作为主食，困难家庭还要把一些青糠、豆饼、菜饼、黄萝卜、大头菜、芋头等作为主食。平时村民的荤菜主要是鸡蛋或鸭蛋，要吃其他荤菜只能等到春节（根据当时自家条件），自制咸菜最多。每年3月至4月，生产队都要到上海积肥，总会在上海郊区买回一些雪里蕻腌制成咸菜。1962年，生产队按人口划分自留地。村民口粮逐渐增多，缺粮户逐渐减少。生产队对队里极少数缺粮户给予一定的粮食补助。1965年，村民口粮年人均由380斤增至520斤（稻谷和小麦），菜油年人均3.6斤。进入70年代，域内村民粮食供给紧张情况进一步得到缓解，特别是孩子多的家庭，因大人、小孩口粮差距不大，家庭每年都能积攒一些大米，然后把节余下来的粮食卖掉，用以解决经济上的一些困难。副食品供应情况也有所好转，蔬菜能做到自产自销，但荤菜还处在计划经济状态。70年代中期，供销社下派到村里的下伸店有猪肉供应，7月至8月猪肉每斤在0.5元左右。70年代末至80年代初，域内基本上能做到家家养猪，猪饲料以稻草粉碎成草糠为主，配上极少精饲料。养猪时间较长，一般在8~10个月，甚至1年，猪的毛重一般在120斤左右。富裕家庭在年底会杀一头猪，把猪肉腌制成腊肉。同时，家禽养殖也逐步多起来。当时，一般家庭中腌得最多的就是鱼、鸡、鸭、鹅，将这些腌制品晒干后保存好，存放到来年黄梅季节，用来招待亲朋好友。

进入21世纪，国民经济不断发展，村民生活条件得到提高，饮食发生根本性变化，从侧重温饱转变为注重营养。主食以大米为主，同时注重在主食中加入一定量粗粮，在每一顿用餐量上进行较大缩减，在菜肴上注重营养搭配。每逢节假日，部分村民还会去餐馆改善一下伙食。

居民购粮证（2020年，蒋金花提供）

五、生活用品

在时代变迁中，村民的日常生活用品也发生巨大变化。50—60年代，群星域内村民家庭中，日常生活用品绝大部分是竹制品和木制品。竹制品有竹椅、竹榻、竹橱等，木制品有木盆、木桶、木桌、木凳、木床、木橱、木衣柜等，用品种类也很单一，能合用尽量合用。条件较好的家庭用铜制品，如铜面盆、铜勺子、铜铲刀等，取暖用铜脚炉、铜汤壶子。人们睡觉时盖的只有棉胎缝制的被子。那时，小孩白天睡在用稻草扎成的草窠里。条件好一点的家庭用木头制作"立桶"和用竹条编"摇篮"，冬天在"立桶""摇篮""草窠"下面放上

旧时飘沿床（1975年，景二男摄）

一个火盆，给孩子取暖。过了冬天，如果条件允许，大一点的孩子就能坐上用木头制成的"坐车"。从70年代开始，因铜原材料紧张，铜制品就用铝制品来替代。木制品大件是床，"飘沿床"最为高档。"飘沿床"三面有屏风围住，上面有床顶盖着，正面床沿两边都装饰着刻有图案的花板，床前有80多厘米宽的踏板，踏板两头分别放置马桶和搁置衣服的套桶。踏板周围也用各种图案花板装饰。上床进出口上方悬挂着绣有虫草花鸟等不同图案的帐幔。这种"飘沿床"是条件好的人家才拥有的。差一点的床是半屏风，正面床沿和床前踏板都没有什么装饰。这种床是一般家庭拥有的。差一点的家庭就只有1张床。床板一般都是用木板铺成的，富裕家庭是用棕绷垫铺的。冬天，在床板上铺上稻柴，在稻柴上面再铺上草席，夏天挂上蚊帐。70年代后期，域内开始流行"乔门床"。新婚家庭一般都请木匠师傅做这种床。这种床为高低片，头横头是高片，脚横头是低片，床垫子可脱落，高档人家也有买席梦思作床垫的。90年代以后，请木工做家具的人家越来越少，大多数人家都是买家具。

60—70年代，一般人家闺房里除床外还有1个柜子，俗称"棋台"。棋台上面一般摆放灯烛、针线等，下面放鞋子。大衣橱一般存放衣服，但存放高档衣服更多是用箱子。最好的木箱子是用樟木制成的，称"樟木箱"。70年代后期，新婚家庭开始流行三门衣橱、五斗橱、被橱、亚壶箱（放被子的柜子）等。80年代以后，有的家庭在客堂里添置沙发，有的家庭请木匠师傅制作靠背椅，多数家庭做1个"天然器"（长台）放置在客堂靠后窗的墙边，既显示一种气派，也能为春节里祭天之用。

厨房里都有用砖砌成的灶头，有安2口铁锅的"两眼灶"，有安3只铁锅的"三眼灶"。锅盖是用木板做成的。有的人家在两锅之间安上一个汤罐，在汤罐里放水，利用烧锅的余热来给水加热。汤罐水既可以用来洗碗、洗锅，也可以用来洗脸。50年代初，特别困难家庭因房屋少而不能砌灶，就只能用泥糊成或用缸制成"行灶"，用来煮饭、烧菜；条件较好的家庭在厨房里配置一面碗橱，以及一套吃饭用的桌子和凳子。后来，传统灶台也开始改造，加贴瓷砖或大理石作为灶面砖。从2010年开始，大部分家庭的厨房灶面开始用不同式样的灶面板砌成，放上液化灶、电饭锅、电水壶等其他电器设备。有些家庭的厨房里还增添微波炉、冰箱、电磁炉等。许多新颖的日常生活用品都进入域内每个家庭。

日常文娱活动设备从最开始的广播到收音机、录音机，再到电视机。电视机先有黑白的，后有彩色的，从小屏幕到大屏幕，从一家一台到每房间各有一台。1979年，群南大队第3生产队最早购买黑白电视机，又有村民购买收音机。到80年代后期，电视机普及，收音机才逐步退出，只有少数喜欢听苏州评弹的老年人还保留着收音机。

以前，夏天升温时人们常用蒲扇，70年代，村民开始购买各种类型的电风扇替代蒲扇。如今，几乎每个家庭都在房间里安装空调。冬天，床上用品的材料从单一的棉胎向蚕丝、羽绒等高品质材料发展。

 ## 第三节　社会保障

一、养老保险

90年代以前，村民养老都是靠子女赡养。从90年代开始，国家实行社会养老保障制度，企业（后来包括事业单位和国家政府机关）单位和职工个人各交一部分养老保险基金，社保机构为每个职工建立社会养老保障账户，职工退休以后，按月领取相应的养老金。这一时期，在企业工作的村民开始购买社会养

老保险，至2008年，村内在企事业单位工作的人员全部享受社保福利。

2003年，农民养老保障制度（以下简称"农保"）实行。年满60周岁的老年人可以享受每月100多元的福利津贴，不满60周岁的男性（女性不满55周岁）每月要交纳数量不等的农保基金，有工作单位的，基金由所在单位负责缴纳。男性年满60周岁、女性满55周岁后就可以享受农保待遇，每月领取定额养老福利津贴。

2006年，群星域内开始推行和实施农保转社保，对于参加农保的村民，按照社保基金数额自己出钱一次性购买本人的社保和医保，购买后可享受职工的养老和医保福利待遇。养老保险的实施加快了城乡一体化建设。

二、医疗保险

（一）基本医疗保险

60年代末，群星域内3个大队都建立合作医疗，设立合作医疗室，配置赤脚医生，并制定相关制度。每个村民参加合作医疗，每年需个人缴纳合作医疗基金2元。合作医疗基金由村医疗室统筹使用，并明确医疗可支出范围。村民看病只要在合作医疗统筹基金列支范围内，都可以免费。村民患重病要转至公社卫生院或城市大医院就医，产生的医药费可按比例报销。

70年代后，合作医疗实行队办社管，全乡统一基金标准，统一报销手续。村民在大队合作医疗室看病和在公社卫生院门诊看病的医疗费可以在大队基金中报销，在公社卫生院住院治疗和转入上一级医院治疗的医疗费用可以在公社统一基金中报销。80年代，随着村民收入水平的提高和对医疗服务要求的提高，村民参加合作医疗需要缴纳的基金也有所增加。

1995年，群星域内开始推行和实施福利风险型合作医疗制度，镇设立大病风险基金，对全镇范围内发生的重病、大病患者全年医疗费用超过规定的部分给予补偿。这部分基金由全镇统筹，以镇为单位核算。1995年，昆山市委、市政府对参加大病风险合作医疗的参保人员进行基金统筹，对参保人员每人每年收费200元，其中市财政出资40%、镇财政出资35%、个人出资25%，之后逐年对参保人员的收费标准有所提高。

2007年以后，群星村加快推动医疗保障制度的城乡一体化，将域内没有社保的人员全部纳入昆山市居民医疗保险范畴。村民同城市居民一样用医疗卡看病，可以按规定报销医药费。社区医疗中心的医生用网络对村内的高血压、糖尿病患者进行统计，定时进行检查回访，对这些慢性病患者的病情变化及时跟踪。

（二）重残病种补助

90年代以前，群星域内对重残病人家庭实行经济补助，由生产大队或村委会根据生产队（村民小组）的具体情况确定补助标准，向上一级民政部门提出补助资金申请，一般为每年补助一次。2014年，村委会给32位残疾人分别确定残疾类别，由相关单位来鉴定残疾等级，发放残疾证。每年确定补助标准并按残疾等级给予发放。2020年，全年有77位精残、智残或肢残病人，每月获得生活补贴120元、重残人员护理补贴1 045元的政府补助金。

三、村民福利

（一）困难户补助

60—70年代，群星域内各生产队设立公益金，在年终分红时给予透支家庭一定经济补助。改革开放以后，村委会对生活困难家庭每年进行走访慰问，安排一定数量的资金对困难户进行补助。2000年以后，村委会根据补助政策设立低保户补助、低保边缘补助和党员关爱基金等。2020年，群星村全村有低保户7户，补助金额9.03万元；有低保边缘户17户，补助金额12.52万元；有困难党员户10户，补助金额1.5万元。全村获得医疗普惠补助的有98人，其中男性有56名，女性有42名，补助金额共计32.71万元。

（二）村民普惠补助

2018年，群星村制订医疗普惠补助实施方案，获得普惠补助的对象是村户籍人员（不包括挂靠群星村的新昆山人），以及享受村内土地补偿人员。该方案规定，对普惠补助对象根据相应医疗内容进行相应补助，除医疗补助之外还可给予住院护工补贴。另外，对过世村民发放丧葬补助费。2018年，全村有94人次得益于普惠补助，共计补助金额13.73万元。2019年，全村有109人次得益于普惠补助，共计补助金额24.23万元。2020年，全村有121人次得益于普惠补助，共计补助金额39.51万元。补助对象有困难党员、80周岁及以上老人、低保户、低保边缘户和残疾人等。

（三）老年人福利

群星域内老年人按年龄段设置享受福利待遇，分设60周岁、70周岁、80周岁、90周岁和90周岁以上几个年龄节点。每年有2个节日发放福利金，一个节日是重阳节，60周岁及60周岁以上的老年人享受150元的福利金；另一个节日是春节，年满60周岁的老年人享受150元的福利金，年满70周岁的老年人享受200元的福利金，年满80周岁的老年人享受250元的福利金，90周岁以上（包括90周岁）的老年人享受300元的福利金。另外，年满80周岁的老年人每月可领取50元生活津贴，年满90周岁（包括90周岁）的老年人每月可领取200元生活津贴。所有80周岁以上的老年人都能享受每月2次上门服务，由政府专职社区工作者帮助老年人做卫生、洗衣服、料理家务等。社工每次服务时间不少于2小时。

第六章 文教卫体

  中华人民共和国成立以前，群星域内群众文娱体育活动仅有逛庙会、看草台戏、听大戏和游泳、拔河等。由于域内没有学校，大多数孩子都上不了学；没有医疗条件，疫病常常流行。中华人民共和国成立以后，各个村办起成人扫盲班。村民通过学习脱盲。1977年，群北大队第2生产队赵春元考取大学，成为群星域内第一个大学生。群星域内村民组织文艺宣传队，公社（镇）电影队每月放1次露天电影。2000年以后，域内建造红客堂书场、百姓舞台和篮球场、门球场；定期邀请苏州市评弹团、百姓戏台文艺队前来演出，不定期请电影队来放映电影，还组织各类体育比赛。为了保障村民病有所医，群星域内培养多名赤脚医生，建起村级医务室，动迁安置后在茗景苑办起社区卫生服务中心。同时，妇女病防治、儿童保健和流行疾病预防、控制等得到全面推进。

第一节 文化

一、戏曲编演

1964年，同心大队由大队会计王福言（南星渎人）编导5场《不忘阶级苦》锡剧小戏。王福言担任导演，周庭龙扮演地主，毛林生扮演狗腿子，杨桃生扮演农民长工，朱大成、徐美英扮演夫妻，苏道仙扮演朱大成的儿子，陆阿林拉二胡、吹笛子，吴阿兴打鼓。这个戏班首场在北洲村西8队公场上演出，后被正仪文化站邀请到正仪外操场及邻近大队演出。1968年，群星域内3个大队分别组织成立文艺宣传队。文艺宣传队按业余、自愿原则，白天坚持生产劳动，利用晚上休息时间进行自编自演各种小戏节目。特别是群北大队宣传队，由苏州知识青年参与编排的革命现代样板戏《红灯记》成功登台演出。赵阿林扮演李玉和，苏州知识青年曹凤媛扮演李铁梅，正仪知识青年刘慧琴扮演李奶奶，赵有生扮演鸠山等。群北大队宣传队的演出受到县文化馆领导一致好评，并被安排到昆山县各个乡村巡回演出。每逢春节、国庆节、中秋节等节日，该宣传队在各大队演出深受广大群众喜爱的《双推磨》《珍珠塔》及样板戏《沙家浜》等。

二、打连厢

打连厢是以妇女村民为主的一项传统舞蹈和健身项目。参加者必备1根长70厘米左右、用细竹筒做成的连厢竿，竹筒每节都分别被雕空，两端被镂成3个圆孔，每个孔中各串数个铁钱或铜钱，涂上彩色油漆，两端饰花穗彩绸。打连厢时可由1人手拍竹板为唱，其他人手摇连厢和之，表演时可由数十人至上百人同时参与。表演者根据节拍各持连厢竿做出各种舞蹈动作,从头打到脚,从前打到后,边打边唱,边唱边跳,唱词多据民间唱本,也可现编现唱。形式有单打、双打和群打。舞姿有前进、停留、后退、蹲胯等多种步伐,形成舞、蹲、跳、跃的连续动作。队形可呈十字、一字和井字等形式。表演时,节奏鲜明、起落分明、活泼灵活,在敲击肩、背、头、脚、臂、腰、腿时,不断变换快慢节奏,发出清脆响声,处处充盈着飞舞之美,呈现出轻松活泼的风格。

三、电影放映

70年代,正仪人民公社成立电影放映队,免费到农村巡回放映电影。当时,农村文化生活比较枯燥,群众得知要放电影,都会奔走相告,并准备一些酒菜,通知亲戚朋友来吃饭、看电影,像过春节一样热闹。小孩子早早地搬凳子去占场地。抗日战争、解放战争题材的电影深受年轻人的喜爱;《红楼梦》《白毛女》等影片,最受年长者欢迎。正仪放映队为了满足群众需求,常常进行跑片放映,放映1部影片在1个晚上要跑2~3个地点。群众为了能看到喜欢的电影,最晚要等到夜里12点。改革开放以后,电影院开始承包电影放映,费用由村支付,直到现今。

2018—2020年群星村动迁小区露天电影放映情况统计表如表6-1所示。

表6-1　2018—2020年群星村动迁小区露天电影放映情况统计表

放映时间	放映地点	放映片名	观看人数/人
2018年2月	茗景苑	《阳光灿烂的日子》	150
2018年4月	仁心苑	《闪闪的红星》	220
2018年5月	礼和苑	《野火春风斗古城》	130
2018年6月	茗景苑	《有话好好说、小兵张嘎》	160
2018年10月	仁心苑	《平原游击队》	200
2018年12月	茗景苑	《王二小》	145
2019年3月	礼和苑	《雷锋》	135
2019年5月	茗景苑	《烈火中永生》	220
2019年6月	义和苑	《心急吃不了热豆腐》	140

续表

放映时间	放映地点	放映片名	观看人数/人
2019年8月	茗景苑	《南昌起义》	150
2019年10月	仁心苑	《英雄本色》	160
2020年1月	礼和苑	《智取威虎山》	145
2020年2月	义和苑	《十月围城》	130
2020年3月	茗景苑	《集结号》	210
2020年4月	仁心苑	《地道战》	150
2020年5月	茗景苑	《黄河绝恋》	180
2020年6月	仁心苑	《地雷战》	170
2020年6月	礼和苑	《狼牙山五壮士》	150
2020年8月	义和苑	《横空出世》	220
2020年9月	茗景苑	《高山下的花环》	130
2020年10月	义和苑	《铁道游击队》	160
2020年10月	茗景苑	《上甘岭》	200
2020年11月	仁心苑	《英雄儿女》	145
2020年12月	礼和苑	《红色娘子军》	135

四、老年活动室

1984年，群星域内各村都办起老年活动室，为老年人提供休闲娱乐场所。每天早上6点多，老年人就到活动室喝茶聊天。下午，老年人在活动室以打麻将、扑克和看影视作品为主，3点过后就陆续回家。活动室有1名负责人专门负责场所卫生及茶水供应等。

群南村老年活动室 1984年，群南村在群南小学原来的校舍内开办老年活动室，由陆巧生负责，到1992年由陆小娘负责。设茶水间1间，座位20余个；活动室1间，有4张方台、30多条长凳。1999年，活动室由陆介生负责，增设棋牌室2间，每间4张方桌，除打麻将之外，还可以下象棋、打扑克。茶水室内还安装了电视机，配座位40余个。老年活动室直到2015年因动迁而关闭。

群北村老年活动室 1984年，群北村在群北小学原来的校舍内开办老年活动室，由赵小男负责，从1989年开始由赵阿早负责。设茶水间1间，座位10余个；活动室1间，有3张方台、20多条长凳。1999年，活动室内又增设棋牌室1间，有3张方桌。茶水室内还安装了电视机，配座位30余个。老年活动室直到2020年因动迁而关闭。

北洲村老年活动室 1984年，北洲村在北洲小学原来的校舍内开办老年活动室，由毛巧根负责，到1991年由苏荣观负责。设茶水间1间，座位20余个；活动室1间，有5张方台、40多条长凳。1999年，活动室内又增设棋牌室2间，每间4张方桌，增加下象棋、打扑克的活动。茶水室内还安装了电视机，配座位50余个。2019年老年活动室因动迁而关闭。

老年活动（2015年，张忠玲摄）

五、红客堂书场

2018年，群星村村委会和社区居委会联合创建红客堂书场，定期邀请苏州市评弹团前来演出。至2020年年底，红客堂书场演出评弹12篇，计180场，观众838人次。

2018—2020年群星村红客堂书场演出情况统计表如表6-2所示。

表6-2 2018—2020年群星村红客堂书场演出情况统计表

演出时间	演出单位	演出地点	演出天数/天	评弹名称	观众人数/人
2018年第一季度	苏州市评弹团	礼和苑红客堂	15	《玉蜻蜓》	60
2018年第二季度	苏州市评弹团	礼和苑红客堂	15	《梁祝两只蝴蝶》	60
2018年第三季度	苏州市评弹团	礼和苑红客堂	15	《枫桥夜泊》	70
2018年第四季度	苏州市评弹团	礼和苑红客堂	15	《四季歌》	80
2019年第一季度	苏州市评弹团	礼和苑红客堂	15	《二泉映月》	60
2019年第二季度	苏州市评弹团	礼和苑红客堂	15	《苏州胜天堂》	70
2019年第三季度	苏州市评弹团	礼和苑红客堂	15	《忆江南》	60
2019年第四季度	苏州市评弹团	礼和苑红客堂	15	《吴侬软语》	75
2020年第一季度	苏州市评弹团	礼和苑红客堂	15	《情探》	82
2020年第二季度	苏州市评弹团	礼和苑红客堂	15	《鸳鸯拜月》	65
2020年第三季度	苏州市评弹团	礼和苑红客堂	15	《相思树》	76
2020年第四季度	苏州市评弹团	礼和苑红客堂	15	《啼笑因缘》	80

六、百姓舞台

从2005年开始，群星域内村民逐步动迁到茗景苑等小区，经常邀请有关村、社区的文艺队驻社区开展文艺演出。至2020年11月，演出达30多场，观众有

6 000多人次。

2018—2020年群星村（社区）百姓舞台文艺演出情况统计表如表6-3所示。

表6-3　2018—2020年群星村（社区）百姓舞台文艺演出情况统计表

表演时间	表演单位	表演地点	表演剧种	观看人数/人
2018年1月	美丰社区	仁心苑社区	折子戏	180
2018年2月	社区文体中心	社区文体中心	折子戏	200
2018年3月	枫景苑社区	社区文体中心	锡剧	180
2018年4月	马庄村	茗景苑A区	沪剧、越剧	200
2018年5月	里库社区	茗景苑B区	折子戏、越剧	200
2018年6月	新江南社区	茗景苑C区	锡剧、沪剧	200
2018年7月	红峰社区	礼和苑社区	黄梅戏、昆剧	200
2018年8月	景村村社区	社区文化中心	沪剧、锡剧、折子戏	200
2018年9月	茗景苑社区	社区文化中心	昆曲、沪剧	220
2018年10月	大公社区	义和苑社区	沪剧、越剧	200
2018年11月	共青社区	茗景苑A区	黄梅戏、锡剧	180
2018年12月	亭林社区	茗景苑B区	锡剧	230
2019年1月	姜巷村	茗景苑C区	折子戏、沪剧、越剧	220
2019年2月	大众社区	社区文化中心	沪剧	200
2019年3月	盆渎村社区	仁心苑社区	越剧、锡剧	200
2019年4月	采莲社区	社区文化中心	沪剧	220
2019年5月	小鱼岸社区	茗景苑A区	锡剧	220
2019年6月	柏庐社区	茗景苑B区	黄梅戏	200
2019年7月	震川社区	茗景苑C区	越剧、锡剧	220
2019年8月	南星渎社区	社区文化中心	折子戏	200
2019年10月	新城域社区	仁心苑社区	黄梅戏	230
2020年1月	枫景苑社区	社区文体中心	越剧	200
2020年2月	红峰社区	茗景苑A区	越剧、锡剧	218
2020年3月	里库社区	茗景苑C区	河南坠子	226

续表

表演时间	表演单位	表演地点	表演剧种	观看人数/人
2020年4月	采莲社区	礼和苑社区	沪剧、越剧	243
2020年5月	盆渎村社区	仁心苑社区	越剧	198
2020年6月	柏庐社区	社区文化中心	沪剧、锡剧、折子戏	208
2020年7月	新城域社区	义和苑社区	黄梅戏	219
2020年8月	南星渎社区	茗景苑A区	沪剧、越剧	206
2020年9月	小鱼岸社区	茗景苑B区	越剧	216
2020年10月	震川社区	茗景苑C区	沪剧	198
2020年11月	亭林社区	礼和苑社区	河北梆子	204

村文艺演出（2019年，罗英摄）

2019"戏"相逢（2019年，张忠玲摄）

 ## 第二节 教育

中华人民共和国成立以前，群星域内孩子没有地方上学，大多数村民不认识字。中华人民共和国成立以后，很多村民通过扫盲识字。60年代，群星域内办起耕读小学，群南、群北、同心设教育点，每个教育点的学生只有几十名，教师有公办、民办和代课3种形式。1965年，群星域内办起群南小学、角上小学（群北小学）。这2所小学是群星域内第一批公办学校，每所学校一开始只有1~2位教师，学生很少，但自此以后群星村教育发展从无到有，从简陋到规范，村村办校，集中办校。教育事业的发展造就了一批批有用人才。至2020年，群星村拥有本科及以上毕业生159人。

一、幼儿教育

群南幼儿园 1981年9月1日，由昆山县教育局批准开办，办园点设在群南小学的空余教室里，由王长妹任教。1982年，她因婚嫁，由姚美珍临时代课。1983年，大队改为村以后，更名为群南幼儿园。先后由顾学琴、顾学萍、陆春华任教。2001年9月，群南幼儿园因生源少，撤并到就近的大众幼儿园。

群北幼儿园 1981年9月1日，由昆山县教育局批准开办，办园点设在群北小学里，由沈雪珠任教。2001年9月，群北幼儿园因生源少，撤并到就近的大众幼儿园。

同心幼儿园 1981年9月1日，由昆山县教育局批准开办，办园点设在村民家中，由周巧芬任教。1977年，同心大队建造新学校，幼儿园就设在学校旁边。幼儿园屡次搬迁，最后搬迁到纸盒厂。2003年9月，幼儿园撤并到就近的赵库幼儿园，周巧芬调往大众幼儿园任教。

群星幼儿园 2001年，3村合并后，由于幼儿园入园幼儿很少，群北、群南2个村的幼儿都就近集中到大众幼儿园就读，幼儿园一度停办。2005年，群星村又申请开办群星幼儿园，当年招收幼儿15名，周巧芬任教师。2014年，群星村把原来的村委会会议室改建成幼儿园。群星幼儿园属集体办幼儿园，占地面积241.10平方米，建筑面积381.10平方米，有教育楼1幢、教育用房1间、幼儿活动室1间、厨房1间、卫生间1间。2014年8月，周巧芬退休，周翠琴任教师。2015年春，幼儿园搬至群星村村委会旁，开设混合班1个，共计43人，由周翠琴、张素珍2位教师任教（张素珍的薪水由大众村支付），另加校工1名。2020年6月，群星幼儿园入园幼儿学期结束，之后，幼儿园停办。2020年8月，群星村幼儿归属到动迁小区附近的幼儿园入园。

二、扫盲教育

耕读小学 1964年，群南、群北、同心大队分别办起耕读小学，专门招收没有进入全日制小学就读的儿童，最多时有200多名学生。群南大队耕读小学有2所，东生田、南生田、西生田3个自然村的耕读小学办在南生田农户家里；张家浜、北草芦港2个自然村的耕读小学办在张家浜礼堂里。群北大队耕读小学办在角上农户家里，同心大队耕读小学办在北洲自然村庙里，儿童都能就近上学。耕读小学实行半耕半读，上午学习语文、数学等文化课程，每天上课2~3小时，下午参加农业生产劳动。学生修业年限不定。教师由大队管理，大队聘请民办教师孙佰锦、钱炳兴、陆梅生、杨桃生等任教，都先记工分，再参加生产队年终报酬分配，教育部门每月补助几块钱。耕读小学办了3年多，1966年"文化大革命"开始后停办。

夜校 中华人民共和国成立初期，群星域内文盲率高达98%左右。1952年，群星初级社建立扫盲夜校，在村民中开展扫盲工作。夜校聘请有文化的村民担任教师，利用夜间教村民识字。经过夜校学习，共有72人脱盲，其中男性49人、女性23人。同心初级社以自然村为单位，建立扫盲夜校，也聘请有文化的村民任教，共有50人脱盲，其中男性39人、女性11人。由于师资力量不足等，不久后夜校停办。

1956年，域内再次进行扫盲，群星高级社、同心高级社以生产队为单位，统一安排生产、学习、开会时间，利用夜校形式组织村民进行文化学习。夜校充分发挥小学教师的主导作用，2个高级社党支部广泛动员村民入学，要求党员、干部和青年带头，凡是干部家属中有文盲的，干部要带头把家属送入扫盲班。扫盲班从每个人自己的名字学起，还学习土地名称、农活名称、农具和牲畜名称，以及记账格式和简单算术，让村民初步掌握记账、记工分本领。经过扫盲，群星高级社有77人脱盲，其中男性49人、女性28人；同心高级社有65人脱盲，其中男性45人、女性20人。

1958年，群星域内兴起第三次扫盲高潮，重点是青壮年和妇女。村民们还编了扫盲歌："黑格隆冬天上，出呀出星星。黑板上写字，放呀放光明。什么字？放光明。学习、学习两字我认得清……"很多人唱着这首歌走进扫盲课堂。这年，群星高级社有88人脱盲，其中男性41人、女性47人；同心高级社有140人脱盲，其中男性72人、女性68人。

三、小学教育

中华人民共和国成立以前，群星村只有几户大户人家的孩子能到南星渎初级小学堂（老百姓称为"洋学堂"）上学。50—60年代，群星域内的原3个大队分别办起公办小学，由公办教师和民办教师共同完成教育任务。

群南小学 1954年，群南大队在南生田黄友根的辅房里办起第一所学校，该校取名生田小学。当时只有1—3年级的学生，约有15人，四年级及以上的学生到南星渎完全小学校就读。之后，学校又搬到黄财奎家，先后由周佰云、沈菊珍任教。1965年，群南大队在西生田建造1所建筑面积96平方米、占地面积400平方米的小学，由陈品泉担任负责人，还有1个1—2年级复式班教师。1968年，群南小学在原来的基础上，向西边扩建1个教室，面积有70多平方米，增加3—4年级1个复式班，知识青年顾聚英担任教师。由于学生增多，学校又在西教室往南建1个教室，此时已有5个年级、3个班级，教师也逐渐增加。70—80年代，学生人数越来越少，群南小学缩编，1—4年级学生留在群南小学就读，5—6年级学生到南星渎小学就读。其间，学生人数有60~70人，教师3名，学校知识青年教师全部回苏州市区工作，余下教师由正仪中心小学（教革组）统一调配。1990年9月至1993年7月，群南小学只有1—2年级1个

复式班。1992年9月，蒋金花被调往黄泥山小学，由沙林仙接任。1993年8月，群南小学被撤并，学生可以自选南星渎完全小学校或大众完全小学校就读。群南小学教师变动很大，先后有陈品泉、沈菊珍、顾聚英、陶惠芬、贾存朴、刘国昌、王新民、杜宗禄、蒋金花、王培根、程凤海、江淮、郑香妹、郁香青、沙林仙等。

群北小学 中华人民共和国成立以后，群北大队在角上、黄泾、南浜先后临时办过学校，每个教育点分别招收学生20名左右，由陈根林负责。1965年，群北大队在角上建造1所建筑面积96平方米、占地面积400平方米的小学，由陈根林、陶翠英任教。后来由1个班级增设到2个班级，陆梅生、杨蕴珠先后来任教。80—90年代，由于学生人数越来越少，群北小学1—4年级学生留在群北小学就读，5—6年级学生到农场小学就读，徐耕楠老师调往农场小学担任负责人。其间，学生有60~70名，教师3名，学校知识青年教师全部回苏州市区工作，余下教师由正仪中心小学统一调配。1990年9月至1992年7月，群北小学只有1—2年级1个复式班。1992年8月，群北小学被撤并，学生到大众小学就读，赵百花老师调往黄泥山完全小学校。

同心小学 同心大队3个自然村在不同时期都先后办过学校，有塘郎小学、北洲小学、同心完小校、北洲小学。50年代，塘郎把老庙改为学校，取名"塘郎小学"，招收来自群北、群南、同心3个大队的13名学生，以1—3年级复式班形式进行教学，上级部门派调公办教师沈觉先担任负责人。"大跃进"后，学校迁至北洲自然村老庙，学校改名为"北洲小学"，办起1—4年级2个班的复式教学，刘国昌负责，杜福琴任教师。杜福琴调离后包耀章接着任教。1966年，刘国昌调离，包耀章担任负责人，相继调来公办教师吴彩凤、陆秀珍。1978年，塘郎建造1所拥有3个教室另加1个办公室的学校，取名"同心完全小学校"，6个年级共设有4个班级，包耀章担任负责人。因为学生多，有一段时间，三年级学生至北洲自然村沈全福家中学习，由杨桃生任教。1979年，因同心大队改为北洲大队，随即同心完全小学校改为北洲完全小学校。1983年9月，5—6年级学生到群北小学就读，1—4年级学生继续在原校，包耀章担任负责人，其他教师由上级部门进行调配。1985年，校舍经检测属危房，学校搬至下潭娄（娄里）自然村。1991年，包耀章被调至农场任教，北洲小学剩1—2年级1个复式班,由杨桃生任教,3—4 年级学生到赵厍就学。由于学生人数越来越少,1993年 7 月北洲小学被撤销,学生全部到赵厍小学就读。到 1993 年 7 月,先后在北洲小学任教的有沈觉先、刘国昌、杜福珍、包耀章、杨桃生、吴彩凤、陆秀珍、朱福寿、胡小弟、肖益萍、程凤海等。

四、中学教育

1979 年春,群北大队在原角上小学旁扩建起建筑面积 160 平方米、占地面积 360 平方米的第一所乡村戴帽中学,取名为"群北中学"。学生来自群北大队、北洲大队和群南大队的北草芦港,刘国昌任负责人。1983 年,该中学被撤销,学生转至正仪中学就读。

 ## 第三节 卫 生

1966 年以前,群星域内没有医务室,村民看病都是请医生或送病人到乡镇卫生院,很不方便。小病通过自己"刮痧"、泡"姜汤"等方法自治。村民就在家里生小孩,请村里接生婆接生。从 1966 年开始,3 个大队陆续建立医务室,培养赤脚医生和接生员。2001 年,3 个村合并后办起金三角医疗服务站。2013年,金三角医疗服务站合并到茗景苑社区卫生服务站。

一、医疗机构

(一) 群北大队(村)医务室

1966 年,群北大队建立医务室,培养村民赵群男当赤脚医生,顾纪妹为接生员。后来,赵群男被调到大队部工作,由知识青年俞志喜接任。知识青年返城后，群北大队又培养陆根水为赤脚医生。当时，大队医务室医疗设施设备较简陋，仅配备药柜、药箱，以及1张简单检查床位和2张挂水床位。后来，经过大队（村）不断对医务室设备进行更新，不断增添医疗设施，村民患常见病不出村就能得到治疗。

（二）群南大队（村）医务室

1966年，群南大队建立医务室，大队培养村民王林兴当赤脚医生、孙惠珍为接生员。1968年10月，王林兴参加昆山血防工作，孙惠珍既当赤脚医生，又兼接生工作。1969年，大队增加赤脚医生徐惠花。孙惠珍出嫁后，知识青年沈建忠接任。沈建忠返城后，俞炳根接任。俞炳根被调往正仪窑厂工作后，徐惠花一直工作到3个村合并。群南大队医务室初办时条件简陋，只有药柜、药箱，1张检查、挂水合用的床位。医务室经过屡次搬迁，最后固定在群南小学空闲教室内。之后，经大队（村）对医务室设备进行更新，不断增添医疗设施，村民所患常见病不出村就能得到治疗。

（三）同心（北洲）大队（村）医务室

1968年，同心大队办起医务室，徐士英成为第一位赤脚医生，随后培养知识青年周小平。知识青年返乡后，村里培养村民苏根香为赤脚医生。徐士英在工作中不断探索、实践，在针灸和拔牙2个方面技术较高。特别是拔牙，邻村村民都会去找他。之后，徐士英被调往正仪卫生院工作。3个村合并后，苏根香被派到金三角医疗服务站工作。

（四）金三角医疗服务站

金三角医疗服务站地处大众村、群星村和姚家港村三角交界处。金三角医疗服务站有5间房屋，内设门诊、药房、病区（挂水用）、办公室，占地面积150平方米。金三角医疗服务站于2000年1月开办，为群南、大众、燕桥浜村民提供医疗服务。站长褚生泉，医务人员丁多根、苏根

老年居民健康体检（2016年，张忠玲摄）

香、蒋金妹。2013年，金三角医疗服务站停办，撤往茗景苑社区卫生服务站。

（五）茗景苑社区卫生服务站

2005年，茗景苑动迁安置小区建成，动迁户开始入住。是年，南星渎卫生服务站迁移到茗景苑，更名为茗景苑社区卫生服务站，设有诊疗室3个、药房1间、观察室1间、医疗器材室1间。2013年，金三角医疗服务站合并到茗景苑社区卫生服务站。2020年，茗景苑社区卫生服务站搬至新址，改名"江浦社区卫生服务中心南星渎院区"，有医生5名、护士2名。

二、妇幼保健

（一）孕产妇保健

中华人民共和国成立以前，群星域内妇女生育由本地接生婆接生。由于设备简陋，卫生条件差，方法落后，产妇和婴儿死亡的现象屡见不鲜。中华人民共和国成立初期的近十年中，群星域内产妇分娩仍为土法接生，分娩事故仍然常有发生。

1966年，群北大队推选顾纪妹、群南大队推选孙惠珍到公社卫生院参加接生专业培训。培训结束，顾纪妹、孙惠珍各自回大队当接生员。大队给接生员发放带有存根的出生证。接生员给新生儿开具出生证明。村民凭新生儿出生证到派出所申报户口。按照规定，接生员每接生1个新生儿可收取2块钱。孙惠珍出嫁后，群南大队安排徐惠花担任接生员。当时，公社卫生院为每个大队配置应有的接生器具及消毒药材，每次接生前都进行严格消毒。同心大队长期由村民陈小宝任接生员。

1975年，群南大队和群北大队又分别安排2名接生员到昆山市第一人民医院接受新生儿接生和产期保健技术专业培训。此后，村里提供孕妇期孕情监测、产妇定期检查服务。每个孕妇按规定产前检查6次，检查率在90%以上，新法接生比例达100%。接生规范后，群星域内新生婴儿和产妇没有发生过破伤风现象。

1983年，域内开始对产妇实行定期回访制度，安排人员定期上门了解产妇产后身体状况和婴儿生长健康状况，并做好有关跟踪材料的登记工作，做到材料齐全，每人1份，记录在案，妥善保管，产妇保健有保障。80年代末，域内

赤脚医生结业证书（2020年，徐挺提供）

取消居家分娩，住院分娩率达100%，高危孕妇管理率达100%，全面启动产妇生殖道感染综合防治工作。2004—2020年，群星村孕产妇建卡率持续保持100%。

（二）疾病防治

1960年后，群南大队、群北大队和同心大队都重视妇女病防治工作，组织开展妇女病普查工作，坚持做到年年普查，逐步提升妇女病防治力度。

1985年，群南村、群北村和北洲村开始对宫颈炎患者进行免费治疗，治愈率达95%。1996年，各村妇联组织全村20~64周岁已婚妇女参加乳腺癌和宫颈癌两癌筛查，做到每3年检查1次，检查结果存档。同时，各村对全村的妇女定期进行B超检查，确保每个妇女有病及时发现、治疗。

自2001年起，群星村妇联和社区卫生服务中心每年对群星域内妇女进行1次生殖道感染普查普治。开展预防艾滋病、霉菌、乙肝母婴传播宣传工作，做到有病早治，无病早防，使全村妇女健康得到保障。

（三）儿童保健

1952年，群星高级社和同心高级社开始为群星域内儿童接种水痘。1959年开始，接种麻疹疫苗、乙脑疫苗、发放小儿麻痹糖丸，接种霍乱、天花疫苗等，确保儿童身心健康。1981年，正仪卫生院开设防疫保健科，定期为各大队儿童开展健康检查和体格检查，为新生儿童接种卡介苗，"百白破"（百日咳、白喉、破伤风）、乙肝、麻疹疫苗等，覆盖率达100%。1986年，儿童保健工作由村妇联专人负责。2012年年底，群星村对全村儿童进行健康调查，没有发现具有传染性的儿童疾病。

从20世纪90年代开始，幼儿入园前，幼儿园都要对其进行体格、乙肝两对半、血常规、甲肝、胸透、心电图、血型、身高等检查，并了解病史，确保每名幼儿健康入园。

2016年，群星村婚前医学检查率达96%以上，产前筛查率达96%，新生儿疾病筛查率达99%，之后每年免费发放《妇儿健康服务手册》1 000多份。

三、卫生防疫

（一）疾病防治

中华人民共和国成立以前，群星域内常常流行疫病，尤其是霍乱。得了霍乱这种病，人的体温很快会升高到40 ℃以上，心脏、胃、肺、十二指肠有明显充血，最后导致死亡。如果村里有人得霍乱，他们的排泄物污染水源，会引起爆发性流行。人得了这种病，不及时治疗，很快会死亡。乙型脑炎在群星域内也时常流行，5岁以下儿童多发，1岁儿童属高发人群。乙型脑炎病毒通过蚊子叮咬传播。该疾病发病月份在6~9月为多。小孩一旦患上，起病急，症状重，病死率和致残率都很高。当时，流行的疾病还有天花、疟疾等。村民受伤寒肆虐，都请南草芦港吴水根用挑痧方法医治。通过用针在患者肚脐眼周围扎针的方法，病情轻者就能得到有效治疗，但病情重的还是无法医治，需要郎中才能治好。小儿突发高烧而引起小儿麻痹症，即使治好也会留下残疾。天花病愈后，小孩的脸上会留下许多细小斑点，俗称"麻子"。

中华人民共和国成立以后，群星域内进行防疫知识宣传，组织开展防疫工作。1951年，发放防治疟疾药丸。1953年春，开始给村民接种牛痘。1966年，域内有了医务室，为村民接种卡介苗，注射霍乱、麻疹、流行脑炎、狂犬病疫苗等，疾病预防工作逐年加强。1970年，群星域内脑膜炎、麻疹、百日咳、霍乱、疟疾、白喉等流行性疾病得到有效控制，麻风、小儿麻痹症等基本消失。1986年，接种疫苗在乡镇以上医院进行，村民接种率达90%以上。自1994年起，群星域内幼儿免疫接种率一直保持100%。

（二）血吸虫病防治

查灭钉螺 1956年，群星域内各自然村成立查灭钉螺领导小组，组织专职查螺小分队。张小妹、吴金凤分别担任星东乡、新北乡查灭钉螺领导小组组长。村查灭钉螺领导小组带领干部群众查灭钉螺，做好粪便管理。1966年10月，县血防站在群南大队用氯硝柳胺及烟酰苯胺开展现场灭钉螺试点活动，结果证明其灭螺效果与五氯酚钠相似，但对鱼类毒性较低，污染环境程度降低，随后在全县范围内推广。同年，群南大队由张金花、群北大队由范阿招、同心大队由

金素女任血防大队长,成立查灭钉螺专业队伍。各生产队在自己管辖的河道边筑"反修带",在河边离水面5厘米高处筑1条50厘米宽的地带,同时用物理方法以河岸"三面光"填埋河边坑洼,并在这条带上撒上"五六粉"来灭螺,还在人和动物(牛)必须下水的水域撒生石灰,每10平方米施用3公斤,或者用喷洒10%~20%六六六乳剂、氯硝柳胺溶剂等办法消灭钉螺。各大队多年持续查灭钉螺,清除血吸虫滋生的温床,切断血吸虫病传染途径。1976年,群星域内各大队查不到有血吸虫感染的钉螺,查螺工作却一刻也不放松,每年春季都安排村民开展查钉螺工作,还同其他各大队进行对口互查。1982年,各村(大队)通过粪便检查不到有血吸虫感染的病人,到1993年,在省血防考核中,各村达到国家规定消灭血吸虫标准。

查病治病 1952年12月,昆山县政府派医务人员到群星域内普查血吸虫病患者,后又对村民大便进行化验,病情较轻的患者被集中到大队部,口服锑-273进行药物治疗,较为严重的患者被集中到南星渎治疗点进行住院治疗,特别严重的患者被安排到昆山市第一人民医院做切除脾脏治疗。村民侯阿芹、刘国志等16位患血吸虫病的重症人员,被安排到正仪乡集中治疗点医治18天。1956年,村里派人到昆山血防站培训。参加培训人员回村后,对村里30多头牛的粪便进行化验,对患有血吸虫病的牛进行治疗。1965—1977年,正仪乡成立血吸虫病防治中队。域内各大队对每个村民进行血吸虫病复查,发现1例治疗1例。每个村的青壮年基本经过"针剂"或"油剂"治疗。学生患者利用寒暑假集中治疗。学校派教师协同医务人员做好学生血吸虫病治疗。1981年以后,各大队调整血吸虫病防治对策,用血防846和硝硫氰胺(7505)对人和牛进行治疗。经过40多年奋战,整个群星域内在1994年以后没有发现1例血吸虫病患者,最终实现消灭血吸虫病目标。

(三)"非典"防治

2003年,全国许多地方暴发"非典"。群星村为预防、控制"非典"疫情蔓延,加强对"非典"预防和监测工作的宣传,对公共场所进行早晚各1次消毒,要求村民出门佩戴口罩。"非典"流行期间,群星村无1人被感染。

(四)新冠感染防治

2019年年底,全国多地先后出现新型冠状病毒感染(简称"新冠感染")

病例。群星村村委组织党员干部，落实责任岗位，组织志愿者进入小区宣传疾病防控知识，利用广播 24 小时宣传如何做好防疫措施，要求村民不聚众娱乐、不走亲访友、少进行户外活动、不到人口密集的地方、多进行室内活动、多通风消毒，加强检查管理。派专人到路口、小区日夜轮流值勤。人们进

疫情防控期间为治丧人家发口罩（2020 年，张忠玲摄）

出小区必须测体温、佩戴口罩、出示健康码。从中高风险地区回来的人要进行核酸检测，并按规定进行隔离，每天由社区医生进行 2 次体检。清明时节，实施"云扫墓"。春节期间，社区给每户人家发放口罩和酒精，防止疫情蔓延、输出，控制疾病传播；对居民小区、垃圾中转站、建筑工地进行卫生清理。村民自觉配合，疫情得到有效控制，至 2020 年年底群星域内没有出现感染患者。

四、爱国卫生运动

中华人民共和国成立以前，群星域内各个村庄卫生环境差，瘟疫和各种传染病频发。1952 年，域内对成年村民进行血吸虫病普查，患病率几乎达到 100%。是年，域内开展群众性爱国卫生运动，以预防和减少疾病，以保护人民健康为目标，大力改善卫生环境。

1958 年，域内以生产队为单位，组织开展除蚊子、苍蝇、老鼠、麻雀的"除四害"运动（后来把麻雀改为臭虫），做到户户参与、人人参加。消灭蚊子采用手打、扇拍、烟熏等办法，后来发展到使用蚊子油、蚊香、灭蚊灯、电蚊拍等；消灭苍蝇从拍打到使用粘蝇纸、电蝇拍；消灭老鼠从养猫抓捕到使用老鼠夹、粘鼠板、灭鼠灵；消灭臭虫使用臭虫药、干燥剂等。

1966 年，域内开展管水、管粪和改井、改厕、改畜圈、改炉灶、改造环境"两管五改"运动，把重点放在改善每家每户的卫生条件上。1978 年，群南、群

北2个大队组织开展"门前三包"和"四自一联"活动，要求每家每户包卫生、包秩序、包绿化，自修门前路、自通门前水、自搞门前卫生、自搞门前绿化。每个自然村的卫生面貌因此大有改观。

1987年，域内把卫生作为工作重点，以厕所改造、消灭露天粪坑为突破口，给每户村民修建无害化粪坑，并进行"五讲四美"先进个人评选。从2001年开始，为配合创建卫生城市，群南、群北和北洲村村委会共投资25万元，建设卫生基础设施，新建自动冲水公厕14座，安排专人冲洗（每天不少于3次），做到无蝇、无蛆、无臭味，新建化粪池190只。域内村民家庭在1994年都用上自来水。2001年，域内12个自然村开展垃圾集中清理，给每户发放垃圾桶。全村有8名垃圾管理员，把垃圾收集到指定地点进行无害化处理。2019年，群星域内开展垃圾分类工作。动迁安置小区茗景苑及仁心苑、义和苑、礼和苑、美丰苑都设有垃圾投放点，做到早晚2次投放。16位志愿者和10名管理员负责宣传监督，把可回收垃圾、厨余垃圾、有害垃圾和其他垃圾进行分类投放，然后由专车将垃圾运到指定地点进行处理。2007年5月，群星村被评为"全国亿万农民健康促进行动"苏州市先进村。2007年6月，群星村被评为"江苏省卫生村"。

第四节　体　育

一、体育活动

摇快船　40—70年代，群星域内每年都会利用农闲时间开展摇快船比赛。各自然村组队，赛前各自然村（生产队）挑选最好的摇船能手和农船。每次的比赛地点都在东尤泾，各船男女选手人数相等，比赛距离一般为3 000米。比赛开始，选手们可以随时替换摇船的人，号子声和呐喊声响成一片，场面十分壮观，最终以先到达终点者为赢家。

削水片 削水片游戏古已有之。村民平时在河边散步或憩息时，就会随手捡1块薄砖片或瓦片，扔向离河岸很远的地方。削水片的方法：手捏薄砖片或瓦片，走到河边，使劲将瓦砖片甩向水面，随着"嗒嗒嗒"的声音，水面上出现一串漂亮的水花。削水片看似简单，却很有讲究，且要有一定技巧。既要有力，又要使薄砖片或瓦片紧贴水面，掠水而行，这样才能在水面上激起一串串涟漪。

游泳 游泳是男女老少都喜欢参与的运动项目。每到夏天傍晚，在清澈的小河中、河滩边，都会有众多村民嬉水游泳。游泳爱好者还会择时组织比赛，项目有仰泳、蛙泳、钻猛子等。1976年7月，为了纪念毛泽东主席畅游长江10周年，群南大队组织了1次游泳比赛，由大队干部黄友根等人带头，吴永宪、王新民、沈建中等15人参加。

拔河 农闲时，乡亲们经常自行组织拔河比赛。在拔河场地上画3条直线，每条直线间隔2米，居中线为中线，两边线为界河，中线上放一根很粗的绳子，绳子中间系一根红带子。比赛前，2队分别派出5男、5女，然后进行场地抽签。接着2队比赛人员都各自来到自己的位置，做好比赛准备，最后进行比赛。随着裁判一声令下，队员们使出浑身解数，红带子移向哪边界域，哪边就赢。第二轮、第三轮进行2次场地交换，比赛过程和第一次一样，最后3局定胜负。

拔河（2007年，蒋雪根摄）

打球 改革开放以后，群星域内兴起打康乐球，各村庄几乎都有人打，其中西生田自然村蒋惠林、蒋正木2家都有康乐球桌供村民进行健身。3个村合并后，村委会西建起420平方米的篮球场。村民们经常利用空闲时间到球场上打篮球、乒乓球、羽毛球等。2012年，群星村组织12名老年门球爱好者，成立1个老年门球队。2018年，群星村又成立由10人组成的群星残联门球队，其中2人腿有二级伤残，3人腿有四级伤残，3人半听障，2人有眼疾。队员们不怕吃苦，持之以恒训练。2支门球队经常参加昆山市和昆山高新区组织的门球比赛，取得较好成绩，群星残联门球队在昆山高新区门球协会举办的第44至第47届流动红旗残联门球比赛中均获得第一名。

跳广场舞 2010年以后，许多地方掀起了广场舞热潮。广场舞对于农村村民们来说是一种既新颖又盛行的娱乐活动。参加广场舞的人不分男女老少。每当夜幕降临，很多村民（大多数是女性）结伴来到比较宽广的地方列队起舞。广场舞人数不限，多时有上百人。参加者排成队形，站在队伍前面、穿戴特殊服装的领舞者带着大家随着音乐起舞，并根据不同的音乐变换舞步，呈现出不同的风格。

除了以上体育项目，村民们还喜好散步、到广场上选择器材锻炼等。早晨和晚间，在乡间小路和小区马路上，随时都能看到散步人的身影。他们三五结伴，边走边聊。广场上的双人太空漫步器、上肢牵引器、太极推手器等也深受人们的喜爱。

二、庭院游戏

40—70年代，群星域内条件差，民间传统运动项目大多比较简单，主要有滚铜板、打铜板、叉铁箍、踢方格、打弹子、踢毽子、跳绳、扇洋片、挑绷绷、掼纸包、跳皮筋等。

滚铜板 滚铜板（滚铜钿）是适宜少年儿童的竞技性娱乐活动。滚铜板可用铜钿滚，也有用铜板滚的。铜钿中间有1个正方形孔，体身轻而薄，滚时容易走偏方向或侧翻，滚出去的往往距离较短。而铜板实心、无孔、质重，滚出去距离较长。可以先在地上斜支1块砖，在前方8~10米处设1道障碍物，然后用大拇指和食指扣着铜钿或铜板，在砖上一磕，铜钿（板）"叮"的一声落在砖上滚弹出去。谁滚的铜钿或铜板离障碍物最远，谁就是赢家。

打铜板 打铜板兴于50年代，70年代逐步消失。游戏先要选比较宽敞平坦的场地，找1块较大且平的方砖，由2个或2个以上的人进行。每人出1个铜板放在方砖上，然后用猜拳的方法决定出场次序。第一个出场者在方砖边选择1个合适位置，站好后不能移动。第二个出场者将每个人拿出的铜板叠在方砖中间。先者用铜板照准方砖中间的铜板打，如果把铜板从方砖石上打落到地上，铜板就归自己。把剩下铜板叠好，再依次打，一直到方砖上的铜板被全部打落为止。

叉铁箍 叉铁箍一般是男孩玩的，也有少数女孩玩。叉铁箍是一种很简单的游戏，只需选用1只铁箍、1根50厘米左右长的铁丝，将铁丝一头弯成凹形钩子，将另一头扎在1根40厘米左右长的细竹竿上，然后用凹铁钩钩住铁箍往前推。随着推力，铁箍便向前滚动，并发出"哐啷哐啷"的声音。叉铁箍活动大多在庭院内、河岸进行，但玩得熟练的孩子有时也在田埂上进行，看谁叉得既快又稳，铁箍先掉在田里的算输。

踢方格 踢方格一般是孩子上小学时玩的。游戏一般有2个以上孩子玩，对场地要求不高，只需选择1块比较平整的场地，画1个十字方格，其中竖6格、横2排6格（下空2格，1个隔1个），每个格约是0.5平方米的正方形。参赛者每人自选1块比较合适的瓦片，出场时将瓦片放在第一格，一鼓作气踢完10格的为胜者。中途瓦片压线、出格或脚踩线即出局。

打弹子 打弹子一般为男孩游戏，参加人数不多，玻璃弹子是从货郎那儿换来的。活动前，参与者先在场地上挖4个比弹子大一点的泥洞。前3个洞距离相等，最后1个洞则远一点，称"老虎洞"。参与者用猜拳的方法确定出场次序。第一个将弹子滚进第四个洞的参赛者被称为"老虎"。然后"老虎"在洞边守着。未当"老虎"的参赛者的弹子滚到哪儿，就停在哪儿。滚完后，"老虎"开始击弹子，击中的弹子归自己，并可连续击；击不中弹子则停在那儿不再动。后面未进"老虎洞"的弹子继续向"老虎洞"进军。当上"老虎"的人可以击打别人的弹子。依此进行，直到场上弹子被击完为止。

踢毽子 踢毽子是群星域内男女老少皆宜的娱乐健身活动。活动时，用手把毽子抛向空中，下落后用脚将毽子踢向空中，依此循环，直到毽子落地。依

据各人水平，分别有单脚踢、双脚踢、转身踢、双人踢等不同形式。60—70年代，域内青少年基本上人人都有自制毽子。茶前饭后，在院内路边，随时可见人们踢毽子的身影。进入21世纪，域内踢毽子活动逐渐减少。

跳绳　跳绳也是一项村民喜欢的体育与娱乐相结合的活动，器材简单易得。跳绳形式有单跳、双跳、组合跳、花样跳和组队跳等，以人体过绳但不碰绳为标准。域内村民和学生经常进行跳绳比赛，之后跳绳逐步发展为学生体育成绩考核的一个项目。

扇洋片　洋片是一种彩色卡片，卡片上的画面大多为《三国演义》《水浒传》等书中的人物。要想全部攒齐各种洋片很容易，货郎担上有整版成条的洋片出售。孩子们把洋片买回来，将其剪成单张，用橡皮筋绑住、藏好。放学后，一帮孩子蹲在墙角边空地上或庭院内、路边进行活动。参与者先用"石头剪刀布"决定出场顺序，然后用手掌扇洋片。所谓扇，就是将洋片正面朝下。扇时根据各人掌握的技巧和力度，利用手掌扇动时产生的风力将洋片翻过来，有时一扇能翻过来1~2张，扇翻过来的洋片归赢者，当然也有一张都没翻成功的情况。

挑绷绷　女孩玩挑绷绷游戏居多，活动者先取出长0.8米的皮筋，把皮筋两头拴住，然后你来我往，利用自己的10根手指，钩成各种形状，再让别人挑，使线变换成另一种形状。线的形状有大方砖、梭子块、大手巾，变幻无穷，让人目不暇接。解开皮筋者为赢者，解不开者输。

掼纸包　小孩从用过的书或本子上撕下纸后，将2张纸对折成长条形，再把长条形纸交叉相叠，折成1个四方形，纸包就做好了。掼纸包由2个小孩进行，一个先将纸包平放在地上，另一个用自己手中的纸包击打地上的纸包。如果能把别人的纸包打得翻身就算赢。厚纸包不易被打翻。这是男孩子爱玩的游戏。

跳皮筋　跳皮筋也叫"跳牛皮筋"，是女孩子喜欢的一项活动。在院落、弄堂、操场上随处可以看见女孩子们哼着童谣，和着节奏跳皮筋。活动前，女孩子们分成2组，每组由高手分别带领自己的队伍参加比赛，一组中每个人都闯过关便获胜。

除此之外，群星域内还因地制宜开展人背跳马、接力赛、扔凿子、放风筝、打雪仗、打棱角、丢沙包等活动。

接力赛（2007年，蒋雪根摄）

放风筝（2019年，罗英摄）

第七章 精神文明建设

中华人民共和国成立以后,群星域内的党组织始终把思想道德建设列为村民教育的首要任务,贯穿社会主义建设全过程;组织村民学文化知识,学农业科技,学党的路线方针,教育、引导村民破除迷信,坚定爱国爱党信念,坚持走社会主义道路。改革开放以后,村党组织坚持物质文明和精神文明"两手抓",不断推进精神文明建设,在抓好思想道德教育的同时,着力进行文明村、卫生村的创建。80年代,开展"五讲四美三热爱""文明礼貌月"和文明家庭竞赛活动。2008年,村党组织组织党员群众开展社会主义核心价值观宣传教育活动和"迎奥运、讲文明、树新风"礼仪知识竞赛活动。党的十八大以后,村党总支开展党的群众路线教育实践活动,党的十九大以后开展"不忘初心、牢记使命"主题教育和新时代文明实践活动。全村党员干部转变作风,增强联系群众、服务村民意识,充分发挥村妇联、村团支部等群团组织的作用,共同推进精神文明建设。

 第一节　思想道德建设

一、思想教育

50年代末，群星域内广泛宣传党的总路线，使"鼓足干劲，力争上游，多快好省地建设社会主义"深入人心，并转化为广大村民建设社会主义的积极性。但也曾一度出现家家户户砸锅、拆农具、收集各种铁器来炼制钢铁的情况，造成生产工具和生活用品严重缺乏。在农业生产中，也出现"放卫星"、谎报粮食亩产等浮夸风气。在生活上，提倡吃饭不要钱（吃大食堂），提前过共产主义生活。60年代初，对出现的问题逐步进行纠正。

1963年，毛泽东发表"向雷锋同志学习"的题词，在全国掀起学习雷锋的高潮。群南、群北和同心3个大队党支部组织全体村民，尤其是党员、共青团员和在校学生开展向雷锋同志学习活动，群星域内做好事蔚然成风，很多青年社员和学生利用晚间无报酬、不留名地为生产队义务劳动。

1963—1966年，全国开展社会主义教育运动，即"四清运动"。县、公社派社教工作队入驻群南大队、群北大队和同心大队，组织指导3个大队开展运动。在社教工作队指导下，各大队召开动员大会，发动党员干部、社员群众参与运动，重点解决干部作风和经济管理等方面的问题。

1968—1973年，在全国学习《毛泽东选集》（以下简称"学《毛选》"）高潮中，村民每天手捧《毛主席语录》（当时称为"红宝书"），集中进行早请示、晚汇报、斗私批修，向毛主席献忠心。在学《毛选》活动中，人人要背诵毛主席的《为人民服务》《愚公移山》《纪念白求恩》（当时称为"老三篇"）。各大队党支部组织党员干部和社员群众向全国学《毛选》积极分子太仓顾阿桃学习，域内也评选出王花宝等一批学《毛选》积极分子。

60—70年代，全国掀起工业学大庆、农业学大寨高潮。群南大队、群北大队和同心大队在学大寨活动中，组织党员干部学习山西省昔阳县大寨大队坚持政治挂帅、改天换地的经验和精神；在各个生产队推行"大寨式"评工，评工标准除劳动时间、劳动表现之外，还要评劳动态度和政治表现；坚持以粮为纲，组织社员挖老坟、填河溇、平整土地，共增加耕田面积30多亩，建设学大寨样板田。

80年代初，群星域内开展"五讲四美三热爱"主题教育，"讲文明、讲礼貌、讲卫生、讲秩序、讲道德""心灵美、语言美、行为美、环境美""热爱祖国、热爱社会主义、热爱中国共产党"成为村民言行准则。同时，群星域内各村把物质文明和精神文明一起抓，使村民素质得到很大提高，村容村貌焕然一新。在"五讲四美三热爱"主题教育活动中，各村涌现出一批精神文明建设先进标兵，"卫生户"达标率超过95%，95%的农户达到新风户标准，3个村还评选出"五好家庭"3户。

1993—2005年，群星域内广泛开展学习中国特色社会主义理论的活动，组织开展学习邓小平理论、"三个代表"重要思想和科学发展观的主题教育：利用宣传橱窗、宣传横幅和会议讲座等进行宣传；在党员中组织专题学习，要求党员从实际出发，进行对照检查、整改落实；结合村里经济、社会发展实际，坚持解放思想、抓住机遇，推进乡村经济、社会发展。

2006年，群星村党总支在党员群众中开展社会主义荣辱观宣传教学活动，组织全村党员群众开展以"知荣辱、除陋习、树新风、促和谐"为主题的道德实践活动和以"讲文明话、办文明事、做文明人"为主题的专题教育。2008年，组织党员群众开展社会主义核心价值观宣传教育活动和"迎奥运、讲文明、树新风"礼仪知识竞赛活动。

2013年，群星村党总支组织开展党的群众路线教育实践活动，推动党员联系群众、服务群众，建立长效机制，改善党群关系、干群关系。

2018—2019年，群星村党总支先后组织党员群众开展"不忘初心、牢记使命"和新时代文明实践专题宣传活动。村"两委"开辟多个教育实践场所，并配置相应设备设施，按照年初制定的教育课程计划实施，村领导带头宣讲，同

时聘请有关宣讲员到村进行专题讲座。同时，发放宣传资料2.8万份，举办各类专题讲座55场次，开展各项专题实践活动13次，参与各种新时代文明实践活动8000人次。

多年以来，群星村（群南、群北、北洲村）先后荣获多项昆山市级以上荣誉。1996年12月，群南村被昆山市人民政府评为"1993—1995年度先进集体"；1998年度被中共昆山市委员会、昆山市人民政府评为"昆山市社会治安综合治理先进单位"，同年被苏州市社会治安综合治理委员会评为"安全文明村"；2000年度被昆山市民政局评为"昆山市村民自治模范村"。3个村合并后，群星村在2007年3月被昆山市依法治市领导小组评为"民主法治示范村"；2011年1月，被苏州市司法局等评为"民主法治村"；2018年被昆山市精神文明建设委员会评为"2017年度文明村先进单位"。

二、教育载体

家长学校 2015年，群星村成立家长学校委员会，张忠玲、郑建明分别为正、副会长。为发挥家长学校的作用，2015年1月5日，家长学校负责人会同家长代表制订活动计划，进行工作布置。家长学校自2015年1月成立至2020年，共开展有关如何与儿童沟通，家庭教育、教育子女的做法和经验，安全知识，未成年人保护法等的24场讲座，还举行包粽子、亲子游戏、文艺演出、实践活动、棋艺比赛、法律咨询、才艺比赛、垃圾分类等活动。

道德讲坛 2011年，群星村成立道德讲座领导小组，制定道德讲座工作准则和计划。为了不断推进社会主义核心价值观教育，坚持定期进行道德讲座，通过宣传道德模范、先进道德故事和感人事迹，营造崇尚道德的良好气氛，弘扬文明新风，凸显"善、诚、孝、强"，引导全体村民常怀善心、常行善举，以诚立身、诚挚待人，勤俭持家，孝俭养德，形成"我为人人，人人为我"的良好社会风尚。2014—2020年，村委会以道德讲坛为阵地，以"静以修身，俭以养德""遵德守礼""小信诚则大信立""内睦者家道昌，外睦者人事济""勿以善小而不为""爱岗敬业无私奉献""富国强兵中国梦""天下兴亡，匹夫有责""不忘初心、牢记使命"等为主题开展20多场专题讲座。

家庭网群 2010—2011年，群星村"两委"在全体党员干部中建立QQ群，在村里建立家庭网络系统，在网群中推发党规党纪、法律法规、道德品质等方面的宣传教育材料，并利用网络系统，播放法制道德建设等方面的影视片。2012年，村委会投入8万元，建设网络共享工程，建立一根宽带、一台电脑、一个投影仪、一个放映室的"4个一"教育服务点，放映室面积为230平方米。2013—2020年，群星村先后建立自然村村民、行业人员、亲朋好友、妇女等微信群。这些微信群起到了"小微信、广传播、大教育"的效用。

主题活动　2020年，村妇代会、团支部、民兵营等群团组织结合村里精神文明建设实际，开展一系列主题活动。村妇代会组织"送温暖、献爱心"主题活动，给20多户贫困户捐款捐物；组织"庆三八、做青团"主题活动；在张浦镇海哥农场开展"大手牵小手，你我共成长"文明实践活动。村团支部在亭林公园开展以"了解历史、热爱祖国、增强体质、增进友谊"为主题的青年户外徒步活动。为纪念五四运动一百周年，全体青年团员前往常熟市沙家浜红色教育基地，开展"青春心向党，建功新时代"主题日活动。民兵营开展"帮扶农户"服务活动，组成数个志愿者小组，分别帮助贫困农户干农活、做家务。老年协会在重阳节给老年人送去重阳糕，联系、组织志愿者定期上门给80周岁及以上老人和残疾人提供家政服务。

"毛毛虫"读书活动（2020年，张忠玲摄）

三、村民公约

2004年,群星村"两委"组织制定《群星村卫生公约》。村委会把公约印成宣传活页,利用画廊、黑板报等,积极宣传,广泛发动,要求每个村民落到实处。同时,通过多种形式对村民加强卫生教育,引导村民形成良好道德风范和养成卫生习惯。村委会组建督查队,加强对全村文明行为、卫生工作的督促检查。《群星村卫生公约》制定并实施后,域内卫生状况大为改观,为创建江苏省卫生村打下坚实基础。

2012年,随着群星村村民动迁安置率不断提升,村委会与安置小区的居委会合作,制定《社区居民文明公约》,具体内容为"爱党爱国爱人民,公民义务要履行;言行举止有修养,明礼诚信扬正气;邻里见面问声好,主动招呼微微笑;人来车往互谦让,按规停放路通畅;猫狗宠物勤调教,垃圾入箱习惯好;杂物楼道勿堆放,公共空间不侵占;花草树木需呵护,公共设施要爱护;晾晒浇灌防抛物,楼上楼下多照顾;小区环境要安静,文化娱乐不扰邻;邻里遇事互相让,包容体谅好商量;尊老爱幼助残困,守望相助情谊真;志愿活动齐参与,民主民治共决策;见贤思齐学先进,最美处处暖人心"。公约倡导"爱国守法、明礼诚信、团结友善、勤俭自强、敬业奉献"等基本道德规范。文明公约正式出台后,村委会与小区居委会利用宣传画廊、黑板报、宣传资料图片、网络、实践活动、专题讲座进行广泛宣传,教育、引导村民自觉加强社会公德、职业道德、家庭美德、个人品德建设,增强文明意识,养成文明习惯。

2015年,群星村村委会制定村规民约共10条,对村民不参与赌博、不搞迷信活动、爱护集体财产、遵守社会公德、搞好家庭卫生及美化屋前屋后绿化等有明确要求。具体内容为:"加强土地管理,服从建设规划,不私自违章搭建。拥护党的方针、政策,服从大局,配合政府完成动迁等各项工作。遵守计划生育法律、法规、政策,做到优生优育。遵守社会公德、尊老爱幼、家庭和睦;村民关系融洽、团结友善、互帮互助。遵守出租房屋的规定,不租赁给无业人员和无任何证件者,配合政府、派出所加强外来人员管理。不打架斗殴、不辱骂诽谤他人、不扰乱社会秩序;维护正义,坚决与违纪违法行为作斗争。崇尚科学,反对封建迷信,远离'黄''赌''毒',积极参与健康文明的文体活动;

婚事丧事不大操大办，破除陈规旧俗，反对铺张浪费。爱护公共财物，维护村容整洁，不随地乱倒乱堆垃圾，不占道经营，搞好屋前屋后卫生。不见利忘义、不蛮不讲理、不与政府讨价还价，争做文明的昆山人。富有爱心，积极参与公益性事业，为村两个文明建设出谋划策。"

第二节　精神文明实践

一、无偿献血

50年代，群星域内12个村民小组的村民踊跃参加无偿献血。1978年开始，凡是符合献血条件的村民基本上都参与，参与年龄为16~50周岁。高峰时，采血站进村采血，献血成风尚。参加无偿献血的先后有460多人次，其中群南大队最早献血的是陆巧生，群北大队最早献血的是沈阿水，同心大队献血最多的是杨桃生。

无偿献血证
(2020年，蒋金花提供)

二、志愿者服务

群星村"两委"为让广大村民拥有更多获得感、幸福感、安全感，在新时代文明实践中，号召以党员干部、青年团员、民兵、老年协会会员和爱心人士为骨干的14位志愿者，组成11个志愿服务队，开展各项志愿服务，切实帮助解决经济困难户、生活自理困难者等弱势群体的实际问题。2015—2020年，志愿者们经常为病残老人送生活用品、慰问金，帮助他们打扫卫生，与他们聊天谈心，为外地育龄妇女办理生育联系卡，上门慰问老干部，到学校门口维护秩序，带小学生参加趣味活动，下雪天自发铲雪，等等。

2015—2020年群星村志愿服务及志愿者情况统计表如表7-1所示。

表7-1 2015—2020年群星村志愿服务及志愿者情况统计表

服务项目	志愿者
老年人服务	张忠玲、阮剑兰、陆根弟、陈龙、陆金珍
人民矛盾调解	赵佳、蒋雪根、祝利平
矫正安帮	陈龙、陆根弟
法律援助	邬庭松、阮剑兰
关爱残疾人	阮剑兰、蒋雪根、赵佳、蒋晓倩
文明交通	李超、蒋晓倩、陈龙
公共治安	陈龙、陆根弟、沈汉林、郑建明、陆金珍
关爱未成年人	张忠玲、赵佳、阮剑兰、郑建明
环境保护	阮剑兰、陆根弟、陈龙、李超、蒋雪根
便民服务	李超、蒋晓倩、陆金珍
爱心助学	张忠玲

2015—2020年群星村爱心助学情况统计表如表7-2所示。

表7-2 2015—2020年群星村爱心助学情况统计表

年份	受助人员/名			总金额/万元
	总数	男	女	
2015	14	7	7	2.75
2016	12	5	7	2.65
2017	12	5	7	2.69
2018	9	4	5	2.01
2019	11	3	8	1.98
2020	6	4	2	1.30

群星村"两委"慰问病残老人（2019年，张忠玲摄）

党员帮扶农户（2020年，张忠玲摄）

三、文明操办红白喜事

2020年年初，群星村把文明操办红白喜事与移风易俗工作落到实处，由党员、干部、军人、教师、村民代表组成红白喜事理事会，具体负责宣传和督促工作，要求村民做到办喜事提前预约，办丧事及时预约；开车不喝酒，喝酒不开车；文明用餐，不铺张浪费；讲究卫生，确保食品安全；节约水电，安全用气；事毕清场，确保干净。管理方面做到保证设备设施完整无损，确保使用安全规范；倡导文明简易，不搞迷信活动；特事特办，合理调节，保持场所卫生

整洁。经过村"两委"和红白喜事理事会的宣传教育、督促检查，村民逐步养成婚事新办、丧事简办的好习惯，文明操办新风在村内全面推广。

四、垃圾分类

2020年，群星村在村内全面推动垃圾分类，把日常生活中产生、已失去全部或部分有使用价值的废品回收后，经过加工处理，变成生产原料或再利用，以避免有害物品污染环境，减少垃圾数量，节约垃圾堆放面积。村"两委"召开垃圾分类动员大会，宣传垃圾分类的意义，安装电子分类垃圾站3处（不包括迁安置小区），组织村民现场示范观摩，再安排垃圾处理专业队伍具体负责，同时由各组村民代表组成志愿者队伍，协助配合管理员检查督促，最后由垃圾清运队负责将垃圾运送至指定处理回收堆放地点。至年底，垃圾分类工作取得初步成效，村民逐渐养成垃圾分类习惯。

五、文明参赛

2012年6月，群星村组建老年门球队。老年门球队由12名队员组成。2018年3月，群星村组建残疾人门球队，吸收10名队员。门球队队员每月参加1次联谊赛，每年参加2次分会赛，每年参加1次文体友谊赛（有关文体单位赞助组织）。残疾人门球队，除了和其他残疾人门球队比赛，还经常和普通门球队进行比赛。2支门球队经常参加市、镇组织的门球比赛，并屡次获得第一名，连续2年被评为门球先进集体。村（社区）内广场舞、打连厢、康乐球、象棋、羽毛球、门球等主要以民间活动为主，比赛主要是由村民自己组队，村"两委"会给参赛队员提供场地设施、交通工具等。2020年，村"两委"倡议开展文明文体娱乐活动：参赛队员要发扬拼搏精神，争取好成绩的同时也要奉行"友谊第一，比赛第二"的体育道德风尚；观赛村民要讲究文明高尚、整洁有序，讲究卫生，不起哄惹事。群星村在各项比赛中不仅取得了好成绩，而且体现了群星村人不甘落后的精神风貌。

六、文明出行

2020年，群星村540户农户中，私家车普及率超过95%，有不少家庭拥有2

辆车，电瓶车普及率达100%。为使村民在行驶时能遵守交通法规，村"两委"开展文明出行专题宣传教育活动。通过多种途径，宣传文明出行、规范停车、不闯红灯、保持车辆卫生、按时验车验身和保养维修等方面的内容，强化村民文明、安全行车意识。

七、文明办公

从2019年开始，在昆山高新区新时代文明实践行动中，村"两委"继承历届传统，奉行为人民服务的宗旨，狠抓党员队伍和村委会队伍建设，倡导文明办公。党总支、村委会、村便民服务中心、退役军人服务站、妇女儿童之家、人力资源和社会保障服务站、农村综合服务社、居家养老服务中心和老年协会等要求机构工作人员对待村民要热情，有问必答，真正做到为百姓多做实事，为村民排忧解难。村"两委"还建立了督促检查制度，加强对村工作人员文明办公的督促。

第三节 文明家庭评选

1986年，为推动"五讲四美三热爱"主题教育深入开展，促进村庄环境卫生和村民家庭卫生水平提升，群南村、群北村和北洲村开展村民家庭卫生创建活动。根据家庭环境、用水用厕卫生、厨房卫生、家禽家畜饲养、居室整洁、家庭人员健康卫生及健康知识掌握、能否起到示范带动作用等多方面情况，进行卫生户评比活动。3个村都建立了由村委会、村民小组长和村民代表组成的评选小组。评选小组根据评选内容，走进每个家庭进行综合评估。2020年，群星域内评选出卫生户540户，入选率达100%。

1991年，群南村、群北村和北洲村3个村组织新风户评比活动。新风户评比依据家庭文明新风情况，包括家庭成员道德品质情况、家庭移风易俗情况，以及在村里开展的文明活动中发挥的作用等。评选工作由评选小组进行综合评估，评选出新风户 496 户。

1994 年，群南村、群北村和北洲村 3 个村为巩固文明新风建设成果，深入推进精神文明建设，在村内开展文明家庭评比活动。文明家庭评比活动根据"爱国守法，热心公益好；学习进取，爱岗敬业好；男女平等，尊老爱幼好；移风易俗，优生优育好；勤俭持家，保护环境好"等多方面情况，由评选小组综合评估，评选出文明家庭 503 户。

1996 年，群星域内进行五好文明家庭评比活动。在文明家庭标准的基础上增加"夫妻和睦，邻里团结好"评比内容，由评选小组综合评估，评选出"五好文明家庭"3 户。

2017 年，群星村组织开展平安家庭评比活动。根据家庭成员是否有学法懂法守法意识、破除迷信科学意识、公平正义法治意识、健康卫生文明意识、廉洁治家自律意识、扶贫济困助人意识等多方面情况，由评选小组进行综合评估，评选出平安家庭 488 户、示范户 7 户。

2018 年，群星村组织开展五好最美家庭评比活动。在"五好文明家庭"标准的基础上，根据夫妻关爱、孝老爱亲、教子有方、勤俭持家、邻里友善等多方面情况，由评选小组进行综合评估，评选出五好最美家庭 3 户。

2019—2020 年，群星村组织开展"文明和谐家庭"创建和评比活动。村"两委"在"五好文明家庭"标准的基础上，对家内外和谐情况比较突出的家庭，由评选小组进行综合评估，评选出"文明和谐家庭"5 户。

"文明和谐家庭"荣誉证书
（2020 年，周巧芬提供）

"五好文明家庭"荣誉证书
（2020 年，薛泉生提供）

第四节　卫生文明村创建

一、创建卫生村

从2002年开始，群星村为了改善群星村村民生活环境质量，根据群星村实际情况，组织发动全体村民开展爱国卫生活动，强化村民健康意识，提升全村环境卫生水平。群星村组织成立创建领导小组，制订创建江苏省卫生村工作计划、行动方案，制定村卫生公约，并采取系列措施来推进创建工作。在爱国卫生宣传教育方面，开发和利用各种宣传阵地、宣传渠道，开展爱国卫生和防病防疫宣传，发放全国亿万农民健康促进行动宣传资料，如昆山市农民健康促进读本等，增强村民健康卫生意识；加强健康知识培训与普及工作，发放卫生小知识资料（包括疾病防治、家庭健康教育资料等），还组织卫生知识讲座，开展健康教育测试，巩固村民健康知识知晓率。在机制建设方面，建立和健全组织管理制度，落实环境卫生工作责任制，加强环境卫生工作协调、配合，明确责任主体，完善检查、考核制度，强化专职人员服务意识。村委会与保洁员签订工作责任和劳务合同，明确保洁员工作职责，建立长效管理机制。在卫生建设方面，群星村加大投入，加强基础设施建设力度，做好道路硬化；先后投入25万元，建造公厕15座；建造垃圾中转站，加强垃圾清运管理和水污染管理；杜绝村民私搭乱建，不断改善村容村貌。在卫生防疫方面，组织开展爱国卫生和防病防疫工作，安排专人定期进行药物灭杀工作，降低"四害"密度，科学用药，合理配备和使用药械；"四害"灭杀、改水改厕、环境整治等一系列活动为全村防病防疫工作打下了扎实基础。2007年，群星村被评为"江苏省卫生村"。

二、创建文明村

2010年,群星村成立以村党支部书记为组长、村委会主任为副组长的创建文明村领导小组,明确分工,将责任落实到个人,制订文明村创建的具体计划、方案,加强监督管理,把各项工作落到实处;强化宣传,营造氛围,加强精神文明宣传阵地建设;以老年活动室、乡村舞台、门球场、篮球场、红客堂书场等为宣传平台,打造集文化、教育、娱乐、健康理念于一体的精神文明宣传中心,充分展示群星村文明乡风与积极进取的风采;组织村民成立文艺队、门球队等,利用相关节日,开展精神文明建设宣传演出;依托各种宣传载体,通过优选标语,制作宣传横幅,悬挂、张贴精神文明建设宣传标语海报,发放宣传手册,编发网络信息等方式,向全村村民宣传精神文明建设的目的和意义,引导、鼓励村民积极参与,营造浓厚的宣传氛围;全面开展文明创建系列活动,加大村民精神文明建设,不断推进乡风文明;每年组织10次家长讲校园活动,通过知识讲座、亲子活动等形式,弘扬家庭文明建设的重要性;每季度道德讲坛安排1次专题讲座,弘扬文明新风,传播道德力量,增强思想道德建设;围绕昆山市精神文明建设办公室提出的"孝老爱亲""乐于助人""敬业奉献""见义勇为""诚实守信"五个方面的内容,制定善行义举表彰制度,举荐村里符合要求的村民,报送至昆山市精神文明建设办公室,并在村宣传栏设立善行义举榜,树立正能量标杆;开展乡风文明志愿者活动,以党员干部为主体,建立志愿者队伍,通过志愿服务,为村民做实事、做好事,将精神文明建设深入人心;每月开展1次新时代文明实践活动,丰富村民的精神文化生活。2018年,群星村被昆山市精神文明建设委员会评为"2017年度文明村先进单位"。

第八章　方言俗语

　　中华人民共和国成立以前，群星域内村民大多人进行语言交流时使用方言俗语，且形成富有特色的地域语言文化。中华人民共和国成立以后，域内虽积极推行普通话，但各类日常乡语、歇后语、谚语等方言俗语以其独特的影响力，仍然在村民的日常生活中被广泛应用。很多走出群星村的村民依然乡音未改，而走入群星村的外乡人依然能感受到群星村方言俗语的魅力所在。方言俗语至今仍广泛流传于域内。

 第一节 方 言

一、天文气象

日头：太阳。

阴山背后：晒不到太阳的地方。

扼亮：月亮。

敞阳：阳光充足。

雷响：打雷。

作冷：寒潮来临。

霍显：闪电。

结冰：地面冻结。

阵头雨：阵雨。

天打：雷击。

秋拉洒：秋雨阵阵。

阴湿天：闷热的阴天。

开烊：地面冰融化。

迷露：雾。

呃湿热：闷热。

扫帚星：彗星。

冰排：冰雹。

天好：晴天或不下雨。

空阵头：阴云密布、电闪雷鸣，但不下雨。

黄梅天：梅雨季节。

还潮天：空气湿度高的天气。

拗春冷：倒春寒。

二、地理环境

场化：地方、场所。

村窠：自然村落。

街上：镇上。

河浜：小的河流。

浜兜：不与其他河流相通的小河，也叫"断头浜"。

娄潭：小池塘。

田横头：田间。

秧沟：田里开挖的水沟。

河滩头：河滩，也指河边洗衣服的场所。

坟墩头：堆起的坟墓。

坟窠箩：乱坟岗，也指公墓。

高墩墩：土丘。

水氹：浅的积水潭。

田岸：田埂。

啥场化：什么地方。

渠道沟：渠道。

石角田：走近路。

泥塘：泥潭。

三、时令、时间

开年：明年。

上昼：上午。

旧年：去年。

下昼：下午。

隔年子：前年。

日朝：每天。

黄梅里：芒种季节。

日里：白天。

热天式：夏天。

三春郎：阳春三月。

月半：农历十五。

今朝：今天。

明朝：明天。

昨日：昨天。

后呢：后天。

啥辰光：什么时候。

日昼心里：中午。

黄昏头：上半夜。

夜快点：傍晚。

该现：现在。

半夜啵：午夜。

该枪势里：这个时候。

有常时：有时候。

老底子：古时候。

热脚：日子。

毫稍：快点。

常年夜：接近年关之时。

年夜头：春节。

四、行业及用具

泥水木作：建筑业。

裁缝店：成衣店。

剃头店：理发店。

南货店：土特产店。

烟纸店：经营日常生活零星用品的商店，也叫"杂货店"。

作台板：手工业者操作用的平台。

作凳：手工业者操作用的长凳。

纸筋：熟石灰浆混合稻草纤维做成的抹墙材料。

灰沙：熟石灰浆拌河沙，用于涂抹墙面。

三合土：石灰、河沙、黏土合成的建筑材料。

泥刀：泥瓦匠用来劈砖或取石灰、水泥、纸筋的工具。

木蟹：泥水匠工具，木制品，用于抹平灰沙或水泥。

铁搭：一种用来翻土垦地的农具，有四个齿，头部扁平。

莳头：锄头。

橛子：镰刀。

挽子：藤制品，圆形大口、箩筐状容器，用来盛放或搬运粮食。

山笆：藤制品，比挽子小的一种圆形容器。

篰条：用竹篾编成的席子状物品，很长，可围起来盛放粮食。

坑缸：粪坑。

筷箸笼：盛放筷子的用具。

灶幡布：洗刷锅碗的抹布。

灶郎刀：切菜刀。

现线：缝衣针。

白席：草席。

油盏灯：油灯。

自来火：火柴。

篾席：竹席。

叉袋：麻布袋。

饭筲箕：洗米用的竹器。

洋钉：铁钉。

五、肢体、人物

身坯：身躯的总体形态。

囟门：天灵盖。小孩出生后一段时间囟门很软，大约一岁半完全闭合。

眼乌珠：角膜。有时也指眼睛。

馋吐水：唾液。

夹肝：胰脏。

腰子：肾脏。

老枚节头：大拇指。

小枚节头：小拇指。

脚馒头：膝盖。

脚弯弯：膝盖反面，小腿弯曲处。

脚背头：脚面。

脚节头：脚趾。

老头子：对父亲的背称。又泛指老年男性，或者指旧社会对帮会老大的尊称。

老太婆：老年女性。

小娘头：女孩子，年轻女性。也叫"小细娘"。

小白脸：长得漂亮的年轻男性，往往带有贬义。

小乖人头：精于打小算盘、不愿出头、不肯吃亏、老想占点便宜的人。

老小姐：大龄而尚未出嫁的女性。

喜买婆：媒婆。

有喜娘娘：孕妇。

二婚头：再婚男女。

自家人：家庭人员，也指"圈子里"人或情同手足的朋友。

郎中：医生。

嫩头：缺乏经验的人。

滑头：处事圆滑、滴水不漏的人。

洋盘：门外汉，即对某个方面一窍不通、容易吃亏上当的人。

黄伯伯：说话、做事不负责任的人。

赖皮：不守信用、不讲道理的人。

老百晓：好像什么都知道的、消息灵通的人。

煨灶猫：情绪低落、没精打采、昏昏沉沉的人。

贼铁嘴：能说会道、善于狡辩的人。

雌老虎：凶悍蛮横的女人。

酒甏头：酒量很大的人。

脱底棺材：形容只顾享受、吃光用光、不留积蓄、今朝有酒今朝醉的人。

好囝徒细：老实巴交者，一般指年轻人。

六、称呼

阿爹：祖父，也叫"好公"。

阿婆：祖母，也叫"好婆"，可以延伸到对其他非家属中的年老女性的尊称。

姆妈：母亲。面称为"姆妈"，背称时叫"娘"。

慢爷：继父。

慢娘：继母。

寄爹：也叫"好爹""干爹"，背称"过房爷"。

寄娘：也叫"好娘""十妈"，背称"过房娘"。

老阿公：公公。现称是随丈夫叫"爹爹"。

婆阿妈：婆婆。现称是随丈夫叫"姆妈"。

老丈人：妻子的父亲。现称是随妻子叫"爹爹"。

丈母娘：妻子的母亲。现称是随妻子叫"姆妈"。

老伯伯：父亲的哥哥。

嫚嫚：伯伯的妻子。

爷叔：父亲的弟弟。

婶娘：爷叔的妻子。

娘舅：母亲的哥哥或弟弟。

舅妈：娘舅的配偶。

姑夫：父亲的姐姐或妹妹的丈夫。

姨夫：母亲的姐姐或妹妹的丈夫。

小官人：丈夫。

娘子：妻子。

兄弟娘子：弟弟的妻子。

姐夫：姐姐的配偶。

姐妹婿：妹妹的配偶。

大伯：丈夫的哥哥。

阿叔：丈夫的弟弟。

姑娘：丈夫的阿姐或妹妹。

阿舅：妻子的哥哥或弟弟。

阿姨：妻子的姐姐或妹妹。

老末拖：最小的子女。

新妇：儿媳妇。

囡姆：女儿。

女婿：女儿的配偶。

阿侄：哥哥或弟弟的儿子。

侄囡：哥哥或弟弟的女儿。

外甥：姐姐或妹妹的儿子。

外甥囡：姐姐或妹妹的女儿。

孙子：儿子的儿子。

孙囡：儿子的女儿。

外孙：女儿的儿子。

外孙囡：女儿的女儿。

毛脚："准女婿"或"准儿媳"。

养媳妇：旧社会的童养媳。

徒细：小辈的统称。

私囡：非婚生子。

亲眷：亲戚。

七、疾病

发寒热：发烧。

肚皮拆：腹泻。

黑痧：中暑。

作脓：化脓。

拐脚：腿脚不便的人。

死血：冻疮。

风疹块：荨麻疹。

聋鬈：聋人。

病哇哇：体质不佳、常年有病。

眯凄眼：近视眼。

嗡鼻头：感冒或别的原因引起的鼻塞，造成说话声音异常。

乳蛾胀：扁桃体炎。

盲肠炎：阑尾炎。

腰子病：肾炎。

小肠气：疝气。

猪狗臭：狐臭。

羊头风：癫痫。

牛皮癣：顽固的皮炎。

白癜风：一种常见的局限性或泛发性皮肤色素脱失病。

发痴：精神病。

蒸笼头：头、面部容易出汗。

塌鼻头：鼻梁凹陷。

吊嘴：说话口齿不清。

野耳朵：听力弱且不集中。

直脚：腿部有残疾。

豁嘴：唇腭裂。

爪巴眼：斜视。

八、衣食住行

鸭舌帽：前面有帽檐的帽子。

嘴套：口罩。

御巾：围巾。

加衫：穿在外面的衣服。

头绳衫：毛线衣。

抱裙：用来包裹新生儿的布料制品，一般呈四方形，有两层布料的，也有棉的。

作裙：农民或手工业者劳作时围在腰里的防护裙，男女都会用。

饭单头：围裙，因大多在厨房用，故名"饭单"。

老开皮鞋：看上去显得很重的皮鞋。

风凉皮鞋：皮质的凉鞋。

蒲鞋：四边不镂空的草鞋。

纽子：纽扣。

搭攀：衣服上用于固定的扣件。

杜米：粳米。

鸭血糯：深紫红色的糯米。

吃粥：吃稀饭。

娄青菜：炒青菜。

吃饭：吃中饭。

化面：下面条。

吃夜饭：吃晚饭。

下脚：倒掉的剩饭菜。

下作：动物内脏。

米山：饭粒。

面老鼠：面疙瘩。

米烧粥：直接用生米烧出来的稀饭。

扬粉粥：加进米粉增加黏度的粥。

饭糍：焖饭时紧贴着锅底、焦了的一层饭，即锅巴。

菜饭：大米和青菜加入肉丁烧成的饭。

面衣：将糊状面粉放进油锅做成的薄薄的烙饼状食品。

阳春面：没有"浇头"的面。

荷包蛋：去壳放在油锅里煎熟的蛋。

黄芽菜：大白菜。

番麦：玉米。

小寒：豌豆。

山芋：红薯。

黄萝卜：胡萝卜。

番茄：西红柿。

长生果：花生。

缩粉：粉丝。

萝卜丝饼：面粉调成糊状，用萝卜丝做馅，入油锅氽熟。

铰连棒：用面粉团铰成条形，在油锅里炸，有甜、咸两种口味。

酒酿饼：以面粉和酒酿为主要原料、有馅的饼。

青团子：用浆麦草的汁做成的团子，蒸熟而食，馅只有甜的。

墙门间：大宅院的大门里的第一间，一般供轿夫、跟班、门房等人休息。

天井：四面房屋中间的一方空地。

夹弄：两座房屋或两堵墙壁中间很窄的弄堂。

枪篱笆：细竹子编的篱笆。因有向上的竹尖，故名"枪"。

小瓦：手工制作、呈弧形的青灰色土瓦。

洋瓦：机制的西式瓦，有红色和青灰色两种。

望砖：搁置在椽子上的青砖，上面盖瓦。

搭扭：门上用于上锁的铁制零部件。

门闩：木门里边的横木条，拴上后从外面不可开门。

宅基：住宅用地。

房里：卧室。

进深：前后间墙距离。

七桁头：前后七根梁的房子。

五桁头：前后五根梁的房子。

开间：左右墙间的距离。

门堂子：门框。

墙脚：墙的底部。

窗盘：窗户。

阶沿石：台阶。

灶屋间：厨房。

客堂间：客厅。

天窗：设在屋顶上、用于透光的窗户。

石鼓墩：木柱子下面鼓状的石头。

癞团汽车：最早的小轿车，形似癞蛤蟆，故名"癞团"。

黄包车：人力拉动前行的载重车辆。

脚踏车：自行车。

老坦克：笨重的旧自行车。

机器脚踏车：摩托车。

啪啪车：机动三轮车。

黄鱼车：人力货运三轮车。

扯篷船：帆船。

机帆船：机动、风动都可以使用的木船。

九、婚丧喜事

讨娘子：娶媳妇。

担盘：送定亲礼。

做新妇：出嫁。

重身：怀孕。

做女婿：入赘。

摆羹饭：用酒饭祭奠已死去的亲属。

白束腰：白布束腰带（丧事用）。

十、植物

寒豆：蚕豆。

番瓜：南瓜。

蕃麦：玉米。

谢菜：野菜。

老卜：萝卜。

辣茄：辣椒。

灵眼树：银杏树。

洋山芋：马铃薯。

水圆：豌豆。

鸡环头花：鸡冠花。

喇叭花：牵牛花。

蟑螂花：石蒜花。

酱板头草：马齿苋。

奶奶头草：蒲公英。

稻瑟头：稻穗。

麦瑟头：麦穗。

青岩苔：苔藓。

十一、动物

湖羊：绵羊。

暂节：蟋蟀。

游火虫：萤火虫。

洋师他：知了。

曲蟮：蚯蚓。

群带鱼：带鱼。

鱼泡：鳔。

鱼格鳃：鱼鳃。

壁虱：虱子。

猪猡：猪。

羊咩咩：山羊、绵羊的总称。

老孵鸡：老母鸡。

鸭连连：鸭子。

白乌龟：鹅。

麻将：麻雀。

乌猡猡：鱼鹰。

老虫：老鼠。

偷瓜獾：刺猬。

胖头鱼：鲢鱼。

柴虾：河虾。

田鸡：青蛙。

癞团：蟾蜍，又名"癞蛤蟆"。

知了：黑褐色的蝉。

百脚：蜈蚣。

曲蟮：蚯蚓。

蚂米：蚂蚁。

蚕宝宝：蚕。

结蛛：蜘蛛。

十二、日常用语

落起来：起身。

吃烟：休息。

揩面：洗脸。

困告：睡觉。

忽浴：洗澡。

荡荡：散步。

汰脚：洗脚。

白相：玩。

汰手：洗手。

打昏度：打呼噜。

登坑：上厕所。

吹风凉：纳凉。

讲章：聊天。

打瞌充：打瞌睡。

吭不胃口：不想吃东西。

说困活：说梦话。

嚼白嘴：说话不着边际。

塌死做：恶作剧。

迓开：躲藏。

困一觉：睡一觉。

豁灵子：暗示、透露消息。

专抠：回家。

浑道道：许多。

轧闹忙：凑热闹。

望野眼：注意力不集中。

哨地光：躺在地上打滚。

打嗝愣：说话不连贯。

勿说头：倒霉。

照牌头：倚仗权势达到某种目的。

败形败状：丢人现眼。

看面子：讲交情。

收作：收拾。

穿帮：败露。

烂料：不勤俭节约。

勿搭界：没关系。

夹口嘴：搬弄是非。

第八章 方言俗语

老面皮：厚着脸皮。

勒杀吊死：吝啬。

扳雀丝：挑刺。

打相打：打架。

触心：讨厌。

杨树头：两边倒的人。

呒八：没有。

呒青头：无脑。

图死热：不负责任。

来三：能干。

勒浪模样：差不多。

掮木梢：吃亏上当的人。

巴细：做事踏实稳当。

轧道：结伴。

勒郎：在。

精刮：精明过头。

有青头：办事让人放心。

小辰光：小时候。

几化：多少。

作兴：有可能。

节作：挑剔、难伺候。

淘伙淘里：同伴之间。

白相干：玩具。

显世：丢脸。

勿晓得：不知道。

出客：漂亮。

枉东道：打赌。

一塌刮子：全部。

盲门：不讲道理。

人来疯：小孩在大人面前胡闹、撒欢。

伸后脚：留后路。

推头：借口。

钝人：以反话刺激人。

钝卵：赌气。

勿受用：身体不舒服。

勿连牵：做人或做事一塌糊涂。

勿上路：说话做事不合规矩，让人看不惯。

勿壳张：出乎意料。

打野鸡：在空余时间外出找活干，以增加收入。

打圆场：劝解双方，平息矛盾。

响勿落：没话可说，无可奈何。

半吊子：说话、做事只说了、做了一半。

吃搁头：遭遇非议、挫折，甚至打击。

掼浪头：吹牛，说大话。

板错头：有意寻找别人的小过失或口误。

捞横堂：利用职务之便捞取不该得的财物。

鬼讨好：不怀好意地去讨好别人。

劈硬柴：费用均摊，即"AA制"。

喇叭腔：事情做错了、搞砸了，造成不良后果。

隔手账：不是当事人直接处理的事情。

葛说话：拌嘴、闹矛盾。

敲竹杠：利用他人的弱点找借口勒索财物。

撑台面：为人助阵。

戳壁脚：背地里说坏话进行挑拨，或者向上打小报告。

一天世界：把空间、事情搞得乱糟糟。

一戳一跳：形容人的脾气很急躁，常为一件小事发火。

一和细丝：看上去很细腻、很整齐，摸上去很柔软、很滑顺。

七知八搭：说话毫无根据或不合逻辑。

七荤八素：桌上菜很多。一般指心里很乱，晕头转向。

大约码账：差不多的样子，粗略的估计。

牛皮吊筋：慢吞吞、不爽快的样子，也指软磨硬缠。

牛牵马绷：非常勉强，穷于应付。

半尼不三：做事半途而废、没结果，也形容吞吞吐吐、欲言而止。

加二加三：说话添油加醋，形容有点做作的样子。

豆腐肩胛：肩胛像豆腐，岂能承重。意指不能或不肯负责任。

笃定泰山：有所准备，内心不慌，稳如泰山。

贼忒兮兮：嬉皮笑脸、油腔滑调、很不正经的样子。

冤枉孽障：受到冤屈、曲解、误会。

透透叉袋底：什么都说出来，所有的东西都拿出来了。

勤扒拉扒：很勤奋、认真、辛苦。

敲钉转脚：办事牢靠，反复落实。

嬉皮笑脸：态度很不严肃，甚至有点轻浮。

犟头别脑：固执倔强，不听话，不听劲，不服从。

五劲狠六劲：发脾气、耍态度，也指嗓门大或过分用力。

钉头碰铁头：比喻遇到强硬的对手，互不相让。

鬼哭到老坟浪：为人处世太差，连祖宗亡灵都伤心。

家眼不见野眼见：做了不好的事情总会被人发现。

有钱难买老来瘦：上了年纪偏瘦一点可能得"三高"的概率会低一点。

鳑鲏鱼也要留三分肚肠：再困难也得留一点积蓄，以防万一。

有借有还再借不难：做人要有诚信。

爷有娘有勿如自有：即使父母富有，要想过幸福生活也得靠自己努力。

金窝银窝勿及自家狗窝：要珍惜自己的家庭。

讨娘子要看爷娘，借铜钿要看抵当：做事要量力而行。

吾俚：我们。

嫩俚：你们。

伊得：他们。

该搭：这里。

格搭：那里。

垂夜快：傍晚。

通串夜：整个晚上。

东板板：东面。

南板板：南面。

西横头：西面。

北横头：北面。

隔街头浪：交界处。

后首来：后来。

爿爿：一半。

愁头怪脑：没事瞎犯愁。

困思懵懂：犯困。

勿来塞哉：不行了。

插烂糊：敷衍了事。

野野哗哗：没边没沿。

夯八郎当：一股脑儿。

死样怪气：有气无力的懒样子。

眯特歇：打个盹。

瞎七搭八：胡说八道。

玩什么哩格楞：搞七捻三。

豁脚：开溜。

戆胚：傻瓜。

结棍：厉害。

七不牢千：做事颠三倒四。

敌卫：特地。

胡调：胡说八道。

擦呱啦新：崭新。

啊木林：傻瓜。

难么豁边：这下糟了。

第八章 方言俗语

贼特兮兮：鬼鬼祟祟。

绳子夜壶：迷迷糊糊。

冷水水：冷得缩头缩脑。

猪头三：不识好歹的人。

寿头活孙：没事找事的人。

汤吾子：热水袋。

事体：事情。

门槛精：精明。

皮头：被子。

阿无卵：不明事理的人。

钟生：畜生。

老里老早：很久以前。

温吞水：温水。

节卡：指甲。

远空八只脚：差得远。

戳气：讨厌。

滴令滚圆：形容很圆。

笔读直：笔直。

磨洋工：故意拖拉。

涅昏：因激动冲昏头脑。

前呛：前段时间。

滴粒头：小的球形物。

瞎翘：瞎捣乱。

假嘴假眼：装傻充愣。

跌搭八冲：神志不清引起的走路不稳。

微招猫：病病歪歪的人。

差巴眼：眼睛长得歪或左右视力极不平衡，形容人看不清事物的本质。

空麻袋伞米：没带钱却参加有赌博性质的活动。

十三、设施用品

学堂：学校。

课堂：教室。

混堂：浴室。

铜钿：原指中间有方孔的铜质钱币，泛指钱。

角子：硬币。

人情：礼金。

家生：家具及其他用具的统称。

竹榻：竹头做的凉床。床垫子也是竹制的，两端搁凳子，可作为床铺。

八仙桌：正方形、四周能坐八个人的桌子。

春凳：长方形的凳子，个头比较大，上面可以躺一个人。

两眼灶、三眼灶：有两只或三只铁镬子的大灶头。

广勺：灶台上舀水的工具，一般用黄铜铸成。

铜勺：比广勺小，用途同广勺。

铲刀：炒菜及从铁镬子里盛饭的工具。

碗盏家生：盛菜饭及进食用具的统称。

火钳：在土灶头上烧饭菜时用来夹柴草的铁制工具。

米窠：放米的工具。旧时一般用稻草扎成。

油盏灯：用空心草或粗的棉纱线置于油料中燃烧照明用的灯。

洋灯：也叫"美孚灯"，用玻璃做成。用火油做燃料照明的灯。

斯必灵：区别于挂锁的一种老式门锁。

坐车：婴幼儿坐的木、竹制的童车。说是"车"，其实下面不一定有轮子。

硬柴：树枝及废木料。

勒涩：垃圾。

蓬尘：灰尘。

十四、文艺

说小书：苏州评弹表演。

说大书：苏州评话表演。

京戏：京剧。

绍兴戏：越剧。

本滩：沪剧。

无锡滩簧：锡剧。

小热昏：街头艺术，方言说唱。

木人头戏：木偶戏。

出戏法：魔术。

堂会：大户人家办红白喜事，请班子唱戏或宣卷、说唱等。

猢狲出把戏：猴戏。

沙蟹牌：扑克。

贱骨头：陀螺，用绳子抽打旋转。

鹞了：风筝。

洋泡泡：气球。

绢踢：毽子。

妹妹子：猜谜语。

猜咚猜：一种手上游戏，即"石头剪刀布"。

蟠野猫：捉迷藏。

豁虎跳：利用双手做腾空侧翻的动作。

竖蜻蜓：倒立。

跳蹦蹦：一种手上游戏，即"翻花绳"。

调龙灯：舞龙。

调狮子：舞狮。

虎脸子：小孩子戴着玩的面具。

十五、其他

(一) 其他动词

咪：喝一小口。

缩：吸食。

香：亲，有"接吻、亲吻"之意。

吼：发火、生气。

作：哭闹。

拌：争论。

截：锯。

额：地面不平，凳脚有点摇动。

扒：掏。

拎：用手提物品，又指明白、理解或心领神会。

斩：用刀往下剁，又指用软硬或欺诈手段迫使别人多交钱。

拷：舀。

挑：将小型植物连根拔起。

捅：移动。

撩：惹。

兜：绕。

歇：休息。

攀谈：说话、交谈。

眼热：羡慕。

卖老：用年龄、阅历作为资本压人。

发格：使小性子、耍脾气。

(二) 其他形容词

乖：听话，不任性，又指有心计。

犟：脾气暴躁，往往不听人劝。

畅：舒适、满意，又指时间长久。

像心：称心。

登样：长得好看、神气。

服帖：合适。

煞渴：很解渴。

上路：讲道理、讲诚信，有人情味。

邋遢：肮脏，不干净，又指下雨天。

搭浆：做人差劲，做事敷衍、马虎，又指东西质量不好。

推板：不好、差劲。

坍台：丢脸、不光彩、没面子，也说成"坍冲"或"坍招势"。

活络：善于交际。

苦恼：生活困难，又指遭遇磨难或病痛折磨。

着肉：亲近、亲密，通常形容子女和父母的关系。

吃价：值钱，又指身份、地位与众不同、高人一等。

强横：蛮横、不讲道理。

笃定：坦然，不急不忙，又指胸有成竹。

笃笃冲：老态龙钟的样子。

辣豁豁：味道比较辣，又指阳光强烈，还指感觉疼痛。

献格格：腌腊食品变质发出的气味，又形容好参与、好表现、好出风头。

老嘎嘎：爱插嘴，不懂礼貌。一般指小孩子或年轻人在长辈或陌生人面前不知谦逊。

灰拓拓：带有点灰色，又指垂头丧气的样子。

紧绷绷：有点紧，一般指经济不宽裕。

清汤咣水：汤里没有或固态食物很少，形容没有什么实质性的东西。

弹眼落睛：色彩鲜明，又指吹胡子、瞪眼睛，凶巴巴的样子。

刮啦松脆：东西很脆，又指人的性格爽快，说话做事丝毫不拖泥带水。

 ## 第二节　歇后语

脚踏西瓜皮——滑到哪里是哪里。

脚炉盖当眼睛——看穿。

脱底棺材——无救。

肉包子打狗——有去无回。

老鼠钻在风箱里——两头受气。

驼子跌跤——两头不着落。

肉骨头敲鼓——荤（昏）咚咚。

三个指头捉田螺——稳笃笃（十拿九稳）。

弄堂里拔木头——直来直去。

蜻蜓吃尾巴——自吃自。

顶石臼做戏——吃力不讨好。

飞机上钓蟹——悬空八只脚。

背心上拉胡琴——拉不到。

湿手捏着干面粉——甩不掉。

小瘌子撑伞——无法无天。

卫生口罩——嘴上一套。

螺蛳壳里做道场——束手束脚。

夹忙头里脚牵筋——急煞人。

青肚皮活狲——没记性。

新砌坑缸——三日香。

有饭笃粥吃——活该。

烂泥萝卜——吃一段揩一段。

黄牛角水牛角——各归各。

挑着磨盘卖豆腐——负担重。

慢娘的拳头——早晚一顿。

蚂蟥叮螺蛳——紧叮（盯）不放。

活狲戴帽子——煞有介事，装腔作势。

蚂蚁打喷嚏——小气。

六指头帮忙——越帮越忙。

捏鼻头做梦——胡思乱想。

剃头师傅带徒弟——从头做起。

第八章　方言俗语

泥瓦匠砌墙——两面三刀。

阿巧爷碰着阿巧娘——巧上加巧。

粪坑里的石头——又臭又硬。

麦柴秆当令箭——小题大做。

汤罐里摸田螺——十拿九稳。

屋檐下挂猪胆——苦水滴答。

箬帽呒没边——顶好。

驼子跌跟斗——两头没着落。

豁嘴流鼻涕——顺路。

六月里的债——还得快。

钥匙挂在胸口头——开心。

药材店里的甘草——样样有份。

老鼠掉到油缸里——油头滑脑。

门缝里看人——把人看扁。

做梦娶媳妇——想得真美。

乌龟吃秤砣——铁了心。

蚊子叮鸡蛋——无缝可钻。

煤屑倒到石灰里——黑白分不清。

歪嘴吹喇叭——一股邪气。

如来佛打喷嚏——非同小可。

懒婆娘的裹脚布——又长又臭。

粪坑上搭凉棚——臭架子。

石头上掼乌龟——硬邦邦。

石驳岸上罱泥——硬撑。

临时上轿穿耳朵——来不及。

六十岁学吹鼓——气短。

芦席浪爬到地浪——不相上下。

石头放在鸡屋里——混蛋。

酒鬼掉进酒缸里——求之不得。

瞎猫拖着死老鼠——碰巧。

甲鱼跌到水缸里——逃不脱。

老鼠跌了白米囤——交好运。

豁嘴吹口哨——漏风。

姐妹俩出嫁——各忙各的。

马戏团里的小丑——走过场。

盲人望天窗——不明不白。

苍蝇掉到酱缸里——糊里糊涂。

叫花子拨算盘——穷打算。

八月里搭黄瓜棚——空架子。

叫花子吃死蟹——只只好。

飞机上吹喇叭——唱高调。

带着秤杆买小菜——斤斤计较。

八字不见一撇——差得远。

鹅头装到鸭颈上——不像样。

老鼠舔猫鼻子——送死。

床底下放风筝——飞不高。

饭店门前摆粥摊——抢生意。

养媳妇做媒人——自身难保。

大姑娘坐花轿——头一趟。

牯牛身上拔根毛——无伤大体。

麻袋里放钉子——个个想出头。

公要馄饨婆要面——众口难调。

橄榄核垫台脚——活里活络。

后半夜做美梦——好景不长。

墙缝里的蚂蚁——不愁没出路。

乌龟吃萤火虫——肚里明白。

丈母娘看女婿——越看越喜欢。

骑到牛背上看书——走着瞧。

第八章 方言俗语

管水员开闸门——放任自流。

叫花子吃豆腐——一穷二白。

脚底下抹油——溜得快。

老虎嘴浪拔毛——好大的胆子。

池塘里格泥鳅——翻不起大浪。

床底下吹喇叭——低声下气。

老太太吃豆腐——有嚼无嚼（正对牙口）。

腊月里扇扇子——火气太大。

斧头吃榔头，榔头吃凿子——一码吃一码（一物降一物）。

敲脱牙齿往肚里咽——有苦说不出。

百家姓不读第一姓——开口就是钱。

 ## 第三节 谚 语

一、气象谚语

上半月看初二三，下半月看十六七。

麻雀滚土洗个澡，下雨日子远不了。

西南方黑笃笃，不是风便是雨。

雷声像拉磨，狂风夹冰雹。

热在六伏，冷在四九。

冬至无雨一冬晴。

白相要等夏至日，困觉要困冬至夜。

燕子低飞蛇过道，鸡不回笼喜鹊叫，大雨不久就来到。

半夜东风起，明日好天气。

久雨刮南风，天气将转晴。

蜘蛛张网天气好，蜘蛛收网天落雨。

喜鹊搭窝高，当年雨水涝。

立夏日下雨，夏至少雨。

冬至强北风，注意防霜冻。

春打六九头，种田勿用愁。

农历三月沟底白，莎草变成麦。

农历三月雨水少，夏熟会丰收。

清明断雪，谷雨断霜。

谷雨西风没小桥。

春雨落满田，夏雨隔爿田。

六月风潮是个宝，七月风潮要坏稻。

九月南风当日雨，十月南风干到底。

腊雪勿烊，种田人饭量。

春雪勿烊，饿断肚肠。

一落一个泡，落过就天好。

一落一只钉，落杀落死落不停。

春风不着肉，冻得哆哆哭。

冷么冷个正月，热么热个七月。

三朝迷露起西风。

西风杀雨脚。

干净冬至邋遢年。

白露白迷迷，秋分稻秀齐。

寒露吭青稻，霜降一齐倒。

头九暖，二九寒，三九冻煞百鸟乱，四九冻煞看牛囡。

二、农业谚语

人在岸上跳，稻在田里笑。

六月不热，五谷不结。

麦熟过条桥，稻熟过三朝。

三分种，七分管。

昏咚咚，六月初三浸稻种。

稻要养，麦要抢。

一分肥，一分粮；十分肥，粮满仓。

庄稼一枝花，全靠肥当家。

春肥满筐，秋谷满仓。

种地不上粪，等于瞎胡混。

白地不下种，白水不栽秧。

腊肥一滴，春肥一勺。

什么样的葫芦什么样的瓢，什么样的种子什么样的苗。

种子粒闰圆，禾苗根根壮。

人少不了血，田少不了水。

人靠饭养，稻靠水养。

水是铁，肥是钢，少了一样田着慌。

栽秧误一时，收成误一季。

苗嫩只留巴掌水。

八成割稻十成收，十成割稻三成丢。

稻子怕干，麦子怕淹。

人勤地不懒，粮食堆成山。

三、育人谚语

要学好人，须寻好友。

人争一口气，佛受一支香。

欺人是祸，饶人是福。

不听老人言，吃苦在眼前。

人要脸，树要皮。

家丑不可外扬，妄言不可轻信。

娘有爷有，不及自有。

三个臭皮匠，抵个诸葛亮。

做得正，立得稳。

人正不怕影子歪。

若要人不知，除非己莫为。

做贼偷葱起。

小时偷针，大了偷金。

人老心不老，人穷志不穷。

大富在命，小富在勤。

浇花要浇根，育人要育心。

徒弟学问靠老师，灯的明亮靠灯油。

吃勿穷，着勿穷，勿会打算一世穷。

日间不做亏心事，半夜敲门不吃惊。

看人挑担勿吃力，自上肩胛嘴要歪。

白米饭好吃，田难种；新衣裳好看，布难织。

四、治家谚语

相骂呒好口，相打呒好拳。

冻死闲人，饿死懒人。

巧妇难为无米之炊。

兄弟一条心，黄土变成金。

一只碗不响，两只碗叮当。

家贫出孝子，惯养不成龙。

金窠银窠，不及屋里狗窠。

帮人帮到底，患难之交见真心。

儿女在外难使劲，互相帮助显真情。

上梁不正下梁歪，中梁不正塌下来。

着衣裳，新三年，旧三年，缝缝补补又三年。

有理呒理，出勒众人嘴里。

亲兄弟明算账。

筷头上出逆子，棒头上出孝子。

勿贪意外财，勿饮过量酒。

一家不晓得一家事，家家都有难念的经。

篱笆扎得紧，野狗钻不进。

野贼好捉，家贼难防。

若要好，老做小。

远亲不如近邻。

五、其他谚语

牛吃稻柴鸭吃谷，各人头上一爿福。

只有千年做贼，没有千年防贼。

不怕不识货，只怕货比货。

冷粥冷饭好吃，冷言冷语难受。

村上有个好嫂嫂，全村姑娘都学好。

满碗饭好吃，满口话难讲。

越吃越馋，越拖越懒。

死脱杀猪人，勿吃带毛猪。

在家靠父母，出门靠朋友。

小满里的日头，慢娘的拳头。

癫痢头伲子自家好。

嘴上没毛，办事勿牢。

人比人，气煞人。

铜钿眼里翻跟斗。

吹牛只怕上真账。

铜锣听声，闲话听音。

大鱼吃小鱼，小鱼吃虾米。

好货不便宜，便宜货不好。

借囡骂媳妇。

万宝全书缺只角。

人急喊娘，狗急跳墙。

人在做，天在看。

人是铁，饭是钢，三天不吃饿得慌。

阵头雨好过，麻花雨难过。

让人一寸，得利一尺。

猫吃饭，狗做主。

大河有水，小河满。

人勤地长苗，人懒地长草。

人是实的好，姜是老的辣。

衣服不洗要脏，种田不犁要荒。

勤是摇钱树，俭是聚宝盆。

清官难断家务事。

情人眼里出西施。

人心换人心，八两换半斤。

第四节　民歌民谣

耘稻要唱耘稻歌

我耘稻（呀哈罗吼吼的）要喊（啥），耘稻（来嗨嗨）歌，嗨嗨嗨嗨嗨嗨嗨嗨嗨咿，嗨嗨嗨嗨嗨嗨，耘（啊来嗨嗨嗨）稻（呀哈罗吼吼的）歌。

我雨膀（呀哈）弯弯（啥），泥里（来嗨嗨）拖，嗨嗨嗨嗨嗨嗨嗨嗨咿，嗨嗨嗨嗨嗨嗨，泥（啊来嗨嗨嗨）里（呀哈罗吼吼的）拖。

我眼关（呀哈）六棵（啥），棵里（来嗨嗨）稗，嗨嗨嗨嗨嗨嗨嗨嗨嗨

咿，嗨嗨嗨嗨嗨嗨，棵（啊来嗨嗨嗨）里（呀哈罗吼吼的）稞。

我十指（呀哈罗吼吼的）尖尖（啥），捧六（来嗨嗨）棵，嗨嗨嗨嗨嗨嗨嗨嗨嗨咿，嗨嗨嗨嗨嗨嗨，捧（啊来嗨嗨嗨）六（呀哈罗吼吼的）棵。

牛背上掼煞勿还乡

摇一橹来扯一梆，一湖末两岸独出看牛郎，看牛囡嘴里勿好口啊，牛背上掼煞勿还乡。

唱唱山歌散散心

唱唱山歌散散心，人人话我呀快活人，口吃黄连来心里苦嘘啊，我屋里末家贫勿称啊心。

梳妆台

一更勒子里来奴唱个梳妆台，手拉手的呀啦弯弯末思想金凤钗，金钗的凤钗摆在的梳妆台，忽啦听的小才郎走近奴房来。叫娘喂忙把仔酒来筛，妻敬郎三杯思情酒，不必过满在外边，怎忘记我小妹。

摇船五更

一更一点月正好格园，燕子叶船常熟格燕子照道伴，单身汉呀连夜开船，咦呀呀得儿喂，连夜开船。二更二点白洋洋天气清凉，一个仔船心相，岸上小后生阿来扯一绑？咦呀呀得儿喂，阿来扯一绑？

囡囡宝宝困觉哉

我要杭杭宝宝困觉哉哟，我要杭杭囡困觉哉。杭杭宝宝困觉哉哟，杭杭囡囡困觉哉。

今朝昆山去

老阿姐啊快快来呀，快呀快快来呀来呀么来得快，叫我么做啥来，今朝昆山去白相呀，姐妹双双去同行呀，街上的人儿多呀多得来呀啊，人头多得数勿清,数勿清,人头多得数勿清。

老姐妹啊等等我呀,我们一同行呀,马上呀快点来,我们么一同行,走进车站就上车呀,一路顺风到昆山呀,走进昆山大啊变样呀啊,人来人往喜洋洋,大变样,喜洋洋,高高兴兴去白相。

姐姐妹妹齐来到呀,齐呀么齐来到呀,一道呀上街走,一起么来看看,看看商店新面貌呀,小孩玩具买几样呀,称心服装买啊几件呀啊,穿在身上多漂亮,好服装,式样新,自己越看越年轻。

耥稻歌

哎,结识思情勿要结识长娘娘,长个欧不及哎矮个香哎,哎长个好像宜兴山里毛竹空肠肚,矮个好像木樨花能香。

农家搭棚

农家搭棚,爱土地,爱科技。新农村多了么新科技呀新科技,新农民懂了么新道理呀新道理,田野袒露在广阔天地呀,庄稼盼望呀吉祥如意,遭遇那酷热,遭遇那严寒,影响那发育,影响那生机,农家么聪明么搭棚调温,农业么丰收么收获四季。

撑起了根根竹竿,遮上了张张草席,凉棚搭在热天里呀搭在那热天里,凉棚搭在热天里呀搭在那热天里。挡住了炎阳的侵袭,呵护了嫩芽的娇体,牵住了土壤的水分,迎来了秧苗的挺立。滴哩哩,滴哩哩,滴哩哩,滴哩哩,凉棚营造惬意,凉棚带来茂密。

撑起了根根竹竿,遮上了亮亮的膜皮,暖棚搭在冬天里呀,搭在那冬天里,暖棚搭在冬天里呀,搭在那冬天里。挡住了刺骨的寒气,孕育了萌发的活力,催生了蔬菜的蓬勃,赢来了瓜果的欢善。滴哩哩,滴哩哩,滴哩哩,滴哩哩,明芳芳温馨,暖棚迎来佳期。

欢呼丰收的日子里,搭起宴棚呀庆胜利,斟满酒呀半几杯,喜搭棚呀贺成绩。搭凉棚呀越搭么越风凉,搭暖棚呀越搭么越热气。农家搭棚搭出了新奇,农家搭棚搭出了美丽,农家搭棚搭出了美丽。

乘风凉

摇摇扇子再把椅子儿放,村头树下婆妈乘风凉。叽叽喳喳就像炸开了锅,欢欢喜喜把新事儿讲。哎,春花妹妹穿时装,夏莲姐姐游光,哎,秋菊嫂嫂买汽车,冬生哥哥造洋房。天热乘风凉,话比风儿长,条条新闻是率先的新景象,听得鸟儿蛙儿来助兴呀,听得鸟儿蛙儿来助兴呀,热热闹闹难呀难心场。润润嗓子再把调子儿扬,楼前墙边婆妈乘风凉。嘻嘻哈哈就像演开了戏,甜甜蜜蜜把新事儿唱。农村户户有作坊,南庄家家都上网,哎,西邻人人学科技,北山天天跑市场。心热乘风凉,情比风儿爽,条条新闻是富民的新时尚,听得狗儿猫儿来喝彩呀,听得狗儿猫儿来喝彩呀,红红火火笑呀笑声朗,哎,享小康,赞家乡,乘风凉引来佳话满腔。

第九章　民间习俗

  千百年来，群星村重祭祀，尚礼仪，诚交往，善耕织；民风淳朴，和谐相处。一方沃土，养育一方人。村民在传承传统民俗文化的过程中，形成了诸多具有本地特色的民风民俗。这些风俗，既有思想观念方面的，也有礼仪和生活、生产方面的。

第一节　岁时习俗

群星村村民世代生活在群星域内，绝大多数人均为本地籍的汉族人，在长期以来的生产、生活等多方面中形成了独特的、地域性的传统习俗。

一、春节

春节，村民在门上贴春联和"福"字。大年初一清晨，村民燃放"开门炮仗"，以图吉利。有的村民在红纸上书写"百事大吉""万事亨通""年年有余""恭喜发财"等字样贴于室内。男女老幼穿戴一新。有的人家将"老寿星"像挂于厅堂正中的墙上，在像前供桌上放香炉、烛台、供品（如水果、糕点、糖果等），点燃香烛，全家跪拜。嗣后，小辈向长辈拜年，长辈给小辈压岁钱。早餐花样众多，根据各家习俗而异，有的吃小圆子（俗称"年朝团子"），以求"福寿团圆"；有的吃年糕，以祈生活节节高；有的吃糕团汤，以图甜蜜团圆；有的吃面条，以祈长寿。吃过早餐后，村民泡橄榄茶、果子茶，以图吉利。遇亲人、熟人相互道贺，拱手互祝"新年快乐""恭喜发财"。这一日的民间习俗为不用刀、剪，不扫地，不倒垃圾，谓之"聚财"。

中华人民共和国成立以后，政府规定"春节假"一般为七天（包括调休，有时加班）。其间，村干部给军烈属、离退休党员、老年干部拜年。大年初二，村民开始走亲访友，相互拜年，馈赠礼品，互请吃年酒。此项活动一般持续到大年初八。

二、寒食节

清明节前1~2天，冬至后的第105天那天为寒食节。寒食节这一天，群星村村民都要祭祀已逝的亲人（过节）。祭祀时除了平时用的 8 个菜，必须加上寒食粽子。寒食节那天，人们要吃用杏仁、大米煮的粥和寒食面，还要吃用枣仁做的面饼，不吃米饭。这一天，家家户户还要在屋檐下、厨房间插上柳枝。

三、清明节

清明节是重大的春祭节日。这一天，群星村村民要在家祭祀（过节）。祭祀结束后，子女到坟上扫墓，也称"上坟"。上坟时，坟上长草要修整，孕妇和身体欠佳的人避免扫墓，忌穿大红大紫的衣服，不可在墓地照相，外人不要参与扫墓。扫墓时，忌头发遮额，忌嬉骂、非议已故亲人。为避免把"阴气"带回家，可在坟上摘些树叶、小草带回家，回家时最好到人多的地方转一圈，不直接回家。

四、立夏日

立夏当天中午，长辈把煮熟的"囫囵鸡蛋"（完整的鸡蛋）装在网兜里，挂在孩子的颈上。孩子们往往要进行比蛋大小的活动，玩斗蛋游戏。村民们还流传着这样的说法：立夏吃蛋，石头砸烂。这句话的意思是立夏吃了蛋，身体好，干劲足。立夏当天禁止坐在大门槛上，否则夏天会多病、疲倦。立夏时，还有"秤人"的习惯，"秤人"时要说吉利的话。

五、端午节

农历五月初五为端午节，这一天家家户户裹粽子、吃粽子。出嫁的女儿带上粽子回娘家，分发给家人和邻居共享。长辈到田野里找新鲜的艾草、菖蒲、大蒜头，把 3 种植物扎在一起，挂在进户门上，用于驱赶蚊蝇、虫蚁，还要给小孩佩戴用艾草做的香囊。这些习俗一直流传至今。

六、夏至日

夏至日是全年白昼最长的一天。这一天农户都要举行祭祀仪式，来庆祝夏粮丰收，怀念祖先，祈求消灾年丰，每家还要吃夏至面。村民们有这样一句俗语：冬至馄饨夏至面。民间还有这样一种传说：夏至有雷六月旱，夏至逢雨三

伏热。农家靠天吃饭，希望夏至那天别打雷、不下雨。这些习俗一直流传至今。

七、七夕节

七夕节又称"七巧节""七姐节""女儿节"等，是中国民间的传统节日。七夕节这一天，群星村的情侣有的一起去逛街，男方会给女方买鲜花、化妆品、首饰等礼物；有的一起看电影，然后一头扎进饭店用餐；有的买了好多礼品，一起去看望双方父母。对于情侣来说，这是浪漫的一天，也进一步增进了情侣之间及双方父母之间的感情。

八、中秋节

农历八月十五中秋节，也叫"团圆节"。这一天，群星村的老百姓都要到庙堂烧香拜佛。到了晚上，每家每户都要祭月，一起边赏月，边吃月饼，边饮桂花酒，全家团圆，共享人生乐趣。至今，买月饼、送月饼、吃月饼，乃至做月饼，成为群星村人在中秋节的必备事宜。

九、重阳节

每年的农历九月初九，很多村民要去登高、野游、赏菊、饮菊花酒，以求全家人能避瘟疫、平安。这一天，人们还要插茱萸、吃重阳糕。重阳糕又叫"菊糕""花糕"，吃了有"步步高升"的寓意。年轻人都要请长辈吃饭，表示尊老。每逢重阳节，群星村村委会都会在村委会主任的带领下，上门慰问村里老年人。

十、腊八

农历十二月初八，谓之"腊八"。过去，寺僧于是日煮七宝五味粥（名"腊八粥"），以红枣、核桃、莲子、栗子、花生、白果、桂圆等煮成，供斋求福。相传，食腊八粥可祛病延年，民间均仿效。

十一、除夕

除夕俗称"大年夜"。在外的亲人必赶回家中，晚上全家欢聚一堂，吃年夜饭。旧时，年夜饭中必有青菜（安乐菜）、黄豆芽（如意菜），取意来年"安乐、如意"。席间，晚辈向长辈祝福，长辈给晚辈发红包。饭后，家人围坐在一起，嗑瓜子，吃水果，叙谈取乐，直至午夜，谓之"守岁"。午夜前，村民扫净地面，盛满水缸，在门上贴上对联，放"关门炮仗"，以示闭门辞岁。此习俗沿袭至今。

第二节　生产习俗

群星村村民世代以农耕为主，在长期的农业生产中，积累了许多与季节相关联的种田经验和出于美好愿望的一些做法，并慢慢地成为约定俗成的习惯，且具有地域特色。

一、人甩火把

人甩火把，也叫"打田财"，又叫"炱田角落"。元宵之夜，村民都在自己家的猪圈、鸡棚等地，用稻草点燃火把，烘烤每个角落，再背一捆稻草走到自己耕种田的角落，点燃火把燃烧，一边烧一边大声喊："炱炱田角落，圈里养起大猪猡，牵龙要牵白米三石六。"炱田角落时还要看火焰燃烧的颜色：火焰色白，预示来年可能会有水灾；火焰色红，预示来年可能会有旱灾；火焰色黄，寓意最好，预示来年又是丰收年。炱田角落后，要把冷却的灰烬带一些回家，包好，放置于床头。灰烬象征着财富，这个习俗体现了村民祈求来年丰收的心愿，已有百年历史。炱田角落时要用到火种，旧时在炱田角落时，因疏忽引发火灾的情况也时常出现。随着农村土地流转，农民基本不存在个人承包土地，炱田角落这一习俗也慢慢消失。

二、祭田祖

村民称祭田祖为"祭田公田婆"。这实际上是古代祭土之后的风俗,中华人民共和国成立以前群星村就有此习俗。有的地方在田边立小庙,到庙前致祭,也有的地方在径与田边祭祖。村民大多在清明前后、插秧前后、夏至时及秋收开镰时举行祭田祖,备线香、黄纸、肉饭等拜祭,致祝祷及叩谢之辞。清明时日"许愿",插秧时日"尝甜头",秋收时日"还愿"。夏至时,祭者穿蓑戴笠,祷雨水充足;秋收时,插黄熟稻谷于供饭上,1966年"破四旧"时,祭田祖被作为"四旧"而取缔,之后再没有恢复。

三、开秧门和关秧门

开秧门是指每年第一天插秧日。为求得稻子有个好收成,在开秧门这一天,村民都会烧特殊菜,即菜花头(菜苋)烧肉。菜花头不能用刀切断,而且越长越好,寓意是开秧门莳秧稻,熟时稻穗长得又高又壮,预示能获得丰收。而每年秧苗全部插完那天,村民称为"关秧门"。关秧门这天,村民插完秧苗,就不再做其他农活,回家休息,宣告莳秧结束。人民公社建立以后,生产队集体劳动,农活由生产队队长安排,这一习俗就慢慢消失。

四、开禁

中华人民共和国成立以前,村民种田不用化肥,除用村民自家养家禽、家畜和人粪便作为肥料之外,还用河道里的淤泥与稻草、杂草、水草等拌和、浸泡、发酵后来沤田。河里淤泥变成村民的抢手货。为了公平起见,村里制定村规民约,从每年农历正月十六日到农历五月中旬芒种日,村民可以在域内河沟、河浜里罱淤泥,其余时间禁止罱淤泥。正月十六那天清晨,村民们总是各就各位,准备好罱泥船只、罱网,等村长(旧时称"保长")在村里鸣锣后就动手罱泥,俗称"开禁"。到芒种那天,村民会自觉停止罱泥。另外,河交界处都立好石碑,禁止外村村民过境罱泥、捞水草。

五、打供醮

打供醮是旧时庙会中一种有代表性的宗教祭祀活动，目的是感谢神灵带来收获，祈求来年风调雨顺、五谷丰登，家人平安。打供醮一开始要在庙堂供奉各路神仙，然后派一部分村民到田野里每个地方插上幡子（一种直挂在竹竿上的长条旗帜），其他村民则排着长长的队伍，高举佛像和幡子，敲着锣，随着道士念着佛经在村子每条弄堂慢慢行走，每到弄堂口都要点燃香烛，不能漏掉任何弄堂。最后村民会回到庙堂，围着每个佛堂转3圈，这时到田野里插幡子的村民也会回来，宣告打供醮活动结束。打供醮场面声势浩大，十分壮观，一般都由几个村庄联合组织，轮流举行。每年农历三月初三、四月初八、九月初九，这三个吉祥日子，一天安排两个村分上午、下午举行。轮到哪个村组织，则那个村每家农户必须有人参加，其他村派代表参加。一次打供醮活动结束，就把幡子交给下次组织的村民代表。打供醮这项民俗活动也在1966年"破四旧"时被作为"四旧"而取缔，之后再没有恢复。

六、建房

村民建房是件大事，大多数农户都会请阴阳先生选择黄道吉日，定房子朝向、开工日期等。排石脚（地基）那天，房东都要请泥水木匠、作头师傅吃"开工酒"。亲眷、朋友、邻居都会来帮忙。相帮人要听从工头的吩咐，早上要早到，把每天要用的材料准备好，开工后分工配合泥水木匠。上梁要举行一个仪式，在正梁中间贴上红纸，在纸两头用铜钿嵌上红布条。上好正梁后放鞭炮。作头师傅把东家准备好的馒头、糖果、红包抛向东南西北4个方向，相帮人把抛出的东西接住，作头师傅边抛东西边说吉利话，村民叫它"抛梁"。晚上，东家要加酒、加菜，请大家吃"竖屋酒"，房子盖好屋面，粉刷、装饰完毕后，房东还要举行入宅仪式，请作头师傅、亲眷、朋友等相帮人吃"进屋酒"。

七、开业酒

不管是开厂、开公司，还是开店，主人都会在开张前几天发出请柬，请大家喝"开业酒"。收到请柬的单位、领导、亲朋好友都会买花篮、匾、鞭炮、礼

花等前去祝贺。开业仪式先由公司领导或店长致辞表示欢迎,接着请有关领导发言以示祝贺。开业仪式结束后,主人会请各嘉宾共进晚餐。为了答谢来宾,主人还要给大家发礼品。

八、相帮

村民历来都有互帮互助的传统。每家造房子、办婚丧喜事等,亲眷、朋友、邻居都要去相帮。造房子从开工第一天就会有个领头人,根据每天用工量轮流通知邻居、朋友去相帮,直到房子落成典礼结束。家有喜事,也要请邻居、朋友帮忙,特别是旧时结婚时,相帮人最派用场,要帮厨师拣菜、端菜,要搭棚、借桌椅,给东家打杂,放鞭炮、摇船娶亲(讨娘子)。办丧事人家,亲眷朋友都要去相帮,年长的要主动给已故人穿寿衣,一部分人要协助厨师做好后勤工作。旧时,都兴土葬,挑选八名身强力壮的年轻人扛棺材。村民中有个说法,帮人家扛过棺材,家里后代会做官发财。旧时,相帮人一般以左邻右舍、亲朋好友为主。有了生产队后,相帮人延伸到整个生产队或整个自然村,该风俗一直延续至今。

 ## 第三节　生活习俗

群星村村民因世世代代生活在同一地域、同一区域、同一群体内,其生活的方式、方法和习惯多有大同小异之处,且形成一套相近、相似的生活习俗。

一、婚嫁

旧时,村内婚嫁习俗很多,有些习俗一直保持下来,有些习俗则随着时代变迁和村民思想观念的转变而改变。一些带有封建礼教色彩和违背国家规定的习俗被彻底抛弃。

订婚又称"定亲",是旧式婚姻中男女联姻的"前奏曲"。旧时,群星村男性到了定亲年纪,家长会请媒婆给自己的儿子物色对象。物色到对象后,媒婆向女方家长要来姑娘的庚帖,用毛笔在红纸上写姑娘的出生时辰、属相,送至男方。男方把它供在灶公龛前,请算命先生推算合字,若发现冲克、不合,则把女方八字退还;若没有冲克、不合,媒婆告知女方,女方父母同意后与男方父母商定聘礼。男方择日备好礼金,媒婆陪同男方父母到女方家送礼金,叫"担小盘",也叫"攀亲""定亲"。旧时,聘礼一般以大米为主,附金银首饰。定亲后,男方选黄道吉日结婚。结婚前,男方要送重礼,叫"担大盘";女方收下,表示同意结婚,叫"话着实"。女方可以对担盘礼讨价还价,这个礼主要用来报答父母养育之恩。中华人民共和国成立以后,以人民币为礼金,以数字"6"为准,寓意"六发""六六大发"。男方还要送"捏紧钱",这个钱是送给女方买金银首饰的。收到"担大盘"钱后,女方父母就要给女儿准备嫁妆,这一习俗直到1950年《中华人民共和国婚姻法》颁布后基本结束。青年男女自由恋爱,领取结婚证,彩礼也由双方家长协商解决。随着计划生育实施,婚姻大多是"两家合一",彩礼也就可有可无了。

结婚也就是迎亲拜堂。结婚之日,男女双方各自宴请亲朋好友。旧时,村民家结婚一般要开场3天。

卅厨那天,邻居、朋友都会去相帮,女方要将嫁妆全部准备好,请好摇行嫁船的人,分配各自端的行嫁物。行嫁物有马桶、脚桶。马桶叫"子孙桶"。里面要放5个红蛋、米、红豆、红枣、长生果等。被子、枕头要成双成对,被子内也要放红蛋、喜糖。淘米箩叫"金饭箩",里面要放1身新衣服、1双新鞋子,并用红方巾包扎,叫"子孙包";在托盘(用木头做的盘)上面放1棵用红纸包扎好的万年青植物,叫"鸿运"。男方要准备好正日娶亲用的花轿、船只,要在娶亲船上扎彩,插上彩旗;请好吹拉弹唱的丝竹班;挑6个身强力壮的小伙子摇船、抬花轿;准备好娶亲用的"上头盘",即1桌酒菜、1块猪腿肉、1条活鲤鱼,象征"鲤鱼跳龙门"。

正日当天,男方要在家中布置新房,叫"铺床"。铺床时,挑选1对已婚且生有男孩的夫妇和1对男女小孩。铺床开始时要放鞭炮,铺床时要在新被子上

放2盘米糕、2根扁担、2根甘蔗、1个杆秤,男女小孩要面对喜床叩拜,这一习俗流传至今。正日那天,男女双方要请"账房先生"记人情账,喜簿第一页要记舅舅、姑夫等重要长辈,后记其他直系至亲,第一号(喜簿上第一个记人情账的序号,后同理)改为"元号",第七号改为"巧号",第十号改为"全号"。

正日当天最大的事是娶亲、拜堂。旧时,娶亲都在正午时分,双橹娶亲船带上6大盘鞭炮、丝竹班人员、花轿,新郎坐在停放花轿的船舱里,随着鞭炮和丝竹声出发去"讨新娘子"。开船时,撑篙能手要一篙子把船撑离河滩,不准拖泥带水撑第二篙。娶亲船摇至新娘村庄,鞭炮、丝竹声要先响起,娶亲船在从村头至村尾的河道里来回摇4~5个圈,叫"打出势"。村上的男女老少站在河两岸观看、喝彩,摇双橹的小伙子用尽全力把船摇得越快越好,场面非常热闹。娶亲船停靠时,要停靠在河滩头新娘用红纸包好的2根竹竿中间。船停稳后,轿夫抬轿上岸,丝竹班跟随并吹拉弹唱喜庆乐曲,花轿停放在新娘家门口。新娘在上花轿前,头上要蒙上红盖头,上花轿时要哭,称"哭嫁"。村民中有这样一句话:"新娘哭,娘家福。"新娘由哥哥或堂兄抱上花轿,乐队、亲友伴送上轿。在鞭炮和丝竹声中花轿被抬上娶亲船。娶亲船要离开时,由女方长辈来推开船头,只能一篙子撑离,不准拖泥带水。随即,女方的行嫁船也出发。娶亲船摇到男方村庄时,在鞭炮和丝竹声中,船在河里来回摇上几回。当船即将靠近河滩时,男方母亲用2个水桶在自己的河滩上舀满水,提着水桶,一边走一边喊"水满喽,水满喽",厨房厨师回话"水浦(溢)喽,水浦(溢)喽"。娶亲船停稳后,轿夫把花轿抬至男方大门外,新郎母亲接过喜妈婆手中的"子孙桶",新娘在喜妈婆的搀扶下出花轿,新娘第一声应叫新郎母亲,称"开金口"。新娘走到大门槛时双脚踩在麻袋上,新娘在麻袋上缓慢行走,寓意是"新娘来传宗接代"。在新娘身后有2名童男、童女拉着新娘衣带,在新郎母亲的引领下步入新郎母亲的房间,等候拜堂成亲。随之行嫁船靠岸,男方把行嫁船上新娘的2个哥哥或弟弟,即新阿舅(新娘的亲哥或亲弟)接上岸,6个相帮人经过讨价还价后开始搬嫁妆。其中"扛被囊"很有讲究,把被囊扛到新房后要直接扔到新房床上,被囊朝下寓意生男孩,朝上寓意生女孩。接着,场外鸣炮,场内奏乐,新娘在喜娘和新郎的搀扶下,从新郎母亲房间里走出,踏着红地毯走到结亲台前红毡毯上。这时，红烛高烧，乐声不断，证婚人、主婚人、介绍人各自讲话，新郎、新娘拜堂，此时为婚礼高潮，大家可以与新郎、新娘嬉戏玩乐。之后新郎、新娘拉着红绿"鸳鸯巾"，在手持大红烛的迎光员的引领下，踏着红地毯步入新房。晚饭开席时，新阿舅必须坐在客厅东北角的第一桌上，朝南坐正。开宴时，主婚人宣布证婚人、介绍人入席，再请新郎、新娘入席，新郎、新娘向亲朋好友敬酒，新娘在婆婆的陪同下向长辈逐一行礼、叫应然后回新房。饭后要给厨师、茶担送红包，表示菜烧得好、茶艺好。新阿舅回家时，要放高升（鞭炮）欢送。摇行嫁船的6位村民称"萝卜头"，吃晚饭时6人为1桌，临走时男方还要给他们送香烟、小费，表示谢意。村民称"三朝无老小，太公太婆闹一闹"。闹新房不分男女老少，图个热闹快乐，这个环节一般要持续到深夜。结婚过后第一天，新郎要在父亲的陪同下，肩挑1桌酒菜到娘舅家去祭祖宗，俗称"做花衣"。

第三天是"荡厨"，相帮人要去还桌椅、拆棚。新郎、新娘备礼回望新娘父母，俗称"回门"，直至天黑方可回男方家。

中华人民共和国成立以后，提倡自由恋爱，婚事简办，移风易俗。村民有的举行集体婚礼，有的节俭办婚礼、旅游结婚，还有的甚至"裸婚"。改革开放以后，人们生活水平逐步提高，婚礼也逐渐讲究，女方要求越来越高，男方必备婚房、婚车，婚房要新装潢，电器设备要齐全。娶亲时，婚车成队，请婚庆公司，宴请酒席越来越丰盛，有的还订高档大饭店。

旧时娶亲轿子（2019年，景二男翻拍）

现代婚车（2015年，蒋雪根摄）

二、过房亲

过房亲有2种情况：一种是指兄弟几人中，有1人娶不到老婆，或者娶了老婆但没有生儿子，就收养同宗之子为后嗣。这种过房亲属于大事，一定要举行仪式，请双方父母到场，立下过继文书，写明抚养权、遗产继承权、约定财产分配。自过房亲协议成立日起，继子要叫养父母"阿爸""姆妈"。另一种过房亲是20世纪50—70年代，村民相信孩子认"过房亲"可以减少疾病困扰、免除灾难。大多数过房亲是在过房爹娘结婚前约定的，在过房爹娘新婚那天过继。过继孩子跟随父母带上2盘面条、鞭炮等礼物，在过房爹娘婚礼时举行简单仪式就认可。事后连续3年腊月，过房爹娘要请过继孩子吃年夜饭。过继孩子叫过房爹娘"寄爷""寄娘"（干爹、干妈）。随着社会进步，这种过房亲的形式逐渐消失。

三、兑换亲

兑换亲又叫"交换亲"，指男子将自己的姐姐或妹妹许配给女方哥哥或弟弟做妻子，以换取女方作为自己妻子的婚姻方式，称"姑娘换嫂嫂"。中华人民共和国成立初期和"文化大革命"期间，村里有个别户进行兑换亲，婚礼比较简单，兄妹俩可以同日结婚成亲。80年代后此俗逐渐消失。

四、童养媳

童养媳又叫"代养媳""养媳妇"。中华人民共和国成立以前，贫困人家无力把女儿抚养成人，就把女儿从小送给有儿子的人家，长大后成为那户人家的儿媳妇。贫困人家养了儿子，生怕儿子长大后无力娶亲成婚，就到落后地区或育婴堂抱养1个女孩回来做"童养媳"。等女孩长到15—16周岁，就由父母作主，同他们的儿子"圆房"。1950年国家颁布《中华人民共和国婚姻法》后，这种习俗被废除。

五、招女婿

招女婿是男方落户到女方家成立家庭的婚姻形式，也叫"倒插门"。中华人民共和国成立以前，男方入赘女方家后，有的改为女方姓，有的保留原姓，但所生育儿女必须跟女方姓，为女方传宗接代。1979年国家提出计划生育，一对夫妇只生 1 个孩子。到了 20 世纪 90 年代，村民就很少招女婿了，逐步改为"两家并一家"。男女结婚后所生子女跟谁姓，由男女双方协商而定。

六、催生

旧时，村民出嫁的女儿怀孕满 9 个月，娘家就要选择吉日到女儿家"催生"。催生包裹里除有婴儿出生后穿的衣服、孩子外婆亲手缝制的尿布外，还有孕妇产后用的营养品，其中必有红糖和"苦草"（中草药），红糖和"苦草"煮的苦草汤可以起到排毒和催奶的作用，还有染色红蛋、花生、红枣等吉利食品。娘家派人挑着担子把物品送到怀孕的女儿家，担子里有面条和红烧肉做成的"浇头"。催生时下的第一碗浇头面条一定要让孕妇吃，讨个顺产口彩，再把面条和浇头分发给村上亲眷、邻居。对孕妇催生后，村上接生婆就会前来关心孕妇的临产情况，之后帮助孕妇生产。随着时代变化，接生婆已不存在，但"催生"这一习俗依然延续着，只是面条和浇头被方便面和香肠替代。

七、满月

满月也叫"下摇篮"。婴儿出生 30 天内，吃到催生面的亲眷、朋友、邻居都要去贺喜，送上 2 斤猪肉、2 斤糖和云片糕。待孩子满月那天，孩子外婆家要给孩子送去 1 只木制或竹编摇篮，放上小帐子、小枕头、抱裙、衣服、金银镯子，还有刻上长命百岁的锁片等。中午 12 点时，舅舅把小孩放进摇篮里，叫"面摇篮"。晚上，主人家邀请亲眷、朋友、邻居喝满月酒，饭后要把孩子外婆家准备好的红蛋分发给大家。后来，也有村民把满月改为"双满月"，请客地点也从农家改为会所或饭店，贺喜礼也从礼物改为礼金。

八、周岁

村里孩子到周岁那天，父母要宴请亲眷、朋友，这种形式叫"搭纪"，即"过周岁"，亲朋好友要送衣服、喜面、压岁钱等。孩子过周岁时，父母要在他（她）面前放书、笔、尺子、人民币、钥匙、计算器、木制小刀、福袋、笛子、字典等，让他（她）任意抓，以预测将来的前途与命运，俗称"抓周"。孩子周岁时要穿绣有老虎头的鞋子以辟邪。随着时代的发展，现在的"搭纪"酒一般都在饭店里举行，参加人员以家庭人员为主。

九、受头

受头是男孩满10虚岁、女孩满13虚岁时，父母为孩子办的传统仪式。受头当天，主家要摆酒席宴请亲朋好友，他们会给孩子送衣服、鞋帽等。随着村民生活条件的改善，受头的规模越来越大，酒席都在饭店举行，客人也以送礼金为主。

十、做寿

父母只要有1人满59周岁（虚岁为60岁），子女就要给父母做寿。出嫁女儿要给过寿的父母送寿衣、寿鞋、寿帽、寿桃、寿糕、寿面，还有1块条肉。做寿时，儿孙们要给父母穿上寿衣、寿鞋，戴上寿帽。过寿的父母坐在竖起的寿材前接受子女叩拜，称为"上寿"。先有儿子、媳妇叩拜，再有女儿、女婿叩拜，最后有孙子、孙女、外甥叩拜。做寿当晚，子女和亲眷朋友要陪做寿者一起吃寿面、寿糕、寿桃。59周岁做寿称为"六十大寿"，以后每逢69、79、89、99周岁，子女都要给老人做寿。

十一、丧葬

不同时期，丧葬习俗也有所不同，历代村民对丧葬都十分重视。高龄老人或长者断气时，在场子女要放声哭丧，表示哀悼和悲痛，以哭声惊动左邻右舍，表示其家里死人了，人们闻声后会前来相帮。相帮人点灯、提蜡烛、糊纸轿子，待子女给死者擦身、沐浴并换上新内衣、内裤后，相帮人把死者转移到客厅门板上，俗称"转尸"，这时客厅被称为"孝堂"。

穿寿衣 穿寿衣是子女在专业人士的协助下进行的。寿衣数量为单数，一般为5件、7件、9件。寿衣的材质不能是缎子，因为"缎子"与"断子"是谐音。穿寿衣前，先把寿衣称一称，再穿寿衣、寿鞋，接着在死者身上盖上干净被单，最后把1个笆斗夹在两脚中间。把笆斗夹在死者两脚中间是"巴得"死者不要回来找家人麻烦。在死者头前立1张"孝台"，点上香烛，放上祭品，"孝台"旁放1个铁锅，焚化锡箔和黄纸钱。

报丧 报丧是指通知死者的亲朋好友前来奔丧。村民守灵讲究停尸3天出殡，其间要请佛婆念佛 3 天，请道士做"专典"；女儿、女婿要为死者点 24 盏灯，子女要披麻戴孝，穿白衣裳、白鞋子，腰系白带；一般亲眷系白带（称"戴孝"）。亲属昼夜守灵恸哭（称"守夜"），其他亲眷朋友守灵（称"伴夜"）。恸哭也是有讲究的，与死者是夫妻关系的是哭"亲人"；与死者是子女关系的是哭"爷娘"；儿媳妇哭"大人"。第三天上午，死者要入殓。旧时，村民要在"寿材"上写上字，为男性死者写"福"，为女性死者写"寿"。入殓时，除相帮人和扛棺材人之外，其他人最好回避，因为有迷信说法，入殓时人的影子不能被关进棺材，不然会危及活人的健康。

出殡 出殡前后要请专人记好亲朋好友的吊唁钱，记账本子称"丧簿"。出殡时间须在中午 12 时前，直系亲属要按次序在棺材前跪拜作揖，子女要扶着棺材抬出客厅。这时安排好的相帮人立马摔碗，用大扫帚扫地。如果死者正好是 81 周岁，还要摔一把算盘。出殡回来后，子女要到村里讨不同姓的七家人的饭。

旧时，村里人出殡都是用船运送棺材，船艄必须停靠在河滩上，棺材头要对着船头，子女要跪在船头上一直把棺材送至墓地。一路上要安排好专人撒锡箔钱或黄纸钱，特别是过桥时。大户人家的棺材运至墓地后用稻草遮盖起来，有用砖、瓦砌起来的，请阴阳先生选择良辰吉日再挖坑下葬；贫民人家直接挖坑深埋，让家人入土为安。这种"土葬"形式延续到 1971 年 7 月。

1971 年，域内开始火化焚尸。刚开始用船出殡，到 21 世纪逐渐改为用汽车。出殡最少有 2 辆车，第一辆灵车上除死者之外，其他都是直系亲属；第二辆"大巴"上一般都是亲朋好友，出殡回来的路不可以和出殡时的路一样。出殡"骨灰盒"由家属带回家中，放在灵台上，等放灵台满 3 年再埋在自留地里。2006 年，昆山高新区统一安排公墓地块，大多数人家当天直接把骨灰盒安放至公墓。

不管是土葬还是火葬，送葬回来的子女、亲属都要在死者家门口点燃的火堆上用脚撩一下，称"焚晦气"；子女要在客堂西北角设好的灵台上点燃香烛，立好牌位，俗称"坐台脚"。当晚，家属要宴请吊唁人吃晚饭，俗称"回丧夜饭"。

五七 死者自去世之日起，7 天为 1 个"七"，一直要祭到"七七"为止。村民在给死者过"七"时，"五七"是最隆重的。家属要宴请"五七酒"，为死者做道场、烧纸房子、过七仙桥等。出嫁子女要为死者烧 1 桌丰盛的菜，一般是 24 个菜，俗称"廿四度菜"，称"做五七"。

旧时，丧葬禁止放鞭炮。随着移风易俗不断深入，提倡厚养薄葬、丧事从简，披麻戴孝用戴黑纱、小白花代替，亲朋好友用花圈、挽联吊唁，通过开告别会寄托哀思。土葬改为火葬，把骨灰盒隔年入葬改为当天入葬，称"热葬"，灵台也在"五七"结束后就撤掉，全村亡人骨灰盒集中于公墓。

十二、摆喜酒

摆喜酒是村内流传很久的风俗。村民家房子落成，请进屋酒的第二天，村民要摆喜酒供拜祖宗；家中有小孩满月、过周岁、子女结婚等喜事，也都要提前1天摆喜酒。摆喜酒不同于祭祖（过节），虽然同样是8个菜，但筷子和酒盅摆放是不同的，另外，桌面上要摆满喜糖、水果、糕点，再有1碗公用老酒。摆喜酒也是一种纪念祖宗的礼节，表示对祖先的崇拜和纪念。

十三、升学酒

升学酒也叫"谢师宴"，家里有孩子升学，家长要感谢老师，请老师和亲戚一起来喝升学酒。前来祝贺的老师、亲眷会给家长一个封包，并写上"鹏程万里""前程似锦""金榜题名""登科之喜"等。20世纪70年代高考恢复，村里孩子考上大学，都要请所任学科的老师、班主任、亲朋好友喝升学酒。参加升学宴的人除送祝福语之外，一般还要送上红包，祝孩子学业有成。

十四、拜师和谢师

旧时，村民跟随木匠、泥水匠、漆匠、圆匠（箍桶匠）、裁缝等学手艺，都要举行拜师和谢师仪式。拜师先请中间人（介绍人）同师傅说合，写好拜师帖，再选择吉日设宴。设宴当天，徒弟要请师父、师母坐上座，目视师父行三叩礼，跪献红包；师徒互换拜师帖子，然后师父宣布门规：徒弟尊师守规、清白做人、刻苦学艺。仪式结束，徒弟要请中间人一起吃"拜师酒"。谢师时，徒弟选定良辰吉日举行谢师仪式，请师父、师母及师兄参加。谢师仪式开始前要放鞭炮，之后，徒弟请恩师、师母就位，请亲朋好友、师兄就位，向师父叩拜三首，说感恩的话，递上香烟、老酒、水果、红烧蹄髈及两套衣服。师父对徒弟的表现进行总结，并宣布出师。徒弟出师时请"谢师酒"，以感谢师父。

第十章 物产美食

群星村地处江南鱼米之乡，物产丰富。群星域内生产的粮食主要有粳米、籼米、糯米和小麦、大麦、元麦，品种全、品质好。群星域内地产南瓜、红薯、玉米和各种豆类，它们成为村民辅助性食物。村民种植的油菜、芝麻、花生等油料作物和棉花、苎麻、大麻等纤维作物多为经济物产，除此之外，群星域内有多种野生药用物产。村民种植各类时鲜蔬菜，养殖牛、羊、猪和鱼、虾、蟹，不仅满足自身生活和生产需要，而且越来越多的物产满足市场之需。村民以米饭、面条作为传统主食，还有粽子、米糕、酒酿、青团子、馄饨、南瓜饼、萝卜丝饼、面疙瘩等传统小吃。村民利用地产食物制作的百叶包、油泡、臭豆腐、腌菜苋、洋生姜、菜瓜条腌、腊肉、酥炸鳑鲏鱼等农家土菜，吃起来特别有家乡味道。

第一节 群星物产

群星域内土地肥沃，水资源充沛，物产众多。域内的物产主要以粮食作物为主，另外有副食物产、经济物产和养殖物产等，是物产丰富的风水宝地。

一、粮食作物

群星域内粮食作物，主产稻米和麦谷，村民把稻米称为"细粮"，包括粳米、籼米和糯米。

粳米 粳米是村民最主要食粮。粳稻在村内种植时间最长、种植面积最大，不仅品种多，而且产量高。粳稻生长期较长，一般4月落谷，10月收割，村民习惯称"秋收"。在很长一段时间内，粳稻谷收获后除被分配给村民消耗之外，剩余的都卖给国家粮食部门。粳稻谷加工成粳米，黏性和涨性介于糯米和籼米之间，主要用于做米饭，也可碾成米粉做团子。

籼米 籼米是村里主产粮食之一。籼稻生长期短，一般在4月初落谷，9月收割。籼稻加工成籼米，虽黏性差但涨性足。中华人民共和国成立以前，贫穷人家都会选择种籼稻，将籼米作为主粮来做米饭。中华人民共和国成立以后，有一阶段国家要求多种粮食，村里按上级计划种植双季稻，第一季种植的都为籼稻，一般3月落谷，7月下旬就可以收割。籼稻单产量低，煮成饭口感差，到70年代末，就很少有生产队种植双季稻了。但少数仍种植籼稻，籼稻谷卖给国家多，村民吃得少。

糯米 糯米黏性强，人们一般都不用它来做饭，主要用它做糯米饭，加上红豆，可以做成红糯米饭，还可以包粽子、做糯米团子等。糯米磨成粉可以做成各式精美糕点。中华人民共和国成立以前，少数村民种植糯稻来满足自己对糯米的需要。中华人民共和国成立以后，特别是农业合作化以后，因为糯稻产量低，每个生产队只种上几亩地的糯稻，收获后按人口分发给队里社员。实行家庭联产承包责任制以后，村民种植糯稻更少，对糯米的需求一般通过购买来解决。

特色大米 2020年，群星村生产出鸭稻米。鸭稻米是指采用稻鸭共作技术生产出的稻米。稻鸭共作技术是一种自然、生态水稻种植技术。首先，做好前期大田的各项准备工作，是鸭稻米生产的关键。村民在上年10月下旬播种蚕豆绿肥。到来年4月上旬，蚕豆处于盛开花期至初荚期，村民进行绿肥还田；5月上旬，为每亩大田施自制生物有机肥225公斤，用旋耕机中耕入土，此后在整个水稻生育期不再追肥。在有机肥施入耕翻后灌水，且要求大田上水后不跑水、不漏水，以减少有机肥流失。同时，在田间建立水层，对田块进行水封，还可有效抑制大田前期杂草萌发。当田间杂草达2叶1心时，旋耕翻田2次进行稻田除草，以有效降低田间杂草基数。接着，进行育秧与适时机插。鸭稻米生产要求"精量"播栽，以获得合理群体结构，增强植株抗逆能力。它一般在5月初播种，播种后，保持秧盘内秧苗密度，插秧秧苗也有标准，具有茎基粗扁、叶挺色绿、根多色白、植株矮健的特点才合格。然后在大田周边围上防逃网，再放养鸭子。放养鸭子按照每亩放养25~30只鸭子的标准，每天早上将鸭子散放至稻田，傍晚将鸭子赶回鸭棚，并给鸭子补喂玉米、稻谷等饲料。放养鸭子可以通过鸭子的活动蹚水压草，起到耘稻除草效果，还能减少田间病虫害发生，杜绝化学药剂使用，达到生产有机稻米的目的。最后，一般在11月初进行水稻收割。鸭稻米品质优，受到老百姓青睐。

三麦 麦是村民种植的主粮之一。麦分小麦、大麦、元麦。村里种植小麦比较多，种植大麦、元麦比较少。大麦和元麦多用于喂养牲口，特别是到农忙季节，为增强耕牛体力，村民往往将大麦或元麦浸泡煮熟后给耕牛食用。有时，村民也会把大麦、元麦通过加工厂加工成麦片等，用来给人食用。小麦用途广，除加工成麦片食用之外，一般都被磨成面粉，用于做成面包、面疙瘩、麦秋条、手擀面、油条、麻花、烧饼等。60年代前，主要靠人工，用石磨磨出面粉、麸皮混合吃。自从有了面粉加工厂，村民就开始食用纯面粉，用面粉来制作各种食物。

南瓜 南瓜又名"番瓜"等,村民长期种植,用作辅助性食物。南瓜种类比较多,长出的果实形状、颜色不同,口感差异也很大。它是一种藤蔓植物,可以被种植在荒滩、荒地、砖瓦堆、树荫下等地质较差的空地上。每年4月中旬育苗,8月至9月收获。嫩南瓜可以做菜,老南瓜存放时间较长。南瓜可以单独蒸或煮来吃,也可以同大米、米粉、面粉一起做成南瓜粥、南瓜饼、南瓜糕等。

红薯 红薯有红心、黄心和紫心等不同品种,但一般都被统称为红薯或山芋。村民把红薯作为辅助性食物,所以每家每户都要在自己的地上种上一些,过了农历八月就可以从地底下挖出来食用。晾晒好的红薯放在干燥透风的地方,保存时间比较长,到春节也不会坏。村民一般都把红薯蒸、烤或做成红薯粥食用,红薯叶子和茎也可以做菜吃。

豆类 豆类品种较多,村民主要种植蚕豆、黄豆、红豆、绿豆、黑豆、乌豇豆。一般利用河边、沟边、田岸边的边角地种植这些豆类,每年春天播种,一般在农历九月收获。蚕豆都在冬季播种,来年立夏时节采摘。黄豆因品种不同,种植时间有早有晚,从农历六月至十一月都有收获。各种豆子可以有不同的食用方法,可以烧汤、煮粥,也可以做各种饼、团子馅,味道极佳。嫩黄豆、蚕豆可以做菜,晒干的老黄豆是豆腐、豆浆、豆腐干等豆制品的主要原料。晒干的老蚕豆也可以炒着吃或做成兰花豆。

玉米 玉米是村民副食类之一,群星村人称它为"番麦"。50年代以前,村民根据自己的食用喜好种植一些玉米,但种植规模都很小。人民公社化运动时期,生产队集体都不种玉米,社员家里利用自留地种植一些玉米,玉米种子靠自己选留,结出来的玉米棒很小,产量极低。80年代以后,村民购买优良玉米种子,可选择的玉米品种多,产量也有所提高。但村民种植玉米都是自己食用,很少售卖,所以种植规模都很小。村民用玉米做副食,也有做菜肴的,还有用作家禽家畜饲料的。

二、经济物产

(一) 油料产品

油菜 油菜俗称"菜籽",是世代村民食用油的主要原料。群星村村民种植油菜有历史传统。中华人民共和国成立初期，本地油菜（俗称"土白菜"），抗病抗伏能力差，产量和出油率都很低。50年代末期域内引进胜利52号（朝鲜油菜），这种油菜分枝多、抗病抗伏能力强，结荚多而且籽粒饱满，产量高，出油率也很高。从60年代开始，每个生产队都要按耕地总面积的30%种植，收获的油菜籽绝大部分出售给粮管所，粮管所返回一部分油票，按人口分发给农户兑换1年的食用油；少量油菜籽由小作坊代加工成食用油。

芝麻 芝麻可以作为油料，也可以食用。村民种植芝麻有悠久历史。因为芝麻必须要在旱地上耕种，在农业合作化，特别是人民公社化运动时期，基本没有生产队集体种植芝麻，只有农户在自留地或杂边地上种植一部分自用。村民收获芝麻后，将大部分加工成芝麻油。芝麻油香味足，营养价值高，在做菜、做汤时放一些芝麻油特别好吃。芝麻可磨成粉用来做糕饼馅，口感极佳。

花生 花生又名"长生果"，可以作为油料，也可以食用。村民种植花生也有悠久历史，通常在春季采用泥土陷埋方法进行种植，先挑选颗粒饱满的种子，浸泡1个晚上，第二天捞出后包在湿毛巾里，保持毛巾潮湿，等种子露白后，准备疏松肥沃的土壤，把种子撒播在土壤里，覆盖上1~2厘米细土，轻轻压实，用水浇透，等花生苗出土后多晒太阳，浇水见干见湿即可。下种后120天可以收获。收获的花生制成花生油。花生油淡黄、透明、清香，营养价值远远超过其他油料作物。花生可用来做花生糕、花生糖等，花生米是下酒的理想菜肴。

（二）纤维产品

棉花 群星村属于水网地区，地势低洼，不利于棉花种植。60—70年代，部分生产队利用防洪圩堤、坟地等旱地种植少量棉花，收获后把棉花分给农户家用。部分农户利用自留地、杂边地也种植一些。收获的棉花主要用于加工棉胎和做棉袄、棉裤、棉鞋，还有的用于为新生儿做抱裙。改革开放以后，随着市场上物品越来越多，棉花、棉布都不需要凭票供应，村民在市场上都可以买到，农户不再种植棉花。

苎麻 中华人民共和国成立以前，群星域内多数农户都种苎麻，收获后作为织生布原料。村民把成熟苎麻割下后，剥下麻皮，放在清水中浸泡两天，洗净杂质，漂白，晾干，用时再把它放到水里浸泡。家中的老妇会把它分成细丝再连接起来，村民称之为"接挤"；把接好的细丝通过"径丝""上浆"装在织布机上织成"生布"。这种布主要用于制作蚊帐，染色后也可以做夏天穿衣裤，一直到50年代末，还有村民种植苎麻织"生布"。60年代以后，村民逐步停止种植苎麻。

麻 麻俗称"活剥皮"，是村民修理农木船和制作有关农具的必需品。中华人民共和国成立初期，村里家家户户都要种上一些麻。20世纪60年代，各生产队也都要种植一部分麻，因为那时村民是用木船作为运输工具，每年夏天都要把木船拔上岸进行修理、上油，在木船两块木板拼接缝隙中，用麻皮丝和油灰混合物塞缝。麻每株高2米以上，收割后浸在水里3天以上，皮就会自动脱落。把这种麻皮整理晾干后，可以把它搓成麻绳，用作帆船风帆上的部分零件；可以用麻皮来制作、修理罱网、拖袋（旧时积肥用的工具），把它绞成粗一点的麻绳，还可以作为捆扎稻、麦的绳索。后来，木船被水泥船和钢铁船替代，传统农具也被现代农机具替代，村民也就不再种植麻了。

三、养殖物产

（一）家畜

村民有饲养家畜的历史传统。中华人民共和国成立以后，村民家庭和生产队集体普遍养殖牲口，主要饲养牛、猪和羊。

牛 域内饲养的牛，主要有水牛和黄牛。水牛主要用于田地耕种和车盘牵水（把水从河里牵引到农田），黄牛则单纯用于牵水。也有牛用来吃。

域内养猪规模比较大，几乎家家户户养猪。村民养猪为了自己食用，也有为了售卖而获得收入。60—70年代，生产队养肉猪主要为积肥，肉猪出售后也可以增加集体收入。实行家庭联产承包责任制后，基本没有集体养猪，村民家庭会养猪造肥，用于农作物生产。村民家庭养肉猪，一般自己留1头，在新年里屠宰，自己食用，大多出售给国家，后来也有屠宰户上门收购。90年代以后，村民逐渐停止养猪。

羊 羊在村内有村民饲养，但并不是家家都养。农户养山羊比较多，养大后宰杀食用。养绵羊的也有，但相对少些。绵羊可用于剪毛出售。羊肉营养价

值比较高，村民习惯冬天吃羊肉。

村民除饲养牛、猪和羊之外，还养兔。有段时间生产队集体养兔。虽然兔肉可以食用，但无论是集体养兔还是家庭养兔，主要是为剪兔毛售卖来增加收入。

（二）家禽

家禽养殖在村内也有悠久历史。村民养鸡、鸭、鹅，主要用于自食或出售。旧时，村民收入少，很少上街买荤菜吃，自己家里养的家禽一度成为村民食用荤菜的主要来源。人民公社化运动时期，生产队也集体养殖家禽，主要用于出售来增加集体收入。2000年以后，村内村庄开始整体动迁，村民入住安置小区，没有饲养家禽的条件。有些村庄虽还没有整体动迁，但在村庄环境治理的过程中，也对饲养家禽进行限制。

（三）水产

群星域内水网密布，水域面积大，水产品丰富，鱼类以鲢鱼、草鱼、鳊鱼、鲫鱼、甲鱼居多，还有虾、蟹等。改革开放之前，生产队水产养殖主要在天然河塘里进行，养殖鱼类有鲫鱼和草鱼等，养的鱼也主要是分给社员过年过节用，余下的拿去卖掉。改革开放以后，村民除在天然河塘里养鱼之外，还开挖鱼塘潭（精养塘），养殖品种也由鲫鱼、草鱼等品种，发展到鳊鱼、鲫鱼、河虾、螃蟹、河鳗、甲鱼等特种水产。村里水产养殖逐步实现专业化、产业化，村民承包集体水面和精养塘养殖水产。

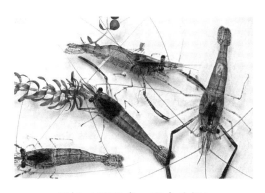
河虾（2020年，张忠玲摄）

鲫鱼（2020年，张忠玲摄）

第二节 家常美食

一、特色菜肴

50—60年代，群星村村民生活处于温饱阶段，常以瓜果、蔬菜、豆制品、咸菜、酱菜等素食为当家菜。1978年以后，村民生活水平逐步改善，传统农家特色菜肴开始在村民中推广，其中有十几种颇具特色。

（一）红烧蹄子、东坡肉

这2道菜是村民操办红白喜事的主菜。蹄子用猪腿下部、脚爪上部，斩1.25~1.5公斤的一段；东坡肉，用1块肋肉，切成方块，每块重1公斤左右。蹄子、东坡肉在群星村有2种烧法。第一种烧法：先把肉在沸水中焯一把，捞起后洗净，再放入锅内加水、盐、姜、黄酒，用清水焐半熟，捞起来沥干水分；

红烧蹄子（2020年，蒋时一摄）

然后放进装有沸油的镬内，盖上镬盖"油炸"，一直氽到肉皮发黄，捞起晾干后，再次入油镬进行第二次发泡，加上佐料，用文火烧煮，即可食用。走油蹄子肉质酥松、肥而不腻。第二种烧法：先把肉在沸水中焯一把，洗净；然后直接放入锅中加水，放入茴香、生姜、黄酒、海鲜酱，用大火烧开，再用文火慢煮；最后加入适量冰糖、少许味精，待肉烂透后出锅装盆，即可食用。红烧蹄子、东坡肉，用筷子戳皮即破，外肥内瘦，入口即化。

（二）笋烧腊肉

腌制腊肉是群星村村民流传下来的传统。中华人民共和国成立以前，只有大户人家在腊月杀猪，腌制腊肉。中华人民共和国成立以后，村里大多数农户都自己养猪，每到腊月宰猪，都会腌腊肉。后来，农户自己不养猪，也还有人家买猪腿回来腌腊肉。肉腌满30天左右，可以把肉在盐水里洗净拿出，悬挂在太阳底下晾晒，晒到腿上渗油、精肉变成玫瑰红色时收起。最后，晒干的腿肉要悬挂在通风干燥的地方。随着春天气温升高，火腿表面会自然发酵，这时候整块腊肉就会散发出特殊的清香。

笋烧腊肉也叫"腌笃鲜"，将农家腌制的腊肉、新鲜猪肉切块，与本地产的时鲜竹笋或莴笋搭配，加入调料，用砂锅文火慢煮至熟。文火煮出来的腌笃鲜汤特别鲜，因此，民间有"吃着腌笃鲜，还想把饭添"的说法。

（三）炖塘鲤鱼干

春天油菜花盛开时，正好是钓塘鲤鱼（又名"菜花鱼"）的时节。俗话说，"菜花黄，塘鲤忙"。若捕捉到的塘鲤鱼较多，一时吃不完，就用盐腌制塘鲤鱼1~2天，用铅丝串起来晒干，食用时放少许菜油炖煮即可。炖塘鲤鱼干吃起来既香又鲜，回味无穷。

（四）清蒸白丝鱼

白丝鱼（又名"白鱼"）通体银白，体修长、扁薄，鳞细，肉质肥嫩鲜美。村民将捕到的白丝鱼杀好洗净，沥干水分，撒上盐花（农家称之为"跑盐鱼"），放在相应瓷盆内。食用时，加入老姜、黄酒、小葱，上笼清蒸。清蒸白丝鱼，鱼体银白，生姜金黄，小葱翠绿，清香扑鼻，口感极佳。

（五）酱爆螺蛳

清明、稻熟时，是吃螺蛳的最佳时期，此时螺蛳肉丰满肥嫩。用农家自制豆瓣酱红烧螺蛳，加入姜、葱、料酒等佐料，酱香味浓，肉嫩味鲜。民间有"吃稻熟清明螺，赛过吃只鹅"的民谚，还有"海参八样，不及螺蛳炖酱"的说法。

（六）面拖蟹

面拖蟹的做法：先将小蟹（亦称"六月黄"）洗净，用刀切成两半，将断面蘸上面粉。待油锅内油温达七分热时，将蟹蘸有面粉的一面放入锅中煎至金

面拖蟹（2020年，蒋时一摄）

燠鹅（2020年，蒋时一摄）

黄色，然后加入料酒、葱、姜、鲜酱油、毛豆。加水盖过蟹身，放少许盐，用大火烧开，改中火。10分钟后，将加水调匀的稀糊状面粉倒入锅内勾芡，然后不断翻炒，最后放入少许味精出锅。橘黄色的螃蟹，碧绿的毛豆，黄褐色的面糊，"卖相"诱人，香气扑鼻，味道鲜美。

（七）燠鹅

1990年，蒋巷村村民景林根夫妇利用秘方，在域内姚家港路（古城路向东200米）与中华园西路路口的"金三角"地段开了一家燠鹅（俗称"燠鸭"）店。燠鹅口味独特，受到域内村民的青睐，很多附近城镇的饭店都前来订购，"金三角燠鹅"也由此得名。燠鹅的烧煮方法：先将鹅活杀，去毛、内脏，洗净后配佐料，用木柴大火烧2小时；然后焖半小时出锅；最后浸泡在配制好的汤料中，即可食用。这种盐水鹅上口鲜、香、酥，肥而不腻，食而不厌。

（八）雪里蕻烧蚌肉

雪里蕻烧蚌肉的做法：把河蚌洗好后，去掉蚌屎。用刀将蚌舌拍打至酥软。将蚌肉放入铁锅，用沸水焯一下就捞起，将其切成小块放进油锅内煎炒，放适量的水，适时放入切细的雪里蕻咸菜，加入少量料酒、味精。河蚌与调料交融，味道鲜美。

（九）"南京芋艿"

"南京芋艿"形状像生姜，又名"洋生姜"。待菜苋抽薹时，把"南京芋芳"垄起来，晒上 1~2 天后洗净，加盐腌 2~3 天后出缸，在竹帘上晒到呈黑枣状，把腌好的菜苋也晒到一定程度后，一层菜苋、一层"南京芋芳"叠结在瓮中，把瓮口密封，3~4 月后开瓮食用。这是一种可口的吃粥菜，带有自然甜味。

（十）豆瓣酱

以前，农家都要做点豆瓣酱，它是一年四季农家常备菜。豆瓣酱的做法：把新鲜干蚕豆剥成豆瓣，焙酥后捣成糨糊状，与面粉一起揉成长条，再切成 2 厘米左右的小方块，放在麦草帘的牵磨筵或小筵里，置在后客堂阴凉处，任其发酵。待发酵菌丝由白变黄，成为酱黄时，将发酵好的酱黄放在烈日下暴晒 7~8 天，然后装入酱缸，放入适量冷开水与盐。酱缸露天放（雨天要加盖或搬进屋内，不能浸入雨水），晒一星期后把缸内酱黄捣成酱状，再晒 10 多天。待缸内酱呈暗红色，并有浓烈的酱香味时，按照缸的大小，用竹片做成比缸口直径稍大的圆环，再卷上蜘蛛网，罩在酱缸上，以防虫蝇污染。酱制成后，装入有盖的瓮内，再在露天盛放，任凭日晒雨淋，越久越发鲜香。除做酱瓜条之外，豆瓣酱还可用来做酱炖肉、酱汁螺蛳等，是农家常年备用的调料。

（十一）腌菜苋

腌菜苋是群星村颇有名气的农家菜。每到春天，村里家家户户腌菜苋。需要用一种专门用来腌菜苋的菜，抽薹后取下孕花嫩苔，清水洗净，在阳光下晾晒成半干，放到缸里加盐踩实，过半个月捞出在阳光下晒干，装入瓮里密封保存。两周后打开瓮口，一股清香扑鼻而来。腌菜苋可以生食、炒菜、做汤，还可以加糖，浇上麻油拌食。

二、农家土菜

（一）百叶包

百叶是人人喜欢的豆制品，要是用百叶裹肉包成百叶包，味道更佳。百叶包做法简单：先把肉做成肉糜，加上荠菜、芹菜、韭菜、香葱等，加入适量调味品，再把做好的馅放到百叶上包起来，用线扎好；然后把包好的百叶放到锅中，大火煮 15 分钟即可。百叶包既可白烧，也可红烧，全凭各人喜好。

（二）油泡

油泡也称为"油豆腐"。它外形呈正方形，内部呈蜂窝状，外实内虚，用手一挤有气体感，塞上肉馅，上蒸笼蒸熟即可食用，别有一番风味。油泡也是"豆腐家族"之一，是村民喜爱的一种自制土菜。

（三）臭豆腐

臭豆腐是一种闻着臭、吃着香的传统农家土菜。臭豆腐的制作也简单：夏季到野外挑选新鲜野苋菜，去污洗净，放进缸坛里，洒上适量盐，用脚踩实，压上重物。待苋菜在缸坛里发酵2周左右，发臭后，用筛子把渣沥尽，然后把臭汁盛放在容器里，将切成小块的老豆腐浸泡在里面，72小时后捞出，晾干，再放到油锅中煎至发黄捞出，撒上葱花、调料，即可食用。

（四）菜瓜条

菜瓜条也称为"甜瓜条"，村民常把菜瓜腌制成风味独特、极为爽口的菜瓜条。菜瓜条的腌制过程：把嫩菜瓜对半切开，去瓤洗净晒干，等瓜皮肉收缩至七成干，将盐均匀地涂抹在菜瓜内外壁，放入容器压实密封。第二天捞出晒干，再放回容器腌制，第三天再晒干。晒干的菜瓜条质脆肉嫩，口味清爽，凉拌、炒食、酱腌均可。

（五）酥炸鳑鲏鱼

酥炸鳑鲏鱼是村民特别喜欢的农家菜，也是江南水乡特产之一。每年农历一月和九月是鳑鲏鱼上市的季节。酥炸鳑鲏鱼的做法：先把鳑鲏鱼破腹，去内脏洗净，装入盘子，加盐、料酒拌匀，腌上1小时后捞起晾干；然后把菜籽油放入锅中，烧至八成熟；再把晾干的鳑鲏鱼分批放入油锅，炸至发黄捞出；最后把它全部倒入油锅再大火炸一遍，捞出装盘，撒上适量胡椒粉。

三、时令小吃

（一）青团子

青团子是群星村村民在清明时节经常食用的传统小吃。在群星村这一带，村民在清明时节扫墓、祭祖、踏青等时都有吃青团子的习俗。青团子是用一种叫浆麦草的野生植物捣烂后挤压出来的汁，加上适量生石灰发酵24小时，再和糯米粉拌匀揉和制作成的，馅可由豆沙、白果、糖及猪油等做成。青团子蒸煮15分钟即可出笼。出笼后在上面刷上一层熟菜油，这时青团子油绿如玉、糯韧绵软、清香扑鼻，吃起来甜而不腻、肥而不腴，口感非常好。

（二）酒酿

酒酿是很多村民都喜欢制作、食用的小吃。每年秋冬季节或春暖花开时节，村民都会自制酒酿。酒酿的主料是糯米，辅料用甜酒曲，即酒酿药。制作时，需先将糯米浸泡12小时，让它吸足水分，洗净上锅蒸25分钟倒出，晾凉到30摄氏度左右；然后加入甜酒曲拌匀，倒入30摄氏度左右的凉开水，装入无水无油的容器按实；再在中间挖个小眼，盖上盖子，静置一边；最后根据室温，经过2天左右的发酵后，再加30摄氏度左右的凉开水，静置24小时后取出。这时的酒酿甜甜的、糯糯的，非常可口。

（三）南瓜饼

南瓜饼是村民食用的一道传统糕点。南瓜饼主要以南瓜为原料，在制作时，先将南瓜去皮洗净，切块装入容器中蒸熟，用工具压成糊状，加上糯米粉，不停地揉成光滑的粉团，并分成小团压扁，喜欢放馅的可以加入红豆、白果等馅压扁；然后把南瓜饼在蒸笼里蒸熟，再在油锅里煎至金黄即可食用。在南瓜里加些山药一起煮，营养更丰富。

（四）籴麻叶

籴麻叶是本地村民之称，有的地方称"籴油鸡"，也有的地方称"籴巧果"。用新鲜面粉，加糖、芝麻，擀成薄片状，切成方块，再用剪刀剪成各种花样，晾干后，放入油镬里，煎到颜色金黄时捞起，即可食用。

（五）米糕

每年农历十二月二十四后家家都要用糯米粉蒸糕（叫"年糕"）；农历二月蒸的米糕，叫"撑腰糕"；重阳节蒸的糕叫"重阳糕"；女儿出嫁蒸的糕叫"轿前糕"（女儿出嫁时在盘里的糕上放双新鞋，表示女儿步步高升）。制作米糕前，要把糯米和粳米淘干净、浸泡好，并用石磨磨成米粉，将糯米粉和粳米粉按一定比例配料捣和，加水拌匀，成小颗粒状，再用筛子筛一下，使糕粉颗粒细小均匀，再将糕粉均匀地放入用木条做成的蒸笼里，做到上下透气，然后将蒸笼放到已烧开的斛镬子（蒸锅里放的蒸层）上蒸，边撒干粉，边用旺火，一层一层加粉。干粉撒完后，用毛巾或镬盖（蒸锅的盖子）盖上，焖上少许时间，即可出笼。米糕口味因人而异。有人喜吃猪油白糖糕，则在米粉里加白糖和猪油（板油）；有人喜欢吃红糖糕，可加赤豆、玫瑰、桂花、薄荷等；有人喜欢在米

糕中加入大枣、绿豆、红豆等一起蒸食；有人喜欢在米糕中加入豆沙、枣泥等馅；有人喜欢制作红枣米糕、白果米糕；现在也有人把腊肉、虾米、冬菇捣烂，加入米粉后蒸成米糕。米糕历史悠久，秉承古法，保留了传统风味。

（六）大团子

大团子也是群星村村民的传统食品。每年农历十二月二十四，村里家家户户都要吃大团子，意味着一年将至，家里团团圆圆。群星域内还流传着这样的民谣："廿四团子、廿五饭，长工吃了要滚蛋。"这就是说廿四吃了团子，地主家的长工也要歇工，准备过年了。大年初一早上，村民们除吃年糕之外，也会做大团子吃，象征着来年团圆高升。大团子制作比较简单，将糯米粉揉成团，再加入猪肉馅即可制作成型。成型后，在锅里放水，水煮沸后，把团子放入水中，等团子浮上水面后，调中火再煮10分钟就可以吃了。

（七）萝卜丝饼

萝卜丝饼是村民喜欢的一种小吃。做萝卜丝饼需要用面粉、萝卜（最好是胡萝卜），另外配以虾皮、鸡蛋、香葱、胡椒粉、鸡精、食盐、食物油等。先将萝卜刨丝加盐，腌制半小时出水拧干；然后将面粉加水、虾皮、鸡蛋液调成面糊，把萝卜丝加入面糊搅匀；最后装入萝卜丝饼模具，薄薄地摊在模具里，放入油锅炸一会儿，待凝固后倒出，再放在油锅里煎至熟透，脆香可口的萝卜丝饼就做好了。

（八）咸菜面疙瘩

咸菜面疙瘩的做法：咸菜是自己家里腌的，将芥菜收来洗净晒2天，待其有点干瘪以后，切细，加盐揉搓拌匀，装入玻璃瓶或坛子里后压实，放一层，压一层，然后封口倒置，过些天就可得咸菜。将面粉倒进碗中，加1小勺盐拌匀，加1个鸡蛋，分次用水拌匀。把面粉揉成面团（不要太硬，跟包饺子的面团一般，基本"面光、手光、盆光"就好）。揉一小会儿，然后揉成长条，在砧板上撒点面粉防止黏住，用手掌压扁，用刀切成条状。切好的面疙瘩尽量不要黏在一起。切条之前，可以在锅里放适量冷水，放入咸菜同煮。等水开后，将切好的面疙瘩放进锅里，待水沸腾时加一小碗冷水，煮开便好，加盐调味。

第十一章　人物与荣誉

　　群星村人勤劳淳朴、自力更生、艰苦奋斗，为家乡建设竭尽全力，为国家安全、文化教育、经济建设作出贡献。到2020年年底，全村有退伍军人53名，其中有的参加过抗美援朝和对越自卫还击战，保家卫国，建立功业；有的在部队入党、提干。全村培养出本科及以上毕业生159名，毕业后有人成为人民教师，有人成为医务工作者，更多的人在其他战线上工作。全村有145名掌握各种手艺的能工巧匠，在乡村建设、服务村民生产生活中默默付出，还有109名到群星村插队落户的知识青年。

第一节 人物简介

陈凤根 1933年6月生于原同心大队北洲村，初中文化程度，1955年3月应征入伍。退伍后被安排在姚家港电灌站担任站长。在工作期间他认真负责，先后多次被评为先进个人、优秀共产党员、先进工作者，所在单位也被评为先进集体。2008年在四川汶川大地震救灾工作中，交纳特殊党费，受到中共江苏省委组织部表扬。2014年12月的一天傍晚，82岁高龄的他吃过晚饭在家附近河边散步，无

陈凤根入伍喜报（2020年，陈凤根提供）

意中看到河中有浪花涌动，再仔细一看，原来是2个孩子在河中挣扎。这时，他连忙奔到家中拿了1把锄头到河边捞孩子，可是距离太远捞不到。此时，他不顾自己患有哮喘和河水又深又冷，奋不顾身地跳入水中，和前来帮助的另一人把年仅4岁的2个孩子救上岸。

赵春元 1954年12月生于原群北大队角上村，中共党员，大学学历，主任医师（正高级）。1977年3月考入南京医学院（今南京医科大学）公共卫生专业，成为村里第一位大学生。1980年进昆山县卫生防疫站工作，后被调入昆山县血吸虫病防治站工作；2003年被调入昆山市卫生监督所工作。自1995年起担任业务科科长，获评正高职称（预防医学主任医师）。1999年加入中国共产党。

在全国性杂志上发表科技论文17篇，其中4篇（社科类）论文被昆山市人民政府评为科技进步二等奖和三等奖，1篇论文被浙江大学一百周年校庆活动选用。共做课题研究3个，分别为：日本血吸虫病与恶性肿瘤关系的研究，获江苏省国防科工委科技进步二等奖；重大活动食品卫生监督量化评价方法的研究，获苏州市四委局（科协委、经济贸易委、人事局、劳动社保保障局）攻关奖一等奖；重大活动食品卫生监督量化评估方法的研究，获江苏省卫生厅医学新技术引进二等奖。2004—2008年，任昆山市卫生监督所党支部书记，其间，获得昆山市人事部门嘉奖8次，昆山市委、市政府嘉奖各1次，被昆山市委、市政府评为先进个人各1次，立三等功1次，获评2004—2007年度昆山市劳动模范。

陈根荣 1960年6月生于原同心大队北洲村。1978年参加中国人民解放军。1981年10月任排职助理研究员。1985年8月任连职助理研究员。1985年9月加入中国共产党。1988年10月转业后担任玉山镇纪检干事。1990年6月任玉山镇人民武装部副部长。1999年3月任玉山镇党委委员、人武部部长。2001年2月至12月兼任昆山市朝阳街道办事处主任。2007年12月担任玉山镇党委委员、人民武装部部长、总工会主席。2011年1月担任玉山镇党委委员、人民武装部部长、人大副主席、总工会主席。2012年3月担任昆山高新区党群工作部副部长。2013年8月担任昆山高新区非公企业党委书记、党群工作部副部长。2015年退居二线。任职期间先后被评为昆山市优秀党务工作者、江苏省群众体育先进个人、苏州市先进基层专武干部、全国工会系统"五五"普法先进个人。

周恩明 1967年10月生于原同心大队塘郎村，硕士。1979年6月就读于同心小学，1989年6月毕业于江苏大学。1989年9月至1997年8月在昆山专用汽车制造厂任工程师。1997年9月入职好孩子儿童用品有限公司童车厂，任生产工程科科长。2001年任好孩子纺织用品厂（好孩子童车厂的一个分厂）厂长。2002年6月加入中国共产党。2008—2009年在美国西北理工大学在职攻读工商管理专业，获得硕士学位。自2016年起在好孩子儿童用品平乡有限公司任总经理兼党支部书记。

顾学琴 1967年12月生于原群南大队张家浜村。1985年8月，从昆山市第二中学幼师班毕业，同年9月，在玉山镇群南村幼儿园任教，1987年8月调至昆山市正仪中心幼儿园。任教期间，利用寒暑假和节假日到江苏省新苏师范学校培训2

年,同时参加江苏省中小学教师自学考试,1997年12月在江苏师范学院(自学)大专毕业。分别获得中华人民共和国教育部颁发的"乡村教师突出贡献奖"、苏州市优秀教育工作者1次、昆山市优秀教育工作者2次、年度考核优秀2次、昆山市教育局嘉奖2次,被评为昆山市教坛新秀、教育能手、正仪镇优秀教育工作者。曾在省级以上刊物发表论文8篇,其他获奖论文71篇,开展昆山市级公开课7次。2011年8月,在昆山巴城镇翡翠湾幼儿园担任园长,带领全园教职工先后创建苏州市平安校园、苏州市卫生保健园、苏州市优质园、江苏省优质园。

陆祥生 1969年4月生于原群南大队西生田村。3岁时,不幸右腿残疾,但他身残志坚,完成九年制义务教育。16岁,到正仪中心桥桥堍拜师学皮匠,之后又到昆山正阳桥小马路里学习修锁、配钥匙。2019年其家庭在昆山高新区文明和谐家庭、最美家庭评选活动中被评为"和谐家庭"。2020年积极参与由昆山市红十字会组织的为武汉疫情防控捐赠的活动,并获得捐赠证书。之后,又参与村残疾人门球队,积极参与训练。

范斌 1970年3月生于原同心大队下潭娄(娄里)村。1989年8月毕业于江苏省太仓师范学校,同年9月在昆山市正仪中心小学任教。1996年5月加入中国共产党。2004年8月从苏州铁道师范学院继续教育学院中文系本科毕业。2002年8月至2006年8月,任昆山市正仪中心小学校副校长。2004年10月,被共青团中央、教育部、全国少工委表彰为全国十佳少先队辅导员。2004年7月至2013年12月,在共青团江苏省委维护青少年权益部工作。2006年8月至2009年8月,在中共江苏省委党校行政管理研究生班学习。2014年1月至2019年7月,任昆山市人民政府教育督导室副主任。2019年8月至2020年7月,任昆山高新区南星渎小学校长。曾多次被评为江苏省、苏州市、昆山市优秀少先队辅导员;2000—2003年,2次被评为"昆山市学术带头人"。2001年,被昆山市政府授予个人三等功。2002年被评为江苏省优秀少先队辅导员标兵。2006—2020年多次被评为优秀共产党员、先进工作者。他30多年潜心钻研少年儿童教育艺术,精心组织开展实践体验教育活动,先后在《辅导员》《少先队活动》《江苏教育》等报刊上发表200多篇文章,主编《少先队辅导员培训必读》《给小公民的100种生活观点》《从小知荣辱》《小英雄志》《中国梦·少年梦》《江苏省国防教育军训读本》等20多本书籍。近年来受聘为宁夏、广西、湖南、江苏省少工委，全国少工委讲师团成员，先后在江苏、浙江、上海、山东、广西、宁夏、河南等地讲课数百场，还被聘任为江苏省少先队名辅导员工作室导师、江苏省少年儿童研究会副会长。

浦建强 1977年12月生于原同心大队北洲村。1996年毕业于无锡商业职业技术学院餐旅管理班，并进入昆山宾馆实习并转正。2011年加入中国共产党。在工作期间，在师傅沈勇健的传教下，刻苦钻研奥灶面制作技艺，担任昆山奥灶馆中央厨房经理。通过考试后，获得"特三级中式面煮师技术"职称，多次被委派至南京、苏州等地献艺，为奥灶馆赢得"新中国成立70周年江苏餐饮业卓越企业"等荣誉，曾被评为"昆山奥灶馆面制作技艺非遗美食促消费代言人"。

 ## 第二节 人物、荣誉

一、党龄满五十年党员

中华人民共和国成立以后，群星域内涌现了很多要求进步的积极分子，他们为党、为国家、为人民努力工作，向党组织靠拢。至2020年，有一批党员的党龄已满五十年或超过五十年，他们为群星村的发展做出了杰出的贡献。

2020年群星村党龄满五十年党员情况统计表如表11-1所示。

表11-1　2020年群星村党龄满五十年党员情况统计表

序号	姓名	性别	出生日期	入党日期
1	赵阿早	男	1928年6月24日	1954年7月1日
2	陈凤根	男	1933年6月19日	1956年3月1日
3	周根弟	男	1938年2月20日	1959年10月1日

续表

序号	姓名	性别	出生日期	入党日期
4	钱雪大	女	1937年6月28日	1963年9月1日
5	王　健	男	1942年2月2日	1964年2月1日
6	王林兴	男	1947年11月3日	1965年2月1日
7	史月芳	女	1945年3月18日	1965年7月1日
8	赵小云	男	1938年10月1日	1966年3月1日
9	陈火金	男	1944年10月15日	1966年3月1日
10	顾小男	男	1945年7月17日	1966年3月1日
11	陈林根	男	1943年5月2日	1967年7月1日
12	沈白男	男	1952年7月19日	1969年8月1日

二、集体荣誉

改革开放以后，群星村党支部、村委会以中国特色社会主义理论为指导，坚持一手抓物质文明建设，推动域内经济结构调整，促进集体经济、民营经济、驻村企业不断发展壮大，村级经济规模不断迈上新台阶；一手抓精神文明建设，加强村民思想道德建设，不断增强村民民主法治意识，推动全村民生事业发展和环境卫生水平提升。群星村先后获得江苏省卫生村、昆山市社会治安综合治理先进单位、昆山市村民自治模范村、昆山市民主法治示范村等集体荣誉。

1985—2018年群星村集体荣誉情况统计表如表11-2所示。

表11-2　1985—2018年群星村集体荣誉情况统计表

获奖单位	荣誉称号	授予单位	授予时间
群北村	计划生育先进集体	正仪镇计生办	1985年3月
正仪姚家港电灌站	机电排灌管理先进集体	昆山县水利局	1987年3月
北洲村	幼教先进集体	正仪乡人民政府	1987年3月
群北村	妇女工作先进集体	正仪镇妇联	1995年

续表

获奖单位	荣誉称号	授予单位	授予时间
群南村	1993—1995年度先进集体	昆山市人民政府	1996年12月
群南村	昆山市先进基层党组织	中共昆山市委员会	1997年7月
群北村	计划生育先进集体	正仪镇计生办	1997年
群南村	安全文明村	苏州市社会治安综合治理委员会	1998年11月
群南村	1998年度昆山市社会治安综合治理先进单位	中共昆山市委员会、昆山市人民政府	1998年
群南村	昆山市村民自治模范村	昆山市民政局	2000年12月
群星村	昆山市"民主法治示范村"	昆山市依法治市领导小组	2007年3月
群星村	"全国亿万农民健康促进行动"苏州市先进村	苏州市建设健康城市领导小组	2007年5月
群星村	江苏省卫生村	江苏省爱国卫生运动委员会	2007年6月
群星村	2006—2007年度"新昆山人"计划生育管理与服务先进集体	玉山镇人口与生育工作领导小组	2008年3月
群星村	创建"平安农机"促进新农村建设示范村	苏州市农业机械管理局、苏州市安全生产监督管理局	2008年3月
群星村	民主法治村	苏州市依法治市领导小组办公室、苏州市司法局、苏州市民政局	2011年1月
群星村	2008—2010年度人口计生工作单项先进集体（优质服务单位）	玉山镇人民政府	2011年3月
群星村	学习型党组织	中共昆山市委高新技术产业开发区工作委员会	2013年2月

续表

获奖单位	荣誉称号	授予单位	授予时间
群星村	苏州市规范化村（社区）人民调解委员会	苏州市司法局	2013年12月
群星村	第三次全国农业普查先进集体	昆山市第三次全国农业普查领导小组	2018年3月
群星村	2017年度文明村	昆山市精神文明建设委员会	2018年10月

三、个人荣誉

中华人民共和国成立以后，群星域内党员干部和村民群众积极响应党和政府号召，积极投身土地改革、农业合作化和社会主义建设，在自己的工作岗位上勤奋工作，取得优异成绩。改革开放以后，全村党员干部和群众坚持解放思想、开拓创新、艰苦创业，在推进物质文明建设的同时，不断加强精神文明建设，在宣传教育、文明创建、志愿服务、卫生创建等工作中做出了重要贡献，为群星村争得荣誉。不少村民分别获得国家、省、市级或部队授予的各种个人荣誉。

1987—2020年群星村个人荣誉情况统计表如表11-3所示。

表11-3　1987—2020年群星村个人荣誉情况统计表

姓名	荣誉称号	授予单位	授予时间
陈凤根	机电排灌管理先进个人	昆山县水利局	1987年3月
陈凤根	1987年度"优秀共产党员"	昆山县人民政府	1988年2月
张林福	1988年度"优秀共产党员"	昆山县委员会	1989年7月
陈凤根	机电排灌管理"先进工作者"	昆山市水利局	1990年1月
赵春元	卫生部门嘉奖	昆山市人民政府	1993年2月
张林福	1992年度"先进个人"	苏州市治安联防委员会	1993年2月
蒋金花	昆山市优秀班主任	昆山市教育局	1993年9月
张林福	1993年度"先进个人"	昆山市治安联防委员会	1994年4月

续表

姓名	荣誉称号	授予单位	授予时间
蒋金花	1993年度"优秀德育工作者"	昆山市人民政府	1994年9月
程凤海	1994年度"优秀教育工作者"	昆山市教育局	1995年9月
赵春元	1995年度"先进个人"	昆山市人民政府	1996年7月
程凤海	教育工作嘉奖	昆山市人事局	1997年5月
赵百花	教育工作嘉奖	昆山市人事局	1997年5月
顾学琴	教育工作嘉奖	昆山市教育局	1998年4月
浦桃元	新长征突击手	昆山市人民政府	1998年5月
浦桃元	1998年度"优秀共产党员"	昆山市人民政府	1999年2月
范斌	教育工作嘉奖	昆山市人民政府	1999年4月
程凤海	教育工作嘉奖	昆山市人事局	2000年3月
顾学琴	教育工作嘉奖	昆山市教育局	2000年5月
程凤海	1999年度"优秀教育工作者"	苏州市人事局	2000年9月
程凤海	教育工作三等功	昆山市人民政府	2002年2月
范斌	江苏省优秀少先队辅导员标兵	共青团江苏省委、江苏省教育厅、江苏省少工会	2002年6月
陈根荣	江苏省群众体育先进个人	江苏省体育局	2002年10月
浦桃元	2002年度"先进个人"	昆山市富民工程领导小组	2003年1月
陈根荣	昆山市优秀党务工作者	中共昆山市委员会	2003年7月
顾学琴	昆山市第一批教坛新秀	昆山市教育局	2003年9月
顾学琴	昆山市第一批教育能手	昆山市教育局	2004年9月
范斌	江苏省第五届全国十佳少先队辅导员	共青团中央、教育部、全国少工委	2004年10月
陈根荣	苏州市先进基层专武干部	苏州市人民政府、苏州军分区	2005年1月
赵春元	昆山市卫生监督所颁发的三等功	昆山市人民政府	2005年3月

续表

姓名	荣誉称号	授予单位	授予时间
赵百花	2005年度"优秀辅导教师"	昆山市教育局教研室、昆山市青少年宫	2006年1月
蒋金花	昆山市优秀班主任	昆山市教育局	2006年9月
浦桃元	农业农村工作先进个人	昆山市人民政府	2007年
张林福	十佳治安辅助班队长	昆山市公安局	2007年2月
张林福	安全贡献突出奖	昆山市见义勇为基金会	2007年4月
蒋金花	教育工作三等功	昆山市人民政府	2008年1月
范斌	2007年度"优秀共产党员"	共青团江苏省委	2008年2月
赵春元	2004—2007年度昆山市劳动模范	昆山市人民政府	2008年4月
顾学琴	优秀教育工作者	昆山市教育局	2008年9月
赵春元	医学新技术引进二等奖	江苏省卫生厅	2008年12月
范斌	2008年度"先进工作者"	共青团江苏省委	2009年1月
范斌	2009年度"优秀共产党员"	共青团江苏省委	2010年2月
陈根荣	全国工会系统"五五"普法先进个人	中华全国总工会	2010年12月
薛泉生	2010年度"优秀示范户"	昆山市农业委员会	2011年1月
吴军军	昆山市烟草专卖局先进个人	昆山市烟草专卖局	2011年1月
蒋雪根	第六次全国人口普查工作市级先进个人	苏州市第六次全国人口普查领导小组办公室、苏州市统计局	2011年11月
吴军军	苏州烟草系统优秀员工	苏州市烟草专卖局、苏州市烟草公司	2012年1月
吴军军	宣传报道先进个人	昆山市烟草专卖局、苏州市烟草公司昆山分公司	2012年1月
吴军军	昆山市科普文明家庭	昆山市精神文明建设委员会、昆山市科学技术协会、昆山市科技局	2012年5月

续表

姓名	荣誉称号	授予单位	授予时间
吴军军	宣传报道先进个人	昆山市烟草专卖局、苏州市烟草公司昆山分公司	2013年1月
范 斌	江苏省委机关2012年度"优秀共产党员"	共青团江苏省委	2013年2月
王长福	优秀科技示范户	昆山市农业技术推广中心	2014年1月
顾学琴	优秀教育工作者	昆山市教育局	2014年8月
王长福	百亩丰产方先进个人	昆山市农业委员会	2014年10月
王长福	2014年度"种粮状元"	昆山市农业委员会	2015年1月
吴军军	昆山市烟草专卖局先进个人	昆山烟草专卖局	2015年1月
范 斌	江苏省少先队名辅导员	江苏省少工会	2015年12月
顾学琴	2015年度"优秀教育工作者"	苏州市教育局	2016年9月
顾学琴	乡村教师突出贡献奖	中华人民共和国教育部	2016年9月
程凤海	乡村教育发展贡献奖	中华人民共和国教育部	2016年9月
蒋金花	乡村教育发展贡献奖	中华人民共和国教育部	2016年9月
姚荣根	2015年度"平安家庭"示范户	昆山市社会治安综合治理委员会办公室	2016年11月
姚荣根	2016年度"健康家庭"	昆山市爱国卫生运动与健康促进委员会办公室	2017年12月
吴军军	苏州烟草系统优秀员工	苏州市烟草专卖局、苏州市烟草公司	2018年1月
王长福	昆山市乡土人才	昆山市委组织部、昆山市人才办、昆山市委农办等	2018年5月
刘 倩	苏州市最美劳动者勋章	苏州市总工会	2020年
吴军军	昆山市新冠疫情防控"战疫先锋"	昆山市委组织部	2020年3月
吴军军	苏州烟草"抗疫先锋"	苏州市烟草专卖局、苏州市烟草公司	2020年4月

续表

姓名	荣誉称号	授予单位	授予时间
姚兰珍	昆山市生活垃圾分类及减量月度最美家庭	昆山市生活垃圾分类及减量工作领导小组办公室	2020年9月
张忠玲	2019年度"最美儿童主任"	昆山市人民政府	2020年10月
范 斌	2019年度苏州市中小学校责任督学挂牌督导工作"先进个人"	苏州市人民政府教育督导委员会办公室	2020年11月
张忠玲	2019年度"优秀儿童主任"	苏州市民政局	2020年11月

四、村籍退伍军人

1950年,村民陆瑞生、秦培元、赵金根体检合格,参加中国人民解放军,成为群星域内第一批入伍的人。此后,村里的青年踊跃报名参军。退伍回到家乡后,他们为建设家乡做出了许多贡献。

1955—2017年群星村退伍军人统计表如表11-4所示。

表11-4　1955—2017年群星村退伍军人统计表

序号	组别	姓名	性别	出生年月	政治面貌	入伍时间	退伍时间
1	12	陈凤根	男	1933年6月	党员	1955年3月	1958年1月
2	1	陈林根	男	1943年5月	党员	1965年1月	1969年3月
3	8	沈白男	男	1952年7月	党员	1969年2月	1973年2月
4	12	姜田根	男	1951年1月	群众	1969年4月	1971年3月
5	1	周金珍	男	1950年11月	党员	1969年4月	1973年2月
6	11	蒋金生	男	1948年9月	党员	1970年1月	1973年2月
7	2	陆金木	男	1953年9月	党员	1973年1月	1981年1月
8	9	陆兴泉	男	1951年7月	群众	1973年1月	1976年1月
9	10	蔡靖元	男	1954年10月	群众	1974年12月	1977年3月
10	7	沈洪泉	男	1957年6月	群众	1976年11月	1982年2月
11	3	张林福	男	1957年1月	党员	1976年2月	1982年1月

续表

序号	组别	姓名	性别	出生年月	政治面貌	入伍时间	退伍时间
12	11	毛玉林	男	1958年11月	党员	1976年2月	1981年1月
13	5	魏善进	男	1955年12月	群众	1976年2月	1982年1月
14	11	程凤祥	男	1956年1月	党员	1976年2月	1981年1月
15	12	赵 刚	男	1958年11月	群众	1977年1月	1981年1月
16	12	陈根荣	男	1960年6月	党员	1978年3月	1988年10月
17	4	王长福	男	1958年3月	群众	1978年3月	1981年3月
18	10	徐义洪	男	1958年8月	群众	1979年1月	1982年1月
19	12	张秋生	男	1962年3月	群众	1981年1月	1984年1月
20	11	袁有宝	男	1962年5月	党员	1981年10月	1987年1月
21	4	王兴根	男	1963年12月	群众	1981年10月	1984年1月
22	9	范宗林	男	1965年7月	群众	1983年11月	1987年1月
23	12	张春男	男	1965年2月	党员	1983年11月	1987年1月
24	3	侯建明	男	1966年11月	党员	1985年10月	1989年3月
25	3	刘水龙	男	1965年7月	群众	1985年10月	1989年2月
26	7	沈红良	男	1970年11月	群众	1989年3月	1992年12月
27	3	蒋惠国	男	1971年11月	群众	1989年3月	1992年12月
28	7	沈卫忠	男	1972年7月	党员	1990年3月	1992年10月
29	5	刘丽华	男	1972年9月	党员	1990年3月	1992年10月
30	9	陆建国	男	1973年11月	党员	1991年12月	1995年12月
31	12	皇甫金良	男	1973年12月	党员	1991年12月	1994年12月
32	11	袁祝铭	男	1974年1月	党员	1993年12月	1996年12月
33	2	张建军	男	1977年6月	群众	1996年12月	1998年12月
34	12	皇甫林德	男	1978年9月	群众	1996年12月	1999年12月
35	5	匡冠华	男	1977年1月	党员	1997年12月	2002年12月
36	10	朱海龙	男	1977年11月	群众	1997年12月	1999年12月
37	2	郁 华	男	1982年12月	党员	2000年12月	2002年12月
38	4	钱冈华	男	1981年7月	群众	2000年12月	2002年12月
39	7	赵 敏	男	1981年7月	群众	2001年12月	2003年12月

续表

序号	组别	姓名	性别	出生年月	政治面貌	入伍时间	退伍时间
40	12	赵 鸣	男	1982年6月	群众	2002年12月	2004年12月
41	2	黄 建	男	1982年6月	党员	2002年12月	2004年12月
42	11	毛国伟	男	1982年11月	党员	2002年12月	2004年12月
43	8	赵 良	男	1982年12月	群众	2003年12月	2005年12月
44	5	吴 曦	男	1985年6月	群众	2004年12月	2006年12月
45	8	赵 佳	男	1988年8月	党员	2007年12月	2009年12月
46	4	王 斌	男	1989年7月	党员	2007年12月	2009年11月
47	3	徐 军	男	1990年2月	党员	2009年12月	2011年12月
48	8	赵赋俊	男	1986年11月	党员	2009年12月	2011年12月
49	12	陈 龙	男	1988年7月	党员	2010年12月	2012年10月
50	3	徐烈兵	男	1990年6月	党员	2010年12月	2012年12月
51	3	李家俊	男	1996年2月	群众	2015年9月	2017年9月
52	11	程 斌	男	1996年2月	群众	2015年9月	2017年9月
53	3	蒋天赐	男	1996年12月	群众	2017年9月	2019年9月

附：根据村委会提供的资料，村民以户籍为准。按入伍时间排序。

五、村籍大学生

1977年，赵春元成为村里第一位大学生。此后，随着国家教育事业发展，村民生活条件逐步改善，村民越来越重视对子女的教育（教学），考入大学的人也越来越多，他们都在各自的岗位上发挥着自己的特长，兢兢业业地工作。

1978—1998年出生的群星村本科及以上毕业生统计表如表11-5所示。

表11-5　1978—1998年出生的群星村本科及以上毕业生统计表

序号	姓名	性别	出生年月	毕业院校	学历	组别
1	郑月琴	女	1978年7月	苏州大学	本科	1
2	陆 静	女	1985年1月	扬州大学广陵学院	本科	1
3	孙文华	男	1985年9月	南京中医药大学	本科	1

续表

序号	姓名	性别	出生年月	毕业院校	学历	组别
4	张　娟	女	1987年3月	南京中医药大学	本科	1
5	张永晴	女	1991年1月	苏州大学	本科	1
6	荣沙沙	女	1993年1月	江苏理工学院	本科	1
7	陈梦泽	男	1993年3月	江苏理工学院	本科	1
8	陈逸恒	男	1996年1月	南京晓庄学院	本科	1
9	陆静芳	女	1989年1月	无锡太湖学院	本科	2
10	陆晓飞	男	1989年12月	徐州师范大学	本科	2
11	陆　峰	男	1990年2月	南京理工大学泰州科技学院	本科	2
12	陆永明	男	1991年3月	常熟理工学院	本科	2
13	陆霜霜	女	1993年11月	江苏师范大学科文学院	本科	2
14	黄诗婷	女	1994年8月	三江学院	本科	2
15	黄莉娜	女	1994年10月	盐城师范学院	本科	2
16	陆梦蕊	女	1995年10月	苏州大学	本科	2
17	蒋时一	男	1988年1月	盐城师范学院	本科	3
18	蒋晓倩	女	1989年2月	南京信息工程大学	本科	3
19	刘　倩	女	1989年12月	上海师范大学	本科	3
20	郁骏德	男	1990年6月	淮阴工学院	本科	3
21	薛文星	男	1990年7月	无锡太湖学院	本科	3
22	徐宏伟	男	1992年12月	盐城工学院	本科	3
23	蒋诗情	女	1995年2月	南京大学	本科	3
24	蒋新宇	男	1997年7月	南京师范大学	本科	3
25	蒋超群	女	1998年1月	南京医科大学	本科	3
26	钱建良	男	1969年10月	上海师范大学	本科	4
27	王　群	女	1978年6月	中国石油大学	本科	4
28	钱丽萍	女	1978年8月	上海大学	本科	4
29	钱　仙	女	1988年5月	美国密西根大学	硕士	4
30	殷惠娟	女	1988年6月	南京大学	本科	4

续表

序号	姓名	性别	出生年月	毕业院校	学历	组别
31	陆秋华	男	1989年11月	西安工商学院	本科	4
32	褚嘉麒	男	1989年12月	徐州医科大学	本科	4
33	钱 雄	男	1991年11月	南京师范大学泰州学院	本科	4
34	余天伦	女	1994年6月	南京医科大学	本科	4
35	钱 伟	男	1994年10月	南京医科大学	本科	4
36	顾丽晨	女	1995年1月	无锡太湖学院	本科	4
37	王 雯	女	1996年10月	南京晓庄学院	本科	4
38	钱 宸	男	1997年1月	淮阴师范学院	本科	4
39	胡钱林	男	1997年3月	淮阴师范学院	本科	4
40	俞春晓	女	1986年1月	江南大学	本科	5
41	吴军军	男	1986年7月	南京信息工程大学	本科	5
42	赵 琴	女	1988年4月	江南大学	本科	5
43	苏 强	男	1990年9月	东南大学成贤学院	本科	5
44	吴梦姣	女	1991年1月	南京林业大学	本科	5
45	吴晓雯	女	1993年4月	湖南师范大学	本科	5
46	凌志晖	男	1994年11月	南京工业大学	本科	5
47	芮逸凡	男	1997年11月	西安交通大学	本科	5
48	阮益群	女	1981年9月	徐州教育学院	本科	6
49	钱文强	男	1987年6月	苏州大学	本科	6
50	沈棋君	女	1988年1月	南京审计大学	本科	6
51	顾理斌	男	1989年9月	江苏海洋大学	本科	6
52	吴家炜	男	1994年8月	浙江树人学院	本科	6
53	顾士芬	女	1995年11月	南京晓庄学院	本科	6
54	顾迦怡	女	1998年7月	海南师范大学	本科	6
55	钱 晨	女	1998年9月	南京医科大学	本科	6
56	赵春元	男	1954年12月	南京医学院	本科	7
57	陈秀丽	女	1983年4月	南京大学	本科	7

续表

序号	姓名	性别	出生年月	毕业院校	学历	组别
58	赵峰	男	1987年8月	南京信息工程大学	本科	7
59	苏洁红	女	1988年10月	苏州大学	本科	7
60	苏文杰	男	1989年1月	江苏大学	本科	7
61	管赟	女	1989年3月	盐城师范学院	本科	7
62	苏彧	男	1989年9月	南京医科大学	本科	7
63	赵晓曦	女	1989年11月	南京信息工程大学	本科	7
64	沈岚	女	1993年11月	南京师范大学	本科	7
65	赵香根	男	1963年12月	苏州大学	本科	8
66	施英	女	1983年8月	南京财经大学	本科	8
67	赵冬娟	女	1985年12月	南通大学	本科	8
68	赵雅琪	女	1987年4月	南京工业大学	本科	8
69	赵佳	男	1988年8月	华中科技大学	本科	8
70	赵雨馨	女	1998年8月	无锡太湖学院	本科	8
71	赵俊辉	男	1998年8月	苏州科技大学	本科	8
72	耿爱华	女	1970年7月	南京财经大学	本科	9
73	沈韦芳	女	1972年10月	苏州大学	本科	9
74	徐文娟	女	1982年5月	南京财经大学	本科	9
75	陆晓萍	女	1985年4月	江苏海洋大学	本科	9
76	徐振宇	男	1985年9月	苏州大学	硕士	9
77	陆艳俊	女	1990年6月	南京师范大学泰州学院	本科	9
78	范彩萍	女	1990年11月	南京财经大学	本科	9
79	莫天顺	男	1992年12月	淮阴工学院	本科	9
80	赵丽娜	女	1993年4月	南京师范大学泰州学院	本科	9
81	姜瑛	女	1993年10月	苏州大学	本科	9
82	沈以恒	男	1995年10月	南京警察学院	本科	9
83	陆毓	女	1996年11月	淮阴师范学院	本科	9
84	沈梦婷	女	1997年4月	扬州大学	本科	9

续表

序号	姓名	性别	出生年月	毕业院校	学历	组别
85	陆逸	男	1998年6月	扬州大学	本科	9
86	徐洁玲	女	1997年8月	无锡太湖学院	本科	9
87	王洪军	男	1971年3月	澳大利亚弗林德斯大学	硕士	10
88	范斌	男	1970年3月	苏州科技大学	本科	10
89	苏生如	男	1981年9月	武汉理工大学	硕士	10
90	王洁	女	1982年10月	南京大学	本科	10
91	徐正娟	女	1984年12月	华东理工大学	本科	10
92	乔宏伟	女	1985年7月	南京农业大学	本科	10
93	杨静	女	1988年2月	建东职业技术学院	本科	10
94	陈玲	女	1990年4月	淮阴师范学院	本科	10
95	杨丽玲	女	1990年5月	南京师范大学	本科	10
96	施骁杰	男	1990年10月	哈尔滨工业大学	本科	10
97	王宇	男	1990年11月	江苏海洋大学	本科	10
98	卢滨	男	1991年2月	扬州大学	本科	10
99	王志杰	男	1991年2月	苏州大学	本科	10
100	徐嘉	男	1991年7月	苏州科技大学	本科	10
101	杨振晖	男	1991年7月	南京大学	本科	10
102	徐海云	女	1990年8月	江苏理工学院	本科	10
103	沈佳萍	女	1992年6月	淮阴师范学院	本科	10
104	徐文莉	女	1992年8月	江南大学	本科	10
105	范淑君	女	1993年5月	昆山杜克大学	硕士	10
106	宋锦文	女	1994年12月	海南师范大学	本科	10
107	卢昊杰	男	1995年9月	盐城师范学院	本科	10
108	郭文欣	女	1997年7月	宿迁学院	本科	10
109	包炜珺	女	1998年8月	南通大学	本科	10
110	程凤海	男	1962年4月	苏州教育学院	本科	11
111	周恩明	男	1967年10月	美国西北理工大学	硕士	11

续表

序号	姓名	性别	出生年月	毕业院校	学历	组别
112	李 坚	男	1979 年 2 月	扬州大学	本科	11
113	金春强	男	1979 年 3 月	吉林大学	本科	11
114	曹佩华	女	1979 年 7 月	苏州大学	本科	11
115	程春芳	女	1982 年 2 月	中国矿业大学	本科	11
116	舒建娅	女	1982 年 10 月	南京大学	本科	11
117	袁继栋	男	1984 年 7 月	中南大学	硕士	11
118	肖志施	男	1985 年 11 月	常州大学	本科	11
119	程芳萍	女	1986 年 1 月	扬州大学	本科	11
120	王 建	男	1986 年 2 月	南京中医药大学	本科	11
121	范嘉芸	女	1987 年 1 月	英国纽卡斯尔大学	硕士	11
122	蒋 平	男	1987 年 6 月	江苏大学	本科	11
123	卞文君	女	1987 年 10 月	江苏师范大学	本科	11
124	程方荣	男	1988 年 6 月	苏州大学	本科	11
125	林少华	男	1988 年 8 月	苏州大学	本科	11
126	浦婷婷	女	1988 年 10 月	南京中医药大学	本科	11
127	李 青	男	1989 年 11 月	江苏海洋大学	本科	11
128	袁冬英	女	1989 年 11 月	南京人口管理干部学院	本科	11
129	徐 静	女	1990 年 6 月	丽水学院	本科	11
130	葛 军	男	1991 年 4 月	黄河科技学院	本科	11
131	徐 菲	男	1991 年 11 月	南京工程学院	本科	11
132	周云飞	男	1992 年 9 月	江苏大学	本科	11
133	周 琳	女	1992 年 11 月	苏州科技大学	本科	11
134	徐 悦	女	1994 年 12 月	无锡太湖学院	本科	11
135	吴文斌	男	1995 年 12 月	苏州大学	本科	11
136	顾群伟	男	1970 年 5 月	江苏师范大学	本科	12
137	苏春龙	男	1979 年 2 月	江苏理工学院	本科	12
138	阮剑兰	女	1980 年 2 月	国家开放大学	本科	12

续表

序号	姓名	性别	出生年月	毕业院校	学历	组别
139	苏春良	男	1982年4月	南京工业大学	本科	12
140	杜英芳	女	1982年8月	南京理工大学	硕士	12
141	顾永良	男	1982年11月	南京财经大学	本科	12
142	戴红芳	女	1984年6月	上海财经大学	本科	12
143	陈 晨	女	1985年3月	扬州大学	本科	12
144	张振良	男	1986年3月	南京航空航天大学	本科	12
145	陈 龙	男	1988年7月	国家开放大学	本科	12
146	沈丹萍	女	1989年5月	上海师范大学天华学院	本科	12
147	顾 伟	男	1989年5月	南京工业大学	本科	12
148	杨 阳	女	1989年12月	北京工商管理专修学院	本科	12
149	陈 悦	女	1990年3月	南京人口管理干部学院	本科	12
150	浦丽雯	女	1991年1月	淮阴工学院	本科	12
151	浦晓雯	女	1991年1月	徐州工程学院	本科	12
152	张晓峰	男	1992年11月	南京师范大学	本科	12
153	杜颖燕	女	1992年11月	南京师范大学	硕士	12
154	赵嘉敏	女	1993年4月	中国医科大学	本科	12
155	皇甫洪强	男	1993年5月	青岛农业大学	本科	12
156	杜艳萍	女	1993年8月	临沂大学	本科	12
157	浦金叶	女	1993年12月	宿迁学院	本科	12
158	浦云朦	女	1993年10月	苏州大学	本科	12
159	陈 成	男	1995年1月	金陵科技学院	本科	12

附：根据村委会提供的资料及家庭记载中的信息。

六、插队知识青年

20世纪中叶，城市知识青年毅然离开家人和城镇，到农村接受锻炼。1964—1970年，来自苏州、上海、正仪镇的知识青年插队到群南大队、群北大队和同心大队的各生产队，其中群南大队24人、群北大队42人、同心大队43

人。他们与村民同吃、同住、同劳动，还在业余时间给村民传授知识，为村民做实事。

1964—1970年群南大队、群北大队和同心大队知青统计表如表11-6所示。

表11-6　1964—1970年群南大队、群北大队和同心大队知青统计表

序号	姓名	性别	原家庭住址	插队队名	插队时间	返城时间
1	张菊芬	女	江苏省苏州市	同心大队第1生产队	1968年	1976年
2	陈兰香	女	江苏省苏州市	同心大队第1生产队	1968年	1976年
3	王卫明	男	江苏省苏州市	同心大队第1生产队	1968年	1976年
4	徐明理	男	江苏省苏州市	同心大队第1生产队	1968年	1977年
5	吴介乐	男	江苏省苏州市	同心大队第1生产队	1968年	1977年
6	金益民	男	江苏省苏州市	同心大队第1生产队	1968年	1977年
7	蒋根娣	女	上海市	同心大队第1生产队	1968年	未返城
8	宋洪元	男	江苏省苏州市	同心大队第2生产队	1968年	1976年
9	张顺和	男	江苏省苏州市	同心大队第2生产队	1968年	1976年
10	徐雅青	女	江苏省苏州市	同心大队第2生产队	1968年	1976年
11	姚祖英	女	江苏省苏州市	同心大队第2生产队	1968年	1977年
12	李学平	女	江苏省苏州市	同心大队第2生产队	1968年	1977年
13	吴秀英	女	江苏省苏州市	同心大队第2生产队	1968年	1977年
14	顾月琴	女	江苏省苏州市	同心大队第3生产队	1968年	1976年
15	陆宋华	女	江苏省苏州市	同心大队第3生产队	1968年	1976年
16	张　英	女	上海市	同心大队第3生产队	1969年	1976年
17	江小容	女	江苏省苏州市	同心大队第3生产队	1968年	1977年
18	吴民民	男	江苏省苏州市	同心大队第3生产队	1968年	1977年
19	金素祥	男	江苏省苏州市	同心大队第4生产队	1968年	1976年
20	肖益平	女	江苏省苏州市	同心大队第4生产队	1968年	1979年
21	吴立群	女	江苏省苏州市	同心大队第4生产队	1968年	1979年
22	张立群	女	江苏省苏州市	同心大队第5生产队	1968年	1976年
23	蒋介于	女	江苏省苏州市	同心大队第5生产队	1968年	1977年

续表

序号	姓名	性别	原家庭住址	插队队名	插队时间	返城时间
24	李 金	男	江苏省苏州市	同心大队第5生产队	1968年	1977年
25	周小平	女	江苏省苏州市	同心大队第6生产队	1968年	1976年
26	刘阿林	女	江苏省苏州市	同心大队第6生产队	1968年	1977年
27	钱万怡	男	江苏省苏州市	同心大队第6生产队	1968年	1977年
28	王治康	男	江苏省苏州市	同心大队第6生产队	1968年	1978年
29	陈明刚	男	江苏省苏州市	同心大队第7生产队	1968年	1976年
30	范国治	男	江苏省苏州市	同心大队第7生产队	1968年	1976年
31	陈宇文	男	江苏省苏州市	同心大队第7生产队	1968年	1976年
32	蔡文娟	女	江苏省苏州市	同心大队第8生产队	1968年	1976年
33	王悦华	女	江苏省苏州市	同心大队第8生产队	1968年	1976年
34	陈希全	男	江苏省苏州市	同心大队第8生产队	1968年	1976年
35	钟佩文	女	江苏省苏州市	同心大队第8生产队	1968年	1976年
36	姚建伟	男	江苏省苏州市	同心大队第8生产队	1968年	1977年
37	周佰生	男	江苏省苏州市	同心大队第8生产队	1968年	1977年
38	李元洁	男	江苏省苏州市	同心大队第8生产队	1968年	1977年
39	陆素新	女	江苏省苏州市	同心大队第8生产队	1968年	1977年
40	顾继红	女	江苏省苏州市	同心大队第8生产队	1968年	1977年
41	李萝华	女	江苏省苏州市	同心大队第8生产队	1968年	1977年
42	胡大曙	女	江苏省苏州市	同心大队第8生产队	1968年	1977年
43	胡小弟	男	江苏省昆山市正仪镇	同心大队第9生产队	1968年	1978年
44	姚水英	女	江苏省苏州市	群北大队第1生产队	1964年	1978年
45	金菊英	女	江苏省苏州市	群北大队第1生产队	1964年	1978年
46	曹凤媛	女	江苏省苏州市	群北大队第1生产队	1964年	1978年
47	杨巧珍	女	江苏省苏州市	群北大队第1生产队	1964年	1979年
48	蔡晓敏	女	上海市	群北大队第1生产队	1968年	1979年
49	韩秀英	女	江苏省苏州市	群北大队第2生产队	1964年	1978年

续表

序号	姓名	性别	原家庭住址	插队队名	插队时间	返城时间
50	薛旗妹	女	江苏省苏州市	群北大队第2生产队	1964年	1979年
51	顾克官	男	江苏省苏州市	群北大队第2生产队	1968年	1976年
52	陆树棍	男	江苏省苏州市	群北大队第2生产队	1968年	1976年
53	刘惠琴	女	江苏省昆山市正仪镇	群北大队第3生产队	1964年	1978年
54	金玉琴	女	江苏省昆山市正仪镇	群北大队第3生产队	1964年	1978年
55	徐根生	男	江苏省昆山市正仪镇	群北大队第3生产队	1968年	1978年
56	方玲祖	女	江苏省苏州市	群北大队第4生产队	1964年	1979年
57	李维华	女	江苏省苏州市	群北大队第4生产队	1964年	1979年
58	马利英	女	江苏省苏州市	群北大队第4生产队	1964年	1979年
59	倪美华	女	江苏省苏州市	群北大队第4生产队	1964年	1979年
60	方荣海	男	江苏省苏州市	群北大队第4生产队	1968年	1977年
61	李维妹	女	江苏省苏州市	群北大队第4生产队	1968年	1977年
62	魏永娟	女	江苏省苏州市	群北大队第5生产队	1964年	1978年
63	赵金玲	女	江苏省苏州市	群北大队第5生产队	1964年	1978年
64	张德美	男	江苏省苏州市	群北大队第5生产队	1968年	1976年
65	陈志耕	男	江苏省苏州市	群北大队第5生产队	1968年	1976年
66	李正东	男	江苏省苏州市	群北大队第5生产队	1968年	1976年
67	杨惠明	男	江苏省苏州市	群北大队第5生产队	1968年	1976年
68	吴大刚	男	江苏省苏州市	群北大队第5生产队	1968年	1976年
69	陆 静	女	江苏省昆山市正仪镇	群北大队第6生产队	1964年	1978年
70	陈月琴	女	江苏省昆山市正仪镇	群北大队第6生产队	1964年	1978年
71	钱浩元	男	江苏省苏州市	群北大队第6生产队	1968年	1976年

续表

序号	姓名	性别	原家庭住址	插队队名	插队时间	返城时间
72	邵 惠	女	江苏省苏州市	群北大队第6生产队	1968年	1976年
73	陆炳英	女	江苏省苏州市	群北大队第6生产队	1968年	1976年
74	王文英	女	江苏省苏州市	群北大队第6生产队	1968年	1977年
75	王文贤	女	江苏省苏州市	群北大队第6生产队	1968年	1977年
76	田小环	男	江苏省苏州市	群北大队第6生产队	1968年	1977年
77	俞志喜	男	江苏省苏州市	群北大队第7生产队	1968年	1976年
78	俞大许	男	江苏省苏州市	群北大队第7生产队	1968年	1976年
79	姚兴官	男	江苏省苏州市	群北大队第7生产队	1968年	1976年
80	华瑞青	男	江苏省苏州市	群北大队第7生产队	1968年	1976年
81	刘适逸	女	江苏省苏州市	群北大队第7生产队	1968年	1977年
82	邓 依	女	江苏省苏州市	群北大队第8生产队	1969年	1977年
83	吴 光	女	江苏省苏州市	群北大队第8生产队	1969年	1977年
84	薛旗手	男	江苏省苏州市	群北大队第8生产队	1969年	1977年
85	周志英	女	江苏省苏州市	群北大队第8生产队	1969年	1977年
86	顾聚英	女	江苏省苏州市	群南大队第1生产队	1964年	1979年
87	徐金林	女	江苏省苏州市	群南大队第1生产队	1964年	1979年
88	顾霄英	女	江苏省苏州市	群南大队第1生产队	1968年	1976年
89	吴茵茵	女	江苏省苏州市	群南大队第1生产队	1968年	1976年
90	吴惠芬	女	江苏省昆山市正仪镇	群南大队第2生产队	1964年	1978年
91	俞 芳	女	江苏省昆山市正仪镇	群南大队第2生产队	1964年	1978年
92	薛剑锋	男	江苏省苏州市	群南大队第2生产队	1968年	1976年
93	薛剑明	男	江苏省苏州市	群南大队第2生产队	1968年	1978年
94	许五林	男	江苏省苏州市	群南大队第2生产队	1968年	1976年
95	王雪明	男	江苏省苏州市	群南大队第3生产队	1964年	1979年
96	吴永宪	男	江苏省苏州市	群南大队第3生产队	1964年	1979年

续表

序号	姓名	性别	原家庭住址	插队队名	插队时间	返城时间
97	郭小龙	男	江苏省苏州市	群南大队第3生产队	1964年	1976年
98	施惠芬	女	江苏省昆山市正仪镇	群南大队第3生产队	1964年	1978年
99	陆永华	女	江苏省昆山市正仪镇	群南大队第3生产队	1964年	1978年
100	蒋进才	男	江苏省昆山市正仪镇	群南大队第3生产队	1964年	1978年
101	贾存朴	男	上海市	群南大队第3生产队	1969年	1977年
102	王仁真	男	江苏省昆山市正仪镇	群南大队第3生产队	1970年	1978年
103	沈悟坤	男	江苏省昆山市正仪镇	群南大队第4生产队	1964年	1978年
104	沈建忠	男	江苏省苏州市	群南大队第4生产队	1968年	1976年
105	张培生	男	江苏省苏州市	群南大队第4生产队	1968年	1976年
106	朱雪妹	女	江苏省苏州市	群南大队第5生产队	1964年	1978年
107	姜海珍	女	江苏省苏州市	群南大队第5生产队	1964年	1979年
108	吴晴依	女	江苏省苏州市	群南大队第5生产队	1968年	1976年
109	刘玉珍	女	江苏省苏州市	群南人队第5生产队	1968年	1976年

七、村籍教师

至2020年，群星村先后有25名村籍教师在教育岗位工作，他们大多数在昆山中小学和幼儿园担任教师，为教育事业默默地工作。

1962—2020年群星村教师统计表如表11-7所示。

表11-7　1962—2020年群星村教师统计表

序号	姓名	性别	出生年月	工作单位
1	程凤海	男	1962年4月	昆山市信义小学
2	顾学琴	女	1967年12月	昆山市正仪中心幼儿园

续表

序号	姓名	性别	出生年月	工作单位
3	阮益群	女	1981年9月	昆山市正仪中学
4	赵冬娟	女	1985年12月	昆山市陆家中学
5	程芳萍	女	1986年1月	昆山开放大学
6	管赟	女	1989年3月	昆山市正仪中心小学校
7	袁冬英	女	1989年11月	昆山高新区南星渎幼儿园
8	杨丽玲	女	1990年5月	昆山高新区西塘实验小学
9	徐静	女	1990年6月	昆山市兵希中学
10	陆艳俊	女	1990年6月	昆山开发区民办前景学校
11	张永晴	女	1991年1月	昆山市张浦镇周巷小学
12	徐海云	女	1990年8月	昆山高新区紫竹小学
13	赵丽娜	女	1993年4月	昆山开发区石予小学
14	季怡芸	女	1991年7月	昆山市花桥中心幼儿园
15	吴晓雯	女	1993年4月	昆山市正仪中心小学校
16	浦金叶	女	1993年12月	昆山高新区南星渎小学
17	宋锦文	女	1994年12月	昆山高新区南星渎小学
18	顾士芬	女	1995年11月	昆山高新区南星渎小学
19	陆欣怡	女	1996年2月	昆山市玉山镇第一中心小学幼儿园
20	陆毓	女	1996年11月	苏州工业园区唯亭学校
21	钱宸	男	1997年1月	苏州吴中开发区实验小学
22	沈梦婷	女	1997年4月	昆山市周市中学
23	徐洁玲	女	1997年8月	昆山高新区紫竹小学
24	王静雯	女	1998年1月	昆山市花桥中心幼儿园
25	包炜珺	女	1998年8月	昆山市花桥中心幼儿园

八、医务人员

中华人民共和国成立以后，群星域内各时期从事医务工作和从群星村走出去从事医务工作的人员有16人。他们有的长期在村里为村民服务，成为村民离不开的贴心医生；有的在乡镇或市级医院工作，成为骨干医生。

2020年群星村医务人员统计表如表11-8所示。

表11-8　2020年群星村医务人员统计表

序号	姓名	性别	出生年月	工作单位
1	王洪军	男	1971年3月	昆山市中医医院
2	陈志红	女	1971年12月	昆山市中医医院
3	郑月琴	女	1978年7月	昆山市巴城镇社区卫生服务中心
4	施英	女	1983年8月	昆山市巴城镇社区卫生服务中心
5	徐振宇	男	1985年9月	昆山市中医医院
6	孙文华	男	1985年9月	昆山市中医医院
7	张娟	女	1987年3月	玉山镇亭林街道社区卫生服务站
8	浦婷婷	女	1988年10月	昆山市第一人民医院
9	徐文莉	女	1992年8月	昆山市康复医院
10	余天伦	女	1994年6月	昆山市康复医院
11	徐悦	女	1994年12月	昆山市中医医院
12	顾丽晨	女	1995年1月	昆山市中医医院
13	王静娟	女	1996年11月	昆山市康复医院
14	蒋超群	女	1998年1月	上海长海医院
15	钱晨	女	1998年9月	昆山国宾体检中心
16	凌艺僖	女	2000年5月	昆山市第一人民医院

九、能工巧匠

大多数村民虽然世代务农，但学一门手艺也是很多人的追求。有手艺的村民可以利用农闲时间做点工匠活，增加收入，贴补家用。群星村有瓦匠、木匠、油漆工、厨师、理发师、篾匠、缝纫师、水电工等能工巧匠，他们为乡村建设和村民生活做出了贡献。

2020年群星村能工巧匠统计表如表11-9所示。

表11-9 2020年群星村能工巧匠统计表

序号	姓名	性别	出生年月	从职类别	开始从业时间
1	顾凤生	男	1940年10月	瓦匠	1963年
2	秦龙宝	男	1946年10月	缝纫师	1968年
3	钱杏林	男	1946年11月	理发师	1968年
4	孙荣华	男	1949年11月	篾匠	1969年
5	支勤梅	男	1951年1月	瓦匠	1973年
6	赵全林	男	1951年3月	瓦匠	1972年
7	周坤林	男	1952年12月	油漆工	1972年
8	秦友虎	男	1953年8月	木匠	1975年
9	赵小香	男	1953年8月	瓦匠	1974年
10	卞永康	男	1954年3月	木匠	1974年
11	陈友良	男	1954年7月	瓦匠	1976年
12	王金龙	男	1954年7月	缝纫师	1974年
13	赵水法	男	1954年7月	瓦匠	1976年
14	范冬良	男	1954年8月	油漆工	1975年
15	莫昌夫	男	1954年10月	瓦匠	1976年
16	钱豪杰	男	1954年10月	缝纫师	1978年
17	吴惠明	男	1955年2月	瓦匠	1975年
18	陈金元	男	1955年3月	瓦匠	1979年
19	李金生	男	1955年8月	木匠	1974年
20	李友才	男	1956年3月	瓦匠	1978年
21	秦友根	男	1956年6月	瓦匠	1978年
22	陆泉根	男	1956年10月	木匠	1976年
23	施福元	男	1956年12月	瓦匠	1976年
24	姚香根	男	1957年1月	瓦匠	1978年
25	赵阿小	男	1957年6月	瓦匠	1978年
26	袁雪春	男	1958年1月	木匠	1978年
27	赵林生	男	1958年3月	油漆工	1978年
28	王红友	男	1959年9月	油漆工	1980年

续表

序号	姓名	性别	出生年月	从职类别	开始从业时间
29	徐义君	男	1960年5月	油漆工	1980年
30	王林龙	男	1961年7月	油漆工	1980年
31	赵弟根	男	1961年7月	瓦匠	1983年
32	吴建明	男	1962年2月	油漆工	1982年
33	张义忠	男	1962年3月	篾匠	1982年
34	沈雪林	男	1962年3月	理发师	1985年
35	陈康林	男	1962年4月	油漆工	1983年
36	范玉林	男	1962年5月	瓦匠	1982年
37	陈惠元	男	1962年8月	油漆工	1981年
38	姚荣根	男	1962年9月	缝纫师	1982年
39	陈宗林	男	1962年11月	油漆工	1982年
40	浦云峰	男	1963年4月	瓦匠	1985年
41	蒋水生	男	1963年4月	管道工	1983年
42	赵弟林	男	1963年7月	白铁匠	1985年
43	赵云龙	男	1963年7月	篾匠	1984年
44	赵长林	男	1963年8月	瓦匠	1983年
45	陆凤根	男	1963年9月	油漆工	1985年
46	赵岳敏	男	1963年9月	木匠	1982年
47	苏根元	男	1963年9月	油漆工	1982年
48	赵伟明	男	1963年10月	木匠	1982年
49	王兴根	男	1963年12月	木匠	1980年
50	陈品男	男	1963年12月	油漆工	1983年
51	皇甫金林	男	1964年1月	瓦匠	1986年
52	陈惠良	男	1964年3月	瓦匠	1986年
53	范文伟	男	1964年4月	电器维修工	1984年
54	陈佰明	男	1964年8月	瓦匠	1986年
55	张根元	男	1964年9月	篾匠	1984年
56	赵明炬	男	1964年10月	瓦匠	1984年
57	姚荣生	男	1964年10月	瓦匠	1984年

续表

序号	姓名	性别	出生年月	从职类别	开始从业时间
58	赵平福	男	1964年11月	油漆工	1986年
59	沈小林	男	1965年1月	瓦匠	1985年
60	周金福	男	1965年1月	水电工	1985年
61	莫根元	男	1965年1月	瓦匠	1985年
62	赵三林	男	1965年1月	瓦匠	1985年
63	程凤弟	男	1965年2月	木匠	1985年
64	杨万全	男	1965年3月	油漆工	1985年
65	王俊龙	男	1965年4月	瓦匠	1988年
66	张明元	男	1965年5月	木匠	1986年
67	殷凤弟	男	1965年6月	瓦匠	1986年
68	蒋惠林	男	1965年6月	瓦匠	1988年
69	赵小萍	男	1965年8月	瓦匠	1985年
70	赵云弟	男	1965年8月	篾匠	1987年
71	许荣方	男	1965年9月	钣金工	1986年
72	浦香根	男	1965年9月	篾匠	1988年
73	周惠荣	男	1965年10月	瓦匠	1985年
74	陈惠忠	男	1965年12月	木匠	1984年
75	赵林根	男	1965年12月	瓦匠	1985年
76	林海源	男	1966年1月	瓦匠	1986年
77	徐义林	男	1966年2月	缝纫师	1990年
78	王林香	男	1966年3月	木匠	1986年
79	浦香林	男	1966年3月	瓦匠	1988年
80	陆金龙	男	1966年4月	瓦匠	1986年
81	王志强	男	1966年6月	木匠	1988年
82	夏银法	男	1966年6月	瓦匠	1987年
83	陆林华	男	1966年6月	油漆工	1989年
84	李全玉	男	1966年7月	木匠	1986年
85	陆凤良	男	1966年7月	油漆工	1988年
86	王林冲	男	1966年9月	油漆工	1985年

续表

序号	姓名	性别	出生年月	从职类别	开始从业时间
87	胡建明	男	1966年10月	木匠	1986年
88	侯建明	男	1966年11月	油漆工	1992年
89	周根弟	男	1966年12月	瓦匠	1989年
90	吴雪良	男	1966年12月	木匠	1988年
91	陆建文	男	1967年1月	木匠	1987年
92	张梅玲	女	1967年1月	理发师	1992年
93	陆雪英	女	1967年1月	缝纫师	1987年
94	王长坤	男	1967年1月	瓦匠	1988年
95	蒋惠中	男	1967年2月	木匠	1988年
96	陆永根	男	1967年2月	木匠	1988年
97	杨文奇	男	1967年2月	瓦匠	1987年
98	皇甫士良	男	1967年3月	木匠	1988年
99	赵建福	男	1967年7月	瓦匠	1987年
100	钱招根	男	1967年8月	瓦匠	1988年
101	陆勤虎	男	1967年8月	瓦匠	1988年
102	王花生	男	1967年9月	瓦匠	1988年
103	范炳泉	男	1967年9月	油漆工	1987年
104	陆文荣	男	1967年11月	瓦匠	1987年
105	赵建明	男	1967年11月	瓦匠	1988年
106	张凤明	男	1967年12月	瓦匠	1989年
107	陈惠明	男	1967年12月	瓦匠	1987年
108	浦伟峰	男	1968年1月	瓦匠	1988年
109	夏寿鹏	男	1968年1月	油漆工	1987年
110	郑正华	男	1968年2月	瓦匠	1990年
111	陈建元	男	1968年2月	瓦匠	1989年
112	陆根弟	男	1968年3月	瓦匠	1988年
113	陆长根	男	1968年5月	瓦匠	1986年
114	杜水明	男	1968年5月	瓦匠	1988年
115	吴建华	男	1968年8月	木匠	1989年
116	林学明	男	1968年9月	油漆工	1988年

续表

序号	姓名	性别	出生年月	从职类别	开始从业时间
117	张林荣	男	1968年10月	瓦匠	1989年
118	沈宗明	男	1968年10月	瓦匠	1988年
119	周抱根	男	1968年10月	瓦匠	1987年
120	程凤春	男	1968年11月	瓦匠	1988年
121	吴雪明	男	1968年12月	瓦匠	1988年
122	浦香泉	男	1968年12月	瓦匠	1989年
123	徐义兵	男	1969年2月	瓦匠	1988年
124	陆雪良	男	1969年2月	瓦匠	1989年
125	包 明	男	1969年3月	电器维修工	1989年
126	陆志勇	男	1969年9月	木匠	1990年
127	沈建荣	男	1969年11月	油漆工	1989年
128	徐 挺	男	1969年11月	瓦匠	1989年
129	徐建中	男	1970年1月	木匠	1990年
130	王志忠	男	1970年1月	油漆工	1990年
131	杜学良	男	1970年2月	瓦匠	1992年
132	吴 胜	男	1970年3月	水电工	1992年
133	陆小毛	男	1970年6月	瓦匠	1992年
134	吴建荣	男	1970年11月	水电工	1992年
135	徐喜荣	男	1971年1月	油漆工	1992年
136	陈卫杰	男	1971年2月	瓦匠	1991年
137	钱雪明	男	1972年10月	水电工	1992年
138	张春泉	男	1972年10月	木匠	1995年
139	蒋 华	男	1974年2月	管道工	1994年
140	王海东	男	1975年5月	水电工	1998年
141	陆文清	男	1975年6月	油漆工	1996年
142	薛 峰	男	1975年10月	厨师	1992年
143	王雪龙	男	1976年3月	油漆工	1998年
144	范 强	男	1979年1月	摩托车维修工	1999年
145	陈 良	男	1979年2月	电器维修工	2000年

附：以小组为单位进行排序。

第十二章 村民忆事

　　群星村历史悠久，人杰地灵。村民在这块约 3 平方千米的土地上耕耘着，生活着。这里流传着不少感人的往事。接庆庵、吃讲牛、学雷锋、驶篷船、劳动竞赛等，折射出村民生活历练的缩影，反映出村民生活的变迁和群星村深厚的文化底蕴。

 第一节 故事传说

一、接庆庵

乾隆三十一年（1766）2月，北洲村举办"新建庙宇开光"仪式并燃放爆竹。有一条大的官船经过娄江。船上一位官人听见岸上有爆竹声，误认为是在迎接他，就叫船家顺着声音寻找，直到看见新庙正在举行庆典。这位官人上岸后，拿出文房四宝，在庙名"积庆庵"上把"积"改为"接"。当地老百姓知晓他就是乾隆皇帝时无不欢欣鼓舞。"接庆庵"沿用至搬迁到南星溇村北，后又改名为"积庆庵"。

二、平乐镇（塘郎）

塘郎原名平乐镇（又名"龙形村"或"龙行镇"），据说在明清时就是一个繁华的水乡小镇，地理优势独特，坐落于唯亭东、昆山西，又背靠娄江，交通十分便利，地处水乡平原，土地肥沃，物产丰富，是方圆10公里内的政治文化中心，又是商贸经济集散地，却不料一场大灾难突然降在平乐镇上。咸丰十年（1860），洪秀全所领导的农民起义军（太平天国军，老百姓又称之为"长毛"）在途经平乐镇时与清军打了一场遭遇战。清军不堪一击，闻风而逃，而太平天国军后被曾国藩领导的湘军打败。太平天国军从平乐镇撤走时放火烧镇。据说，当时大火烧了几天几夜，全镇变成废墟，镇上1座中桥和4座小拱桥都毁掉了。经过这场灾难，平乐镇就销声匿迹了，不知过了多少年才陆续有人来定居发展。到1949年，这个村庄还不到20户人家。自从有人居住后，村上经济很快得到发展，其中就有2家大户，一家是袁云生家，另一家是张春堂家，这2家也称得上是富甲一方。中等户也有好多家,如吴汉章家、周文祥家等,这些人家都有自田几十亩,生活相当殷实。其他外来户靠种客田维持生活,日子过得十分拮据,直到中华人民共和国成立以后才得到改善。平乐镇有独特的地形地貌,形状像龙,龙身以塘郎港为中心,北至娄江,南到凤凰浜,全长1 500米左右,河面宽平均30米。村上有4条小河,分别分布在河东、河西两侧,河与河对称,河面宽约5米,东西长50米左右。村东约300米处有1条河叫"下潭娄",像龙的饮水潭,塘郎港口像龙头。龙头基底很大,上面建有庙宇,庙名为"禧施庵"。河对岸的娄江畔有亭子,被称为"夜明珠"。港口设有渡口,便于过往人员进出。村中有座桥叫"中桥",连接河东、河西,4条小河被称为"四条龙脚",河上建有4座小拱桥,河两旁都有石驳岸,并有木桩,因此,平乐镇又称"龙行镇"。

三、金三角

金三角位于正仪镇级公路东南方向,离镇约6千米,东靠群星村,西靠大众村,南靠姚家港村,呈T字形,位于三角形地带,在90年代一度兴旺。1993年,正仪电力站在金三角建造1座分站,取名为"星南分站",内设电器配件店。后来,大众村村民朱炳生家在路北面建2间缝纫店,接着群南村周斌开了1家电器维修店,再后来陆续有人开理发店、烟杂店、自行车修理部等。群南、群北、北洲3个村合并后,接连有十几家店铺在金三角陆续开业。持续多年金三角人气兴旺。2012年,由于中华园西路延伸,金三角地段的房子被拆除,金三角也从此消失。

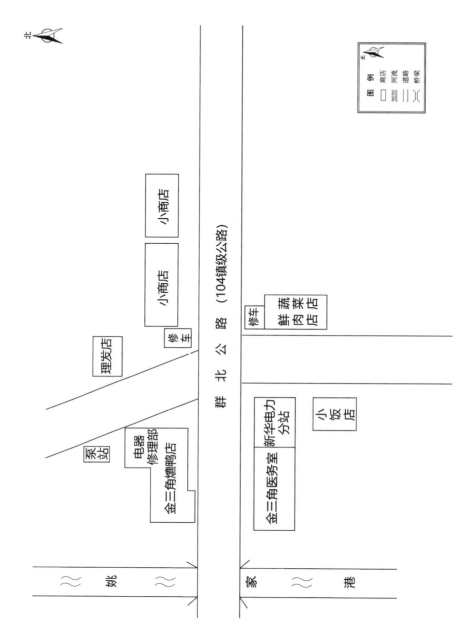

原金三角示意图

四、戏言之说

塘郎村有座古庙叫"禧施庵"。中华人民共和国成立以前，该庙坐落在塘郎港口。该庙三面环水，常年被雨水冲刷，再加上常年失修，庙基露出，墙坍壁倒。1930年前后村民集资，搬迁重建庙宇，准备在当年农历二月初五进庙开光。当时有一种说法：在搬移菩萨时不能见阳光，只能在凌晨3点时搬移。该庙的好几尊菩萨像，身段都比较高大，必须用2根毛竹做成担架形状，由4个男人抬着每尊菩萨走。4个抬菩萨的男人听到"吉格吉格"的响声，以为是菩萨显灵，好像问村上有"几家几家"，实际上这声音是毛竹被压了重物后发出的响声。其中一人脱口说一句："不要问几家几家，十七八家总会有。"想不到应他一句戏言，塘郎村人家竟然十多年没有超过20户。当然，这只是碰巧而已。中华人民共和国成立以后，塘郎村人家陆续增加，改革开放以后塘郎村更是人丁兴旺、人才辈出、经济繁荣，出现欣欣向荣的新气象。

五、头坨一角

塘郎村在中华人民共和国成立以前有几条不成文的规定（土政策）。第一条是每年从正月十五到清明节前是开禁期，谁家都不能开始或延长积肥，否则要受到处罚，情节严重的要把船拉到岸上，让船风吹日晒，然后听从处理。第二条是不允许在稻田里放鸭子。娄江以北是荣心、荣明2个大队，称"塘北"。这2个大队地势低洼，没有好良田，十年九不收，他们的生活来源是养鸭，每到莳秧结束，他们就会到塘南来放鸭子。有一次，他们又在塘南"丈千八"西方一带稻田里放鸭子，塘郎村人知道后，发动村上几十个男人，到稻田里把小鸭子全都摁入水中溺死。一场纠纷就此发生，官司打到苏州府。养鸭方要求农方赔偿损失，农方认为小鸭的嘴像铡钎，鸭嘴插到的地方黄秧籴起，那田地就会歉收，农民也就无法上交农业税，并要求养鸭方赔偿损失。苏州府根据实情最后判决农方胜诉。由于养鸭方无力赔偿，苏州府就免去赔偿，让他们自负鸭子死亡的责任，并规定他们以后不准去稻田里放鸭。第三条是渔民捕鱼捉虾不能进入塘郎港。为此，小纠纷经常发生。1945年夏天的一个下午，在塘郎村西，有2个10岁左右的小男孩，身背鱼篓，手里拿着钓钩在稻田岸上走动。村里人看见

他们就发出敲锣警报。人们听到敲锣声就拿起棍棒奔出村口,一看是2个小孩,就发出吆喝声进行驱赶。这时2个小孩误以为村里人要来追打他们,吓得一直往北方逃,不料北面是娄江,且河宽浪急,沿娄江岸边向东逃是塘郎港,没有桥过不去,只得再向西面铁路大桥逃去,但桥上有日本兵站岗。2个孩子害怕,不敢上桥,只得硬着头皮下水游过河。在过河时,一个小孩游上岸,另一个小孩因背篓绳子套绕脚上不能动弹,不幸溺水身亡。中华人民共和国成立以后,不合理的"土政策"被废除。正是因为这样,周围的人们只要听到"塘郎"二字就觉得"头疼""头大"(方言中叫"头坨")。从此,人们称这个地方为"头坨一角"。

六、吃讲牛

20世纪70年代,群星域内各生产队都流行一项吃讲牛活动。此项活动主要以吃喝、讲聊、吹牛为主,以增进彼此之间的感情。这种活动1年一般进行2次,分别在农忙(水稻种植)结束和除夕临近之时。当时各生产队都有养猪场,开展吃讲牛的当日下午,生产队长会指派数名社员杀猪并煮烧,另外还准备好酒水及其他蔬菜。下午,生产队会计会按各家各户的人数,把大部分猪肉平均分配给各家。当太阳落山时,全体男社员会拿着碗筷准时来到公场上就餐。大盘红烧肉被放在用农船屏几搭成的桌子上。大家大口吃肉,大碗喝酒,划拳吹牛,说说笑笑非常热闹。每次吃讲牛都要进行2~3小时才结束。而当晚妇女和孩子只能在家享用美餐。生产队耕牛年岁已高、无力耕作时,生产队也会把它们宰杀,作为吃讲牛桌上的美餐。此项活动一直延续到实行家庭联产承包责任制后才消失。

第二节 公共记忆

一、抗美援朝

1950年10月,中国人民志愿军赴朝参战,群星域内的党组织积极行动起来,进行广泛宣传和发动。从1950年年底到1952年,域内有陆瑞生、秦培元、赵金根3人体检合格,参加志愿军后援部队,因战争结束,未赴朝鲜战场。在后援部队途经太湖休息时,曾有一名特务乘坐橡皮船想逃离,被值班员陆瑞生抓获,陆瑞生于是荣获个人四等功。

二、对越自卫还击战

1979年2月17日,遵照中央军委命令,中国边防部队对侵犯中国领土的越南军队进行自卫还击作战。同心大队的赵刚参加对越自卫还击战,躲过猫耳洞,经历过敌机和炮火的轰炸,坚持做好汽修焊工工作,因积极肯干、表现较好,获得嘉奖一次。

三、学雷锋活动

1963年3月5日,毛主席向全国发出"向雷锋同志学习"的号召。此后,全国掀起学雷锋活动。男女老少都学雷锋做好事不留名。那时,村民做好事主要是在夜间为生产队干农活。每当夜幕降临时,时常会有人结伴拿着农具悄悄出村,给生产队割青草、翻潭、拍麦泥等,一干就是2~3小时。生产队几乎每天都会发现有一些农活被无名人士完成,而且村民做了好事相互之间不传播。有的小学生也跟着父母一起去做好事。此后的几十年中,学雷锋活动在村里持续开展，雷锋精神成为精神文明的重要内容。

四、农业学大寨

1964年，全国开展农业学大寨运动。群南大队、群北大队和同心大队3个大队响应号召，积极投入学大寨运动，学习大寨自力更生、艰苦奋斗的精神，组织大批劳动力，用箩筐扛有机肥料、用簸箕挑河泥、挖祖坟、填河溇，开展平整土地和农田基本建设；推行田块方正化，做到每块农田统一大小和统一方向，分别挖筑进水沟和排水沟；学习大寨突出政治、斗私批修的做法，组织进行大寨式评工，采取个人自报、社员互评，工分不仅同工作量挂钩，而且与思想表现挂钩。王花宝等人被评为农业学大寨先进个人。

 # 第三节　村民记忆

一、驶篷船

船对于农民来说是生产、出行的主要工具。中华人民共和国成立以前，因种田需要积肥、运肥、运粮，搬运、出门看病也都离不开船，所以中等以上的农户基本上都有一艘船。中华人民共和国成立以后，由于种田需要，每个生产队都有2~3条大小不同的船，每条船上都配有不同规格的出行用具，如桅杆、篷、舵、墙板、篙支、铁锚等。制作桅杆和篷是特别讲究的，它们的大小是根据船的大小来确定的。桅杆长不超过该船本身的长度，一般在10~11米。篷宽不超过4米，篷的高度一般在8~9米，俗称"13叶"。篷由14根横竹组成，每叶间隔50厘米左右。上下2根横竹比较粗，直径有5厘米。中间有12根横竹，直径3.5厘米左右，有14根了（系）脚绳。桅杆顶上有滑轮，能用绳把篷拉上去。篷的四周有 2 根 1 厘米粗的棉纱绳，作为边网绳。缝篷布边网绳时要打皱，这样可以兜得住风。篷边的 14 根了脚绳留 3~4 米长，再把它们合并成一根总绳，配滑轮套在船后，由船老大掌控、调节方向和速度。那时，生产队的船经常出门积肥、运肥，远到上海，近到苏州，有了驶篷船既快又省力。70 年代以后，驶篷船逐渐被挂机船替代，80 年代驶篷船基本消失。

二、劳动竞赛

莳秧比赛　农村妇女是莳秧比赛的主力军。她们事先准备好 100 米左右长的田块，田面耙平，莳秧绳经好，秧甩好，人员到齐，比赛就开始。比赛规则：要求每行 2.7 尺插 6 棵秧苗，每公尺（1 公尺为 1 米）达 11 棵秧苗，不能有脚坑秧、面水秧、佘水秧。比赛根据质量、速度评出前三名，都以工分进行嘉奖鼓励，在社员大会上进行表扬。

开沟比赛　开沟主要是为了给三麦排水，是男劳动力的一项拿手活。比赛要求：沟两侧面壁直，避免沟壁倾斜造成倒塌；沟底平整且无碎泥，便于流水畅通；根据不同沟道的流水要求来开挖不同深度的沟。根据以上几项标准评出前三名，进行表扬及工分奖励。

割稻比赛　60 至 80 年代中期，群星村里的农户主要种植水稻、小麦、油菜，其中大部分种植单季晚稻。每到收割季节，时间紧，任务重，劳动力又少，各生产队就要组织割稻比赛。群星域内各生产队一般以 2 名村民为 1 个竞赛小组，每个生产队选派 4~5 个竞赛小组。评委主要由各生产队队长、会计和妇女队长组成。割稻比赛的规则：以 2 名村民为 1 个小组，组成若干组，从早晨开始割稻，到下午 5 点同时结束；由会计丈量参赛人员实际割稻面积；由生产队队长、妇女队长对参赛人员所割稻茬长短、稻把大小打分；综合上述 3 项最后决定名次并当场公布结果。生产队对获得前两名者分别奖励工分。

三、知青岁月

"文化大革命"期间，大批在校初、高中学生来到农村，接受贫下中农再教育。有一部分知青被分到昆山县正仪人民公社群北大队，从此开始 10 年知青岁月。

正仪人民公社群北大队属于分配水平差、相当落后的一个乡村。大队里没有一条像样的道路。全大队不通电，到晚上伸手不见五指，家家户户用煤油灯照明。村里房子很破旧，唯有一所小学像样点。整个大队分成5个小队，主要种植水稻，秋季后种小麦、油菜，用牛耕田。机械化农具只有脱粒机。到年终，每个劳动力所得到的报酬极少。在劳动中，体力活不但繁重，而且又脏又累。冬天寒风凛冽，冰冻三尺；夏天蚊虫肆虐，酷日难熬。农忙时，赤着脚在水田里，水蛇、蚂蟥经常与腿脚相擦而过，身上的皮被酷热的太阳晒得掉了一层又一层。也就是这样，日复一日，年复一年。

下放之初，很多知青狂躁、偏激的情绪表现得尤为突出。但是在具体劳动和现实生活中，这样的情绪逐步消退。随着在农村一年一年度过，知青与贫下中农之间似乎无法逾越的那条"沟"慢慢合拢。农民以特有的朴实、真诚和不畏艰苦的精神感染着知青。农民在劳动中尽量把轻农活派给知青，同时手把手地教会他们干农活。就这样，知青在劳动中学会插秧、犁田、摇船、罱泥这些技术活。在生活中，农民也用他们的真诚和热心无微不至地关心着知青。谁家有了好菜肴，都会和知青分享，逢年过节家家户户都会把蒸糕团送给知青，平时会让知青到自留地里挑拔蔬菜，一些饭量大的知青粮食不够吃，生产队总会从储备粮中提取粮食分给他们，年终分配时也会向他们偏斜。凡有知青身体不适，大队赤脚医生就主动上门，医治送药。知青正是在与农民心交近、情相融的前提下，了解农村，了解农民，目睹农民的困苦和不易，更懂得了"粒粒皆辛苦"的真实内涵。

10年农村生活，很多知青脱胎换骨，更是经受了一场精神洗礼。很多知青从一个不知天高地厚的愣头青，被锻炼成一个勇于面对困苦和清贫，拿得起、放得下的成熟的人。

四、新北乡火车站

清光绪三十年（1904），北洲村南面与角上村北面之间筑一条沪宁铁路。1953年，为提高通车能力，正仪-昆山区间（角上村东）启动修建新北乡火车站，并开始地基工程，于1954年完成。当时，新东乡（原同心）和新北乡（原群北、群南）分别由赵阿金、陆敖生带领约60人参与打地基工程。1955年正式动工建造面积约 150 平方米的新北乡火车站，于 1956 年竣工并正式投入使用。当时，仍由赵阿金、陆敖生带领约 65 人参与建造火车站工程。1958 年，新北乡火车站在娄江北扩建复线路基，1975 年开始增加双线铺设。1976 年 4 月，沪宁铁路双轨建成，通车后新北乡火车站被撤销。

五、万元户刘国志

刘国志，男，1929 年 7 月出生（已故），群南大队第 3 生产队社员，1979 年在家里办起豆腐作坊。他每天深夜 2 点起床，把已经浸泡好的黄豆分别加工成豆腐、豆腐干、百叶等产品，天亮后就挑着豆腐担走遍各个村庄。由于豆制品的质量很好，深受村民欢迎，故生意越做越红火，于是他动员 2 个儿子一起干。无论严寒，还是酷暑，2 个儿子都会在深夜 2 点起床，帮父亲加工豆腐制品，天亮后父子 3 人各自朝着不同的方向去卖豆腐，东至庙灯村，南至景村村，西至大众村，北至荣明村。刘国志用船只把豆制品送至各自然村，2 个儿子则是肩挑豆腐担朝着不同的方向走进每家每户，从不间断。村民用黄豆和加工费进行兑换。刘国志此举既方便了村民，又增加了收入，每年收入在 1.5 万元左右，几年后家里建起四上四下楼房。1981 年，刘国志受到昆山县政府的表彰并荣获"昆山市万元户"奖章，直到 2 个儿子都到企业工作，豆腐作坊才停业。

 # 编后记

《群星村志》经过资料征集组的悉心采集和志稿撰写组的精雕细琢，全体编纂人员历经2年多的辛勤努力，终于付梓。

2020年6月，在昆山高新区（玉山镇）村志系列丛书编纂委员会的组织下，群星村成立村志编纂组，正式启动《群星村志》编纂工作。由村党总支书记赵佳任组长；村委会主任蒋雪根任副组长，具体负责编纂工作。村志编纂组下设由4人组成的资料征集组和3人组成的志稿撰写组，做到"人员、设施、经费"三落实。同年11月中旬，昆山高新区（玉山镇）村志系列丛书编纂办公室组织了主笔、文印资料信息员赴苏州市吴中区东山镇向先行村志编纂单位学习、取经。编纂工作得到了昆山市地方志办公室和昆山高新区（玉山镇）村志系列丛书编纂办公室的大力支持，特别是得到了昆山市地方志办公室徐秋明、苏晔、徐琳等领导和陆欣等专家的精心指导和审核，还得到了摄影师罗英和广告设计师陆勤芳的大力帮助。

《群星村志》编纂组的全体人员充分发挥团队合作精神，经常顶着严寒酷暑，冒着风霜雨雪，走访机关单位、家庭、个人，查访古迹遗址，收集各种资料，挖掘群星人文；经常夜以继日，选典型素材，集村志亮点，记录热土历史，展现故乡群星风采；先后走访了昆山市档案馆、昆山高新区规划建设局、昆山市农业农村局、昆山高新区水利（水务）站、昆山市正仪中心小学校等单位；查阅了《昆山县志》《昆山市志》《正仪镇志》《玉山镇志》《昆山统计年鉴》《昆山市农村经济年鉴》等资料。为了客观、真实地反映群星村的历史，编纂人员对把握不准、史料不清、记载模糊的内容，反复进行调查考证，纠错补遗。《群星村志》除文字叙述之外，还配置了彩图、示意图和表格，做到了表达清晰、通俗易懂，既展现了原有的村庄面貌，又呈现了新时代、新农村、新生活的景象。

《群星村志》的编纂工作也得到了广大党员干部、村民的大力支持和积极配合，《群星村志》编纂组在此表示衷心的感谢。由于志书的内容涵盖广，时间跨度大，以及编纂人员的经验和水平有限，不当之处在所难免，敬请广大读者谅解并批评指正。

《群星村志》编纂组

2023 年 10 月